Heibonsha Library

大江戸趣味風流名物くらべ

JN140278

Heibonsha Library

大江戸趣味風流名物くらべ

吉村武夫

平凡社

本著作は一九七六年、西田書店から刊行された。

目次

維新
明治
大江戸

趣味風流名物くらべ

毛抜寿司 いなりすし	仙太郎 一蝶舟	がんどう 五色揚	乃伴 光賀	幸手屋 銀花堂	大和屋 勝文
善四郎 鍛冶屋	宝丹 清心丹	亀八 喜三郎	坊主 笠同	佗伊 住吉屋	鮮祥院 東海寺
山彦秀次郎 都一中	松琳 旭峰	むさし屋 佐四郎	越庄 鈴木	村越滄洲 錦屋寅吉	金龍山餅 太々餅
朝顔 蓮見	萬里軒 異人亭	粂八 魚蝶	巻菱湖 柳田正斉	露友 房遊	湊屋 理中
鴨南ばん 山かけ	立松 名裁	五本松 亀松	白魚 猫八	逢ひ銀杏 化け銀杏	作屋 浅ば屋

盗人酒屋 芋酒屋	松屋庄七 増見屋	清み晴風 荒木湖潮	瀧の川 海晏寺	半天紺屋 手拭問屋	蜂龍 小常盤
弁田屋 武田屋	おかめ 小万	源水 兵助	ねつこ屋 芋屋	小大橋 内田	菖蒲 合歓木の花
寿鋪 勘右衛門	大瀧 石井	古了吉 おろす	しら亀 十三屋	錦屋 重箱	万久 寿美屋
和国太夫 桂文治	滑稽堂 大平	熊手 沖玉	磯又右衛門 百瀬	紋花むつ湯 川名浪吉	定斉 枇杷葉湯
菜人形 つくじ人形	駒雀 三の切	花諭芳野 北庭筑波	藤枝 寅吉	ようかん 金つば	弘法の灸 淡島の灸

見出しは基本的に一枚刷「維新の頃より明治のはじめ 大江戸趣味風流名物くらべ」に拠ることとし表記等を変えた。本文は原則、極力元本の表記のままとしたが、明らかな誤植や固有名詞の誤りなどは一部変えた。

（編集部）

うなぎ　霊岸ばし　大國屋

日本橋の角から南に行くと、霊岸橋がある。その手前の東側に、鰻蒲焼の大国屋があった。この店は日本橋の問屋や株屋に客が多く、特に当時まだ電話の不便な時代で、兜町の株の動いている時など、株屋には東京市内の客や地方の客が朝から詰め掛けていた。株屋も客席を設け株の動きにより注文を請けていたもので、この客に昼時には必ず食事を出した。日本料理なら何処、蕎麦類なら何処と定めており、蒲焼では神田川などと肩をならべて大国屋は有名で、昼時の出前が毎日三千はあったといわれている。

うなぎについては色々と通人の話がある。江戸時代には池の端や千住、尾久の鰻より、深川で捕(と)れた鰻が一番旨いとされていたが、夏の土用の鰻は、江戸湾で捕れた江戸前（船橋より羽田辺までの間で捕れたもの）の鰻が最高のものとされ、冬の鰻は埼玉県の吉川辺で秋に捕れた鰻を泥の中に埋めておいて、冬食べるのが、何ともいえぬ味だともいわれた。

千住には江戸時代から川魚問屋があり、江戸湾は勿論、葛飾、下総、上総、常陸などの鰻を取扱っていたが、明治の中頃になると、東京付近の天然鰻はなかなか手に入らなくなり、他県の物を取り扱うようになった。その頃は大川に生簀を作り、その中に鰻を囲い、沼育ちの「あく」を抜いて、江戸前の鰻だといって料理していたが、明治三〇年頃から大川の水質も悪くなったので、各店で水道を利用して「水舟囲い」で鰻を囲った。

この頃の鰻屋は、蒲焼や鯰（なまず）のスッポン煮などを料理した。客は鰻を食べに行く時は、一時間位待たされるのは承知して行ったもので、夏などは昼寝をして待つ位の覚悟で行った。また鰻の焼けるまで、香の物で一杯気永に待つことは鰻通の普通のことで、香の物は特に念入りに作られ、酒の燗の仕方と香の物の良し悪しが鰻屋の評価となった。

関東と関西の鰻の調理方法は違っているが、関東の蒲焼の作り方は、鰻を腹から裂き、中骨、頭、尾を去り、大きさにより二つまたは三つに切り、二本の竹串に刺し、軽く焼き蒸してタレに浸し、また焼いてはタレにつけ、平皿に山椒を添えて供す。

埼玉では焼き方は同じであるが、切らずに大きなまま皿に乗せて出している。昔東海道原宿では、浮島沼の鰻を花札型に切り、串に刺して焼いたという。

大阪の焼き方は、鰻を背から裂き、そのままタレをつけて供するが、東京に比べて油が強く固い。

蒲焼の串は、鰻の大きさにより小串、中串、大串があり、食い道楽の人が鰻屋に行くと、主人は笊（ざる）に入った鰻を見せて、

「どれにしますか」

と聞き、客の注文の鰻を焼いたもので、年配者は脂（あぶら）の少ない小串、中串を好んだものである。

蒲焼屋の「タレ」は、一子相伝のもので、使っていて減れば、醤油と味醂を煮て加え、長く勤めた者が店を持つ時、この「タレ」を小壺に入れて、秘伝を伝える意味で分けたものである。火事の時は、鰻屋の主人は第一にこの「タレ」の入った壺を持って逃げ出したもので、この「タ

レ」が鰻屋の生命である。

明治年間、東京に神田川や和田平という有名な蒲焼屋の店があったが、それと肩をならべたのが大国屋だった。明治中頃の大国屋の広告に、

「京橋霊岸橋際　〈大鰌　蒲焼　大国屋平吉」

がある。この店の常連のある客は、

「長焼にて味稍辛し、鰻の美なると共に、燗酒の醇なる、漬物の佳なる、飯米の精なるは、鰻屋の八百善といわれ、毎年土用の丑の日に休業するを例とし、平素亦往々、『魚切れに付き休業』の札を掲ぐ。家は霊岸橋の東側の袂にあり」

と鰻と酒と香の物を褒めており、土用の丑の日の休業を伝えている。当時、東京の有名な鰻屋は、商品券を発行していたので、この日は暑い時でもあり、いまのように冷蔵庫などの設備がないので、素焼したものを保存も出来ず、味も落ちるし、店に来た客や注文の客に迷惑を掛けるので休んだものである。平素亦往々「魚切れに付き休業」といっているが、魚切れとは、売り切れたためなのか、適品がないため休んだものか判らない。しかし客にはこの店の商い振りがかえって好意をもたれ繁昌したという。

食べ物屋ではお燗だけは女将がしなければよい食べ物屋にはなれなかった。とくに香の物で一時間も二時間も待たせるには、よい香の物と、酒のよい物と燗の良さが、蒲焼屋としては欠かせぬもので、その点、大黒屋のそれは客をあきさせず、それがまた評判を高くした。

明治の時代でも、鰻といえば天然のものと限られており、鰻を食べに行くことは豪勢なことで、

一流の店で土用鰻を食べ、二人で一本付けただけで、祝儀と共に五円も掛った。

大国屋は、関東大震災の頃まで女将がえらぶつで店も繁昌していたが、その後家庭内の事情があり廃業した。以後大国屋号で身内の人が店を続けていたが、それも昭和の年代に入りやめたという。

柾目下駄　さかひ町　六門屋

履物屋で有名だった六門屋二六代の長男で、いま富士銀行に勤められている徳田一郎さんは、

「私は本来ならば、六門屋の二七代になるのですが、正直のところ六門屋については良く知っておりません。父から聞いた話ですが、江戸時代には『むかど屋』という呼び方の店でしたが、むずかしい呼び名でしたからお客様は『ろくもん屋』と呼ぶようになり、それが屋号となったといいます。戦争中は材料の配給もなく、企業合同をして殆んど商売は致しておりませんでした。昭和二八年に、日本橋高島屋が店舗の拡張の時、江戸時代から二百数十年続いた六門屋は店を閉めてしまいました。いま六門屋の屋号を許しておりますのは、新宿区左門町の六門屋だけです。

この六門屋は、歴史は長いのですが、代々男の子が育たず、養子を迎えたり、番頭が店を継いだりしたようです。養子の場合はそうでもありませんが、番頭が店を継いだ時は、すでに相当の年配になっているので代替りが激しく、それで二六代にもなったのでしょう。私の

父も埼玉の出身で、永らく店に勤め、主人に後継ぎがないため、二六代を継いだといいます」

六門屋は江戸の初期に店を開いたものらしいが、詳しいことはわかっていない。だが天保期には江戸でも有数の履物店になっており、江戸の芸人や粋人の間に柾目の下駄を流行させたのはこの六門屋で、高級履物店として贅沢な下駄を売ったという。

この六門屋について残っている記録は「天保十三年四月十八日、乗物町河岸（一説には四日市）に　六門屋という下駄など売るもの　高価なる品多し（略）是等皆召捕られ　土蔵に封印付て御改有……」とある。

天保十三年、水野越前守忠邦が行なった、いわゆる天保の改革の時、高価で贅沢な下駄を作り売って、当時の流行を作っていた六門屋は、同業の香取屋、袋物商の丸利、安宅の松乃寿司、両国の与兵衛寿司などと共に召捕えられ、手錠七日間をうけた。

しかし六門屋では、南部の桐の柾目を使って、周囲を黒く塗った「つらいかし」と称する粋な作りの台に天鵞絨の鼻緒をすげた洒落た下駄を作っていたのだが、取調べの時、「表付きにしては恐れ多いので、下駄の周囲を黒く塗っております。表付（畳付）の下駄は私の店では作っておりません。香取屋で売っていたものです」

とさも慎しんでいるような言い訳をしたので、香取屋のように所払いにはならなかった。

柾目の下駄の材料の桐は、東北の寒い土地で育ったものがよいとされ、なかでも会津や南部（宮古）の日陰の土地で育った桐がよい柾目を持っていた。

柾目は柾が等間隔で真直に走っており、その線が細くはっきりしていて数が多いほどよいとされ、一目いくらと数えられていた。昭和十年頃で、柾目が二四本あった下駄が五〇円といわれたが、当時大学卒の初任給が六〇円位であったから、如何に高価なものであったかが判る。

店のあった場所は、本番付では「さかひ町」と書いてあり、また人形町で履物屋を営んでいる島田氏も「さかひ町」にあったというが、「さかひ町」はいまの日本橋芳町で、明治の時代にはこの地に店を開いていたものであろう。その後中央区日本橋通二丁目に移ったのであるが、いつの頃か判らない。

表附　かや町　香取屋

日本橋人形町通りの扇屋履物店主島田光太郎氏（東京履物商業協同組合理事長）は、若いとき「かや町の香取屋」で修業されたという。

島田氏は今年（昭和四五年）八五才。生家は履物商で、彼は長男だったが家業を嫌い、新聞社に一時勤めたことがあった。これは履物は人間の一番下に使用するもので「いやしい商売」であると思い、若い島田氏にはそれが耐えられず、勤め人になろうとしたのであった。しかし蛙の子はやはり蛙で、明治三四年十七才の時修業のため香取屋に入店した。

香取屋は浅草橋から浅草寺に向って左側の、浅草かや町（現在・台東区浅草橋一ノ九）にあった。この店は銀座の阿波屋と、両国矢の倉の伊勢田と共に履物の三横綱といわれていた。

香取屋がこの地に移って来たのは天保の改革の後だった。それまでは日本橋通旅籠町の大丸呉服店（現在の東京駅の大丸デパートの前身）と同じ側にあった。

香取屋の創業は寛政年間（一七八九―一八〇〇）で、初代を与六といい、この人が商売熱心で「表付きの履物」を江戸に大正の始まで流行させ、一代で江戸一の履物屋に仕上げた。この店で売る南部の表の付いた下駄は贅沢なものとされ、品もよかった。各大名家や役者、芸人、芸妓に得意先が多く、他の店の五倍もの高価で売っていた。中には畳付きの駒下駄の中に冬期銅で作った壺の中に熱湯を入れて足を温めたり、下駄に引出しを付けてその中に金や銀または玳瑁（たいまい）を箆型に作って置き、下駄が泥で汚れた時、この箆で土を落したというような贅沢な履物を作ったこともあった。

天保十二年（一八四一）、水野忠邦が老中になるにおよび、苛酷ともいえる天保の改革が実施された。二代香取屋与七は、贅沢な物を売っているという理由で奉行所に呼び出され、七日間手錠をはめられ入牢申しつけられ取調べをうけた。この時の答弁が悪かったので所払いを命ぜられて、浅草かや町に移った。

この地は浅草見付（当時江戸に三六の見付があり、各見付には検問所があって江戸に入る交通の要衝に当り、見付といわれた。（ママ）この門の内が江戸で、この外を御府外（ごふがい）といわれた）の外の浅草橋を渡った所であった。当時、浅草かや町は奥州街道に面し、浅草寺の門前町として繁昌していた。近くに柳橋の花街もあり、浅草寺詣りの人や猿若町の芝居見物、吉原通いの駕籠の往き来する所であった。そのうえ蔵前には札差屋が何十軒もあり、江戸末期にはいわゆる「蔵前風」といった風俗の流行した所で、「いき」とか「渋味」がこれらの札差屋によって作り出された。また芸事が盛んで、役者、角力、芸者、幇間を贔屓にしており、これらの人々の出入りもしげく、札差屋は申すにおよばず、この人達も贅沢な品を身につけていた。

香取屋には、このように通人や芸人の客が多く、この人達は妙に粋がって下駄の台が足に触れるのを嫌い、畳表の付いた下駄を自慢にして履いたものである。香取屋の下駄は、「片べりしない」「鼻緒がゆるまない」のが評判で、そのうえ香取屋で下駄の後側に刻印を打ったのも、これらの人々の自慢になったものである。

履物の畳表は、江戸の中期頃、南部藩の江戸詰めの下級武士が内職として、南部（岩手県）の孟宗竹の皮を磨いて作ったのが始めで、南部といわれて最高のものとされていた。

三代与八の時代は丁度明治維新の時で、各大名もその領地を返納し、江戸屋敷詰めの家来も国表に帰り、その屋敷も取り毀され、家財道具と共に書画、骨董も二足三文で売り払われた。蔵前の札差屋も廃業する者が増え、流言蜚語のため世は落ちつかず、そのうえ「文明開化」の波は日本古来の風習を変えた。三代香取屋与八はこの荒波を乗り越えることが出来ず、明治の初年に店を閉めた。

その後、日本橋入舟町の三浦屋履物店が、この店を譲り請け、香取屋号の店名のままで店を開いた。島田氏はこの香取屋についての記憶を辿ってくれた。

「私はこの香取屋に修業のために入店したのでしたが、もうこの頃は日本のよいものが見直されていた時代で、履物の香取屋は、銀座の阿波屋と両国矢の倉の伊勢田と共に三横綱といわれていた時でした。

店は五間間口でガッシリした店でした。裏には細工場があり、常に腕のよい職人が五、六人居りまして、入念に下駄を作っていました。この頃の南部表は岩手県の宮古で作られ、八王子や高崎でも、また東京の浅草の今戸でも作られておりました。

明治二九年、有栖川宮様がイタリアの皇室へ『おやま人形』を献上したことがあります。その時、人形は永徳斎で作り、その衣装は三越で作って、履物は香取屋で製作しました。この履物の大きさは、一寸五分という小さなもので、これを本式に作るのですから大変でした、竹を絹糸より細く削り、それを表に仕上げ、鼻緒も絹地に刺繍をほどこしたものですから、腕達者の職人も泣いたものです。この値段が二足で二八円もしたものですから、業界ではびっくりしたものです。当時いくら高い下駄でも五円位だったからです。

香取屋には庭を隔てて茶室があり、主人も茶人としてなかなかお付合も広く、名士の方々もよくお立ち寄り頂いたものでした。幕末の函館の戦争の大立物で後の総理大臣、黒田清隆伯にも昵懇にして頂いており、太った身体を二人乗りの人力車で、お供を連れられて参られ、奥で主人とお茶を立てておられました。

摂津大掾と並び称されました文楽の大隅太夫も、履物にはうるさい人で、ご自分でわざわざ店に参られまして、色々と注文を頂きました。

香取屋は宮内省や各宮家、華族のお屋敷への出入りを許されており、三井様もよいお得意先でした。その他芸能界の方々もよく参られ、高級履物の店として品のある店でした。大正天皇の御婚儀の時、その里方の九条家のご注文で、妃殿下とそのお供の方々の履物を七、八〇足お納めしたことがありますが、この時は大変な騒ぎで、細工場の入口に注連縄を張り、水で身を清め、女は一切出入りを許さず、二ヵ月もかかって作り上げました。

私は修業を終えて、父の仕事を手伝いましたが、この香取屋も三代とは続かず、二代の時、大正七、八年に店を閉めました。その子孫の方はいまはどこにおられますか……」

その後、同氏から明治大正の頃の有名店についてお手紙を頂いたが、これは大変に参考になった。

昨年（昭和四九年）の末、人形町の勝文について電話したところ、息子さんに「父は十月になくなりました」といわれ、おしい人を失ったと思った。これでまた明治が一歩遠くなってしまった。下町で生れ、下町で育ち、明治・大正の下町をよく知っておられた島田氏だっただけに……。古文書は一つのことしか教えてくれない。その時代の多くの面を知るには、どうしても島田氏のような方に教えて頂く以外にない。

根岸の「くらや旅館」の老女将は、

「私は浅草のかや町の生れで、そこで育ちましたが、明治の末の香取屋は、ガラス張りの大きな店でした。当時ウインドのある店は少なくて、とても立派な店でした。着物を着た男前の人がいつも坐っていたのを覚えております。香取屋の履物は、私達娘には手の届かない高価なもので、一度履いてみたいと思っておりましたが、遂に履くことが出来ませんでした」

団扇　堀江町　伊せ惣

近頃は夏になっても団扇を使って「涼」をとるといった風景がとんと見られなくなった。戦前までは、夏になると、夕方風呂に入りサッパリと汗を流し、浴衣を着て団扇で「涼」を入れるという風情は、夏の風物詩の一つでもあった。冷房機も発達した昨今は団扇を使う機会も少なくなったが、江戸時代から明治・大正にかけては夏の必需品で、一般商家および料理店などが贈答品として使用したものである。

団扇の歴史は古く、中国から伝えられたというが、貞享年間（一六八四―八七）から江戸において一般の人々にも使われるようになったという。

日本橋の堀江町には団扇の問屋が多くあった。堀江町は現在の中央区小舟町一、二丁目あたりにあり、この地は通称団扇河岸といわれる堀に沿って倉が建ち、土蔵造りの団扇問屋が店を並べていた。天明・寛政の頃（一七八一―一八〇〇）には、錦絵の発展と共に、浮世絵師により団扇に当時流行の芝居の当り狂言や人気役者が描かれるようになり、浮世絵の流行と共に団扇の人気も高まった。

団扇問屋の繁昌について、式亭三馬（江戸時代の戯作者。本名は菊地久徳といい、『戯場粋言幕之外』『浮世風呂』『浮世床』などを書き、銭湯や髪結床などに集まる庶民の言語風俗を忠実に描写し、軽快な笑いを求めている）の日記『式亭雑記』はこう記している。

四月二日　堀江町団扇屋遠州屋が、団扇に例の急案の書賛、絵は沢村源之助の似顔、絵師歌川豊国の筆、同じ堀江町なる伊勢屋孫四郎が団扇の賛、絵は豊国の筆、俳優は市川七代目三竹はじめて助六の狂言、あたり也。

四月八日　堀江町遠州屋の団扇の書賛、鳶頭五郎兵衛役、松本幸四郎の絵。

四月十二日　堀江町伊勢孫、団扇絵賛、坂東三津五郎。

この堀江町には団扇問屋の伊勢屋惣右衛門こと伊勢惣、遠州屋、伊勢屋、伊勢孫などがあり、春の当り狂言や人気役者の似顔絵を豊国や国周などに描かせたが、その絵の良し悪しで団扇の売れ行きが違った。そこで団扇問屋は正月から芝居小屋に詰め切りで、狂言の人気、役者の当り芸を決定し、浮世絵師に何枚も描かせ、団扇に仕上げて地方の問屋に送った。その期間が一、二ヵ月で、絵を定め下職に作らせ旧暦の四、五月には売り出すので、この期間は目が廻るように忙しかった。当時の江戸の人は、この堀江町問屋を、「堀江町春狂言を夏見せる」と川柳を残している。

団扇は料理店や芸人、商家の暑中見舞に用いられた。当時の人気役者は、自分の似顔絵の団扇を贔屓筋に配ったもので、「豊国の裏へ自筆の暑中見舞」の句も出来た。

いま、伊勢惣は台東区柳橋でカレンダー、団扇をはじめ景品・宣伝用の品を卸している。社長村川三郎さんは、

「団扇は元来中国から伝えられたもので、春日神社の内職として作られたといいますが、

江戸時代の中期に江戸に伝わったようです。団扇は日本の各地で作られ、色々の型のものがありますが、江戸では柄を丸いまま使用したので〈丸うちわ〉とも〈江戸うちわ〉ともいわれたものです。江戸時代から明治にかけては、団扇の骨は千葉の館山で生産されました。団扇に使う竹はこの館山辺に野生しているものか、伊豆の西海岸の篠竹がよいとされており、他の土地の竹だと乾燥すると竹に皺がよってしまい見にくくなりました。館山の近くの農家や漁家が、年末から春にかけての閑時期に作り、船で団扇河岸にあげました。この河岸には団扇問屋の倉がいくつも並んでおり、船から直接倉入れをしたものです。

この骨と、地紙に浮世絵を刷ったものを、当時の麻布谷町（港区赤坂一、二丁目及六本木一丁目辺）に住んでいた軽輩の武士や貧しい人に内職に出して仕上げたものです。初夏になると店の前に美しく飾られ、堀江の町も美しくはなやかになりました。男物は柄の太さが五分、女物は三分ほどでした。

団扇の売れる時期は四、五月で、その集金は八、九月でした。団扇の季節が終るとこの団扇河岸の問屋は、毎年芋、干柿、蜜柑、栗などを取扱いました。これは江戸時代からの団扇河岸の株で、私の店は東京二三軒の蜜柑問屋の一つでした。

蜜柑は神田の市場でも昔から産地の和歌山の問屋との間に株契約があり、この問屋以外では取扱えませんでした。秋も深くなると、和歌山の岩浅港から汽船で品川まで運び、品川沖で伝馬船に積み替えて団扇河岸の伊勢惣の桟橋につけ、倉入れしたものです。私の店はこの河岸に二つの倉があり、〈入〉のマークが付いておりました。商いの方法は昔から委託販売形式で送られて参り、店では口銭一〇%を取って売ったものです。

大正になり関東大震災の後、私達業者が永い間取引きの一定の歩合を非常の時のためにと神田市場の釜屋銀行に積んでおいたものが同銀行の破産で取れなくなり、その上産地に問屋が新しく出来、電信・電話も発達し汽車で運ぶようになり、うま味もなくなったので株を売り、蜜柑の取引きはやめてしまいました。

昭和三三年堀江町も次第に立地条件が悪くなり、また団扇も一般家庭で使用しなくなりましたので、堀江町の店を柳橋に移しました。いま堀江町には伊場仙さんだけが残っているだけです。

現在、勝手用やお祭り用の渋団扇は、埼玉県の越生（おごせ）の農家で僅かに作っており、その外に四国の丸亀でも作っていますが、生産量もごく少なくなっています」

扇子　寳扇堂

宝扇堂久阿弥は、浅草の新仲見世にある。

江戸時代の初期は、雷門をくぐると左右に浅草寺の坊があり、今の新仲見世の通りから観音様に向って右側に二〇軒茶屋があり、参詣の客の袂をひいていた。左側には玩具店が軒を並べていた。その中に今のミニ玩具の武蔵屋があった。浅草寺の境内に本建築が許されたのは、八代将軍吉宗の時代で、それまでは簀葭張りの店で商いをしていた。

宝扇堂の初代金兵衛は、元禄年間（一六八八―一七〇三）に京都から江戸の賑いを聞いて出府した。天台宗の縁故をたより、浅草寺境内に簀葭張りの店を出し扇を売った。

扇子は当時京都で作られていた。建久年間（一一九〇―九八）平敦盛の内室であった蓮華院尼公が、京都五条新善光寺に閑居され、つれづれのままに扇を作った。

当時、後鳥羽天皇の病あつく、同寺の住職祐寛阿闍梨は、蓮華院の心をこめて作った扇に咒文を封納して、病災除滅の加持を修行したところ、たちまち天皇の病が平癒したので、この扇に「阿古女扇」の名を賜ったという。この話を聞いて、京都では扇を使う人が多くなった。

宝扇堂・新仲見世

やがてこの寺の境内の各坊で扇を作ることが盛んになった。一遍上人がこの寺で自像を作られて祀られるにおよび、「御影堂」と一般に呼ばれるようになり、この扇を「御影堂扇」と称するようになった。

御影堂の境内は十五房に分れており、御所に扇を納める功により「阿弥号」が許され、「宝阿弥」「庭阿弥」「重阿弥」「殊阿弥」「国阿弥」「持阿弥」などの扇作りの房があった。

そこで大坂、京都はいうに及ばず、江戸でも、良い扇を売る店は御影堂の看板を出して、御影堂の房で作った扇を売るようになった。

私が宝扇堂久阿弥の七代夫人、福島のぶさんをお尋ねしたのはちょうど「三社祭り」の日で、古いこの店はお祭りの役員をされており、忙しい中を会って頂いた。この店は、元は仲見世の通りにあったといわれるが、現在は仲見世から右に曲った二軒目にある。明るい店で、美しい踊りの扇がきらびやかに並び、さすが他の店と違い、和服姿の奥さんや娘さんらの客が手に扇を取り踊りの仕草をするのもこの店らしく、応対する店員もなかなかきびきびしており、福島さんの店風のきびしさを現していた。

「初代金兵衛の時代は、簀葭張りの店だったといいますが、三代のとき本建築を許され、浅草寺の境内に店を張りました。

明治になり、六代の金兵衛が、この店の中興の人で、幼名を玉三郎といいました。この六代は音羽屋張りの良い男で、仲見世の『ひねり人形のおたき』と『雷門の掛茶屋のおかめ』と共に浅草の美男美女と騒がれた人です。職人気質で真面目な玉三郎は商売熱心で、毎日納品される扇を一品々々調べて受取り、客に見せるときにチョットした疵でも発見すると、たとえ客が気に入りましても、絶対に売らない頑固さがありました。しかしお客様はかえってその真面目さを買って下さいましてこの店を信用して頂くようになりました。

このように商売に対するきびしさがありましても、一面、下町特有の、浅草の人が持つ親切さを持っていて、客に親身になって接しますので評判はよく、お客様の一身上の話にも相談にのって色々とお世話をしたようで、店も繁昌致し、扇では東京で業界一の店となりました。そして阿弥号を許され、宝扇堂久阿弥と称するようになりました。

扇は京都から仕入れていたようですが、その後、扇は骨で仕入れたり、また江戸の末期には鎌倉で出来る孟宗竹で作ったりしました。いまは滋賀県産のものを使っております。

扇の出来るまでには、十数工程を経ますが、そのなかでもむずかしいのは折りです。地紙は和紙三枚を張り合せ、湿った布で挟み、しめりをあたえ、この紙を先に折った二枚の紙型の間に挟んで折って行きます。この折りが急所で、うまく折らないと、扇を閉めたり開けたりする時、滑らかに参らないものです。踊りに使う舞扇は、親骨の根元に鉛を入れます。この鉛の重味で、踊の型をきめる時、扇がピタリときまり、美しい踊りの型が出来ます。

長さは普通九寸五分と定っておりますが、背の高い方が使われる扇は、尺（一尺）または尺五（一尺五寸）の物を作ることもあります。

扇は別名末広ともいわれ、お目出度い名前なので襲名・披露・祝いの贈物として使用され、またお中元の進物用とか、能、舞踊などと花柳界の方々に使って頂いております。

配り扇には三〇間（三〇本の骨）、踊り扇は中骨の八間物を使っております」

ざしきてんぷら　扇夫

「天ぷら」という名について面白い話がある。山東京山（戯作家・山東京伝の弟）が『北越雪譜』にこう述べている。

「天明の初年（一七八一）大坂の商人の利助とゆう男が、四、五人の若い者を使って商ひをしていたが、芸事に凝った上句、借金を踏み倒して、二七、八才の若さで、二ツ許り年上の芸者を連れて、大坂を逃げ出して江戸に出て来た。そして京橋の京伝の家の近くに住んで、京伝の処に良く遊びに来た。道楽の末商売を失敗した男だけに、話も面白く、『この男に銭を持たしたら、面白いことだろうな』と常に云っていた。

或る時利助が、『江戸には胡麻油で、野菜を揚げたものを、辻売りをしている人が多いが、大坂では、つまあげと云って、魚を揚げた旨いものがある。これを夜見世で売ってみたい』と云った。

京伝は『これは面白い』と早速試しに作らして食した処、大変に旨かった。

利助は『これを売るとしても、つまあげでは、江戸の人にはピンと来ないだらうが、何か良い名はないか』と聞かれ、京伝はしばらく考へていたが、筆をとり、『天麩羅』と書いた。利助は不審な面持ちで、その理由を尋ねた。京伝は笑いながら、『貴方はブラリと江戸へ来たから天竺浪人だ。その貴方が売るのだから天ぷらだ。麩は小麦で作る。羅は薄物と云う意味で、小麦粉の薄物とかけた戯言だ』と云へば、利助も洒落た男故、これは面白いと喜び、早速店を出すことになり、京山はその行燈に、『天麩羅』と書いてやった。利助は何処からか屋台を借りて来て、天麩羅を夜店で、一ッ四文で売った。この天麩羅が評判になり、早終ひする程良く売れた」

という。しかしこの時海老を揚げて売ったものか、魚だけだったかははっきりしていない。

お座敷天ぷらの扇夫は、福井扇夫（せんぷ）といい、幼名を竹三郎と呼んだ。浅草黒船町に住み、浅草東京亭の主人で、デップリ太った色の白い人で、狂言、声色の真似をよくした粋人として通人とのつき合いも多く、正蔵または喜三次と名乗ったこともあった。
歌舞伎新報にも出ていた「六二連」のメンバーで、歌舞伎劇の批評に権威があり、魯文や玄魚と共に明治の劇評家であった。芝居小屋の座席の中央の良い所がこの人達の坐席と定められ、辛辣な批評を下し、それを新聞に発表するので、座主も役者連もこの連中には震えていたものである。

明治になり、浅草猿若町の芝居小屋も次第に東京の中央に移転して行ったが、その頃扇夫も芸事に凝りすぎて東京亭を大和大夫にゆずり渡し、自らは扇夫と名乗り、自分で考えた「お座敷天ぷら」(出揚)を始めた。

これは、注文があると天ぷらを揚げる道具をいれた二つの箱を持って座敷または野天へいって実演するのである。なかなかうまく考えられており、二つの箱の一つには天ぷらを揚げる屋台が納めてあり、他の箱には油、水、玉子などの材料が納められている。注文があるとこの二つの箱を持って行き、天ぷらを揚げた。

扇夫は袴を付け、前垂をかけ、袖の角に玉がついており、その玉を帯の間にはさんで袖を処理し、手早く油を温め、材料を用意し、玉子の白味をうどん粉に混ぜ、天ぷらの衣とし小気味よく客の前で揚げ、温かいうちに供し、黄味は残りの油で玉子焼にした。一流料亭で鍛えた扇夫の舌は客にも満足をあたえた。

人々はこの手法を「大名天麩羅」と呼んだ。これは芝居連や茶人の間に評判となり、扇夫の人と成りを知っている者は好んでこの天麩羅の会を催し、扇夫の道楽を後援し、扇夫もこの好意をうけた。
この人がいつどこでなくなったか分らないが、二代扇夫が、いまの鶯谷駅近くで出揚天麩羅を始めた資料がある。この広告は河竹黙阿弥の描いたものである。

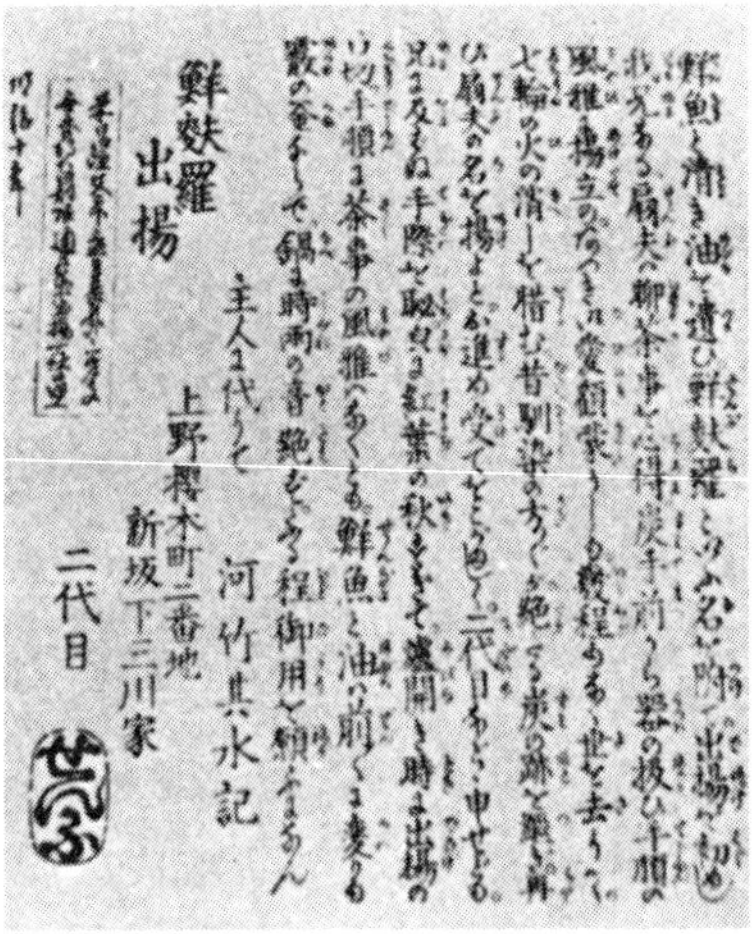

二代目扇夫のおひろめ札（河竹黙阿弥描く）

「鮮魚と清き油を遣ひ、鮮麩羅（せんぷら）といふ名を付けて、出揚を初めし我兄なる扇夫は、聊茶事を心得、炭手前から器の扱ひ、手順の風雅に揚立のあつき御愛顧蒙りしも、幾ほどもなく世を去りて、七輪の火の消えしを惜む。昔馴染の方々が絶えたる炭の跡を継ぎ、再び扇夫の名を揚げよと、御進めうけておこがましく、二代目などと申せども、兄に及ばぬ手際を恥ぢ、貌に紅葉の秋過ぎて、炉開き時に出揚の口切、手順に茶事の風雅はなくとも、鮮魚と油は前々に変りも霰の釜ならで、鍋に時雨の音絶えず、ふる程御用を願ふになん。

主人に代りて　河竹其水誌

上野桜木町二番地新坂下三川家

鮮麩羅出揚　二代目せんぷ

前日御注文被下置候節　外に差支無之候得ば　御刻限通罷出出揚可仕候　以上
十一月四日開業　　　　　　　　　　　　　　　　　　　　二代目せんぷ」

仮名垣魯文や河竹黙阿弥は、このような戯文を弄した広告文を描いたもので、その数は数え切れないほどある。口調に主体を置き、いまの人々には判読出来ない筆使が殆んどである。

芝居通だった扇夫が江戸末期から明治の初期にかけて戯曲作家だった河竹黙阿弥と親しく、扇夫の弟か妹が出揚げ店を開いたとき、その広告文を書いてやったものであろう。

この広告を出したのはいつの頃か分らないが、黙阿弥の歿したのは明治二六年であるから、初代扇夫の死んだのはその前で同二〇年頃か。

池の端　蓮玉庵

蕎麦屋のしにせ蓮玉庵は、江戸の末期から上野広小路から根津へ抜ける不忍池畔にあった。

初代は神田佐久間町の将軍家御用達の某商店の大番頭だった久保田八十八で、茶の湯、俳諧をよくした。大の蕎麦好きで、嗜好が嵩じて、知人に蕎麦を打って馳走するようになり、文久元年（一八六一）に不忍池畔に蕎麦屋を開いた。店の名を色々と考えたが、同年夏、不忍池に蓮の花の開くのを見に行ったおり、蓮の葉に朝露が朝日に輝いてコロコロと美しく転び、それが何とも言えぬ風情なので、店の名を蓮玉庵とつけた。

震災後大正15年頃の蓮玉庵

久保田は建物から器具まですっかり茶風の趣味をとり入れるという、いわば道楽で蕎麦屋を開いたが、何せん勤めの身で店廻りも出来ず、知人の沢島佐助に店を譲ってしまった。沢島は数寄屋町の金物商で、その娘と久保田の娘が寺子屋の朋輩で、子供同士が仲良く、両家を行ったり来たりしている間に親同士が親しくなり、久保田のこの話を聞いて佐助が店をゆずり受けたものである。

蓮玉庵二代の佐助は、明治二年六月に五〇才で没しているが、二代の奥さんのやすがえら物で、この人が蓮玉庵の基礎を作った。

やすは長命で、大正九年八九才で没している。二代の死亡した時は三六才で、女手ひとつで子供を育て、一手に店をひきうけ懸命に働いた。娘のひさに養子を迎え共に働いたが、「子供を育てながら商売をするのでは」と、孫を全部里子に出したというから、大した女将である。

不忍の池は上野の山を背負い、江戸の人々の寺詣りや春の花見、夏の蓮見、冬の雪など一年中賑わった所で、あるときにはこの池畔に茶屋が並び、客の袂をひくあやしい女達も出没したが、そうした茶屋が何度も取りこわしのうき目にあい、明治期にはいってからは博覧会や競馬も催された。

蓮玉庵は不忍池との間に忍川をはさみ、三間位の道に面した所にあり、川岸に植えられた柳はしっとりと優雅な風情をかもし、この店の二階からの眺めは、不忍池の蓮と弁天島がマッチして、上野の森の緑が目にしみ、ゆったりとした風情は風流人を喜ばせた。

その当時やすはつぎのような広告を出している。

「稟告

時下向暑の砌、高堂益々御清福御座被遊大慶の至りと存候、扨て、弊店儀　多年各位の御愛顧を蒙り、日に月に隆盛に趣く段、千万忝く御礼を申上候。

偖而、今回御客様方の御勧めに因り、来る廿四日より弁そば出前相始め、一層勉強吟味調進可仕候間、何卒各位の御愛顧御引立の程偏へにお願上候。　敬具

もり、かけ	金三銭	小田巻むし	金十二銭	月見そば	金十銭
皿そば	金三銭	あんとじうどん	金十二銭	釜あげうどん	金十銭
大蒸籠	金五銭	おかめそば	金十銭		
ざるそば	金五銭	山かけそば	金十銭	久すめん	お一人前 金十二銭
天ぷらそば	金十二銭	茶わんそば	金十銭	玉子やき	金十五銭
天とじ	金十五銭	玉子とじ	金十銭	かまぼこ	金十二銭

此の外、御進物の籠詰、御重詰等体裁よく調進可仕、当各種御宴会及園遊会、模擬店等簡略なる設備を以て、御注文に応ずべくに付、多少にかかわらず御用命願上候。

明治四十三年七月

下谷池の端
生蕎麦老舗　蓮玉庵」

「この広告は、三代か四代の時のもので、書いたものとしてはこれだけが残っております。関東大震災のとき、一度荷物を運び出しましたが、もう大丈夫だからと家に持って帰ったところが、風が変ってしまいお先祖のものをすっかり焼いてしまいました。その中には輪王寺の宮様や徳川十四代様、木戸孝允侯などにお書き頂きました物もありまして、誠におしいことをしました。

その時の店は、大正十二年の春に改築して間口七間、二階には十畳の間が三つもあったのが、その年の九月に罹災して、それが借金して建てたものですから、その後は間口三間位の店になってしまいました。

五代は健太郎と申し、俳句をよくして南浦の雅名があり、定期的にこの店の二階で水明派の「かな女」の句会が催されました。

私の店でおひいきを頂いた方に、初代左団次、五代目（菊五郎）、大観、万太郎、文六、ハチローなどの方々の外に、谷崎潤一郎、奥野信太郎さんなどがあります。この頃斎藤茂吉先生も何度もおいで頂きまして、

池の端の蓮玉庵に吾も入りつ上野公園に行く道すがら

と歌を頂いております。

六代の当主沢島孝夫さんの話である。

昭和十八年には、もう気に入った材料も手に入りませんし、企業整備もありましたので、この地も焼けると思い、五代健太郎は商売をやめ、神奈川県三浦市に疎開しました。終戦後も色々と都合があってなかなか開店出来ませんでしたが、昭和二九年の年末に、この地を求めて開店致しました。

前の店は、目の前に不忍池が眺められた風流な所でしたが、今は自動車がこの前の道をひしめいてしまって昔の風情はありません。ゆっくりと蕎麦を味って頂くには、この仲通りのようなしっとりとした大正の残っている所の方がよいと思います。有難いことにお客様は蓮玉庵の名を覚えていて下さいまして、前と変らぬおひいきを頂いております」

この通りには「老舗の宝舟」「組紐の道明」もあり、昔は「烟草の住吉屋、村田」などもあって、正面の岩崎邸はマンションに変っても、湯島天神には昔変らぬ梅の花が咲き、風流の人々に「湯島の白梅」のお蔦主税の名台詞を思い出させる。

この店は百余年、時代は変っても、その時どきの蓮玉庵の蕎麦の味を失なわず、主人自ら調理場に入り、店の味を守っている。太目の「かた打」の歯応えある作りで、サラッとした舌触りは、この店の秘伝で百年の味を出している。材料は昔は信州柏原の俳人一茶の故郷の蕎麦粉とかたくなに定め、他の土地のものはいっさい使っていなかったが、今日ではその生産もなく、柏原と気候のあった青森県七戸の農家を指導し、蓮玉庵の蕎麦粉を作らせている。これも祖先の味を守るこの店の良心である。

私は蓮玉庵に行く度に思い出すことがある。十数年前、草津から軽井沢へ紅葉の見物に行ったことがある。暖房の設備のなかった車ですっかり冷えてしまい、その上空腹で、軽井沢駅前に蕎麦屋を見つけ飛び込んだ。早速「かけ蕎麦」を注文したところ、主人が出て来て「病人でもあるのですか」という。いぶかりながら「別に病人はおりませんが」というと、蕎麦は「もり」に限り、「かけ蕎麦」は本当の蕎麦の味ではありません。病人以外の方には「かけ蕎麦」はつくりませんという。

この人は東京の蕎麦屋を何軒も修業し、この軽井沢で信州の蕎麦粉を使い、蕎麦の生粋の味を生かして商売をしているという。私は不粋にも「東京で一番良心的で、旨い蕎麦を作っている店はどこですか」と聞いてみた。

「上野の蓮玉庵です」

と即座に答えられた。私はかたくなな職人気質の信州の蕎麦屋の主人の言葉を、この店で「もり蕎麦」を食べる度に思い出す。

この話を私がしたとき、六代の沢島さんは、

「その店は『かぎもとや』という店です。私もその店は知らなかったのですが、昨年その方からぜひといわれ息子さんを預りまして、いま修業させております」

といわれ私はその奇遇に驚いた。

「蕎麦をおいしく食べて頂くには、出来た蕎麦をすぐ食べて頂くことです。蕎麦は熱湯で適当の固さにゆでまして、それを水に漬けますが、この水の温度が大切で、その温度により蕎麦の味が違います。それ位微妙なものですから、出前をした蕎麦や〈かけ蕎麦〉などでは、

本当の蕎麦の味は変ってしまいます」

と申し添えて下さった。

この店は別にこれといった風情はないが、昔からの蕎麦の茶碗を苦心して何十種も集めたものや、錦絵に描かれた「不忍池の図」や「蓮玉庵の絵」がどっしりと重みを増し笊に盛った蕎麦とその醬油味に主人の心使いがしみじみと感じられる。

そば　布屋太兵衛永坂更科

麻布には坂が多い。永坂も麻布の坂の一つである。更科は永坂にある蕎麦屋で、この店が有名になるにつれ「永坂更科」と呼ばれるようになった。

初代の清吉は太物商（呉服商）で、元禄の始（一六八八）信州高井郡保科村から晒布などを背負い、江戸に行商に来ていた。領主の保科兵部少輔の江戸屋敷が麻布十番にあり、そのお長屋に寝泊りを許され、江戸の町方に売り捌いていた。元禄六年、清吉は旅先で死亡したが、その妻女が女丈夫で、その後十六年ばかりで商売を拡め、小さな呉服舗を開くようになった。

八代の布屋清右衛門は蕎麦が好きで、趣味が嵩じて故郷の信州から蕎麦を取り寄せ、自分で蕎麦を打って知人に馳走するようになった。たまたまお立寄りになった保科侯に自慢の蕎麦をお奨めしたところ、大変に喜ばれ、侯にすすめられて寛政元年（一七八九）に、

「信州更科蕎麦処　布屋太兵衛」

の店を開いた。この店名は信州更級郡の「更」と、主家保科家の「科」を頂いたものである。
この店は三田稲荷神社の下の永坂（港区麻布永坂十三番地）の武家屋敷を求めたもので、門構えのある料亭のような作りで、静かな座敷で蕎麦を商なった。蕎麦作りに熱心な清右衛門はこの時代に、今日「更科蕎麦」が自慢にしている「お前そば」を考え出した。四代（蕎麦屋になって）の妻ともが中興の人で、四代太兵衛の歿後「お前蕎麦」の完成につとめ、将軍家のご用を承けて「お前蕎麦」の名を許された。保科侯の推薦で増上寺の各坊に出入し、各大名屋敷からもご用を請け給った。

信仰の厚かったともは常に祖先と亡夫の供養をおこたらず、門前に文久銭を棒にはめて置き、托鉢に立寄る僧に報謝し、ときには自ら店に招じ入れて蕎麦をすすめ、法話を聞いた。

この報謝をうけた僧は各地に赴き、江戸の話をするときは必ず「永坂更科」の功徳を話したので、店の名は全国に喧伝された。

江戸の末期、この店のことを、

更科の蕎麦はよけれど高いなり森をながめて二度とこんこん

と戯歌を詠じている人があるが、「高いなり」は裏の高台に安置してある三田稲荷明神のことをいったもので、「森」は「蕎麦の盛り」にかけたものである。また詩人串阿弥はこう詩っている。

千縷如銀蕎麦香
一觴沆瀣玉盛漿
麻布永坂更科号

著聞都城八百坊

このように狂歌や詩に詠じられた「永坂更科」は、江戸各寺の坊のご用を頂いていたもので、江戸時代でも有名な蕎麦屋となっていた。明治三八年の『新潮』には、

「麻布永坂の更科といったら、蕎麦屋とも布屋とも云はないでもそれと分る。布屋は更科の屋号で、主人は堀江松之助、布屋の六代目である。

先代までは代々太兵衛と呼んでいた処から、今でも『布屋太兵衛』と彫刻した板看板を店頭に出している。

名物は御前蕎麦で、本家以外は神田錦町の分店と、八丁堀三代町の支店とに許しているだけで、青山御所、高輪御殿、それから貴顕紳士から電話で注文を受けている。

御前蕎麦についでは、天ぷら蕎麦もこの店の名物で、天ぷらの種は伊勢海老に限っており、魚河岸は時化続きでも、更科は伊勢海老を絶やさないと言っている」

とある。この年の前年、「更科」を東京一の……いや日本一の蕎麦屋にした四代妻ともは孫の六代に世をゆずり歿した。六代松之助氏（慶応元年八月二十日生れ）は明治四三年十一月の『料理くらべ』の中で次のように語っている。

「私の店は五代の先祖からずっと麻布永坂に住まって、今日まで丁度百五十年の星霜を経て居ります。前は呉服屋で、代々布屋の太兵衛で通っておりました。

一体、一軒の蕎麦屋で一日に何程の蕎麦を使いますかと申しますと、麻布区だけでも蕎麦屋の数は四十余軒です。ですから東京市内には七百五十軒はあるでせう。その中一日一俵の

蕎麦を使う店は何軒もないでせう。私の店は一日三俵余、一ヶ月百俵以上は使っております。

原料は昔は八王子付近のものが品質も良し、産出高も多かったのですが、今日では埼玉、神奈川、茨城、長野、群馬、福島、宮城などが多く産します。それだけの蕎麦が悉く中野の問屋の手を経て来ますので、中野には大きな蕎麦問屋が何軒もあります。

私の店は年々販売先を拡め、地方選出の代議士さんが土産にして下さいますので、田舎にも随分と売れます。昨年十一月はロンドンの日本料理店の『生稲』からの注文で、缶詰の干蕎麦を送りました。

高貴の方へも出前が多く、飯倉の鍋島さん、徳川さん、高輪の毛利さん、大崎の島津さん、池田さんなどを筆頭に、華族方の大方から御贔屓に預っております。殊に東宮御所の皇孫殿下は蕎麦を大変にお好みになり、御用を頂いております」

この時代には宮家や華族の屋敷に出入りしており、調理場は総建物の半ばを占め、板前五人、釜前一人、出前六人もいたという。

大正になって、子規もこの店に立寄り、

そば屋出て永坂のぼる寒さかな

の句をものにしている。

永坂更科布屋太兵衛の八代小林勇氏はこう語っている。

「四代のともは偉い人でした。この人がおりましたから今日の『更科』があったのです。信心も厚く、商売熱心で、各方面のお引立てにより今日の基礎を作りました。常に帳場にいてお客様の接待、使用人の動きを注意し、言葉使いにも気を配ったといいます。六代は祖母の言いつけを良く守りました、店を立派にしましたが、当時は海外からの新しい料理が入ってきまして、蕎麦だけでは商売も困難な時もありましたが、次第に日本古来のものの中に味を見出しましてか、また隆盛になったようです。

英国皇太子のコンノート殿下がご来日のとき、井上侯邸において歓迎会が開かれました。そのとき御前蕎麦のご用を頂き、お褒めの言葉を頂きました。

この店は戦災で罹災しまして、昭和二四年、港区麻布十番一ノ七の今の駐車場の処に引越しましたが、手狭になったので四一年一一月に現在の十番の通りに移ったのです」

一業に成功するには、それだけの原因があったもので、しかしまた、それを守ることも大変である。二百年近くも「更科」は日本の味を育てて来た。蕎麦という素朴な味の食物は素朴なだけに味はむずかしい。ある人はいう。「蕎麦は汁だ」と。

私はそうとは思わない。茹たての蕎麦の歯当り、肌触りは、蕎麦通には何ともいえない魅力だ。汁の味も二百年の間には変ったろう。都会向に甘くなったことだろう。その時代々々の味を敏感に察し、時代の嗜好を先取りしてきたからこそ、今日の「更科蕎麦」はあり得たのだ。

そばの故郷は信州だと、私達は思っている。

信濃では月と仏とおらが蕎麦

の一茶の名句が、そう思わせているのである。別に一茶の生れた柏原が日本一の蕎麦の産地ではない。輸入ものとか、信州以外の産地のものが多いとかいわれているが、やはり信州は蕎麦の名産地として置きたい。

先日、西新井大師のお縁日で「蕎麦打棒」を求めた。そのときふと、こんな連想をした。

〝信州柏原の蕎麦を現地で求め、石臼で摺り、客を待たせて蕎麦粉を練り、充分練り上げ「戸隠そば」のように大きな蕎麦切り包丁で切る。太いものも細いものも出来るだろうな。茹で方がむずかしい。チョット固さが残るくらいにしたい。茹で上った蕎麦を、足利の一茶庵のように適当の温度の水に浸し、蕎麦をしめ、東京都内の蕎麦屋を歩き、その味を覚え、味は何にしますか……更科ですか、蓮玉ですか、藪にしますか、と客の好みに合せてすすめてみたら……〟

芹入りの蕎麦も旨い。私の故郷では早春の田から芹を摘んで来て、茹で上った蕎麦に無造作に混ぜてすすめてくれるが、これが何ともいえぬ旨さである。季節物の蕎麦もまた格別である。

永坂更科系の店は、東京都内に九店ある。「更科」の名で蕎麦店を開いているのはその他に五〇店はあるという。

道かん山　虫声

自動車の轍の音と、西日暮里駅を発着する電車の警笛の音とが交差する道灌山の切通しが、昔風流な「虫聞き」が行なわれたところとは知る人は少い。昔は諏方神社のある諏訪台と道灌山が地続きで、明治年間にここに切通しが開かれ、本郷から日暮里、三河島に通ずる道が出来て便利になったが、以前は土地の人はこの丘を上り下りしていた。

この諏訪台は、日暮里、三河島の田畑の稔りの彼方に荒川の清流を望み、遠く筑波、日光の山々が眺められ、西に富士が見える丘で、その風景を享保十三年（一七二八）日暮里浄光寺の住職宝山が、諸家に需めて八景の詩歌を作った。

筑波茂陰　黒髪晴雪　前畦落雁　後岳夜鹿
隅田秋月　利根遠帆　暮荘炬雨　神祠老杉

享保十八年（一七三三）四月、祭酒林大学頭信充が子息鳳谷と日暮里諏方神社に遊び、十二景詩を詠んだ。

筑波茂蔭　秩父遠影　滝野川夕照　梶原村田家　王子深林　平塚落雁　鵠谷秋月　染井夜雨　黒髪山残雪　豊島川帰帆　中里晩鐘　西ヵ原晴嵐

来って杖を留め、遠く近く顧望する者は日の暮るるを忘れたといい、宝暦、明和の頃（一七五一—七二）は「日ぐらしの里」といって江戸名所のひとつとして喧伝された。その繁昌は、

花の丘けふもきのうもあさってもあかぬ眺めに日ぐらしの里

の歌につきる。

この丘の西南に、左竹右京大夫（秋田藩主）の抱屋敷（百姓地を譲り請けて所有するものを云う）が一万七千坪あった。この辺りには薬草が自生しており、四季にわたって草摘みの人が絶えなかった。

黄色の稲穂が実り、暮色のようやく深くなろうとするとき、月は隅田川の流れを横一筋に走り、正面に月は上る。

その頃になると、虫の啼き声を聞こうとして人々はこの丘に登って来た。

『江戸名所図会』（斎藤幸雄、文政七年刊）に、

「文月の末を最中にして、とりわき名にしあふ虫塚の辺を奇絶とす、詞人吟客こゝに来りて、終夜その清音を珍重す。中に鐘児の音ハ勝て艶く、莎鶏、紡織娘のあハれなるに、金琵琶の振捨がたく、思ハず有明の月を待わたるも一興とやいはん。

まくり手にすゝむしさがす浅茅かな　其角」

がある。また、この虫聞に一文あり。

「日暮里より王子への道筋、飛鳥山の続きなり。昔太田道灌出城の跡なりという。くさぐさの虫ありて、人まつ虫のなきいづれば、ふりいでてなく鈴虫に、馬追虫、轡虫のかしましきあり。おのおのその音いう聞かんとて、袂すずしき秋風の夕暮より、人々ここに集まれり……」

静かに草むらに莫蓙を敷き、月の出るのを待ちながら酒を酌み交わし、虫の音を聞いた風景が目に見えるようである。虫の啼く音に、足音も話し声も忍ばせて丘を上ったことだろう。

明治十六年七月、この丘の麓に日本鉄道会社が上野―熊谷間の鉄道を敷いた。以来、黒い煙をはいて汽車が走るようになった。恐らくこの音が高くなるにつれ、秋の夜をすだく虫も消えて行ったか。あるいは、ここに切通しが出来たことであったか。自然を貴ぶことの大切さが改めて強調されている今日、日暮里に風流な虫聞きがあったことを、もう一度思い直してみたい。

御いん殿　水鶏

御隠殿の水鶏（くいな）を尋ねるには、まず御隠殿と根岸を知らねばなるまい。

国電鶯谷駅と日暮里駅のほぼ中間に御隠殿坂という坂がある。昔は相当利用された坂道であったが、上野台は墓地であるためか、陸橋が出来てから利用する人は少い。京成電車がこの橋と平行するように上野の山にもぐり込むあたりの北側が、昔御隠殿のあった所である。

この御隠殿は、輪王寺の宮の御隠居所として建てられたもので、宝暦二年（一七五二）寛永寺七世門主公遵法親王随自意院宮がご隠居され、同年十月浅草伝法院に住まわれた。浅草寺は寛永寺の支配下にあり、伝法院は各宮のご隠居として使用されていたが、くつろぎにくい所も多かったので同四年三月、根岸音無川と上野台との間、元金杉村杉崎にご隠居所を新築して宮を移し、改めてこのご殿を御隠殿と称した。

全敷地は三千百余坪あり、ご新居の裏には上野の森をひかえ、前に遠く筑波の山々をのぞみ、なだらかな上野台の御殿からは日暮里の田や畠が広く開け、遠く京師をはなれて東国の寛永寺の門主として、忙しい毎日をおくられた親王には、閑静なこのご隠居所を大変に喜ばれたという。

老松の林に包まれた環境、数奇をこらした京風のご殿、泉石をあしらった庭園、泉水、中島、朱欄の橋をかけた池には錦辺蓮を植え、舟を浮べ、ときには管絃の音や酒宴の歌声が月に冴える上野の森に響いたものである。この幽雅さを『道しおり』は、

明治初期の上野御隠殿

「月は御隠殿前又台の下　松原辺尤なり　況んや管絃の音
山岳に響き　夜は仙界の趣あり」

と述べている。

元禄の頃、寛永寺にあった公弁法親王が、関東の鶯は訛りがあるとて、上方より数百羽の鶯の雛を取り寄せ、根岸の里に放されたという、この鶯の声と和して、夕ともなれば御隠殿の東方を流れる音無川のせせらぎに水鶏がしきりに啼いた。

ご殿の山側は七尺位の栗の格子型の塀があり、その外側に椎の木が十七、八本ある。裏門は茅門といい、宮はこの門から寛永寺におもむかれた。

明和九年（一七七二）一度ご隠居された随自意院宮が再任され、第九世随宜楽院宮となられたので、御隠殿はその主を失うこともあったが、代々の輪王寺宮の御休息所として用いられた。しかし、この名蹟も幕末の上野の戦で無惨にも焼払われた。戦後、この敷地より少しはなれた根岸薬師寺の境内に地元の有志により「御隠殿跡」のささやかな碑が建てられ、当時の幽雅さをしのぶよすがとなっている。

水鶏にちなむ水鶏橋も、うぐいす橋と名を変えた。御隠殿の名も今は、わずかに御隠殿坂にとどめるにすぎない。

日暮里に住みついて九代目という前島鎌太郎氏（明治二〇年生れ、八四才）は地元の郷土史の研究家で、子供の頃はよく近所の御隠殿で遊んだものだという。前島氏は大槻文彦氏（文学博士、一八四七―一九二八。『大言海』の著者）の製作された『根岸付近の地図』（明治三三年刊）を前に、こんな話をしてくださった。

「明治初年に御隠殿の敷地は一般に払い下げられ、同六年に競売に付せられたものです。日本鉄道会社が上野から熊谷まで汽車を走らせたのは明治十六年七月で、上野の次の駅は王子、その次が赤羽でした。この線路を敷設するために御隠殿の土地は大きくけずられてしまいました。

その時、今の鉄道の敷地の所を駒形の『どぜう屋』が買い求め、御隠殿の池や築山を巧みに利用し樹木も植え茶室を設け、ときおり茶会を催したものです。茶会のある日は馬車や人力車がよく停っていたものでした。

この敷地には、明治の名優伊井蓉峰や小説家の小島政二郎さんなどが住んでいましたが、線路が敷かれるようになって取払われ、その後東北、常盤、山ノ手線が設けられる度にこの上野台はけずられ、御隠殿の敷地もあとかたもなくなってしまいました」

大槻氏の地図には、

「今皆民居となり、用水に表門前なりし大石橋（御隠殿橋）を存するのみ。この御殿の東北角の用水に掛けた尺許りの石橋を『水鶏橋』といいし由、近年石橋を架けかへ『うぐいす橋』と刻めり。往時は此辺の水は田にて、此辺幷に御隠殿の池等に水鶏最も多く棲みたりと云ふ」

とあり、また水鶏についても説明がある。

「これも根岸の名物なりしが、今は見へず。されど余が園地などに稀に来りて、夜汽車の響に合せて叩くことあり。時鶯も喧しきまでなりしも鉄道出来てより声も絶へたり」

この時代、根岸に住む文士仲間で根岸党という会を作っていたが、その仲間に正岡子規、森田思軒、饗庭篁村、須藤南翠、宮崎三昧、関根只好、幸田露伴などがいた。

根岸はまた富裕な有閑階級や商人の寮、妾宅などが集っていた。子規の句に、

妻よりも妾の多し門涼み

音無川を詠んだ句に、

下駄洗ふ音無川や五月晴

などがある。また子規は明治二五年に、

「当地はさすが名所だけに、鶯も啼き、杜もなき、水鶏もなくよし。今夜も陸氏と話をしつゝある時に水鶏の声しきりに聞えければ、座上即興と詞書し、

雨にくち風にやぶれし柴の戸を何をちからに叩く水鶏ぞ」

と興じている。

この敷地内に住んでおられる福島亀之助氏は、次のように語ってくれた。

「敷地は三千余坪ありました。この地は上野台からなだらかに音無川べりに至り、右側は羽二重団子の裏の日暮里と根岸との境までで、左側は青木ストアの所まであったようです。表は音無川に巾九尺の御影石の橋がかけられており、橋を渡ると表門までの間は約三間あ

り、その真中になぜか井戸がありました。この両側は茶畑（この辺は茶畑が多かったらしく茶畑の地名もあった）で、三尺位の高さに石塀が積んでありました。

裏門は茅門といい、宮様が寛永寺や輪王寺からおいでになるとき通られたもので、この位置は現在の御隠殿坂の陸橋と京成電車が地下に入る所の中間あたりにありました。裏の塀は御隠殿坂の上部あたりにあり、十七、八本あった椎の木もいまは六本しか残っておりません」

現在、水鶏橋のあったと思われる所は道路で、御隠殿の塀跡には古い石垣がある。椎の木は六本残っており、二つの切株もある。

ゆかた　竺仙

竺仙こと橋本仙之助は明治の初期に、竺仙染めの考案者として、また一大粋人として名を馳せた人である。

それまでは浴衣といえば白着地か棒縞であったものを、この人は夏の室内着か軽い外出着にも出来るようにと生地、柄、染料を研究した。これが竺仙の名で芸能界・花柳界の評判をとり、さらに一般家庭にも普及し、巨万の富を作った。一方、明治の一大粋人としてもその名を連ねた。山々亭有人、仮名垣魯文、大久保柴香、都一中、菊五郎、円朝、文治、黙阿弥などの文芸・芸能界の通人連と「馬十連」を作り、儲けた金を一代で蕩尽して八五歳の高齢をもって一生を終った。

この人は背が低かったので一般に「チビ仙」といわれ、「竺仙」の雅号は明治の通人津藤香以が「チンチクリン」の仙之助であるから「竺仙」と洒落てつけたもので、これが仙之助の呼び名となり、店も「竺仙」と称されるようになった。

仙之助は文政六年（一八二三）十一月三日、京橋木挽町で生れた。父は素人といい、幼い頃父から道学を教った。その後知人の銀座の某商家に勤め、十二、三才で俳句・戯文をろうし、同じ銀座にいた仮名垣魯文と某の三人は銀座の三神童といわれたという。しかし当時の銀座はそれほど店があったわけでもなく、明治になっても藁葺屋根の家があったといわれるから、東海道の一町屋にすぎなかった所で、三神童といわれたというのもあやしいが、とにかく多少違ったところはあったのだろう。

嘉永六年（一八五三）三一歳の時、浅草新福富町三〇番地（今の台東区寿三丁目一〇―一三）に金屋呉服店を開業した。俳句などひねくっていたので句会などにも出席していたが、当時浅草橋付近に画家が多く住んでおり、知り合いの人も多く、仙之助は遊びに行っているうちに、絵の知識も得ると共に、浴衣に何か染めたら新しい製品が出来ると思い、書き損じの下絵を貰ってきて、それに古代模様或は裂地の紋様を組合せて小紋様の柄を考案し、原図を作り、紙型を彫らせたうえ浴衣に染めた。

その頃のことを谷中の竺仙本舗の小川亮吉氏は、

「当時浅草の絵師の処に遊びに行き、片付けを手伝う振りをして書き損じの下絵を袖に忍ばして持って来たといいます。この時代はまだ衣類は藍で染めておりましたが、ご存じの通り藍は汗や水に溶けて肌を汚したものです。

竺仙は、何とかしてこの染料の欠点を除こうと思っており、当時輸入されましたドイツの染料が水にも溶けず肌も汚さないことを聞いて、早速横浜に参って手に入れ、色々と調合し、ドイツ染料六〇%、藍四〇%の染料は水にも溶けず日にも褪めないことが判り、今までの手紡のむらな糸で織った浴衣を、細い機械製の糸で作った浴衣地を使って、考案した染料で小紋調の柄を染めました。

これが芸能界・花柳界の大評判となり、一般家庭に普及するに及び、次々に新柄を考案しましたが、すべて好評を以て迎えられ、染物といえば『竺仙』といわれるようになりました」

ところで東京では仙之助が考えたような染め方の出来る工場は少なかったので、染工場を廻っては新柄の染め方を指導して歩いた。

その時の竺仙について、只一軒神田紺屋町に残って、昔ながらの染工場を営んでいる「形亀染工所」南部栄吉氏に語ってもらった。

「私は明治二十年生れで八五才になりますが、この神田紺屋町は江戸時代からの染物工場のありました町で、何十軒もの染物屋がありました。明治の時代にも乾場が工場の上にあってお天気のよい日は台に染物が引上げられ、風になびきまして景気の良かったものです。

しかし、震災や戦災の度に廃業する者や郊外に移る者が多くなり、今は私の店一軒になってしまいました。

竺仙さんのことはよく覚えております。私の幼い頃でしたが、当時東京でも珍らしかった大きな自動車に乗って参られ、この狭い露路に入って来ますと、近所の人が多勢飛び出してきて、いくらブウブウとラッパを鳴らしても驚きませんで、前や後を取り巻いたものです。

竺仙さんは車の中からいつも大きな声で、仕事のことを呶鳴りながら降りて来たもので、あんな小さな人がどこからあのような大きな声が出るのかと不思議に思いました。また父が竺仙さんに呶鳴られて、頭を下げていたのが幼い頃の印象として記憶に残っております。

父は後年、竺仙さんのことについて、とても仕事にうるさい人で、いつも文句ばかりいうので何度もお断りしようと思ったか判らないが、研究熱心な竺仙さんの話に遂巻き込まれて、新柄の型紙を見せられると、何とか褒められてみたいと仕事を引受けた、といっておりました。竺仙さんも工場に入りまして、染料の作り方や型紙の置き方、染め方など、父と一緒に研究したようです。そのため父もずい分苦労したようですが、竺仙さんの希望の浴衣を染め上げ喜んでもらったといいます。仕事はこのようにうるさかったのですが、工賃は他の仕事より五割も多く支払ってくれたといいます」

私が形亀さんを訪れたのは昭和四五年であったが、ご主人の名前を聞き忘れたので五〇年の三月にお電話申し上げたところ、前年九月廃業され、同十月に南部氏はなくなられていた。江戸時代から只一軒神田紺屋町の名を残して、昭和年代まで染物屋として経営されて来た形亀染工場も今はない。

仕事に熱心だった竺仙は、商売も順調に進み、「浴衣は竺仙」とまでいわれるようになるにつれ、東京の粋人連と深く交際し、菊五郎、円朝、扇夫、南龍などと三題噺（三つの題を各自に出して、それを即興的に小噺を語る会）などに出席した。竺仙は苦労人らしく、世情にも通じ、トンチ、洒落もうまくつらなる人々の舌を巻かせた。

その遊び方は『くまなき影』に竺仙の略伝があり、

「道楽に志しを運び、道を小耳にはさみしより、遊廓、戯場に遊んでも、進退矩をはずさず、素行はその実名にして、竺仙はその俳号なり、その人半世の行状に、滑稽自在なることは、好以えらみし竺の栞の小冊にくわしく、其身小にして、其名大なるはこの人なるべし」

明治十六年、竺仙の特に親しかった河竹黙阿弥は、竺仙の還暦の祝として手紙を送っている。

「此頃、世間の不景気に少しも感ぜぬ繁昌は、伊勢音頭の拍子よく、ヨイ〳〵よき事のみ重なり、来る年々に、一万度の払ひあれば、儲けもありて、朝熊（アサマ）の山の高さほど、幾万金の黄金を積み、屋号は金屋の名詮自称、福々然たる竺仙翁は、二見にひとしき二人の息子、岩より堅き性質にて、内宮外宮の内外に流行とか聞く。

今年六十一年目に、子供に還える御祝いも、御師の暦の年月早く、八十末社もたちまち廻り、おのれも祝さんと思う折から、七百余方齢いを保つ延命の、菊の名にほう梅幸氏が、貢のあたりに、彼地によそえて、お祝ひ申すしるしばかりに、お宮参りの犬張子を呈しますれば、にこ〳〵笑って御受納下されかし。

時に明治十六年祝月、千歳飴のいと甘き片言まじりの祝文を、曲りなり綴りしものは、産れ替って当年八十八級生徒におとりたる。

河竹默阿弥」

笠仙殿

この時默阿弥は、祝の犬張子の首に、麻の耳白に小銭を五銭だけ結び付け（死線を越えるの意）、木札と見ゆる黄土色の紙袋へ紙幣を一円二〇銭入れ、両方で一円二五銭（五百疋）にして、封筒の表に「天然商太物商」と書き、裏に「賀笠仙　其水（默阿弥）明治十六年一月」と書いて送った。

默阿弥は同年に、この祝を兼ねて笠仙の為に得意の狂言を書き、「古代形新染浴衣」を新富座で、初代左団次、四代松助、五代菊五郎、二代秀調、八代半四郎、五代小団次により演じており好評を博している。

それより以前、明治十一年笠仙五六歳のとき、高野山に詣で剃髪し、千蔵院院主第三七五世渋谷覚亮権大教正より金照院の法号を得て、明治四〇年に死亡している。

この時の葬儀は盛大で、演芸・芸能界はもちろん、花柳界の女将連や幇間、芸妓、角界から仕入先、得意先の人々で、新福富町かいわいは埋まり、東京中の頭連に守られ、明治を代表した小柄な偉大なる通人を葬るにふさわしい葬儀だった。

墓は元寛永寺の宮様の元御隠居所であった御隠殿の敷地内にあり、今の御隠殿坂の中腹にある。戒名は金照院寿徳素行笠阿弥。笠阿弥の笠は笠仙の笠で、特に親しかった默阿弥の「阿弥」を付けたものである。この時には默阿弥（明治二六年）も魯文（明治二七年）も歿していた。

今笠仙の四代橋本仙之助さんは、

「初代笠仙は、仕事も熱心でしたが、奇麗な遊びをして、一生を楽しくすごした人でした。二代の時震災に、三代の時戦災に罹いましたが、各百貨店から各地の呉服店に笠仙の呉服を卸しておりました。

しかし戦後、笠仙の商号を登録して置かなかったので、他の人に登録されてしまい、強く抗議を申込みましたが、後の祭りでどうにもなりませんでした」

と語る。だが、笠仙は現在、金屋笠仙の屋号で二人の息子さんと曾祖父の遺志をついで、その紙型を大切に保存され、その伝統をつたえている。

東両国　與兵衛

すしは「寿司」「寿之」「寿し」「鮓」「鮨」「すし」など六種類も書き方があり、それがすべて、すしに通じるから面白い。特に関東では「寿し」と書いたり「鮨」と書くのが普通で、関西では「鮓」と書く風習がある。

江戸で「寿司」の記録のあるのは『江戸鹿の子』（貞享四年刊）に舟町横町（日本橋旧魚河岸）に「鮓笄食ずし」として、近江屋、駿河屋の二軒が記載されている。

文政年間（一八一八—二九）に、私達が今日口にする「握り寿司」を与兵衛が考えるまでは、大坂式の圧し鮓であった。「握り寿司」はそれまで何人かが考えて売り出したこともあったが、

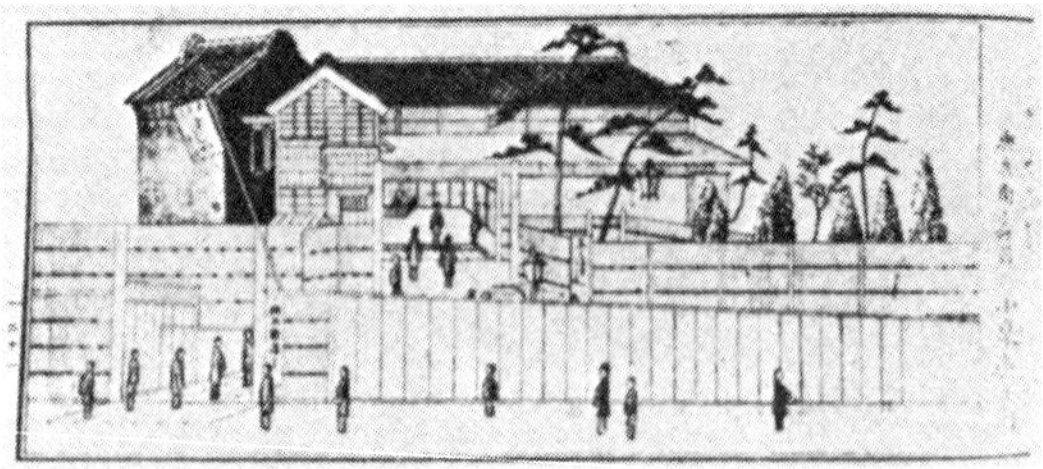

明治16年両国の与兵衛寿司

どうも江戸っ子の口にあわず、流行しなかった。与兵衛の考え出した「握り寿司」はその当時馬鹿当たりを見せて〝物めずらしいは江戸の常〟と大流行をした。『柳多留』文政十年（一八二七）三月二六日の万句合に、

　　妖術という身で握るすしの飯

とあるところから、おそらくは文政七、八年には与兵衛の握った寿司は、江戸の評判になっていたのであろう。

与兵衛は、寛政年間（一七八九―一八〇〇）に日本橋霊岸島に生れた。父は藤兵衛といい、花屋という八百屋をしており、越前福井藩の江戸屋敷の出入り商人だった。九歳のとき、浅草蔵前の札差屋、板倉屋清兵衛方に縁あって奉公に出た。

当時、大川べりには幕府の米倉が何棟も建っており、官領地から舟で送られて来る米をこの倉に収容していた。この米は幕府のお倉米として、旗本や出仕している人の扶持米となったり、江戸の人々の食糧となった。旗本は年三回扶持米の券を貰い、それを札差屋に持って行き、その時の米相場で換金したもので、景気のよい商売だった。

与兵衛はこの店に十数年間、律儀に勤めたが、当時景気のよい札差屋がはやらさせた蔵前風を見よう見真似でまねて、茶事や持物に凝るようになり、いわゆる〝銀流し〟（金がないのに身につ

ける物は一流のもの）を身につけ、まだ若いのに着るものは旦那衆と同じような物を身につけて得意がっていた。そのころ贅沢品とされた銀煙管を買い入れて得意になっているのを主人に見つかり、ひどく叱られたこともあった。このように一事が万事、目に余る贅沢をしたので、奉公を終えて店を出るときは無一文であった。

しかし、物に凝る癖は直らず、資本もないのに好きな道具屋を始めて失敗したり、問屋から落雁や干菓子を借りて行商もしたが、どれも長続きはしなかった。大店に永く勤めた者が一文商いをしても成功する訳もなく、途方にくれてしょぼくれた与兵衛であったが、物に凝るくらいの人であるから貧乏は平気で、何もすることがなくなると本所の横網の長屋でくすぶっていた。

空き腹をかゝえ、ぼんやりと毎日をすごしていた与兵衛はある日、ガバとおきあがり「そうだ、寿司を作ってみよう」と思いたった。

小泉与兵衛

食べ物を作ってみようと思ったのは、与兵衛自身が腹が空いていたからである。板倉屋に勤めていた頃食べに行った圧し鮓が、出来上るまで時間がかかるし、それにあまり旨いものではなかったのを思い出し、何とかして時間がかからず、魚の味を生かして早く作る方法はないものかと考えた。

長年米を取扱っていたので、米の見分け方は心得ている。数多い種類の米の中から寿司に向いた米を選び、それを普通より多少固目に炊き、酢に砂糖をまぜてキュッと握り、その上に酢で殺したコハダを乗せ、まず口の奢った蔵前の人々に試食してもらった。これが食道楽の札差の人々の口に合い、馬鹿な受けようであった。

すべての仕事に失敗した若い与兵衛が、道楽中に覚えた味覚から「握り寿司」を作ったのだが、毎日川向うの札差屋から注文が殺到した。そこで与兵衛は横網の長屋をひき払い、両国回向院前の横丁に店を出した。

当時の両国は、両国橋の東・西の橋の袂が江戸一の繁華街だった。これは両国橋の架替え、修理の費用捻出のため、その両側の広場に興行を許したからで、角力小屋や百日芝居と称する芝居小屋もあり、種々の催物が年中行なわれていた。

この町中で与兵衛は、屋台を作り「立ち食い寿司」を始めた。いまは寿司屋、天ぷら屋といえば立派な店で商いをしているが、当時はみな屋台で食わせる粗末な店であった。

与兵衛は寿司に山葵(わさび)をつけることも考え、凝った与兵衛は当時贅沢といわれた山本の茶も添えて客を迎えたので、食い道楽の連中もアッと驚いた。それが両国中に評判となり、札差連は勿論、遠方からきた人も評判を聞いて立寄り、店はますます繁昌した。

与兵衛はまた、松井町にあった岡場所や旗本屋敷などの出前にも応じた。これらの注文と店の客に追われ、使用人と共に毎晩十二時に臥し、四時には起きて河岸に行き、材料を選び、若い者に車を引かせた。客がふえるにつれ、屋台では……と与兵衛は家を建て直し、座敷で食べられるようにして、続いて隣の家を買い店を拡げた。

常連の牧野家の江戸屋敷留守役の某が、ある日与兵衛の店に来て「何か変った種で握ってくれ」という。寿司種を多くしようと思っていたおりでもあり、与兵衛はじっと考えていたが、芝海老を煮てこれを擂り、海老のオボロを作り、砂糖で味をつけて握って差出した。某はそれを食べて「旨い々々」といい、祝儀をはずんで帰った。当時、芝海老は殆んど食用にはされず、価も安かったのである。この成功に気をよくした与兵衛はその後、卵焼、車海老、白魚、鮪、鰶、あなごなどをつけて好評を博した。

坊主だまして還俗させてコハダのすしを売らせたい

そのころこんな歌がはやったが、吉原かぶりに手拭を頭に乗せて白股引に黒の足袋、白鼻緒の草履をはいたいなせな姿で、コハダを入れた岡持を持った姿が娘心をあやしく狂わしたものである。

あまり評判がよかったので、天保十二年の〝天保の改革〟のとき、与兵衛は松の寿司と共に奉行所に呼び出され、色々と質問をうけた。幸にして別に咎めもなく戻されたが、またこれが江戸ッ子の評判となり、かえって与兵衛寿司は繁昌した。

与兵衛寿司の五代に当る米穀新聞社社長、小泉国太郎さんは、

「私が生まれたのは明治二五年で、その頃は三代に当る祖父（大正四年、六七歳で歿）がやっておりました。寿司屋は私の父の四代与兵衛（昭和二〇年、七三歳で歿）までです。

私の子供の頃の記憶の与兵衛寿司は、内店と申しまして、いまのような屋台（店にはなっているが、調理をしたものをすぐ客に出す式の店作り）ではなく、お客様には座敷に上って頂いたものです。寿司屋と申しましても料亭作りで、当時の寿司屋はみなこのような作りで、色々と他の料理も出来たものでした。

敷地は三〇〇坪位ありまして、震災後に復興したときでも、二階に座敷が五つ、階下に三つもありました。震災前はもっと広かったと思います。調理する人はみんな私の店で修業した人達で、決して渡り職人は使いませんでした。

年二回の相撲が始まると相撲茶屋から注文がありまして、何百もの寿司桶が車で運び出されて大変でした。またお帰りのとき、坊主や店にお立寄り頂くお客様で大変混雑したものです。お客様には十六代様（徳川家達）や、後で東京市長になられた永田秀次郎様、団十郎、五代目菊五郎などもお供の者をつれられて賑やかにおいで頂きました。出前も致しておりまして、近くの場合はよかったのですが、山の手方面からの注文も多く、当時自転車がまだなかったので車に積んで、若い衆が麴町や赤坂まで届けたものでした。

明治の末になりますと、この両国の賑いも東京市内に移り始め、お屋敷も少なくなりました。これは、昔の交通機関が駕籠か舟だったので、日本橋に近いこの本所にお屋敷があったものと思いますが、人力車や馬車が発達しますと山ノ手方面が便利で引越されたものです。与兵衛寿司も四代の時代で、次第に経費もかさみ、当時流行の山に手を出して大部損をしたようです。

関東大震災では罹災しまして、西武鉄道の故堤さんのお口添えで一時渋谷道玄坂の百軒店に店を開いたことがあります。東京の劇場も焼けたので水谷八重子の一座がこの百軒店で興行をしておりましたが、父は毎晩海苔巻（海苔で巻いた玉子巻）の断ち屑がもったいないと、無料で楽屋に入れておりましたが「与兵衛は屑寿司きり出来ないのか」といって笑ったことがあります。

この時、後に詩人となりました父の弟の清三郎（迂外）が手伝っていたこともありました。この人は明治四三年に『家庭割烹講義録』を刊行して、その講義をしたことがありますから、寿司の腕はたしかなものだったろうと思います。

与兵衛寿司が両国の元の所に戻ったのは昭和二年か三年で、私は当時早稲田大学に入っておりましたので、弟が後を継ぎました。ところが、この弟若死をしまして、父は気を落して昭和五年、遂に廃業してしまいました。父は戦争中の昭和二〇年、新潟に疎開中死亡しました。

いま東京都内に与兵衛寿司と名乗る店がありますが、なつかしく思っております」

安宅　松の壽司

松の寿司は深川安宅町（江東区深川新大橋一丁目十番地辺）六間堀横丁の深川一ッ目通りの、お船蔵前町にあった。砂子鮨という屋号で、主人の名が松五郎といい、「安宅」とか「松の寿司」とか呼ばれ、これが店名となった。

「松の寿司」の寿司は京坂風の圧し寿司である。寿司は寛政年間以前に江戸でも作られており、四角の寿司桶の中に魚の膏を混ぜた飯を入れ、その上に種を並べ、蓋を覆い、重石を載せて三、四時間圧迫し、味の付いたところで鮨篦で一定の大きさに切り、紅生姜（梅の酢漬）を添えたものであった。

この時代、松五郎は鯖の鮨に伊豆山葵を添えたのが評判を呼び、繁昌していた。その頃の川柳にこんなのがある。

松が寿司一分ぺろりと猫が食ひ
算盤づくならよしなんし松の寿司

猫とは安宅の近くにあった岡場所の遊女達で、金猫、銀猫などといわれた。一時（二時間）の遊び代が一分だったのに、一分の寿司をこの女達に奢ったらペロリと食べたので、客も松の寿司は高いなと思ったという句である。天保の改革ではこの松の寿司も贅沢品のやり玉にあげられ、店主は七日間の間牢に入れられた。

この頃、同じ両国の東詰に与兵衛寿司が〝握り寿司〟を売り始めた後は、大坂式の圧し寿司は評判がなくなり、天保年代に浅草平右衛門町の第六天横丁（台東区柳橋一丁目四番地）に移転し、暖簾は元通り「安宅松之寿司」の店名を使って京坂風の圧し寿司をやめて明治の時代には握り寿司を作っていた。

根岸の「くらや旅館」の今年七八才になる女将は柳橋育ちで、子供のころよく与兵衛寿司にも松の寿司にも父親に連れられて行ったという。

「松の寿司は第六天横丁にありまして、間口五間位の店でした。中庭のある二階建の家で、客部屋もあり、若い衆や女中さんが三〇人位いた大きな寿司屋さんでした。柳橋の花柳界の中にあって、お姐さん達がお客様と一緒によく参っており、年中忙しい店で、出前の若い者が飛び廻っておりました。旨い寿司で、連れていってもらうのが楽しみでしたが、とても高かったと記憶しております。あの店の息子さんは、大正になってから音楽に凝りまして家を継がなかったとかで、いつやめられたか判りません」

うづら 天ぷら　島むら

日本料理の「島村」は、日本橋通り町（中央区日本橋通三丁目六番地）の今の西川ビルの裏にあった。この店は江戸時代には各藩の江戸詰め留居役などが利用したというから、味のよい気のきいた料亭であったろう。

日本橋の表通りは江戸を代表する問屋街であったが、その西側の裏の東京駅側は花柳界で、日本橋芸者といわれた名妓も多く、日本橋の問屋の旦那衆や支配人、特にこの花柳界は魚河岸の主人連が好み、遊んだものである。この花柳界の中にあった「島村」は浮世小路の百川、万町の柏屋、檜物町の蔵田屋などと肩をならべた料亭で、料理が旨かった。

明治になり、この土地も東京の商業の中心地となり、日本橋花柳界も大きく変化し、商業地となっていった。「島村」の客も各藩江戸屋敷の留居役の面々も来なくなり、店も小さくなったらしいが、

「今は客室も階上、階下僅か二間のみなれど、老主人が得意の技倆は、鶉椀盛、金麩羅に現われて、料理通の激賞しておかざるところなり」

と「島村」の料理をほめている。この頃は主人が料理をしていたようであるが、その味は「料理通の激賞」と述べている。とにかく「島村」の伝統の味をほしいままにしていたようである。日本橋通三丁目の砂糖、原綿商の大西川商店の、元別家さんの佐々木金次郎さんに聞いてみた。

「私は江州の生れで、明治三一年、十四歳の時、ご本家から東京のお店に参りました。その頃はまだ八重州河岸から舟も出まして、船宿もありまして、裏の通りの花柳界は大変な景気でした。奇麗なお姐さん達が大勢おり、三味線の音も昼間から聞えたものです。その頃島村は日本料理店で、黒い塀のあった大きな家でした。

日本橋の店の旦那衆や番頭さんがいつも食事に行かれる処で、近くの日本橋にあった魚河岸の人もよく来たようで、いつも人力車が二台や三台は停っていました。芸者の出入りも繁しかったようでした。私が支配人のお伴をして参りました頃は、店も小さくなっておりまして、老人夫婦が調理していましたが『味は昔と変らない』『さすが島村だ』と支配人はいっておりました。その頃は馴染の客でなければ上げなかったようです。

この料亭も老夫婦のどちらかが亡くなってから、皆さんに惜しまれて、店を閉めましたのは大正の初年でした」

昔ここに花柳界のあったことを知っている人は、今は少ない。

あなご天ぷら　中華亭

東京は日本橋、白木屋（現在の東急百貨店）と三菱銀行日本橋支店との間にあるせまい通りを、昔は「木原店（きはらだな）」といった。このような通りは、江戸時代には何々店とか何々小路、何々横丁とかいって、賑やかな通りが各所にあった。日本橋通りの角に森村銀行（今の三菱銀行日本橋支店）があり、木原店には明治期の名人三遊亭円朝が最後に噺をしたという寄席の木原亭もあり、味自慢の飲食店が軒をならべ食道楽が好んで行った場所である。

「中華亭」は中華料理店ではなく、純粋の日本料理屋で、木原店を入って右側に二階建の店を構えていた。店の入口に生きた鶉（うずら）を籠に入れて何羽も飼っており、アナゴの蒲焼、天ぷら、鶉の叩肉の椀の三色が有名であった。日本橋や京橋のお店の主人や番頭が、客とのちょっとした食事に使ったり、昼近くになると、各店から電話の注文があったり、小僧さんが飛んで来て「××ですが、いくつ」と注文があったもので、注文品はお店によって判っているので数さえ聞けば注文に応じられた。大正になってからも日本橋の問屋は昼時になると、必ず来客に食事を出したものだったが、地方の客の多かった問屋街の風習で日本料理が好まれた。

「中華亭」の蒲焼は材料に鰻も使われたが、アナゴの蒲焼は脂が軽いというので好まれた。またこの店の特徴として、天ぷらを〝金ぷら〟といい、そば粉を衣として、つなぎに卵の黄味を使った。これは揚げ上りが黄色く、美しかった。

食道楽横丁で、品良く気軽に味良く食べられる店として、問屋街の客に評判のよかったのも女丈夫といわれた女将の商売熱心による。材料の吟味から調理に心を配り、小気味よく客に愛嬌よく振舞う態度に、お客はこの店をよく利用したものだった。

「多年売り込んだ三色を、材料を落したらご贔屓のお客様に申し訳ありません。永い間中華亭を愛してくださったお客様に心のこもった料理を食べて頂いてこそ中華亭です。私の店は価は高くても、旨いものを作るつもりです」

と女将は明治の末期に語っていた。この頃には「中華亭」と同じような店が付近に出来て、商売も次第にむずかしくなり、大正の中期には店を閉じた。今この木原店には昔の面影はなく、ビルが建ち並んで、昔の繁栄を偲ぶ何物もない。

亀戸　舩ばしや久壽餅

隅田川を東に渡り、蔵前通りを約四キロ、横十間川に架った天神橋を渡るとすぐ左側に「くず餅」の船橋屋がある。横十間川は昔、本所、深川の開発のため江戸幕府が奉行に命じて掘らせた川で、江戸城に対し横に十間幅に掘ったので〝横十間川〟と名付けられた。縦に掘ったので竪川（たてかわ）とか、小名木川、仙台堀川などの掘割りは交通機関の不便な江戸時代に、舟による交通に便利であった。

明暦の大火以後、各大名の下屋敷や旗本や日本橋辺の商人の控え屋がこの地域に続々と設けられた。

亀戸天神は縁起の神として、下町の信仰が厚く、文学の神としても崇められた。この境内にある妙義神社は「卯の日」がご縁日で、商人や粋筋の参詣者が多かった。また亀戸天神は藤で有名で、近くに梅屋敷もあり、四ツ目の牡丹、萩で有名な萩寺といわれた龍眼寺もある。土地で採れる鯉や鰻の川魚を料理する店も多く、四季を通じて参詣や遊山に杖をひく人が絶えず、特に亀戸天神、妙義神社、五代将軍の生母桂昌院の信仰の厚かった柳島の妙見寺のご縁日には、舟で来る人のために天神橋畔の桟橋が沈まんばかりで、徒歩や駕籠で来る人で天神橋も落ちはせぬかと思われたほどであった。

「くず餅」の船橋屋、当代は六代の渡辺達三氏である。代々船橋屋は初代勘助の名を襲名していたが、五代の時からその幼名を使うようになった。初代の勘助は、下総（千葉県）船橋の生れで、文化年間（一八〇四―一七）に江戸に出て来た。そして亀戸村の植木職の植金に身を寄せていた。当時、亀戸村の近くの請地村などには植木職が多かった。植金は幕府御用を務める格式の高い家で、店先には常に「葵」の紋の入った「御用」の提灯を掲げていたというから相当の店だった。使用人も十数人おり、出入りの職人も多かった。

船橋屋

植金とはよほど昵懇だったようで、「まあ、しばらく遊んでいなさい」と客分として待遇をうけていた。才気のある初代は近くの亀戸天神の境内を歩き、毎日の境内の賑いを見て、参詣の人々にくず餅を売ったらきっと売れるにちがいないと思った。

「くず餅」は関東の特産物で、下総、上総、相模などの農家で老人や子供が食べる物だった。船橋生れの初代はその作り方を子どもの頃から見ていたので早速作ってみた。小麦粉に熱湯を加え、よく練り、それを舟に取り、蒸し、それに黒砂糖で作った蜜をかける。しかしこれでは色がよくないので、何かうまい方法はないかと考えた末、黄粉にまぶしてみた。これを植金にすすめてみたが、植金は顔をしかめた。甘さが強く黒砂糖特有のアクがあった。そこでこのアクを何とか除こうと研究した末に、黒砂糖の甘味をやわらかくして、アクを抜いた蜜を作り出すことに成功した。

次に「くず餅」の歯切れをよくし、羽二重のような舌触りと淡泊な味わいを大切にし、アクの無い蜜は「くず餅」の酸味を消して、えもいわれぬ味を作り出した。

さて、初代勘助が「天神様の境内に店を出したい」と植金にいうと、植金は早速同意し、顔をきかせて亀戸天神の境内に茶店の権利を買ってくれた。この頃は各神社や寺の境内には本建築は許されず、簀葭張りの店を出した。始めのうちは「くず餅」を店で作り、渋茶を入れて客にすすめたが、次第に評判が高まり、めずらしい「くず餅」に亀戸天神に詣でる人は勿論、わざわざ食べに来る人もあった。店の床几に腰を掛けることの出来ない位の繁昌で、「土産に……」という人も現れるようになり、近くに家を借り、そこで作り車に積んで店に運び込むようになった。

明治の初年、亀戸天神境内の改革で道路の拡張を機に、三代勘助は現在地に四〇〇坪の土地を求め、本建築をした。それ以来幾星霜、時代は移り、客の味の変化はあったが、「くず餅」の特性を生かし、時代に合った味を作り出して来た。

今、蔵前の通りに間口五間、下町風作りの日本風の店には、入口に藤棚をしつらえ、季節には藤の美事な紫色の花が照り映える。歩道に面した竹の生垣の中に、古い井戸がこんこんと清水を湛え、初夏には涼しさを添えている。この風情は、六代の渡辺氏が二〇〇年の重みを静かに現した店構えで、行き交う車の傍に風流のたたずまいをみせている。

芋坂　羽二重だんご

根岸は江戸の中期以後、富裕な商人や旗本の控屋、豪華な屋敷町として開けた静閑な地であった。天保の改革ではこれらの屋敷も「贅沢だ」と一時取り壊され、すっかりさびれた時期もあった。

しかし江戸末期から明治、大正にかけては別荘地として優雅な所であった。音無川のせせらぎに琴や三味線の音も聞える根岸のかたほとり、一五〇年の間、団子を作って渡世としている「羽二重団子」がある。王子街道を音無川にそって東南へ行くと、その正面に藁ぶき屋根、間口二間の、この団子屋があった。

このあたりから大体根岸の里で、道はここで将軍橋を渡り、善性寺の前を右に曲り、御隠殿の前を通り、豆腐料理の「笹の雪」をすぎて三ノ輪に通じていた。

この道は、落語の「王子の狐」や芝居の「お嬢吉三」にも登場してくる。

初代の「羽二重団子」の庄五郎が芋坂の下に茶屋を始めたのは、文政二年（一八一九）である。

それまでは上野寛永寺出入りの植木職で、庭も広く、藤の古木があり、初夏になるとみごとな花をつけた。茶室を開くようになったのも、この藤の花を愛でて杖をひく人が多く、茶を出したりして迎えたのが機縁で、人々は「藤の茶屋」と呼んでいた。

上野の山は桜の名所。江戸の人々は春になるとこの奥山に集った。各寺にも梅の花はみごとに咲き、茶屋を開いた。有名な「お仙が茶屋」も谷中功徳林寺の境内にあり、富突きで有名な感応寺や、その門前の「いろは茶屋」や、諏方神社の皿投、花見寺や雪見寺、蛍沢など四季を通じ風流の人士や老若男女の遊山の場で、春は桜、夏は蛍狩り、秋の紅葉と賑わった。人々は芋坂を下り、音無川べりで草を摘み、鳥の音を聞きながらこの団子屋に寄った。

芋坂の羽二重団子

この根岸は鶯の名所でもある。寛永寺の宮さまが、関東の鶯はなまりが多いといって、京から鶯の雛を取り寄せられ根岸に放ったという。この根岸の鶯の啼き声は特に美しく、わざわざ訪れる人が絶えなかった。

店を始めた頃は酒を主として売っていたが、何代の時からか、甘党のために団子を作って売った。五代庄五郎さんの奥さんが団子を作りながら、興味ぶかい話をしてくれた。

「お客様に酒をお出ししましたのは、大正の中期頃まででした。日本橋の新川から〝こもかぶり〟を直接取り寄せましておすすめしたので、酒が佳いと大変に喜ばれたようです。この四囲は、四、五軒の農家があるだけで、酒屋も近くにはありませんので、お酒を求めにおいでになる人も多かったといいます。

肴は田舎のことで大したものは出来ませんで、豆腐の料理したものや豆や野菜の煮ものでした。団子を売るようになりますと、団子と酒を売る変な茶屋だといわれておりました。近くに根岸がありましたので、文士の方がよくおいで下さいました」

明治の中頃、この店をよく訪れた夏目漱石は『吾輩は猫である』に、

「行きましょう。上野にしますか。芋坂へ行って団子を食いましょうか。先生あすこの団子を食った事がありますか。奥さん一返行って食って御覧。柔らかくて安いです。酒も飲ませます」

と、当時の「羽二重団子」を述べている。

また田山花袋もこの店のことを書いている。

「塩煎餅は旨いのはまだ彼方此方にあるが、団子の方は時代おくれだと見えて——団子といふものはあつても、昔風の醤油団子などは新しい社会にはめづらしくないと見へて、近頃では、市内には殆んどその影をも見せない。団子といへば、多くは言問あたりの団子のやうなものばかりである。(略)『団子だけは旨いのが無くなつた』こういつて、私はいつも芋坂の団子の話をした」

若くしてなくなった根岸の住人正岡子規は、四代庄五郎さんとも親しく、記行文「道灌山」の中に、

「ここに石橋ありて、芋坂団子の店あり。繁昌いつに変らず、店の内には十人ばかり腰掛けて食い居り、店の外には女三人佇みて、団子出来るを待つ。根岸に琴の鳴らぬ日ありとも、此の店に人の待たぬ時はあらじ」

と、この店の繁昌ぶりをまとめている。また子規にはこの団子屋を詠んだ次のような句がある。

根岸名物　芋坂団子　売り切れ申候の笹の雪

芋坂の団子屋寝たり今日の月

大正時代には、酒と団子を出す珍らしいこの店に吉原や浅草辺で遊びあきた旦那衆が、幇間や芸者を大勢連れて何台もの人力車で賑やかに乗りつけた。奥の座敷で酒に団子で大騒ぎしたのも、普通の茶屋と違ったこの店の雰囲気を愛したものである。

また花の季節には、上野の山や飛鳥山に花見に行く人々が、この店に化粧道具をかつぎ込み、いろいろと扮装して一杯飲んで景気をつけ、繰り込んだものだと、五代庄五郎さんの話もつきない。戊辰の戦の時は、血刀をひっさげた彰義隊隊員が飛び込んで来たり、いっしょに大砲の玉のお見舞もうけ、御隠殿の火事にも一家大騒ぎしたという。

庄五郎ご夫妻は二尺位の木製のこね鉢の前に坐り、団子の生地に餡をつけて串に差していた。背を丸めた姿は板についており、永い歴史の姿となっている。日本調の店構えの紺ののれんをくぐると、床几に絣の座布団をすすめられ、盆に団子と渋茶を添えて出してくれる。

店内の左側には、改築前の抽出しのついた階段や、古い大福帳、算盤、煙草盆やのれんが並べてあり、この店の歴史を物語っている。時代が変っても、昔ながらの味と風味をかえず、粳米(うるち)を石臼でひき、櫟（くぬぎ）の薪でたき櫟の炭で焼くやりかたを、かたくなに守りつづけている律儀さが、この店を百五十年余も続けさせた。

今は五代夫妻もなくなり、六代庄五郎さんの時代となった。団子は毎日、その日に作った分が売り切れると何時でも店を閉めてしまう。その日のものをその日に食べてもらうところに、この店の団子の旨さがあるので、決して余るほどには作らないのである。

深川　一本うどん

明治の中頃、深川浄心寺（江東区三好町二丁目四番地）の前に「やほき」または「富有喜」といううどん屋が「一本うどん」と名づけたうどんを売っていた。

このうどん屋はうどん以外の麺類はいっさい売っておらず、人々は商号の「やほき」または「富有喜」とは呼ばず「深川の一本うどん」と呼んでいた。それでいつの間にか店の人も「深川の一本うどん」と暖簾にも書くようになった。

この「一本うどん」は、普通のうどんの太いもので、太さは拇指くらいあり、それが丼の中に只一本、恰も白蛇がとぐろを巻いているように入れてあった。これが極めて柔かく、口当りがよい。箸で食べ易いように切って汁をつけて食べるときは、酒の肴にも適し（当時は蕎麦屋で酒を飲ませたものである）ご飯のかわりとしても一椀で足りるくらいの量があった。

奇を好む東京人は道の遠いのも苦にせず、深川までこのうどんを食べに来た。当時の本所、深川には高級料亭が数多くあり、また岡場所もあり遊山にはこと欠かない処だったが、そんな土地で素朴なこのうどんの味は安直でもあり喜ばれた。

この店が繁昌したので、江戸の末期には「一本うどん」を真似する店が出来たが「やほき」の秘伝の作り方は判らず、味も舌触りもとても「やほき」の比でなく、やめた店が多かった。

この「一本うどん」の作り方は、前日の夕方打ったうどんを熱湯に入れ、ある程度まで茹で、火を引いて蓋をしたまま一夜置き、余熱を利用して芯まで柔らかくしたものである。毎日一定の量だけ作ったので、売り切れると提灯を下し、店を閉めた。

この店も明治の末に転退して、今は深川の同業者の老人連に聞いても「さあ」というだけで判らなかった。

浪花町　大むら皿そば

「大村」は日本橋浪花町の電話局の前にあった蕎麦屋だった。明治の頃、明治座が焼ける前で当時久松警察署の前にあり、「大村」は明治座に行く客や幕間の客で賑わった店であった。

蕎麦の研究では第一人者の、平井駅前の増音蕎麦店の主人鈴木啓之さんはたくさんの資料を前にして、こんなお話を聞かせてくれた。

「皿そばは皿に盛った蕎麦で、別にどうということもなかったものです。深い皿に竹の簀を置いて、その上に蕎麦を盛って供したもので、今の盛り蕎麦の蒸籠(せいろう)を皿にしただけ位の違いであったが、場所がよかったので繁昌したのでしょう。近所の店でこれを真似たものですが、評判はあまりよくなかったようです。

嘉永年間には、江戸では蕎麦屋を〝うどん屋〟といいうどんを主として売っていました。これも今のように丼には盛らず、蒸籠に盛って出したもので、却って蕎麦は丼に入れたものですが、明治の時代にはうどんはかけだけになり、蕎麦はもりとかけが出来るようになりました。

当時の芝居小屋は幕間も長く、芝居小屋特有の草履をはいて出れば外で食事もできました。芝居をしていても酒を飲んだり食事をしながら見物したのですが、外へ出て『大村』のこの安い蕎麦を食べて済ました人も多かったものです。この店は芝居の掛っている時は大変な賑わいをみせたものでした」

五十軒　阿ぶ玉

江戸の時代、吉原に遊びに行くには舟で行くか、駕籠で乗りつけたものである。日本橋か柳橋あたりの河岸には船宿が何軒もあり、猪牙船が何艘ももやっていた。「吉原へ」といえば、船頭が飛び出して来て、船宿のおかみが煙草盆を持ってしたがい、愛嬌の一つもいって送り出してくれた。船は大川を上り、山谷堀から吉原土手に登り、衣紋坂を下りて、五十間を歩き廓に入った。この坂の入口には水戸様の立札があり、ここからは医者以外は乗物に乗って入れなかった。

この五十間は今でもくの字に曲って、昔のままになっている。新吉原が明暦四年（一六五八）日本橋からこの浅草に移った時、この吉原建設の監督者であった奉行神尾備前守は「この土手は将軍が鷹狩りにお通りになる道筋である。道が真直ぐでは廓の中が見えるので恐れ多い」とて道をくの字に曲げたという。しかし一説には、吉原建設の功労者の庄司甚右衛門の小者小平次が、土手から大門が見通しでは廓の風情がないので、曲げた方が面白いと進言したので曲げて作ったともいう。

この道が五十間といわれたのは、万治年間（一六五八—六〇）に衣紋坂から大門までの間の両側に二五軒ずつの茶店があり、それで五十軒といったという。しかし、また古文書によれば「日本堤（吉原土手）より大門口まで五十間程在之候間、五十間道と申候」とあり、どちらが本当かは判らない。また実際に五〇間あるか無いか、計ったという話も聞かない。いまさら詮索するのも不粋である。

また吉原が出来たとき、茶屋の数が五〇軒あったかどうか、はっきりしない。この茶屋は編笠茶屋といわれ、当時吉原の遊客は編笠をかぶり、扇子で顔をかくしてひやかしたものだった。この吉原風景は浮世絵などに描れているところから、江戸の中期から後期まで続いたものであろう。

五十間のつきる処に大門があった。この門は一名冠木門（かぶらぎもん）ともいわれており、通常はこの門以外には廓の中に出入り出来ず、鉄釘もいかめしく、門は未明に開かれ、夜は四ッ（午後十時）に閉められ、客も吉原に用のある人もそれ以後は耳門（小門）から出入りした。大門の左側に面番所の自身番風の小屋があり、奉行所の与力、岡ッ引きが詰めており、その傍には吉原の名主の会所があって、大門番人が居り、共に大門を出入りする者に注意し、特に女は切手が無ければ門を出ることは出来なかった。

明治の時代、吉原の土手やこの五十間には安直に食事や酒の飲める店が何十軒もあり、終夜営業していた。

五十間のくの字に曲った頭の所に「あぶ玉」の播摩屋があった。この店の主人を儀兵衛といった。吉原に行くには必ず通らねばならない場所で、吉原に遊びに行こうとする人はこの店で一杯飲んで景気をつけたり、時間を計って繰込んだものである。また帰りには終夜開けているこれらの店に、元気回復のために立寄った。

明治初期の吉原大門

この播摩屋は、江戸の末期には「縄のれん」に「樽」といった店で「あぶ玉」で酒二合飲んで、飯を食べて、一五〇文だったというから、とにかく安直に酔えて腹が一ぱいになり、職人や庶民の立寄りやすい店だった。

「あぶ玉」は「油揚げ」を短冊に切り、水に漬けて油気を抜き、鍋に入れ熱して玉子をかけて味をつけた、何の変哲のない料理である。だが、いやしくも大門をくぐる人でこの「あぶ玉」を知らない者はなかった。

明治の時代には別の意味ではやった店らしい。通人、粋人といわれた人は吉原に居続けして、湯に一番に飛び込み、「あぶ玉」

を取り寄せた。土鍋に入れて持って来たものを火鉢にかけてグツグツと煮て、熱いうちに大根おろしとあえて食べる。これをオツとしていた。通だとか粋だとかは妙なもので、今の私達には理解出来ない。雰囲気を愛したものであろう。

播摩屋儀兵衛の子孫である、吉原土手の岸金物店主岸儀助氏に聞いてみた。

「私はこの土地の生れで、小さな時から吉原はよく知っております。昔の吉原はよかったもので、夕方、明りが入りますと吉原は生気を取り戻し、人通りもはげしくなり、八時頃から十時頃が一番活気のある時間でした。新内流しの三味の音もして、台屋（出前の料理屋）の若い衆が人波をかき分けて飛び廻っていたものです。客を呼ぶ遊女の嬌声も、音となって夜空に遠くまで聞えたもので、暗い四囲に吉原だけは不夜城のようでした。

土手には馬肉屋が何軒もありまして、土手を通ると格子の向うに客が何組も食事をしておりました。これらの店は徹夜で営業しておりましたから、吉原には何時に行っても食物屋は店を開けておりました。宵のうちに早く参りましても吉原の気分は出ませんので、時間つぶしに寄る客も多く、宵のうちから賑っておりました。

播摩屋のことについては、父はあまり話しませんでしたが、明治年間に繁昌した店で、十五、六人の使用人がいたといいますから相当の店だったのでしょう。安直に縄のれんをくぐり、樽に腰掛けて飲める店だったといいますから、あまりよい客層ではなかったのでしょうが、男ばかりの使用人で女は使わなかったようです。二階もあり、そこにも客を入れたようです。お爺さんはいつも帳場に坐って、客の注文を聞いたり使用人を指図していたといいます。相当の資産もあり、倉もあったようです。

とにかく吉原で『あぶ玉』といえば有名だったようで、明治年間の東京有名料理店の中に『あぶ玉』の名がならべてある位の店になりました。廓の中には台屋といって、廓専門の出前の料理店がありましたが、明治になって他の客にも出前をしたようです。私が物心ついた頃、明治四四年に吉原に大火があり、殆んどその付近も焼けましたが、そのとき『これはお前のお爺さんの倉だった』と教えてくれた人がありました。

その頃は『あぶ玉』も人手に渡っておりまして、五十間にあった焼けた倉だけが播摩屋の思い出だったのでしょう。お爺さんは真面目な人で、良く働いた人だといいますが、何故身上をすったのか判りません」

岸さんの前の通りは昔の吉原土手だったが、昭和二年の道路改修で土手はくずされ、今は昔の土手の面影もない。衣紋坂もなくなり、山谷堀も汚れて見る影もない。ただ衣紋坂の入口に、当時をしのばす柳が一本植っているのと、五十間の曲った道が、百何十年も続いた吉原をしのばしてくれる。

三はし　**揚だし**

忍川は西ヶ原を流れて谷田川、根津を流れて愛染川。この川が不忍池を廻ると忍川と変った。この流れは不忍池には落ちず、池の縁を廻り、明治の時代には森鷗外の『雁』の芝居の一部にもなり、当時の静かだった「池の端の場」を演出している。池の端は昔は陰間茶屋が立ちならび、あやしい女の嬌声、三味の音が不忍池に響き、何度も差止めをくった所である。

しかし明治時代には、忍川の岸には柳の大木が植えられて、優雅というより淋しいくらいの所だった。「三はし」は忍川が上野山下にかかる所に架っていた三つの橋で、中の橋は将軍や宮様が寛永寺に詣られるときに渡った橋で、一般の人々は渡れず、両側の橋を利用した。

この橋は明治の中期に鉄の橋に架け替えられ、一つの橋となったが、今日では暗渠となっている。昔は忍川が「三はし」にかかる手前で不忍池の落口と合わさり、この橋の下は深く掘り下げられており、大雨でも降れば橋下の水はぶちまけたような奔流となり、不忍の池から流れ出た鯉や鮒や鰻を獲る人が群がった。一メートル余の大鰻がこの橋の下で獲れ、市民を驚かしたこともある。

江戸時代、佐倉の義民宗五郎が将軍の寛永寺参詣のときに、この「三はし」の下から直訴したとも伝えられている。

明治の時代の上野山下はまだ静かな市民の憩いの場所で、山に向って左側に岡村という掛け茶屋もあり、店先には赤ケットの床几をしつらえ、通行人に茶をすすめていた。有名だった料亭「松源」も大きな水車を店先にきしませ、落ちついた場所だった。

「揚げ出し」はこの山下の不忍の池に曲る角にあった。豆腐料理の店で、この店の名物は朝が早いことと揚げ出しだった。

明治十六年、日本鉄道株式会社（東北高崎線を敷設した鉄道会社である）が出来、朝早く上野駅に乗降する客は「揚げ出し」で風呂に入り、豆腐の軽い食事を楽しんだ。朝早くから営業しているので、吉原帰りの常連客もとぼしい財布をはたいて迎え酒をして、風呂に入り朝食をとった。揚げ出しは揚げたての意味で、豆腐を適当の大きさに切り、押し蓋で圧えて水をしぼり、胡麻油で揚げたものを、まだ舌の焼ける程熱いうちに大根おろしを添えて供したものである。長時間汽車に乗って来た人や、吉原帰りの人達には安直な温かい栄養のある食事として好評だった。明治二三年頃「揚げ出し」豆腐一皿一銭で、酒も一合も飲めば朝の空き腹には最適の食事だった。下足を取らせ、追込み式の座敷に上れば、衝立で仕切った食事台に案内される。中年の女中に注文すると、まだ熱い「揚げ出し」豆腐が運ばれ、口をとがらせて食べたものである。

この店は震災後、黒い高い塀がめぐらされて入口にノレンが掛かっていた。戦後は復興しなかった。小絲源太郎画伯が「揚げ出し」の十代であることを知る人は少ない。小絲氏は上野山下にあった「松源」の子孫であるともいわれているので、同氏の奥さんにお訊ねしてみた。

「『揚げ出し』は十代前に、上野山下の有名料亭の『松源』から分家した家です。『松源』は今の上野日活館の処にあった大きな家でした。明治時代は九代の時代で、松坂屋源七といいまして代々源の字を襲名していました。主人の話では、衹台に衝立の店で、お客様には下足をとり、畳の上で衝立てで仕切りまして、衹台にお膳を出したものでした。主人は絵の道に進みましたので、戦災で焼けたのを機会に店を閉めてしまい、田園調布に引越しました。

主人は明治二十年生れですが、商売には就いておりませんでしたから、明治の頃の古い話はよく分らないようです。九代小絲義久は戦後田園調布のこの家でなくなっております」

上野　桜落葉

上野の山は江戸随一の桜の名所だった。

　花の雲鐘は上野か浅草か

芭蕉の句が、上野の桜を適切に物語っている。春の上野の丘には桜が咲き乱れ、田や畑越しに浅草から見ると、霞のように煙っていた。

寛永年間（一六二四―四三）徳川三代将軍家光が江戸城の鬼門に当たる上野に鬼門除けとして、天台宗の総本山寛永寺を建て、天海上人を迎えた。上人が桜が好きだったので、将軍は吉野より桜の苗木をとりよせ、この山に植えたのが上野の桜の始まりである。

「大師（天海）常に桜、松、紅葉を好み給ふとて、将軍自ら吉野（京都）の桜を本坊なる本覚院の庭に植へ給ひて、永の末の世のみしるしにし給ひしなり」

寛永七年（一六三〇）、上野桜ヶ岡に林羅山（江戸時代の儒者）は土地を賜い、桜峯塾を開いた。桜ヶ羅山もまた桜を愛し自邸に多くの名桜を植え、相鞭、呉笠、白鷺、と名づけて愛でていた。桜ヶ岡は桜ヶ峯とも呼ばれ、今日の西郷さんの銅像付近から、清水観音堂、摺鉢山、東京文化会館の辺までの総称である。

寛永寺は今の博物館の前にあり、この上野の山中に三六の坊をひかえていた。その寺領は一万一七九〇石といわれ、荒川区の全部と台東区の一部がその領地であった。

元禄年間（一六八八—一七〇三）には桜の季節になると、全山が江戸市民に開放された。

「当山は江戸第一の桜花の名勝にして、一山花にあらずといふ所なし。弥生の花盛には、都鄙の老若、貴となく賤となく、日毎に袖を連ねてここに群遊し、花の為尺寸の地を争ふて、帷幕を張り筵席を設け、詩歌、管絃は鶯声に和し、錦衣繡裳は花影に映じ、愛玩賞咏日の暮るるを知らず」

と上野の桜咲く弥生の頃の江戸の人々が花に浮かれる様を述べている。当時桜は黒門口（西郷さんの銅像の前の階段の所）から仁王門（摺鉢山の西方）にかけて、美しい桜並木があった。花見の宴の開かれたのは東照宮の付近、清水堂の裏摺鉢山付近で、それも江戸市民に開放されたのは昼間だけで、その中を寺役人や山同心が見廻って歩き、喧嘩、口論、泥酔者などの乱暴者をきびしく取締った。暮六ツ（午後六時）の鐘と共に山内から退去させられ、四方の門を閉ざしたものである。清水堂の裏に今もある井戸の側に、

井戸端の桜あぶなし酒の酔

の碑がある。これは元禄の頃日本橋小網町の菓子屋の娘秋が十三歳の折、上野に花見に連れて来られ、井戸端の側に植えられてある「技金桜」に、酒に酔った人が寄りかかるのを見て詠んだものので、これが輪王寺の宮のお耳に入り、この桜を「秋色桜」と名づけた。秋は俳諧を其角に学び菊谷亭秋色と号した。明治になってから黙阿弥の弟子の竹柴其水がこの桜を脚色した「秋色桜上野早咲」は、同二七年に明治座の正月興行として上演されている。

西鶴は上野の桜を、貞享四年（一六八七）の『懐硯』の中の「御代のさかりは江戸桜」に、

「さりながら吉野をここに、花の都も及ばざりし気色、黒門口より末の松陰まで、唐織の幕うたせ、袖累ねの衣装づくし鹿の子ならざる小褄もなく美をかざりての女、酒もり、撥音の色糸あるは、一節切に咲きたてられ、裾かへしの紅裏などほの見へ……」

と桜の山の賑わいを描いている。また蜀山人も狂歌に詠んでいる。

一めんの花は碁盤の上野山黒門前にかゝるしら雲
維新の戦いは上野の山をも一変させた。慶応四年五月十五日、上野の山にたてこもった彰義隊と官軍との戦いで、寛永寺を始めとし清水堂、五重塔、東照宮、慈眼堂を残して三六の坊の殆んどの伽藍を焼失した。そして上野は官有地となり、明治六年公園としてクローズ・アップした。明治の初期、不忍池のまわりで競馬も行なわれ、博覧会も度々開かれた。時代は変っても上野は庶民の憩いの場所だった。花の季節には「何日頃今年は咲くか」が市民の挨拶がわりの言葉になり、春を告げる言葉となっていた。花の咲く頃になると、少なくとも東京市民は必ず一度は、この山の桜を見物に来たもので、市民はこの日を胸をおどらせて待った。当日は仮装のよそおいを競い、酒を持ち、お重の中に肴を用意し、気の合った連中でドッと繰り込んだものである。

「花の命は短くて」春雨が降れば「花の色があせる」と人びとは心を痛めた。無情の風に散る花びらを「花吹雪」と称しては名残の言葉を惜しまなかった。

上野の山は明治の時代でも木樹が茂り、昼なお暗かったという。その面影はいまも博物館の裏にある。大正の時代には幹の回り二メートルもある桜の古木はたくさんあった。

銀杏落葉

浅草

浅草寺は年中参詣人の絶えない、信仰の厚い寺である。江戸時代から、この寺の境内を掃除したり世話をする者に、境内で楊枝を売る権利を与えていた。これが仲見世の始まりである。それと同時に浅草寺の裏山にいろいろの芸人が集まり、年中何らかの催物が行なわれて庶民の憩いの場となっていた。明治十七年、浅草寺の西側の、いわゆる浅草田圃といわれた所を埋立て、そこに活動写真街や花屋敷が出来ると、観音への信仰にまして浅草は庶民の町として賑わった。

浅草寺の銀杏は仁王門の両側にあった。左側の木は約三〇メートル、右側の木は約十五メートル。この大銀杏は建久年間（一一九〇―九八）に源頼朝が浅草寺に参詣して投げた銀杏の箸に根が着き、生育したものと伝えられている。樹齢は六〇〇年以上といわれ、特に右側の銀杏は明治の末に落雷の被害を受けて折れた。幹は太いが背は低い。

明治の頃、浅草寺の甍はこの森の中にそそり立ち、上野の山からひときわ目立ち、秋ともなれば青い木樹の間にこの銀杏は黄金色に映えた。参拝の大人に連れられた子供の撒く豆は銀杏の黄色い葉の間に散り、人の目を迷わしたが、鳩は豆を間違いなく拾い、人々を感心させた。

銀杏の樹は火に罹うと水分を出し、防火に役立つといわれ、寺や神社に植えられているが、浅草寺の銀杏も関東大震災の時、四辺の建物は全部焼けてしまったが観音の建物だけは被害を受けなかったので、東京人はビックリしてその信仰はいっそう高まった。銀杏は火にあぶられ、黒い肌を見せていたが、たくましい生命力は芽をふきださせ、参詣人を驚かした。

今度の戦争では観音も銀杏も焼けた。だが、観音の建物も復興し、銀杏はまたまた芽をふいた。いま五重の塔が再建されている。

大川端 **松浦邸椎**

松浦邸の椎の木は、本所石原の大川の河岸通り（墨田区横網一の十二番地）松浦邸（肥前平戸新田一万石、松浦豊後守）の下屋敷にあった。

江戸の中期にはこの邸の中に藤の名木があり、藤屋敷と呼ばれていたが、明治の時代になるとこの屋敷の隅田川べりに、亭々として空を圧した椎の大木があり、椎の木屋敷とは呼んでも、藤屋敷と呼ぶ人は少なかった。

しかし、この椎の木は江戸時代でも川を往き来する船には目標になったらしく『廓中奇譚』に、

客「さし汐が大分早いやうだな」
利八「旦那、モウ椎の木屋敷が見えます。」

の台詞がある。川柳にも、

川を隔て名木は差し向ひ

の句がある。松浦邸の対岸はお蔵（台東区側の蔵前一丁目三番地から二丁目十九番地に、江戸時代に幕府の米倉があった）で、この川面にさしかかると、右に松浦邸の椎、左に道尾の松（米倉は五二

棟あり、舟の引入れ溝が八本あり、その四番と五番の溝の間にこの松はあった。今の蔵前橋は六番と七番の溝の間に架っている）があり、川をはさんで両側に名木があるので、吉原通いの客は両岸の木をこううたって揶揄した。

『本所の雨やどり』には、

「浅草川（隅田川の別名）東の岸を北に行けば、石原という道の傍に椎の大木あり。石原の椎とて、かくれなき木にて、所の名にも呼也。木付のわざと作り立たる様成に、近き辺りにまぎれぬべき木立もなければ、おのずから名も高く成りぬべし」

とあり、昔はこの横網のあたりも石原と総称したらしい。どうもこの椎の木は、吉原通いの舟ととり合わせた川柳が多い。

椎の木を左に見ればばうす眠し
椎の木を飛び越すやうに猪舟は行き
左より右に見る椎おもしろい

松浦侯邸は明治に至り安田善次郎の邸となり、その美観を保っていたが、関東大震災で大きな被害をうけ、その跡は旧安田庭園としてわずかに昔の面影を残している。いまはこの敷地内に公会堂や安田学園がある。

蠣殻町川岸　三河邸楠

三河邸のあった場所は、寛永図によれば松平備中守（上総大多喜二万石）の蔵屋敷があったあたりだが、宝永年間（一七〇四―一〇）の地図には阿部伊予とあり、何時からか判らないが安政年間（一八五四―五九）には松平三河守の屋敷となっている。

この場所は今の蛎殻町公園の所（中央区蛎殻町四丁目十四番地）で、ここに松平三河守の下屋敷があった。浜町川（浜町堀）と箱崎川の角にあり、川口橋の南西になる。この屋敷から直ちに大川に舟を浮べることが出来、浜町川より掘割りがあった。邸内には築山あり泉池ありで、山水の妙は江戸が東京になってからも三河邸の中にあった稀有の老楠の大木は枝葉うっそうとして、大川を上下する舟から望まれ「三河邸の楠」として有名だった。現在、邸跡は箱崎の東京シティー・ターミナルの前にある。

ふさ楊枝　さるや

金千両と書いた楊枝箱で有名な日本橋の「さるや」は明治の時代に歯ぶらしの総楊枝（ふさようじ）で有名な店であった。さるや七兵衛は宝永年間（一七〇四―一〇）に日本橋照降町（中央区小網町一の一）に小間物店を開いた。その頃この店では櫛やお白粉、牡丹はけ、油などの化粧品、半襟などの装身具に加えて、総楊枝や妻楊枝なども売っていた。

この照降町は日本橋にも近く、人形町、芳町の繁華街への道筋に当たり、芳町の芝居小屋に近い賑やかな所だった。「さるや」の客は日本橋の商家のおかみさんや娘さん、役者衆にお得意が多く、荷物にならないので旅人が国への土産に買うなどして人気を呼び、当時の錦絵にも描かれている。

「さるや」の屋号は、京都の楊枝の店で有名な「京都さるや」とは関係はないが、元禄の絵の「職人図」の「楊枝の部」に、職人が楊枝をけずっている図に猿が描かれており、それをとって店名を「さるや」と定めたという。しかし「さるや」と呼ばず「えてや」と呼ぶ人もあった。これは縁起をかついで去るというのを嫌い〝得手に帆をあげ〟の得手をとって、猿のことをえてというので「えてや」と呼んだものである。

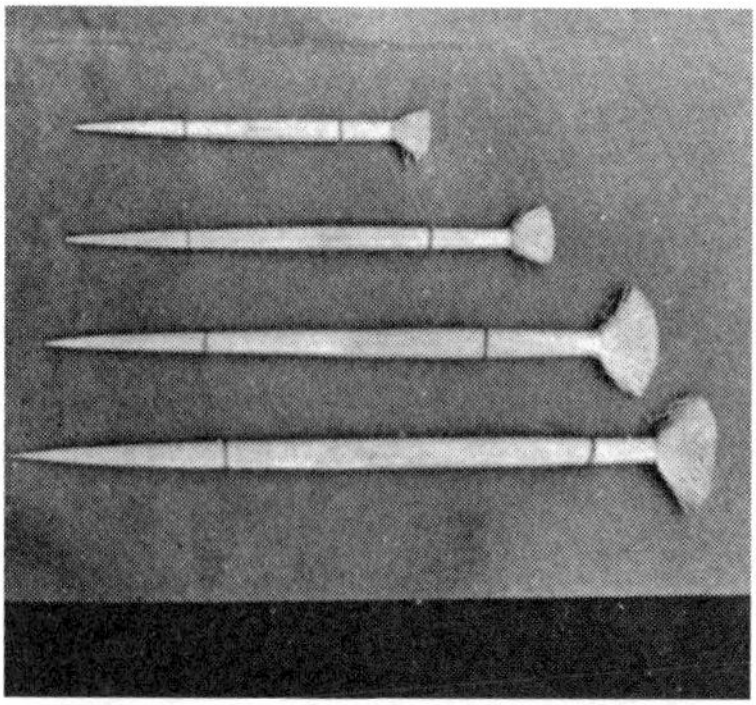
さるやの総楊枝

現在の山本七郎兵衛さんは「さるや」の六代で、代々襲名されている。江戸の末期から明治にかけて「さるや」は総楊枝と妻楊枝の製造販売を本業とするようになった。総楊枝というのは歯ぶらしで、今日ではこの総楊枝を知る人は少ない。材料の木は黒文字で、長さは六センチから十四センチ位、太さは長さに応じて四ミリから七ミリ位で、柄と房の部分に分れており、房の部分は二ミリから五ミリ位あり、その頭は切り揃えられてあり柔かい。ちょうど洋画用の筆に似た形である。総楊枝の房の部分は木の槌で軽くたたいて、房のようにしたものである。使い方は妻楊枝を使うような持ち方で房の部分を歯に当て、上下に動かして磨く。これは前歯だけ磨けたが奥歯は磨けなかった。

この総楊枝は江戸時代の初期には用いられていたらしく「壺打の楊枝」とか「打楊枝」ともいわれた。総楊枝といわれるようになったのは上総の国木更津あたりで主に作られたので、上総の総をとって総楊枝と名づけられたものか。

「さるや」は今も日本橋小網町にある。専務の山本貞治さんは「今はこの総楊枝は私の店以外にはありません」と箱に入った総楊枝を見せてくれた。もちろん、現在は作られてもおらず販売もされていない。昔の歯ぶらしを語る資料で、大変に貴重な物である。

「私の店は現在六代で、江戸時代の錦絵を見ますと、間口五間位で二階建て、隣りに添って土蔵がありました。昔風のガッシリした店で、店の者も四、五人見えまして、化粧品や身のまわりの装飾品を売っていたようです。その時代の店の資料は相当ありましたが、震災や戦災で焼いてしまいました。惜しいことをしたと思います。

江戸時代の末期から明治にかけて、次第に妻楊枝と総楊枝を主として販売し、紅梅散という歯磨粉も売っておりました。

妻楊枝は始めはインドで使われたといいますから歴史は古いものです。これは歯を掃除するために使われたもので、材料は楊柳が使われたので楊枝という言葉が生れたのです。妻楊枝も総楊枝もインドから支那に渡り、仏僧により日本に伝えられまして、平安時代（七九四―一一八五）に僧侶から広く上流の貴族の間に用いられ、江戸時代には一般の人々の間に普及したものです。

京都では四条京極から祇園にかけて街頭でも売られ、京都粟田口の『さるや』の楊枝は名高く、五〇本、一〇〇本ずつ桐箱や紙袋に入れまして各地に卸されたり売られておりました。江戸では各神社や寺の境内で売られておりました。このうち浅草寺などでは美人の売り子を置いて売っており、これが『江戸名所図会』などにも出ております。

妻楊枝や総楊枝は、江戸時代は軽輩の武士や浪人の手内職で作られましたが、明治になってからは木更津付近で生産されるものが多くなりました。これは木更津付近に野生の黒文字の樹がありましたので、江戸の末期からは木更津の農家が閑散期に作ったものです。これは舟で運ばれまして、裏の扇子河岸に荷上げされたものです。今は材料と人手の関係で、高知県で出来るものが多くなりました。

材料は黒文字が一般的に使われておりまして、昔は柳、箱柳、コブ柳、肝木、桃、杉、竹などを使用しました。黒文字は元来漢方薬に用いられたもので、嚙みますと木の皮に一種の香気があり、邪気を払うといわれております。

総楊枝の大きさは箸位から煙草位の長さのものまであります。先端の房があまり柔らかくなく、また堅くないように作るのがコツです。これに歯みがき粉や塩をつけ歯を磨いたものです。これの大きいものには舌こきを付けたものもあります。

しかし明治になって西洋歯ぶらしが輸入され、そして日本でも作るようになり、総楊枝は次第に売れ行きが落ちまして、大正の末には殆んど売れなくなりました。その頃から私の店では妻楊枝を専門に製造販売するようになりました。

総楊枝を最後に売りましたのは戦後でした。或る日六〇歳位の婦人が店にみえられ『総楊枝がありますか』と申します。ところが店の若い者は何のことか分りませんで、私に聞きに参りました。で、私がお話を聞きますと、『母は総楊枝で歯を磨いておりましたが、無くなったので普通の歯ブラシを使っておりました。ですが、どうも気持が悪くて、どうしても総楊枝を探して来てくれといわれ、八方探しましたがありません。母は昔「さるや」で売っていたがというのでお尋ねしました』といわれました。私も感激しまして、戦災の時も大事にして持ち出した三〇本ばかりの総楊枝をお分けしました。その婦人は大変に喜ばれて帰られましたが、そのとき『これで母に孝行が出来ます』といわれた言葉が今も頭にこびりついています。

その時も、これだけはと思いまして残して置いた総楊枝がこれで、私の店の宝になっております。

今は皆さん、西洋ハブラシを使っておられますが、昔はみな総楊枝を使ったもので、今日ではこれを知っている人はありません。歯ブラシの歴史上大切なもので、ぜひ世の中に紹介して頂きたく思います。

現在は妻楊枝を専門に卸しをしておりますが、明治の時代から総楊枝や妻楊枝は役者衆や落語家、講談の方や踊の師匠、料理店などがお年始によく使われたものです。もちろん一般にも卸しをしております。毎年年末になりますと注文がドッと参ります。妻楊枝の容れ物の千両箱の〝金千両〟の文字は社長と私が書き、縁起物ですから他の人には書かせません。暮になりますと何十万もこれを書きますので何日もかかります。これは五代の七兵衛が始めたもので、この家憲をずっと守っております」

黄袋はみがき　いせ吉

「いせ吉」は京橋を南に渡り、今の中央区銀座二丁目の銀座通りの右側にあった。間口は五間で洋式の店舗だった。

江戸時代から明治の中期にかけて、歯を磨くには黒文字で出来た〝ふさ楊枝〟を使ったもので、そのまま上下に動かして磨した。歯磨粉をつけて磨いたものかどうか、はっきりしない。江戸時代から明治になって松井源水や長井兵助などの大道芸人が、歯の治療をしたり歯磨粉を売るために、独楽の芸を見せたり居合抜きをみせたのは有名である。

この「いせ吉」がいつ頃からこの銀座で「黄粉はみがき」を売ったかは判らない。この当時歯磨粉は房州の砂を細かく砕き、それに香料の薄荷を混じたものであった。

歯磨粉も明治になってからドイツから輸入されたらしく、明治五年六月の『雑誌』五十四号と同年十月十八日の『日日』に、赤坂田町の斎藤平兵衛及び神田橋外風萍堂の広告が出ている。

「独逸医方　西洋歯磨

瓶入　大・中・小　三種

大　十三匁

中　十匁

小　五匁四分

我国従来の歯磨は、防州砂に色香を添え、唯一朝の景客のみにて、歯の健康に実多し。抑、此歯磨は西洋の医方にして、第一に歯の根を固め、朽ちず、減らざるを薬力の功験とす。」

何の瓶に入っていたか判らないが、大は銀十三匁、中は銀十匁、小は銀五匁四分とは、一般の人々の手にはなかなか手に入らない価であった。

明治の中期における「いせ吉」の「黄袋はみがき」が房州の砂の香料を加えたものか、輸入された歯磨粉か、いせ吉が作った洋式歯磨かは判らない。ライオン歯磨は明治の中期に、外国歯磨粉を作って販売したので、訊ねてみたが明治時代の記録はなかった。明治二九年、正岡子規の句に、

春風にこぼれて赤し歯磨粉

がある。この頃から大正・昭和にかけて使われた、袋入りの薄桃色の歯磨粉が一般に好評であった。

戯作者　かな垣魯文

仮名垣魯文は幕末から明治にかけて、戯作者として最後の人である。文政十二年（一八二九）江戸京橋に生れた。本名を野崎文蔵といい、幼名を兼吉といった。

幼なくして新橋竹川町の鳥羽屋という商家に奉公したが、どこで覚えたか〝シャレ言葉〟がうまく、当時流行の戯作物を好んで読んだ。いっぽう、つとめのほうもまずくなり、鳥羽屋を追い出されてしまった。

元々商人になろうという気持ちはサラサラない文蔵は、これ幸いと各地を放浪して、食うや食わずの生活をおくった。どん底の乞食のような生活は、後に魯文が大成する目を養なわせ、世の中を辛辣に諷刺する見方がこの時代に芽ばえた。

弘化四年（一八四七）十九歳の時、東条魯介（花笠文京）の門に入り、師匠の許をうけ、東条魯介の魯と花笠文京の文を頂き「魯文」と号した。

これを素読の先生の奥川楽水翁に話したら、先生は驚いて、

「この魯の字は中国の『五雑俎』の故事に、周の時代、宋の国に一人の女の子が生まれた。その子の掌に魯の字が書いてあった。この子が後に魯の国の恵王の夫人となった。魯の字はこのように将来大成する文字である」

と聞かされ、『五雑俎』を読んでいなかった魯文はびっくりした。

安政二年（一八五五）、処女作の『当写殿下茶屋駅』の六冊が世に認められ、その後は彼独特の文才を駆使し、瓦版、流行、端唄に世の中をくすぐった。維新後『西洋道中膝栗毛』『胡瓜遣』『安愚楽鍋』などの際物は好評を博した。

明治四年四月の『牛店雑談安愚楽鍋』の一節をかかげる。

「往年絶へざる浅草通り、御蔵前の定舗の名も高旗の牛肉鍋、十人よれば十色の注文、昨晩もてたる味噌を挙げ、たれをきかせたる朝帰り、生の代りのいぎかり連中、西洋書生、漢学者流劉訓に似た儒者あれば、肖柏めかす僧もあり、士農工商、老若男女、賢愚貧富おしなべて、牛肉食はねば開化不進奴と、鳥なき郷の蝙蝠傘、鳶合羽の翅をひろげ、遠からん者は人力車、近くは銭湯帰り、薬喰、牛乳乾酪（洋名チーズ）、乳油（洋名バター）、牛陽はこゝ男潔 彼肉陣の兵粮と、土産に買ふも最多き、人の出入の賑はしく、込合節前後御用捨、御懐中物御用心、銚子のお代りお会計、お帰ンなさい入らっしゃい、実に流行は昼夜を捨てず、繁昌斯の如くになく……オイ〳〵ねえさん生で一合、葱も一所にたのむ〳〵」

戯文は江戸末期から明治にかけて、地口や洒落を多く用いて書かれた滑稽文で、明和、安永（一七六四―八一）から戯作者が時事を洒落に乗せて皮肉くり、政治を批判し、狂歌師の滑稽文をアレンジして時におどけ、口調に合わせて作られたものである。江戸時代には狂歌師の大田蜀山人、『都の手ぶり』の作者宿屋飯盛、『我おもしろ』の手柄岡持などが有名である。

魯文のような戯文家は幇間的存在で、贔屓の客筋のご機嫌をうかがい、戯文を弄して世間を風刺したり、瓦版式のものから小説のようなものまで書いた。この頃、別号の鈍亭、猫々道人、玩仏居士なども使っていた。明治五年六月、魯文と条野有人（山々亭有人）の両人は教部省（文部省）に書面を差し出している。

「今日まで戯作を以て餬口仕居者数十名なり。然るに近年或は鬼籍に入り、或は他業を営み、方今之を以て業と仕候者僅に私共其の他数名のみ……。爾後作風を一変し……。就ては下劣賎業の私輩に御座候得共、歌舞伎役者とは自然有別儀に御座候間、可然御含被成下度……」

明治以後、海外の翻訳物もぼつぼつと現れるようになると、今までの戯文では餬口をしのぐことも出来ず、文友の有人とこの書を教部省に出したものの、「或は鬼籍に入り」「私共其の他数名のみ」と戯文作者は少なくなって行った。この後、魯文は戯文を廃し『仮名読』『いろは』『今日』などの小新聞雑誌を発行し、『魯文珍報』『洒落誌』に劇界、花柳界に関する文を掲載し、伊東専三、久保田彦作、雑賀柳香らと「仮名垣派」をなして勢力をふるった。また山々亭有人、河竹黙阿弥、三遊亭円朝らと「粋狂連」を結び、三題噺や戯作の趣向をこらしたグループを作り交友を深めた。

明治十三年一月十四日、新富座の春狂言の初日に、魯文は高畠藍泉、芳川春濤、鈴木田正雄、岡本起泉、為水春江、岡田龍吟、古川魁蕾、伊藤橋塘らと共にその芝居を批評している。

仮名垣魯文の墓（谷中）

墓は台東区谷中四―二の永久寺にある。

戯作者　山々亭有人

江戸の末期から明治の始めにかけて活躍した戯作者の一人に、山々亭有人があった。仮名垣魯文と共に、小説家であり劇通、粋人、通人といわれた。天保三年（一八三二）九月に生れ、本名を条野伝平といい、別名を条野採菊とも称していた。「幼にして柳風の狂句を好み」というが、五世川柳の門に入り『中本』の著書などある。

明治となり、福地桜痴と共に『東京日々新聞』を創刊し、東京府々議会議員、日報社員、砂糖会社重役となり、政治、経済界に活躍した。明治十九年『やまと新聞』の社長となり、随筆や劇評を書き、ほかに賛々亭有人、採菊、華月庵、滝月庵の雅号を持ち、劇通では当代第一人者として羽振りを利かした。背はあまり高くなく、丸顔で肥っていた。江戸時代の洗練された渋味を持った人でもあった。三題噺が流行していた頃で、「粋狂連」の頭取りとなり、当時の評判記の大上、上吉の位付きで、魯文、黙阿弥、芳幾、円朝、扇夫などと交りも深かった。

低くいい高く笑うは面白き

と有人を揶揄した当時の川柳がある。この句は有人を適切に現していて当時の人は面白がった。有人の話し方はこの通りで、低い声で何か言っているかと思うと、突然「アッハッハ」と大きく笑う。小説も口の中でブツブツいっていながら文句を練り、文章は早い。しかし字は筆の先で小さく書くので、読みづらかった。

五代目菊五郎が贔屓で、また仲良しだったが、有人はその他の劇団や芸人との交友も多く、三遊亭円朝や岩井粂八との交際は後援的であり、力の入れようも違っていた。「六二連」のメンバーとして舞台の前にどっかと座り込み、その批評を新聞に発表したので、役者連はかえって足がすくみ、うまく演ずることが出来なかった。

黙阿弥の傑作『魚屋の茶碗』に織り込まれた身投の場は、文久三年（一八六三）正月、当時の「粋狂連」の題目高野、魯文、芳幾と共に有人が両国の料亭青柳から舟で戻る途中、両国橋の橋下で起きた話を、黙阿弥に話したのを劇の一部に書き下したものである。

一代の粋人であり、事業家でもあった山々亭有人は、魯文とはまた違った風格の持ち主で、東京市政にもつくし明治三五年一月二四日に歿した。墓は谷中にある。

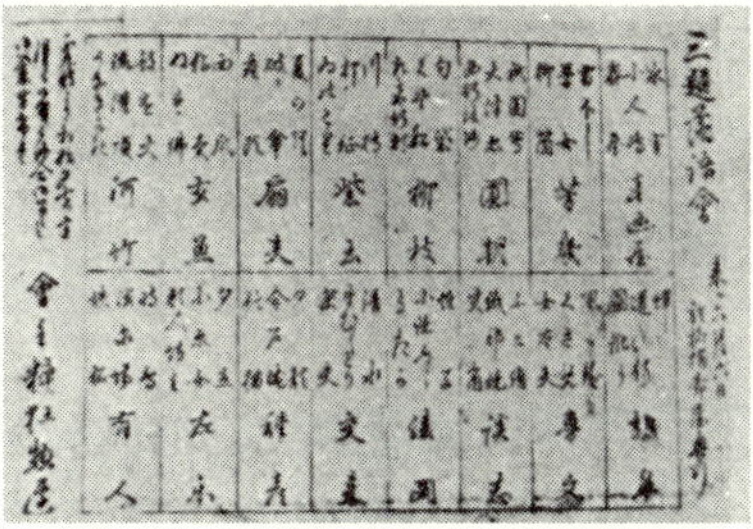
三題噺引札

古文　浅倉屋

初代の吉田久兵衛は下総の堀田藩の家臣である。佐倉宗五郎の将軍直訴事件で堀田藩は近江へお国替えとなったので、久兵衛の生まれは近江であったらしく「本国下総、生国近江」となっている。

何の理由で武士を捨て、商人になったのか判らないが、江戸に出て浅草で本屋を開業した。店の名は浅草の浅と佐倉の倉をとって「浅倉屋」とした。創業は貞享年間（一六八四―八七）で、元禄の頃俳人宝井其角の版木を集めていたが、明和九年（一七七二）の目黒行人坂から発した火は千住まで焼き、このとき店も焼けて大量の其角の版木を惜しくも失ってしまった。

八代久兵衛の時、浅草田原町の広小路（当時の浅草北仲町、現在の台東区浅草一ノ六ノ三、大生相互銀行の所）に地所を求め移転した。

「浅倉屋」は仏書を主として取扱い、看板に「和本、唐木、石刻、仏書、御経類」と書いてあった。御一新となり、明治元年に神仏分離令が発令され、廃仏毀釈運動が起きた。それまで各寺は神社もいっしょに祀っており、これを寺と神社を分離し、寺として残るか神社とするか、二者択一の布令だった。

一例として、鎌倉の鶴ヶ岡八幡宮もそれまでは八幡大菩薩の信仰のあつい寺であったが、神社となるため仏教関係の経本を焼くことになった。ちょうどそのとき参詣にいった浅草の芸妓がこれを見て驚き、二〇〇円か三〇〇円で買い求めた。だが大量なので舟をやとって積み、日頃信仰する浅草寺に納めた。これはいまでも同寺の経堂に納められている。

その後、明治五年に発刊された福沢諭吉の『学問のすすめ』などに刺激された洋学の反動で漢学も盛んとなり、「史学」「通鑑」などの研究が盛んとなった。

八代久兵衛は元来、版木物は好まず、自店では経本だけ売っていたが、大阪の修道館で印刷したのは明治十三年であった。二〇〇〇年から続いた「浅倉屋」は明治の文壇人との交友も深く、仏教関係の書籍では東京一の本屋となった。浅草で生まれ、浅草で育った久保田万太郎はこう述べている。

「浅草ばかりでなく、東京で名物だった浅倉屋、東京の古文屋の総元締といってもいい貫禄を持った老舗。その大きな手広い、くすぶった店つきを見ただけで、その量感に正しい伝統のひそんでいることのわかった浅倉屋……」

経本の「浅倉屋」は大正の関東大震災で貴重な古文書、文献を焼いてしまった。その後復興したが、戦災でまたまた痛手を被り、戦後新本を売っていたが遂に閉店してしまった。仏書一筋に三〇〇年の間、江戸時代から明治、大正、昭和と経本を商い、経本を伝えて宗教界につくした「浅倉屋」の功績は大きかった。

古文　村幸

芝日陰町（港区新橋四、五丁目）は古着屋や古道具屋が多い町であった。東海道の道筋にあり、日本橋と品川宿の中間にあったこの町は、故郷に帰る人がたとえ古着でも江戸土産にしようと、江戸の香りを含んだ着物を妻や娘にあるいは恋人にと買い求めて行った。

これらの古着屋の中に古文屋があった。この店は古本と錦絵を売っており、その年の人気狂言や人気役者の絵、それに江戸あるいは東京の風物画は荷物にもならず、旅人によく売れた。

村幸こと村田幸吉の店は、今の港区新橋四丁目二〇番地にあった。間口一間半位の小さな店で古本を売るかたわら錦絵も並べていた。さらに錦絵の輸出を盛んにやり、外国人の客も多かった。錦絵は浮世絵ともいわれて、その芸術的価値は外国人によって発見され、気のついた時は国宝級の絵画の多くが海外に運ばれていた。

外国人間で有名になった写楽の絵についてその当時「村幸」の失敗談がある。

「写楽の絵は独特の画法で、当時一般にもてはやされておりました。豊国や国貞の絵と違いまして、役者にも世間にも媚びない反骨のこの絵師の変った描き方は外国人に評判でしたが、日本の業界では不評判でした。明治三五、六年頃、或る人から写楽の絵二十余枚を一枚三〇円で押しつけられるように買わされましたが、その翌日仲買いの外国人がきたので、他の絵を見せながらこの絵を見せましたところ、ぜひゆずってくれとのこと。そこで一枚五〇円だと吹っかけたらOKだというので、こんな旨い話はないと早速売りつけました。しかし今持っておれば一枚三〇〇円以上には売れます。惜しいことをした」

竹の子天ぷら　目黒　角いせや

目黒不動尊は天台宗東叡山寛永寺に属している。大同三年（八〇八）慈覚大師下野国より叡山に赴かんとせる時、この目黒の地に一泊され、夢の中に不動尊が現れ、この地で人助けをせよと霊示をうけた。翌日夢でみた不動尊の尊容を模して木像に彫刻し、当目黒不動尊に安置した。

江戸時代には将軍家光の信仰も厚く、目黒御殿といわれるほどの大伽藍が建てられ、帰依する者も多くなった。

「寛永六年（一六二九）市民群集し出す。元禄の頃（一六八八―一七〇三）には江戸第一の不動霊場となった。この地は遥かに都下を離るるといへども、参詣人常に絶えず、殊更正、五、九の月の廿八日は前日より終夜群参して甚だ賑へり。又十二月十三日は煤払にて開帳あり。これも前夜より参詣群をなせり。門前五、六町が間、左右飲食店軒端をつどへて詣人を慰こわしむ。栗、餅、飴及び餅花の類をひさぐ家多し」

と寛永、元禄期の目黒不動尊の賑わいが『江戸名所図会』にも述べられている。

東京でも目黒が筍の名産地であったことを知っている人は少ない。目黒の筍の由来についてはこんな話がある。

筍は中国の江南省を原産地とする孟宗筍で、いつの頃か琉球に伝来した。薩摩の藩主島津浄国が元文元年（一七三六）に献上させ、鹿児島の仙巌別館に植えさせ、毎年筍の味を楽しんでいた。江戸鉄砲洲の回船問屋山路次郎兵衛は薩摩藩江戸屋敷に出入りしており、鹿児島に赴いたおりに持ち帰り、戸越の別邸に植えた。それを近くの農家に、次郎兵衛の指導のもとで栽培させた。この筍が次第に増え、次郎兵衛の子、三郎兵衛勝央の代にはその植付け反数は五町五反に及んだ。筍は各方面で賞味されたが、安政二年（一八五五）江戸に大地震（安政の大地震）が起きた時、この付近の人々は孟宗竹の林の中に逃げ込んで助かった。以来どの家でもこの竹を植えるようになり、筍の生産も増え、筍料理をする料亭も出来た。「目黒のさんま」でなく「目黒の筍」はこう

目黒の竹林

して江戸の人々の嗜好に合い、不動尊に参詣する人々は好んで料亭に立ち寄り、筍飯を食べた。

昭和十年頃、目黒に居た私の友人の母親から「めずらしい物が手に入ったから」といって、土のついた大きな筍をもらった。重いので、困った物をもらったなと思ったが、

「この筍は農家の人がまだ暗いうちから掘り出したものです。根が張って来るものを毎年掘って浅く植え直し、筍の頭が土をもち上げようとするのを掘り出したもので、時間が過ぎますと味が落ちますから毎朝料理屋が買いに来ます。一般の人にはなかなか手に入りません」

と教えられたことがある。私は目黒でそのような旨い筍が出来ることも知らず、友人の母親の好意が筍の重みと同じように感じた。

四月から五月にかけ目黒の筍のシーズンとなる。明治の中頃には名物筍飯の季節となると目黒の料理屋は牡丹園を設けるなどして、客を引く店も出来た。目黒の不動尊の前には、「角いせや」があった。不動尊にお参りに来た人々は筍飯を食べるのを楽しみに寄った。この店は不動尊に一番近い下目黒三丁目十八番の角にあり、角のいせや、「角いせや」と呼ばれていた。

筍を料理する料亭のなかでも「角いせや」は地理的にめぐまれ、特に五月のご縁日の日は筍の

旬で、この日は特に混み、前夜からの参詣客もあって店は終夜立て込み、下足の若い衆はお断りするのに大変だった。

当時の模様を目黒不動尊前の町会長の才藤さんはこう語っている。

「私の小さい時、まだお不動様には平日の参詣客も多く、正・五・九のご縁日の日は大変な混みようで、電車で来る人や歩いて来る人でごったがえしたものです。

『角いせや』の主人の金子雄吉さんは区会議員をやったりして、この目黒の旧家でした。明治の時代には偉い人々も詣られまして、その時はお供の人達も大勢お供して参られ警戒も大変でした。やはり一番忙しかったのは五月で、筍料理が有名で、毎朝暗いうちに筍が運び込まれ、近所の手伝いの人が皮をむいておりました。近くの農家は暗いうちに筍を切り取り、早朝運び込んだものをすぐ皮をむかせて、うでていました。時間がたつと不味くなるといっておりましたが、新しいうちは根の方も柔かく風味がありました。

藁葺屋根の家で、しっとりとした料理屋でした。夜おそくなって帰るお客には店の提灯を持たせてやったようで、そのお客さんの提灯が木立の深い田畑のなかを、あたかも狐火のようにゆれていったのを、私は小さい頃の想い出として覚えています。戦後新築をしたり部屋を増やしたりしましたが、その借財のために家を取られてしまい、昭和三六年に廃業してしまいました。

筍もこの辺の農家で作っていましたが、家が建ち並び、次第に栽培する人も少なくなりまして、昭和になって缶詰の筍を使っていたようです。昔は参詣人は歩いて参りましたから食事をする店が必要だったのですが、今のように車で参りますと別に目黒で食事をしなくてもよく、昔のように美味の筍料理でもありますれば別ですが……。あの家の方は今どちらにおられますか、その後の消息は分りません」

「角いせや」のあった所はいまは商店になっており、その敷地内に目黒の比翼塚があり、昔を物語っている。

海老天ぷら　ぎんざ　天金

永井荷風の『冷笑』の中に、東京特有の食べ物について「東京じゃ、鮨と天ぷらの立食ひでせう。鮨は魚河岸の朝、天ぷらは広小路の夜更けときまつてます云々」と書いている。鮨も天ぷらも江戸末期から明治の中期にかけて繁華街の道路で、屋台で売っており、立食いの下品な食べ物となっていた。

「天金」の初代、関口仁兵衛は本所の居付の地主の中村屋伝吉の息子で、文政二年（一八一九）の生まれである。幼名を金太郎といった。初代は九歳の時母に死別し、飾り職の所に奉公に出されたが二年程勤めて家に戻って来た。その後、本所の煮しめ屋へ縁あって養子にもらわれた。この店は大名屋敷に出入りするほどの店で、ここで金太郎は養父から料理方法の基礎を仕込まれた。初代は終生、大いに養父のこの愛情を徳として、「天金」の仏壇には養父の戒名「斎道至妙信士」を祀って供養していた。

初代は長じて商売に熱心であったが、一つ悪い癖があった。それは博打好きであった。客があっても友達が呼びに来ると、ソッと抜け出て行ってしまう。商売の金を使うようになると、もう女房のいう事も聞かなかった。この仲間に仙台の顔役で、国定忠治の盃を貰ったという浅草屋宇一郎という人があった。ある時この人に博打で負けた揚句、一人娘のいゝしを賭けたがこれも負けてしまい、仙台に連れていかれてしまった。この娘は弘化三年生まれの〝丙午〟で、丙午の年に生まれた女は結婚すると夫を食い殺すといわれ縁遠かった。そこで、妾でもよいから男を持たせたかったと思っていたというが、とにかく娘まで博打に賭けるようなナラズ者だった。

博打に明け博打に暮れた生活は荒れに荒れていた。ある日、博打に行く金もなくボンヤリしていると、近所の犬が小銭の入った財布を咬えてきた。金太郎はこれ天の助け（？）と、その金を持って河岸に行きたいねを仕入れ、その日は商売をした。が、金が入ればまた博打で、商売も衰微し店を閉める日が多かった。

ある朝、無一文の金太郎は永代橋の上からボンヤリと大川を往き来する舟を眺めていた。足下を帆を張って川を上る舟や、荷物を積んで下る舟を見るともなく見ていた金太郎の目に、人々の稼ぎ振りが目新しく映った。

人々は皆懸命に働いている。それなのに俺は何だ。サイコロの目を追う毎日、よれ〳〵の着物。博打で養家もつぶしてしまい女房のつゝるにも苦労をかけ、娘のいゝしまで賭けてしまい、可哀そうなことをした。俺は何て馬鹿な男だろう。こんな男は死んでしまえ、と後悔は次第に自己卑下の思いに変っていった。この時、金太郎の手に袂の賽子がふれた。勝った時の賽子は女房子供より可愛いい。しかし今日の賽子は何よりも憎かった。この賽子のために俺の一生はメチャクチャになってしまった。と思うと金太郎は恐しい物を捨てるように賽子を大川に投げ込んだ。

それから金太郎は朝の街を気の狂ったように歩いた。通りすがりの屋台の天ぷら屋が目にはいった。金太郎は「そうだ、元手のいらない天ぷら屋を開こう」と思った。この時のことが、大正二年八月二日の『都新聞』に書いてある。

「日本橋のにしめ屋の悴で喧嘩の金太といへば、親すらもてあます男であった。とても駄目だというので家を勘当された。金太郎は今後どうして世の中を渡って行くものかと、毎日浅草から芝までブラブラ歩いては商売を探して歩いたが、その中に日本橋でお爺さんが天ぷら屋の屋台を出しているのを見て『こいつあ一番天ぷら屋になってみるか』と決心した。

これが今日の天金そのものである」

喧嘩の金太、博打うちの金太、どちらにしてもまともな人間でない金太郎は一意発心して真面目人間になった。やはり金太郎は馬鹿ではなかった。

金太郎が銀座三越の脇を東に入った柳小路に天ぷら屋の屋台を開いたのは、幕末の頃か明治になってからのことである。天金の当時の引札（広告）に「露路の奥にこの行燈見ゆるならば、昼も宿にて揚げまいらする」と縦五寸四分、横二寸二分の和紙に二度刷りしてあり、「宅」と記入して場所を示し、そこに「天金」の行燈の看板が描いてあった。昼は宅で揚げても夜は、銀座四丁目で屋台を開いていたらしい。

『明治東京逸聞史』（森銑三著）にはこう書かれている。

「幕末の頃に、もう銀座四丁目の角に屋台店を開いていたのであるが、隣町の角には天虎というのがいて、やはり屋台で営業しており、それが競争相手であった。維新後、道路の取締規則で屋台が許されなくなったので、天金はそこに家を持って商売を続け、ついに天虎に打勝って、上等てんぷらは天金という評判を嬴ち得た」

この引札は明治二年以後のものである。新両替町四丁目が銀座四丁目と改正されたのは明治二年四月二九日である。

明治五年、兵部省から発した火は銀座から築地まで焼いてしまった。その時政府はこの銀座を、ヨーロッパ風の建物を作り近代的な街にしようと煉瓦作りの市街地を作った。しかし、この店に入ると〝青ぶくれ〟になるという噂が伝わり、入居する者はなかった。こんな時、金太郎の友人の秋葉大助（人力車の卸問屋）の持っていた銀座四丁目（尾張町から有楽町駅に向って右側で、銀座の和光の角）の貸家を借りて天ぷら屋の店を出した。秋葉氏は店の借り手がなく困っていたおりだったので、友人同士の気安さから口約束で借りられた。

貸家は三軒あり、始めは二軒借りたが後で全部借りるようになった。明治四年断髪令が出て人々は髷を切ったが、金太郎は生涯髷を切らず、店の者まで断髪することを禁じ、チョン髷姿で街に面した所で天ぷらを揚げていたので「チョン髷の店」として評判となった。

金太郎はなかなか頑固なところがあり、河岸で気に入った海老が無いときは仕入れて来ず、店は休んだ。客もよくそれを承知していて、気持よく帰った。またそれが評判となり繁昌した。常連の筆頭は十五代将軍徳川慶喜公で、よくおしのびで見えられた。公には大ぶりの波の絵の描いてある「なべしまの皿」に五寸位の大きなお好みのかき揚げを調理して供した。その頃の店の様子は平出鏗二郎氏の『東京風俗志』によく書かれている。

「天ぷら屋、牛肉屋等のごときは料理店として、もとより高尚ならざるものなれば、多くは一群の客、一室を占むるがごときことを許さず。おおむね楼上に数十畳の巨室を構え、ついたて、障子さへなしに、彼方にも此方にもと、群をなして飲食するさま、はなはだいやし」

このように客は卓袱台もなく、畳の上にじかにひろぶたを置いて、そこで飲み食いしたものである。「天金」では特に材料を吟味した。それで他の店より高かった。材料の仕入れが高いので儲けは少なかった。良い材料ならいくら高くても仕入れたので損をすることもあったが、廉い時もあるから、ならして儲ければよいと笑っていた。店の前は尾張町の停留所で、電車の中まで天ぷらを揚げる匂いがしのび込んだもので、腹の空った乗客は下車して「天金」に立寄った。

初代は五代目菊五郎の大の贔屓で、五代目が店に来ると売切れでもないのに店を閉めさせ、車海老の天ぷらは勿論、鬼から焼から塩焼など自ら作って歓待した。五代目は「四谷怪談」を演じた時、与七郎の役で着た菊五郎格子の着物を金太郎に贈った。初代はそれを大変に気に入り、何かあるとその着物を着て得意がった。

この時代の料理屋は、盆や暮に得意にしてくれる客に手拭やうちわを配ったものであるが、「天金」はそれをしなかった。「天金」のお得意先は日本国中の人である、といっていた。

初代は実娘のいしのほかに子供がなかった。いしは博打のかたに人にやってしまったので「天金」を二代養子の池田銕三郎にゆずった。銕三郎はさくという母と二人で柳小路に住んでいたが、初代はこの母子を哀れがり、自分の店の隣りにめし屋の屋台を出してやり、天ぷらを食べてめしを食べようとする客を隣りのさくの屋台に行かせた。さくは金太郎から養子に銕三郎を迎えたいがと話のあった時、心よく承諾した。「天金」のお香こはさくが考えたもので、油っこいものを食べた後のさっぱりしたお香の物は、天ぷら屋ではまた秘めた料理だった。

「天金」のお香こは他の店と違っていた。天ぷらに使う大根おろしの大根の葉や皮を水洗して乾して塩漬けにし、それに生姜を切り込んでこまかに刻みそれを、袋につめて糠味噌に漬けたものであった。始めのうちはさくが廃物を生かすつもりで考えて作ったものであるが、評判もよくなると足りなくなった。さくの娘の嫁入り先が千住の農家だったので、毎年大根の葉を馬車に山と積んで届けさせ、それを四斗樽に漬け込んだ。樽は二、三〇も並ぶようになった。このお香こ の味の秘訣は、塩漬けの時の手のかけ方で決まるので、さく一人が監督するようになった。塩漬けしたものをこまかく刻む仕事は店の毎晩の仕事で、台所に一抱えもある木の切株のまな板を据え、両方の手に大きな菜切り包丁を持って、向い合いに四丁の包丁で切り刻む。トントンという音が、店を閉めた「天金」の台所から静かな銀座の夜の街に流れたものである。

初代は「天金」を銕三郎に譲ると、名を仁兵衛と名乗った。昔遊んだ人だけに他人の面倒見がよく、仁兵衛を慕たって居候がいつも十人位おり、大根をおろしたり茶わんを洗ったりしていた。また仁兵衛はこの連中を連れては新富座へ芝居見物に行ったものである。初代が大切にしていたものに、山岡鉄舟に書いてもらった書がある。

口はわざわいのもと
さはらぬ神にたゝりなし
あとで後悔先に立たず

これを「天金」の唐紙に貼り家宝としていた。

銈三郎は「天金」の二代となりのぶという娘を嫁に迎え店もますます繁昌した。明治二二年初代七〇歳の時、酒飲みの銈三郎は三二歳で脳溢血で倒れた。長男の金太郎は六歳、次男の銀次郎（後の池田大伍氏）は五歳で、他に二女があった。二六歳ののぶは一代法華となり「三七二十一日」の水垢離をとり、せめて長男金太郎の十六歳（昔は十六になると元服といって、男が一人前になったという式をしたものである）まで十年生きていてくれと祈った。

次の年、初代仁兵衛がなくなった。仁兵衛はその時、病床に就いていたものか、死ぬ一日前の日に「おれは明日十時に死ぬという電信がかかって来たから、皆葬式の用意をしておけ」といい、自分で「弁松」に上等の弁当千人分、普通弁当五百人分を注文し酒も用意させた。死装束にはくす玉模様の派手な友禅に二ッ字つなぎに分銅の中に「天金」の印を染め抜いたものを着た。そしてその次の日、明治二三年四月三日に七二歳で死亡している。

このような不幸の中、病気の銈三郎を看護しながら四人の子供を育て、のぶは商売にはげんだ。二代銈三郎は発病してから十年後、金太郎十六歳の時、明治三二年脳溢血が再発して死んでいる。四二歳だった。

十六歳の金太郎は三代を継いだがこの時のぶは三六歳の女盛り。この十年の苦労はのぶに男勝りの気性を第二の天性としてあたえた。そして「大天金」のおしも押されもしない〝おかみさん〟となっており、女特有の肉親の情愛に決して溺れない女となっていた。『銀座大平記』に、

「天金のおかみさんは銀座の生き記録といってよい人で、天金をあれだけものにしたきけ者である」

とある。「天金」は大正七年に尾張町の角から元数寄屋町二ノ一（中央区銀座五ノ五）に引越している。大正四年六月三日の『都新聞』（今の『東京新聞』で、芸事や料亭、色街のことが主に記載されていた新聞）はこの移転の件をとりあげている。

「天金の移転に付いて

銀座尾張町の有名な天ぷら屋天金は、近々どこかへ移転せねばならぬことになり、目下その場所を選定中である。これまで同所は人力車製造業秋葉大助氏の所有であったが、今度服部時計店が買って、その立退きを請求することになったのである」

これは「天金」には内密に、秋葉氏の息子さんが服部金太郎氏に三万円で売ったもので、秋葉氏の不信行為を裁判で争ったものである。この頃は居住権も営業権も認められない時代で、服部氏に売り、それがため立退きを申立てられた時は、裁判をしても勝負は始めから判っていたものであった。しかし男勝りのの〻ぶは銀烟管をた〻きながら、「四三年間、毎日一万匹の海老の皮をむいてこれまでにして来たものを……」と妥協の話でやってくる秋葉、服部の使いを追い帰した。五年に亘る訴訟の結果、「天金」は裁判に負けて前記の所に引越した。この時のの〻ぶは五五歳、三代金太郎三五歳であった。

数寄屋町に店を移しても、さすが天下の「天金」は売り上げは落ちなかった。それは男勝りのの、ぶのもと、男盛りの金太郎と従業員の努力があったからだ。その後、大正の震災に罹い、昭和三年頃には食卓も用意され、小室もしつらえて上方風の上品な天ぷら屋とした。このころから外国人も立寄るようになり、天ぷらは高級料理となった。これも「天金」の努力によるものである。昭和四六年に店を閉めたが、当主の弟さんが文学博士池田弥三郎氏である。初代が無学のためのぶは悲しい思いが多かったので、何とか学問をさせたいと、弥三郎氏に勉学の道に進ませたものだという。

雑司ヶ谷　小鳥料理

雑司ヶ谷といえば鬼子母神と連れ言葉になっている。この寺は日蓮宗法明寺の支院の大行院の分院で、豊島区雑司ヶ谷三丁目にある。

鬼子母神の御縁起によれば、

『鬼子母』は五百人の子の母として、子供を可愛がったが、人間の子を食べるので仏はこれを懲める為、その末の子を隠してしまった。『鬼子母』は狂人の如くになって探したが判らない。そこで仏に救いを求めた。仏は『汝は五百人の子があるのに、一人の子がいなくなっただけで、そのように嘆き悲しんでいる。まして、二人三人の子供きりいない人の親の悲しみは……』といましめた。『鬼子母』は仏のさとしを聞いて大いに悔い、仏に帰依し、小児を守ることを誓った。そして子育ての仏として祭られ、『鬼子母神』といわれた」

永禄四年（一五六一）五月十六日、雑司ヶ谷の柳下若狭守の下男山本円右衛門が護国寺の西方の星谷の井戸の畑を耕していたとき、仏体らしい物を掘出した。東陽坊（後の大行院）の僧日性に見せたところ、鬼子母神の像と判り、同寺に安置した。天正五年（一五七七）一人の寺僧がこの像を盗み出し、安房国に持って行ったが、その僧は気が狂い「この像を元の所に戻さないと、安房国に災害がふりかかる」と口走った。そこで村の人々は恐れをなし、即日舟を出して、東陽坊に返した。

この噂さが自然と拡まり、諸人の信仰をあつめ、参詣者も増え、鬼子母神は大いに賑わった。前田利常の三女満姫は鬼子母神を篤く信仰し、鬼子母神の御堂を建て、前田、尾張の両家も参詣者のために参道を寄進した。

子授けの仏、子育ての仏とされ、子供連れの参詣者が多く、子供相手の土産物が出来た。元禄年間（一六八八―一七〇三）尾張の藩士酒井宇平治が内職で作った風車や、正徳年中（一七一一―一五）川口屋忠治が飴を売ったのが評判となり、薄（すすき）で作った木菟（みみずく）もこの地の名物となった。

風車子持ちの神が売り初め
風車廻らぬ舌でねだりだし
木菟になってぶら〳〵枯尾花

武蔵野の原の真中にポツンと建てられたこの寺の廻りは、武蔵野名物の欅の森や尾花が生い茂り参詣の人々は畑の間を縫って詣ったり、駕籠で参拝したものである。子育ての仏として有名になった鬼子母神は、いつの頃からか信仰の篤い日蓮宗の信徒により盛大なお会式（日蓮の忌日で、毎年十月十三日）が行なわれるようになった。十二日から十八日の間、毎晩「万燈揃い」があり、この日は市内から集って来る万燈の行列が暗夜をあやしいばかり照らした。音羽と目白坂から登って来る人々は坂の上で一緒になり、白衣に身をかため、万燈を持った何万という人々の行列と、狐火のような万燈の明りが絶え間もなく続いた。熱狂的に「南無妙法蓮華経」の題目を唱え、話し声や笑い声と共に響き、こだまとなった。

この鬼子母神に一般の人々の足を向けさせたものに、明治以前に、近くの護国寺の門前町の岡場所があった。初めは護国寺の参詣人相手の茶屋を設けたが、それが次第に遊女町となり元禄十三年（一七〇〇）には吉原五丁に対し、三六町の町に遊女屋が出来た。鬼子母神の参詣にことよせて、この岡場所へでかける人が多く、異常な発展をした。しかし享保四年（一七一九）に、吉原の抗議で一時衰微したが、その後、復興と衰微を何度かくり返して明治の時代となった。明治の鬼子母神について、永井荷風はこう記している。

「鬼子母神の祠神には、茅屋の茶亭四、五軒ありて、雀のつけ焼、田楽をひさぎぬ。年々十月のけじめの会式の日、参詣の都人群集して飯食するを以て、茶亭一年の生計は、能くこの日、一日を以て営むに足りしと云ふ」

鬼子母神の「小鳥料理」を尋ねて雑司ヶ谷を訪れてみた。王子電車の鬼子母神の停留所から、しばらく北に足を進めると、すぐ右に入る道がある。この道は、今までの雰囲気とちょっと違い、道巾も狭ましと両側に聳える欅の並木で空を圧している。

これが鬼子母神の参道で、この欅は『江戸名所図会』にもあり樹齢五〇〇年以上も経ているか。幹の廻り五メートル以上、高さ二〇メートルもあろうかと思われる大木である。なかには枯れかかっているものもあるが、昔はこの欅の森が目白坂から見通された、鬼子母神の森の名残りである。当時は鬼子母神の廻りには樹木が茂り、日の目を見ることも出来ないほどであったといわれ、終日野鳥の啼き声がやかましかった。

この道を、土地の人は〝並木通り〟と呼んでおり、並木の両側に小鳥料理の店の蝶屋、千歳屋、武蔵屋、狸屋、開仙閣、嬉野などがあった。

電車も車も無い時代、お会式の日は東京から「南無妙法蓮華経」と題目を唱えて何里も歩いて来た信者の空いた腹には雀焼の匂いはたまらなく、吸い込まれるようにこれらの店に入った。

明治期の雑司ヶ谷鬼子母神境内。この欅並木の両側に小鳥を焼いていた料亭があった。

雀焼の店は、始めは屋台式であったが、次第に店を拡げ、江戸末期には、五六〇坪の小料理店になり、五〇人位を一度に招じ入れることが出来る店になっていた。空腹の人々は決して上品な食事を求めなかった。とにかく腹がふさがればよく、急ぐ客ばかりだった。ドカッと入り込み、はこばれてきた料理を待ち兼ねて食べた。酒に雀焼、芋の田楽の田舎料理に飯で、安直な食事を楽しませた。森銑三氏の『明治東京逸聞史』をみてみよう。

「雑司ヶ谷鬼子母神境内の蝶屋は焼鳥屋で、その焼鳥と芋田楽とが、土地の名物とせられたのだった。蝶屋の主人は、

〝店を始めたのは明治十一年の頃でした。私はその前から、鷹の餌として雀を宮内省に納めていたのですが、雀が捕れすぎて仕方がない程でしたから、それで焼鳥屋を始めたのです。秋になって、稲が熟し、空のよく晴れた日に郊外に網と籠をかついで雀を捕りに行くのですが、それは商売柄楽しいもので、以前はあまり沢山かかり過ぎて、二、三百羽の雀で網を持って行かれそうになって、驚いたこともありました。近頃（明治の末）では東京付近の雀は、網にも笛にもなれてしまい、昔のようにかからなくなってしまいました〟」

とにかくこの辺は野鳥が大変にいたものらしく、安藤坂下（伝通院前の坂）には御鷹匠の屋敷がたくさんあり、鳥を捕る鳥網を干した風景が毎日見られ、一名網干坂といわれたものである。

鬼子母神の参道には、文政年間（一八一八―二九）では耕雲亭などがあり、その後に大茗荷屋、小茗荷屋などの小料理店があり、め組の喧嘩の手打式がなぜかこの辺鄙な鬼子母神の大茗荷屋で行なわれた。明治になってこれらの料亭も、焼鳥屋に置き替えられたのである。

私は鬼子母神の小鳥料理店について、境内で〝芋田楽〟や〝おせん団子〟を売っていた三宅さんにお伺いした。

「私は今年七〇歳で、この土地の生れですが、大正になってからもこの小鳥料理店は繁昌しておりました。鬼子母神にはその頃まだ森がありまして、日中も暗いほどでした。雀など

がたくさんおり、鷹の餌として鷹匠の所へ持って行ったものです。

『蝶屋』の主人はよく知っております。毎日巻脚半で四、五人の若い者を連れて鳥差しに出掛けたものでした。『蝶屋』の裏には小鳥の小屋があり、その中に網にかかった色々の鳥が飼ってありました。『蝶屋』は主人が捕った雀を料理しておりましたが、他の料理屋では、捕りに行った店もありましたが、仕入れてやっていたようです。とにかく御会式の日は大変な人で、各料理屋は何日も前から仕込みで大わらわで、雀の羽根をむしり、六、七羽を竹串に差し、素焼をしておきました。当日、これにタレをつけて焼いたもので、その煙が秋の空に一パイに拡がり、参道を煙らしておりました。この香ばしい匂いにつられ、お客様は入ったものです。殊にお会式の日は蜂の巣をつついたような騒ぎで、これが終夜続いたものです。私達も徹夜で営業をしておりまして、芋田楽を温める閑もなかったもので、明方近くになりますとグッタリとしたものです。明治の末には、この雀焼は一串二銭位でした。

しかし、車が発達して昔のように歩いて参ります方もありませんので、次第にこれらの店も閉めてしまいました。今その料理店の跡はアパートになっております」

柴又さん付近はデルタ地帯であり、河も近く川魚が採れた。だから川魚料理を参詣の人々にすすめた。この雑司ヶ谷ではこれといって名物とするものも無かったので、参詣の人々にこの付近でたくさん捕えられた雀を調理してすすめたものである。

名物の飴屋の「川口屋忠治」はどこへ行ってしまったのか。私は再び鬼子母神を訪れた。境内に古びた店がある。この店の主人は安井千代といい、歳は七九だという。お年配なので焼鳥屋のことを聞いているうちに、この店が「川口屋忠治」の店であることが判った。

「私の店は元禄年間に、この境内に店を開いたといいます。私で何代になるか判りませんが、昔は境内では店を開くことは許されましたが、住むと火を使うので住みつくことは許可されませんで、近くに住いがあり、そこから通ったといいます。明治になり、電気が入ってから、私の店だけがこの境内に住むようになりました。

飴は初代が作ったといいます。それがいつの頃か有名になり、江戸の末期には鬼子母神にお詣りに参られます方は、必ずといってよいほど飴を買って戻られたものです。お会式の時は土産としてお求め頂きましたが、この日の混雑は大変で、十数人の売り子を置いて、丸太を組んでお客の整理をしたものです。

今では十月のお会式から飴は売りますが、昔はこの版木で刷った袋の中に入れて売ったものです。何代前に作ったものか判りませんが、彫りが減り、よく見えませんが」

といって、三枚の版木を取出された。版木には「三宮飴」「川口屋忠治」の名が認められた。七・五・三の飴の袋は、今日では奇麗に印刷したものがあり、その方を客が喜ぶので、この版木は使わないという。

「私の幼かった頃、一条様や前田さん、黒田さんがよく参詣に参られました。前田さんは二頭立の馬車で、黒田さんは二人曳きの人力車で、お供を連れておいでになりました。

加賀さんは参拝後、必ず店に立寄られまして、父や母と何かと話をして参られ、飴を求めてお戻りになりました。その頃は偉い方でも信心をなさいます方が多く、皆おしのびでおいでになり、平民的で気軽にお言葉を頂いたものですが、何かおかしがたい気品のあったものでした。参拝が終りますと境内を見て歩かれ、名物の雀焼や田楽など召上られたものです。今のように自動車で参詣もそこそこにして帰ることは、昔はありませんでした。

雀焼屋で最後まで残ったのは『蝶屋』でした。この料理屋は並木通りの今の銅菊の所（豊島区雑司ヶ谷三ノ十九ノ五）にありました。とても繁昌した店でしたが、主人の半さんが死んだ後は雑司ヶ谷名物の雀焼屋も店を閉めてしまいました。世継がなかったことと、雀もこの近くに少なくなり、捕りに行く人もなかったからです。

この他に『武蔵屋』という料理屋もありました。この店には大正天皇様がおしのびでおいでになったとか、噂になったこともあり、芸能人の方がよく利用しておりました。この店は同じ並木通りの三丁目十九番の九号のところにありました」

「川口屋忠治」について『江戸名所図会』に「門前両側に酒肉店（料理屋）多し、飴をもて此地の産とし、川口屋と称するもの本元とす。其家号を称ふるもの今多し」とある。このあたりの香具師にもその名があり、鬼子母神に縁のある家で川口屋の家号の店が本当に多い。帰りがけに私は、川口屋の飴屋から名物の薄の木菟を見つけて買い求めた。

柴又　川魚料理

柴又の川魚料理を語るには、まず帝釈様を語らねばなるまい。

帝釈天は柴又題経寺にある。この寺は日蓮宗千葉中山法華寺の末寺で、寛永六年（一六二九）本山十九世禅那院日忠上人の草創で、祈禱本尊の帝釈天の板仏は日蓮上人の彫刻である。この板仏は永く行方が不明だった。

安永七、八年（一七七八—九）九世日敬上人の時、大暴風のため本堂が大破した。この修理工事の最中、棟木の上から埃にまみれた長さ二尺五寸、厚さ五分の梨板が発見された。何気なく洗ってみると、片面の中央に「南無妙法蓮華経」の題目と「両尊」「四菩薩」に「病即消滅」の大文字、大士（日蓮）の号の花押が刻まれていた。また片面には、右手に剣を持ち、左手を開き、憤怒の相をした帝釈天王の影像が刻れていた。

帝釈天の板仏を発見した日敬上人は大変に喜び、その日がちょうど庚申の日に当っていたので、爾来この日を御縁日とした。

この帝釈天は江戸中期以後、縁起の神として花柳界や商人の間に信仰する者が多くなり、いわゆる「宵庚申」の風習が生れた。

これは池上本門寺や堀の内妙法寺のように、江戸から相当離れた処にある題経寺は参詣するにも一日掛りで、庚申の前夜から気の合った善男善女が何人か連れだち、お詣りに出掛けたものである。水戸街道、千葉街道の田や畑の間をお詣りの人々の提灯の明りが狐火のように点々と断続し、終夜足音は絶えなかった。

この「庚申の夜参り」について、能美金之助氏は『江戸ッ子百話』の中で次のように述べている。

「さて庚申日の柴又帝釈天夜参りは、六十日毎に来る庚申日の柴又参りである。明治、大正にはなかなか盛況であった。柴又帝釈天にはあらゆる階級の信者があり、とりわけ威勢のよい職人の信仰者が多く、宵庚申の日は仕事を早く片付けて友人、知人を誘い合はせ連れ立って出掛けた。柴又道は他にもあったが、本所深川の人も、下谷、浅草の人も曳舟通りを通った。

吾妻橋から柴又まで約二里、日本橋神田からは三里余あった。身拵いもすっきりと、男は半纏を着るか、着物の裾を高く端折り、草鞋掛けで、女は尻高々と端折り、日和下駄か草鞋の紐を結んで出かけた。曳舟通りを真直進み、道に街燈もなく、提灯を持って行く人が多かった。参詣に行く人、参詣を終えて帰る人も、見知らぬ人々でも〝今晩は〟とか〝御苦労さん〟と互に声をかけ合い、なごやかな風情をかもし出した。

この頃は柴又に行くには二ツの渡しを渡って行ったもので、草臥れた足を止ませるには絶好で、川の流れを眺めながら遊山まじりの信心の心をなぐませた。しかし、この宵庚申は『庚申雨なくば帝釈この世にあらず』と言われる如く、雨がちの日が多かった。その雨の道を暗い帝釈天参りの四里又は六、七里の道は、遊山気分の飛び去る日も多かった」

このように陸路を歩いてお詣りに行く人々の他に、浜町河岸から出る乗合舟もあった。遊山気分のお詣りの舟は、威勢のよい客も多く、酒や三味線を持ち込み、酒が廻ると三味線をかき鳴らし、歌も出て、岸行く人々を口惜しがらせた。この「柴又詣り」は、他のお詣りと違った雰囲気を醸し出したものである。

江戸の中期から江戸川には銚子通いの舟が出ていた。大川から小名木川を通り、江戸川に出て、関宿から利根川に入り、銚子に通ったのだった。これは銚子で捕れた魚の輸送と、東北方面から送って来た米や商品を小舟に積み替え、利根川から江戸川を通り、江戸まで運んだもので、同時に銚子通いの客のために柴又の川岸にも早くから船宿が何軒もあった。

この川岸には葦や薄が繁り、入江もなく、対岸の矢切村からの渡し舟の桟橋と、川を上下する舟の桟橋があるだけだった。堤の内川のこの川べりには川甚、川千屋、白松屋、納屋、戸室などの船宿や茶屋、土産物屋や煎餅屋があった。川甚は渡舟場の下流にあった茶屋で米や雑貨も売っていた。矢切村から青果物を車に積み、金町や亀戸村に売りに行く人々が車を止めて食事をしたり買物をして行った。

川千屋は舟宿で、銚子通いの客の食事を用意したり、舟待ちの客の待合所となっていた。

江戸末期になると、江戸川の銚子通いの舟も機械船の発達と共に房州廻りの船が就航し、東北方面からの商品は房州廻りとなった。この川筋にも両輪船の通運丸がはなやかに登場した。明治十年五月、両国橋を起点として竪川筋から江戸川に出て武州妻沼へ通い、明治十三年、両国から小名木川、江戸川、利根川を通り客を運んでいた。同二一年には江戸川べりの新川村から利根川べりの田中村までの間に運河が開鑿され、東京—銚子間が二七哩(マイル)短縮された。

一方、明治二九年、常磐線が土浦まで開通し、同三三年に金町駅から柴又の間一・四キロに帝釈人車株式会社が出来て人車を走らせるようになった(人車とは幅六〇センチ位の線路の上に、長さ二メートル、幅一・二メートル、高さ一・五メートル位の箱をのせ、これに客を乗せて後から二人で押したトロッコ）。庚申の日には早朝から金町駅に下りた客はこの人車に六人位乗り込み、車夫が二人がかりで押した。鉄道が出来て舟路の利用者も少なくなり、柴又の帝釈さんの門前町が繁昌するようになり、簀葭張りの茶屋も本建築となった。江戸川べりの舟宿や茶屋も、土手の改修などもあって門前町に移った。川千家は門前町にあった某塩問屋の別荘跡を買ってそこへ移った。川甚は明治の末に火事で全焼し、現在地に移転した。白松屋、納屋は同じようにこの門前町に川魚料理店として移ったが、これは後日転退し、戸室は布団店となった。これらの店では近くの田畑で出来る野菜類や川や沼で捕れる川魚を料理して参詣の人々を喜ばせた。

金町―柴又間を走る人車鉄道（明治38年）

本所、深川、葛飾の、いわゆる東京のデルタ地帯では川魚料理が盛んで、亀戸、州崎付近の料理屋も川魚料理をすすめたが、江戸川や印旛沼、手賀沼をひかえた柴又の川魚料理は一段と味がさえていたという。

松戸には江戸時代から大きな川魚問屋があり、本橋助左衛門は江戸川や手賀沼の泥鰌や鯉、鰻を一手に取扱い、江戸へ積み出すのに自家船の許可まで得ていた。

今では珍らしい東京で唯一ヶ所の「矢切りの渡し」を何とかして残したいものと、毎日曜日に渡し船を漕いでいる、松戸市下矢切の杉浦正夫さんは、

「私の父は小さい時、舟の両方に車のついたお客の乗っ

た舟が江戸川を上り下りしていたのを見たといいました。その頃は江戸川でも鯉や鰻がよく捕れまして、それを柴又の川魚料理の店に持って行き、買ってもらったものです。その頃はまだ川べりに店があったと思います」

と語っていた。明治三一年、饗庭篁村は『旅硯』にこう書いている。

「矢切りの渡とは、大利根の流れに市川の上なり。真間、鴻ノ台翠深く見渡され、此頃の雨に水増して、田もまた湖水の如く、渺々として景色のいわむ方なし。

渡船場際に静かに広き庭園あり、離れ座敷は江戸川に臨み、藤の花も盛りなり。よき家かな料理店と見えるに『こゝは何』といふと船頭に問へば、棹さす男一行をづらりと見て『これは川甚といって、立派な料理店サ。東京の功者な人は皆こゝへ来る』と教へ顔に云ひしもの……」

明治三一年にはまだ、川魚料理の川甚は江戸川の川べりにあったようで、当時りっぱな料理店になっていたらしい。大町桂月もこの川甚に何回も足を運んだ。「ゆく舟」にその美文の描写がある。

「雨を衝いて柴又に至り、先ず帝釈天を詣でたるが、もとより善男善女ならぬ身の敵は本能寺ならぬ川甚の水亭、雨戸をあけさせて、溶々たる江戸川に対す。

雨未だ止まず、国府台の森を始め、見渡す丘樹眠るに似たり。余波烈しく岸を打ちて、下りゆきたる川蒸気の外には、この景物なる帆船一つも通はず。眼を川の上下に放ちて、心さびしくも又ゆるやか也。

料理は〝鯉こく〟に一致したるが……代々一高生に愛し来りしこの水亭さへも水理改修の為めに、やがて取払はれて堤内に移り、無数健児が酣嬉の場、蘆荻空しく茂りて、行々子の住家とならむとす」

川甚が里人を相手としていた茶屋から川魚料亭になったのは明治の中期で、初めは柳水亭という堤の内側にあって江戸川に面していた。対岸の国府台や白菊の丘の緑が目にしみ渡る川岸に、この料亭は人々の注意をひいた。明治三七年、柴又の有志により江戸川の堤に染井吉野を植え、東京のお花見の名所として、また散策の地として春は一段と賑わった。春になると各大学のボートの練習が花の咲く江戸川で行なわれ、川甚には帝大、慶応の学生は川千家に泊った。この当時両店は旅館を兼ねており、家中総出で接待したものである。

明治四五年、夏目漱石が『朝日新聞』に書いた『彼岸過迄』の中にも川甚が出てくる。

「この日彼等は、両国から汽車に乗って、鴻の台下まで行って降りた。それから美くしい広い河に沿って、土手の上をのそのそ歩いた。敬太郎は久し振りに晴々した好い気分になって、水だの岡だの帆掛船だのを見廻した……。

二人は柴又の帝釈天の傍まで来て、川甚という家に這入って飯を食った」

明治の幽雅な江戸川べりや柴又詣りは、文学的にも芸術的にもよく描かれている。

しかし、銚子通いの両輪船もいつの間にかなくなり、人車を押して一日五十銭になると喜んでいた帝釈人車株式会社も、大正二年十月に京成電車に一万七千円で買収され、電車が押上から走るようになった。

魚料理・川甚の現在の建物

戦前までの川甚は、風呂（昔の料亭には大きな風呂があり、歩いて訪れた客の汗を流させたものである）に入り鰻を注文して、蟬の啼く音を聞きながら、広い池に臨んだ離れで涼しい風を入れながら一眠りしていると、日本髪に結った中年の女中さんが忘れた頃に料理を運んで来て静かに起してくれたものである。池の廻りに建てられてある二階の部屋は畳も赤く焼けて、立て付けもがたがたしていた。店の繁昌するに従い何度もつぎたしししては建て増ししてきたのであろう。広い庭には四季の木樹や草花が良く手入れされた。特に牡丹が美しかった。

昭和二四年、自殺か他殺か未だ判らない国鉄総裁の下山さんが死ぬ前に、ここで食事をしたとか。近頃はすっかり建て替えられ鉄筋になった川甚は、川千家と共に結婚式場、宴会場となり、昔のように帝釈天のお詣りのついでに「川魚料理でも食べようか」といった軽い雰囲気を失ってしまった。

車で行って、あわただしくお参りして帰るこのごろの人には、真暗い野道を提灯の明りをたよりにして、気の合った人々が笑い話をしながら宵庚申詣りをし、空き腹に味わった柴又の川魚料理の味は今はどこにもない。花見時にはたくさんの人を集めた東京名物の一つのあの桜も老木となり、土手の改修と排気ガスにより次第に姿を消し、バイパス近くにある何本かの木も枯廃寸前にある。「矢切りの渡し」も、杉浦さんの跡をついでくれる人が無ければ、これもいつか消えるか。

一つ目　越後屋

両国橋の東詰をすぐ右に曲る通りを一ッ目通りという。この道には竪川（たてかわ）（万治二年［一六五九］本所が開発されたときに掘ったもので、江戸城に竪にまっすぐに掘られた）に架けられた橋がある。大川から数えて一ノ橋から四ノ橋まであり、いずれも江戸城に直角で、その橋の通りは一ッ目通りから四ッ目通りまであった。

この一ッ目通りに、江ノ島杉山神社がある。この神社は、関東総録検校となった杉山和一が江ノ島弁財天の分霊を安置したものである。杉山和一は大和の国の生まれで、幼少の頃に失明し、鍼医を志ざして江戸に出て検校山瀬琢一の門に入った。検校は和一を熱心に指導したが、天性の不器用というか、いくら教えても十本の鍼のうち七本まで折り、さすがの検校も根負けして破門した。

しかし、和一は鍼の修業を断念しなかった。京都の岡田豊明に教えを乞おうと、東海道を上る途中、江ノ島の弁天様に二一日間の断食祈願をして加護を祈った。満願の日の夕方、夢心地の和一に弁財天が現れ、一本の銀の鍼と管を与えた。不器用な和一もこの管の中に鍼を入れて打ってみると、手元が定り鍼も折れなかった。和一は大いに弁財天のご利得に感謝し、江戸にとってかえし、師匠に話をすると共に管の使用方法をわき目もふらずに研究した。こうして遂に杉山流の管鍼療治法を完成した。やがて和一の診療を聞きつけて治療を求める患者は門前にあふれ、いかなる難病もこの治療方法で治癒しないものはないと評判になった。

慶安四年（一六五一）四代将軍家綱の病が容易に癒らなかった時、和一が召し出され治療した。平癒した家綱が「何か望む物あらば……」というと、「一ツ目が欲しい」といった。将軍もなかなか粋な人で「それでは一ツ目を与えよう」と、本所一ツ目に地を与え、禄五〇〇石を給したと、講釈師の喜ぶような話もある。こうして一ツ目の通りに屋敷を持ち、その邸内に江ノ島弁財天を安置し、祠堂を建て江ノ島杉山神社といった。

この神社の前の一ツ目通りに、明和三年（一七六六）に越後から出て来た平七という人が菓子屋を開いた。その頃、江戸には毎年のように大火があった。この本所にあった大名旗本の下屋敷、商家の別荘などは堀をほって盛り上げた土地に建てられ、堀を通じ舟が往き来していた。明暦の大火のおりに死んだ十万余の人々の霊を慰めるために建てられた回向院や、その境内の相撲、垢離場の芝居、催物を始めとし、回向院の東側の土屋佐渡守、本多内蔵助、北側の三宅対島守、峰屋主殿様などの屋敷があった。今の両国駅の所は竹蔵といわれた本所のお蔵があり、大川端には松平伯耆守の屋敷（この屋敷は明治になって安田善次郎の邸となり、今は旧安田庭園である）があった。

越後屋平七の菓子はこれらのお屋敷向きの菓子として利用された。私が知人と「越後屋」を訪れたのは昭和四六年十二月の初旬だった。

武蔵屋は一ッ目橋を渡ると、すぐ左側の角にあった。尺五寸位の「越後屋」と書いた看板が目印で、茶屋作りの素人屋風の店だった。この家が抹茶菓子で有名な越後屋とは知らずに通り過ぎる人も多いという。店の前には小さな茶席風に作られた庭があり、つくばいが水を清くたたえ、自動車のはげしい往来の傍に静かなたたずまいをみせている。店は二坪位で、水を打った玉石の石畳みが店風を表している。

左側には床の間作りの二尺四方の飾り棚があり、今月の菓子がソッと置かれている。壁には文六の句が飾られていた。

越後屋の水羊羹の朝茶かな

越後屋八代の桑原広太さんの話をしばらく聞いてみよう。

「私の店は私で八代となり、代々襲名しております。店歴は二百余年となりますので、色々と家宝になったものや骨董品や書画もあり、また店の資料もずいぶんありましたが、震災の時にすっかり焼いてしまい、お見せするものもありません。私の話は祖父や父から聞いたものです。

江戸の末期は、この一ッ目の通りも狭く、店の前にはお屋敷のお使いの方が漆塗りのお重を持っておいでになり、いつも駕籠が止っていたそうで、明治になりましては人力

一つ目の越後屋

車でお使いの方が参られたようです。

五代と六代平七は茶人で、特に五代は茶席向きの抹茶菓子の完成に努力した人で、茶の心を菓子に吹込んだ人でした。その頃、この敷地内に茶亭を作りまして、茶会をしばしば催しました。そのときは安田さん、松平伯爵など各界の名士が馬車や人力車でおいでになりました。その時のお会席は今戸の八百善にたのみまして、職人を廻してもらい、お客様をお迎えしたものです。

この茶亭は大正になってから、六代平七が横浜の三景園から懇望されて寄贈するつもりでいましたところ、関東大震災に罹いまして焼失してしまいました。もう少し早く話があれば、焼けなくても済んだと思います。誠に惜しいことをしました。茶席の土台石だけが焼けずに当時を思い出させるものとして、店の前に残っております。

震災後、六代平七は前のような店は作らず、全部ご注文によって、その量だけ毎日作るように致しました。これは震災によりまして、このあたりの地図もすっかり塗り替えられ、お屋敷も安田様を最後として山ノ手や鎌倉、大磯にお移りになりました。お屋敷のお茶会とか何かお集りの時や、一流の料亭以外にご用の少ない物ですし、近所の方がチョットお求めになる品と違いますので、ご注文によりましてお作りすることになったのです。私の店のお菓子は、今日作ったものは今日召上って頂くことを信条としております。お菓子は時間がたつと本来の味を失い、不味となります。

只今は二日前にお注文を頂くように致しております。取りにおいでになって頂いておりますが、毎日ご用のある赤坂、築地などのお得意先には毎日お届け致しております。お得意先のお客様によりましてお好みが違いますので『誰々様です』とお話がありますと、その方のお好みの菓子を調整して持参致します。またその時お出し致します水菓子の形と味によりまして、色々と変えましてお願いしております」

この心の配りようは、一流料亭の女将がさりげなく振舞う客扱いのぴりっとした繊細さに似ている。越後屋の抹茶菓子に秘められた茶の心が、二〇〇年の店歴を輝かせ、その中にさびとわびを感じさせた。一つ一つ心を込めて手作りするこの店の菓子は、八代も親代々の職人気質をうけつぎ、かたくなに守るところに茶の極意があると思った。作られた菓子はことごとく芸術品であり、心がこもっている。

毎月作る菓子は、その季節によって変えている。そしてその菓子を毎月お客様にご通知している。私の訪問したのは十二月で、その通知状には〝柳の落葉のすかし〟が入っており、

「秋も駆足ですぎ、いよ〳〵長い冬が訪れました。

師走ともなれば日足は一段と短く、年末年始の御準備にお忙しいことゝ存じます。

誠に不行届きの日々でございましたが、来年もよろしくお願申上ます。

十二月のお菓子

おりべ茶巾　　白ねり切り

挽茶ツキ絞り

楽やき　　ねり切り

淡小豆楽付き

尚勝手乍ら、御注文は二日前にお願致します。

本所一ツ目
抹茶菓子　越後屋若狭」

心にくいまでの挨拶の言葉は、この店の主人の人となりと、店の風格をよく物語っている。私にはここに茶の心を毎日作っている越後屋を見出し、茶の道のきびしさを知った。

浅草　百助

「百助」は化粧品店であった。この店は店名を中島屋といったが、一般の人はこの屋号を呼ばず、浅草らしく「百助」と呼び「百助」といえば化粧品というイメージを与えていた。場所は浅草区駒形町三九番地（台東区駒形一丁目十五番地）の電車通りで、今の住友銀行の所にあった。

「百助」の先祖は甲州の武田信玄の家来であったが、主家の没落と共に町人となり、徳川の時代になって行商を始めたという。甲州は甲州金という金を産出した所で、幕府は全国の産金地を直轄地（天領）として代官所を置いていた。しかし平地の少ない貧しい甲州の人々は、その産物にたよらず許しを得て行商を始めた。この甲州商人は江州、松坂の人々と共に日本国中にその足跡を今も残している。

「百助」の祖先は江戸が次第に繁昌し盛んになって行くのをみて、奥州街道に面し、浅草寺に近い観音様の参道の駒形に小間物店を開いた。

江戸の末期、当四代百助の中井鶴雄氏の曾祖父に当る百助が、この店の夫婦養子となった。この人はなかなか商才のある人で、今まで売っていた小間物や化粧品の他に、厚化粧白粉の百美人白粉を考案して売り出した。これは、当時浅草寺の裏にあった猿若町の芝居を見てヒントを得、研究したといわれる。その化粧法を芸者に教え宣伝にもつとめた。これが一般の家庭に普及すると爆発的な売れ行きをみるようになり、江戸末期から明治にかけて大流行、日本全国に波及し、日本女性の化粧方法に一時代を画した。江戸一番の繁昌街の浅草を控え、参詣の人や奥州方面に帰る旅人らは、荷物にならない、かさばらないこの白粉を妻や娘の喜ぶ顔を思い浮かべて買って行った。そしてこの店は常にはなやかな役者衆や娘達で賑わっていた。

その時代のことを、当代の中井氏はこう語っている。

『百助』はそれまでは普通の小間物店でしたが、中興の人百助が養子になってから江戸でも指折りの化粧品店となったのです。百助化粧品を作り出した動機については、このような話があります。

ある時、百助は人に誘われて猿若町の芝居を見に行ったことがありました。その頃の芝居は電気がありませんでしたから、舞台のあちらこちらに大所台がありまして、それに大きな蠟燭をともして舞台を照らし、また竿の先につけた蠟燭が役者

浅草・仲見世の百助

の処作の後を追っておりました。日本式の見えを切る演出方法は照明の貧しかったこの時代に、自然とそうしなければ芝居の盛り上りがなかったのでしょう。そのため役者は厚化粧をして演出しましたが、百助はその見えを切る役者の表情を見て、その厚化粧の美しさに驚嘆しました。そしてこの化粧法を普及したらと思い〝百美人〟を考え出したといいます。

その宣伝のため深川の芸者にこの化粧方法を教えたところ、客に大いにうけ、芸者から一般の人々に普及し、大流行しまして、その頃から化粧方法は厚化粧が普通となり、明治の末までこの化粧方法は渡りました。この功績は初代の百助の努力で行なわれたもので、いまでも誇と思っております。この厚化粧の方法は、顔に薄く油を塗りまして、その上に水で溶かした白粉を顔から首、胸にかけて塗ったもので、延びも良く、艶もあり、化粧くずれがしませんでした。

今でも半玉や役者衆はこの化粧方法を行っております。しかし、この白粉に鉛白（塩基性炭酸鉛）を使いましたので、永く使用しますと、いわゆる〝お白粉焼け〟が致しまして薄黒い肌になりました。これは鉛の害で、このために身体をこわす人も多かったものです。今は厚化粧を致しましても、鉛白は使用しておりませんので害はありませんが、昔は鉛白以外に白粉の原料がなかったのでやむを得なかったのです」

また百助は〝薫香油〟を発売した。

「下村　五十嵐と並んで　江戸の老舗　一貝三匁五分　百助が名代の　銀出し梅花の薫

地理的にみて両国の五十嵐とならんで　その鬢付油が賞された」

といっている。「下村」は日本橋両替町（日本橋三越の裏の今の東京銀行の所）にあり、白粉で有名な店で「五十嵐」は両国に店があり、鬢付油で有名だった。化粧品ではこの三軒が、江戸時代から明治にかけて有名な店であった。

江戸時代には一時、女子の結髪は贅沢だと禁止されたこともあったが、江戸の末期以後には男も女も髪を結うことは普通とされるようになった。この髪を結うのに油が使用され、「百助」の油は一貝（当時は蛤のような貝の殻に油を入れた）銀三匁五分とは、一貝の量がどの位か判らないが相当高価であった。

維新となり、明治五年断髪令が施行され〝ザンギリ頭〟が流行するようになると、外国からポマードが輸入された。しかしポマードは外人の柔かい毛質に合わせられて作られていたので、日本人の強い毛には具合が悪かった。百助は早速男性用のポマードの開発をした。一方、女の髪型も外国の髪型を真似て結う流行もあったが、一般の人々はやはり日本髪を結う人が多く曲木に入れられた油は相変らずよく売れた。日本髪がめずらしくなったのは戦後で、それまでは下町では正月や祝事のある時はよく結われた。

工場は店の裏にあり、常時二〇人に及ぶ人が働いていた。明治の半ば頃になると、猿若町の芝居小屋も次第に東京の中心に移り、繁華街も浅草や両国以外にも出来て来た。今戸や馬道に住んでいた芸能関係の人々も他に移って行った。そのうちに海外の化粧品も次第に普及し、国産の化粧品が工場で大量に作られるようになり、小間物店（今はこの種の店は少なくなったが、大正時代には結髪用の油、櫛、カモジ、カンザシ、元結、コウガイなどの髪の物や、白粉、紅から、女の小物類を売っていた）や薬屋で白粉や油を売るようになった。

その間「百助」は役者衆の要望により流行のドーラン化粧品を一時輸入していた時もあったが、輸入物は日本人の肌と合わず、これを自家製造するようになった。今もこのドーラン化粧品は浅草仲見世の百助化粧品店で販売している。仲井氏は大正の震災で罹災し、その後吾妻橋近くに店を開いたが、戦後に練馬に移り、百助化粧品の製造、卸しをしておられる。

日本ばし　**柳屋**

日本橋の東急百貨店（旧白木屋）の筋向いに柳屋のビルがある。この二階に「日本橋柳屋」がある。「浅草百助」「にほんばし柳屋」と同じ欄に並んでいるので、芸人か料理屋かと思い、それが先入観となってその方面ばかり探していた。その後「浅草百助」が化粧品店であることが判り、それなら柳屋も化粧品店かと思ったら「柳屋のポマード」が浮び出て来た。「ああ、これはポマードで有名な柳屋か」と、自分のうかつさに呆れてしまった。

私が「柳屋」の社長、外池五郎三郎氏にお目にかかったのは昭和四六年の二月だった。初代は近江の人で、外池村の郷士であったが、江戸の末期、発憤して商人となり、江戸に出て化粧品の商いを手がけ、関東一円に卸して店の数も十七店となった。

嘉永年間（一八四八—五三）に江戸日本橋の角の「柳条繁広」の屋号の化粧品店が売り店となっていることを知り、これを買い取った。この店は老舗で、祖先は明（今の中国）の人で呂一官といい、医師であったが若くして日本に渡り、尾張の徳川家康の知遇を得て浜松に住み、日本人を妻とし、名も堀八郎兵衛と名乗った。慶長八年（一六〇三）家康が天下を取り、江戸に幕府を開くや居を江戸に移し、二代将軍家忠にも仕え、二百坪の屋敷を日本橋の角に給った。後年、この屋敷の角に紅屋五郎三郎という者に臙脂製造販売の店を開かせた。堀八郎兵衛は故郷の明より紅の原料の紅花を取り寄せ、紅屋にその製法を教えて紅を売らせた。この時代、紅の価格は非常に高く、純金の価と等しかったという。

紅は化粧用として使用されるが、薬用としても用いられ、皮膚病の特効薬として利用された。紅で染めた肌着を幼児に着せると病気にかからないとされたのは、この理由による。

苗字帯刀も許され、宮中幕府の御用商人として年に一度は京に上り、正月六日には江戸城に年頭の挨拶に参上する名家となった。文化文政の頃、鬢付油の〝柳清香油〟を売り出したのが、江戸市民の評判となり、初冬より年末にかけてその売れ行きは大変なもので、裏の作業場ではいくら作っても間に合わない位だった。しかし度々に及ぶ火災や地震と、天保の改革が影響してこの店も次第に衰微し、遂に嘉永年代に柳条繁広の名家も売りに出されたのである。

外池はこの店を買うと定めたが、宮中幕府御用の店であるためなかなか許可が出なかった。そこで堀家の養子として縁組して、この店を譲りうけた。このとき柳条繁広の屋号の柳の一字を取って「柳屋」と改めた。外池さんの話によれば、

「私の店は江州から出ましたが、別家制度はとっておりませんで、代々主人が店頭に立ちまして商いを致しております。店員は近江の人が多く、六〇歳になりますと店を出たい人に

は暖簾を分け、また故郷に戻りたい人には、一生食べられるだけのものを与えて余生を送らせました。柳屋の自家で作った化粧品は、店で売る以外は支店と、暖簾分けした店以外では売りませんでした。江戸末期には〝柳清香〟（これは煉油と水油、鬢付があった）が特に評判もよく、その他に〝雲の上白粉〟〝花いかだ〟は婦女子の間に知られておりました。他に櫛、笄、簪等の髪の物を売っていたようです。

これらの品は土産物としてよく商いが出来、山本山の海苔と、私の店の化粧品を同じ物に入れると、油の香りが海苔にうつるからと、店で別々の振分けに入れて買って行かれたものです。田舎に帰る人々には荷物にならない化粧品は、妻や娘に絶好の土産物で、当時の狂歌に、

日本橋見渡す春の柳屋に梅花油や花の半がけ

があります。明治四年に断髪令が発せられまして、髷を切ることになりました。初めのうちはザンギリ頭にいままでの練り油や鬢付油が使われましたが、英国から輸入されたポマード（ブリランチン）が次第に普及するにつれて需要が多くなって参りました。しかしこのポマードは、外国人の柔かい頭髪には向きますが、日本人の太くて固い頭髪には適しませんでした。その点に注目しました柳屋は、何とかして日本人の頭髪に合う油を作ろうとしました。

夏は溶けず、冬はかたまらない油、季節の暑さ寒さに変化のない油、寒い夜火鉢を抱えて、何ヶ月も苦心致しました。その間何百種類も作っては捨てたといいます。この開発が成功しまして好評を得ました」

外池さんは八三歳だといわれる。今も元気に毎日鎌倉から出社される。十一の時から店員として、商いの道を習わされた。語る言葉の節々にピカリと光るものが感じられる。

芝居看板　鳥居清満

歌舞伎座や明治座の入口にある看板の絵は鳥居派の絵である。これは浮世絵調で、初代鳥居清信の画法がこの派に強く引きつがれ、誇張的なタッチが現代の人々に異様な感じを与える。

鳥居家の始祖は大坂の役者の鳥居清元で、通称庄七といい、正保二年（一六四五）に生まれた。役者としてはどうもうまいほうではなかったが、工夫ごとに熱心で、役者のかぶる紫頭巾を考え出したり、絵の道に長じ道頓堀の芝居小屋の看板など、頼まれて余技として描いていた。この紫頭巾は役者の眉の剃り跡をかくすのに使われ、大坂の役者衆は好んで用いた。後に江戸にも流行して、維新前まで野郎帽として使用された。

清元四三歳の貞享四年（一六八七）に一家をあげて江戸に移り、江戸の芝居に出ていたが、元禄三年（一六九〇）初めて市村座の絵看板を描いて好評を博した。そこで本職の看板書きとなり、息子の清信を育てた。清信は清元の若い時分の子で、清元が江戸に来た時は二三才になっていた。菱川師宣の門に入り、懐月堂の感化をうけ、正徳年間（一七一一—一五）に、遂に金平人形をモデルにした所謂「蚯蚓画き」「瓢箪足」の鳥居派の画風を打ち立てた。この清信が鳥居派画法の初代で、二代清倍、三代清満、四代清長、五代清峰、六代清満に及んでいる。

三代の清満は天明五年（一七八五）に没している。三代までは清元の係累であるが、四代清長は三代の門人であった。清長の父は相州浦賀の人で、阿波屋甚右衛門といい、江戸に出て本材木町一丁目煙草屋寺本方の長屋に住んでいた。誠実な人であったので、日ならずして家主の信用を得て長屋の差配をするようになり、川瀬町に白子屋という書林を開業した。

その子として宝暦二年（一七五二）に生れた清長は幼名を市兵衛といい、十二、三歳の頃から菱川流の浮世絵を習い、後に三代鳥居清満の門に入った。清満には一男一女があったが、世継ぎの清秀は十六歳の時に死亡し、娘えいは蒔絵師松屋某に嫁に行っていた。

清長は、師匠の清満が天明五年に他界した頃には鳥居派風の芝居絵は描いておらず、安永七、八年頃から美人風俗画に一新機軸を生み出し、優雅な美人画を描いていた。明和七年（一七七〇）十九歳の時処女作を世に出し、春信、春章、重政、湖竜と変化と発展をたどってきた浮世絵の画風に点睛を加え一時代を画した。そして当時流行の黄表紙（黄色い表紙の雑誌）や錦絵の版下揮毫を頼まれて、新しい画方は評判もよく、新進画家として仕事に忙殺されていた。

清満の没後、鳥居家に世継がなかったので、興行師は芝居の看板を清長に頼みに来た。だが鳥居家の直系でない清長は固く拒んで受けなかった。そこで興行師はやむなく桐長桐座の顔見世看板絵を畠違いの歌川豊春に依頼した。豊春は当時売出しの浮世絵師で腕に不足はなかったが、芝居道のことは不馴れだった。天明六年（一七八六）霜月正月の晴れの顔見世狂言の絵番付に、名題の役者の一枚を書き落したことから、またお鉢が清長に廻って来た。清長は、もしここで芝居の絵看板を鳥居派で受けないと、世継のない鳥居家は絶家してしまうと考え、三代清満の妻と相談して、松屋某に嫁いだえいの子庄之助を五代とするまでの間、清長が四代を継いだ。

その時清長の長男清政は二〇歳で、父の血を継いだ相当の絵師となっていたが、庄之助の教育が疎かにならぬようにまた五代鳥居家の継承不祥の紛議の起きないよう、清政の修業を打ち切らせた。清長自身も利益の多い版画類の依頼を出来る限り断り、鳥居派の名跡を失ってはならぬと芝居の絵看板と絵番付を描くことに努力した。そのため清長の美人画は天明から寛政の初期までの作品はあるが、その後のものはない。今日では清長の数少ない浮世絵は高く評価され〝幻の絵〟としてその柔らかい線が激賞されている。

菱川師宣の豊満な描線から出発した浮世絵は、鈴木春信により夢の如く開花したが、今これを現実に戻し、芝居絵を描く清長の絵は鳥居派の画法を代表し、高く評価された。そして、実子の将来をも犠牲にして一意庄之助の大成に努力し、寛政七年九歳の庄之助を引取り、鳥居派の画法を伝え五代清峰を同派の画師として完成させた。

その後清長は本所番場町に隠居して、筆を絶ち文化十五年に歿した。

清長の誠意はよく世間の人の知るところで、鳥居家に多大の功績を残した。五代清峰は家法の鳥居派の絵をよくし、また歌川豊国にも教えをうけ、艶美滴るばかりの絵を描いた。明治元年十一月二一日、八二歳で歿している。

六代清満は決してすぐれた画家ではなかったらしい。五代清峰の門人清貞はこの六代を庇護し、清満を大成させた。清貞は弘化二年（一八四五）に神田小川町に生まれ、本名を渡辺松二郎といい、幼少の頃に神田明神下の質屋越前屋に養子となった。はやくから井草国芳の門弟となり画を習び、通称長八、画名を芳郷といった。その後、五世鳥居の門に入り、ますます画才を認められ、国芳の前名国貞の一字と清満の一字を貰い、清貞と名乗った。

　明治維新となり、当時浅草猿若町にあった芝居小屋は維新の混乱で芝居どころでなく、困窮の時代もあったが、明治十三年八月、今の明治座の前身の喜昇座が久松町に新築されると、清貞は同座の絵番付を担当した。彼には経営の才もあり大夫元に見込まれて奥付になった。さて、喜昇座は建築されたが〝こけら落し〟を飾る役者がいなかった。この頃興行界の天皇といわれた守田勘弥の新富座に東京の一流の役者が出演しており、他の芝居小屋から借入れを申し込むと法外な事をいわれた。そこで清貞は大阪に行き、浪華の一流役者、市川九蔵、団蔵、助高屋高助、伝五郎、尾上多賀之丞、多見蔵を呼び、幕を開けた。これが東京の評判を呼び、満都の人気を呼んだ。

　このような清貞を、芝居関係者は鳥居派の家元だと思うようになり、彼に芝居絵を申し込むようになった。しかし清貞はかえってこれを心外に思い、絵看板は清満に描かせ、自分は終生清満の門人として清満を立て、絵番付を書き続け、門人の道を通した。

　清峰の未亡人は清貞の態度に恩誼を感じ、清貞に五代清峰の名を贈ろうとしたが、清貞は「立派なお名を汚しては」と請けなかった。清貞は亡師に対して純誠な奉仕をつづけ、清満を助け終生門人として、明治三四年二月十四日に歿している。

似顔錦絵　豊原國周

隅田川のほとり、今戸橋を渡って左にまっすぐ行くと、左側に禅宗の本龍寺がある。この寺は今戸にあった「都鳥せんべい」の川村氏と縁のある寺である。寺に入ってすぐ左側に「花井お梅」に殺された箱屋の峰吉の墓があるが、その裏に国周(くにちか)の墓〝釈教順信士〟と、国周の最後の妻〝妙随信女〟、国周の何人目かの妻との間に生れた娘〝青山童女〟の墓がある。

豊原国周は江戸末期から明治の中期にかけて、似顔絵を描かしては当代随一の絵師であった。

天保六年（一八三五）京橋三十間堀七丁目の家主大島九十郎の次男として生れた。彼の父は股から後へ河童が尻を指している彫物を彫っていた。それで河童の九十といわれ、家主に似合わないイナセな男だった。国周の本名を荒川八十八といったのは母方の姓を名乗ったためで、父の名が九十郎で母が八百であったからか、八十八と名をつけたらしい。

八十八の父は京橋通り三丁目に奥州屋という湯屋を開いたが、湯屋は気に染まなかったのか人に譲り、南伝馬町に兄が押絵屋を開いたので八十八も絵を習い、四日市の一遊斎近信の弟子となって役者の絵を描いた。当時は押絵の羽子板もあったが、役者を浮世絵風に描いて貼った羽子板も流行していた。この問屋は数寄屋河岸にあり、明林堂の注文を請けていた。

その後、浮世絵を本式に修業しようと二代目豊国の門を叩いた。八十八の画才はここで磨かれ、十七年間修業し国周の雅名をもらい、豊国の死後は師の衣鉢を伝え、世間から〝明治の豊国〟と称されるまでに腕をふるった。

似顔絵を描かしては当代随一であったが、職人肌の国周には三つの悪い癖があった。そのため、あたら名人といわれながらも一生貧乏な生活を送った。その癖は酒と女と引越しであった。

国周の酒は飲むと言うより浴びる方で、その上悪いことに酒乱で女房は呆れ返って去った。が、すぐまた何処からか連れて来た。知り合いの者が朝訪ねた時と違う女の人が挨拶に出て来たので、家を間違えたかと思って帰ろうとしたら、その女が新しい女房だったとか。とにかく国周は妻を四〇人以上取替えたといい「たしか四〇人目まで知っているが、その後は覚えていやあしねぇや」とケロッとしていた。

葛飾北斎もよく引越した。一日に二回も引越したのは有名であるが、国周は一日に三度引越したことがある。しかし三回目の家も気に入らず、四度目の家を探すうちに日が暮れてしまい、残念ながらその日は三度目の家に泊ったという。大体住んでいる家が気に入らなくなって飛び出すのであるから、引越し先の家の下見もせず、話を聞いただけで出掛けた。貧乏で家財道具もろくにないものだから気楽なもの。大八車にのせて飛びだした先の家が気に入れば良く、気に入らねばその家の前で立往生することもあり、それからまた貸家を探すのだった。

気に入った家が見つかるとすぐ酒。その酒もなかなか止まず、次第に目が据わり、青くなり、酒乱の相を現し、客や手伝いが帰ろうとしたり、なにか気に入らないことをいうと、「箆棒奴、うぬの銭でうぬが飲むのに何が悪い。大きなお世話よ。ビクビクするなってことよ。お互いに江戸ッ子じゃねえか」と巻舌でまくしたて、相手をねめつける。これからが大変で、事々につっかかり、物は投げるし叩きつける、客や手伝いが驚いて逃げ出すとフンドシ一つで追いかける仕末。近所の人は戸を閉め、道行く人はビックリして人家に逃げ込む騒ぎであった。このようであるから近所つき合いも悪くなる。また住みにくくなり、またまた引越しということになるのだった。

しかし翌日になると、ケロッとして人が違ったように仕事をした。これも転居病の出ないうちのことで、その間はただ絵を描くことに狂人のようになった。

酒の上のことでこんな逸話がある。国周が草津温泉に行ったことがあった。ちょうどその時、武州岩槻の鈴木芳兵衛という造り酒屋の主人と知り合いになり、酒を造るところをぜひ書いてくれとたのまれた。国周は「これは有難い。干天の慈雨だ」と早速出かけた。酒と女で貧乏しつくしている国周には、こんな仕事は久し振りだった。この造り酒屋は一〇〇人からの人を使う大した店だった。三ヶ月の間毎日のように仕入場に入り下図を描き、それをまとめていった。毎日酒と馳走で明け暮れし、国周にはまたとない天国で、居心地のよいこの家で十六枚の絵を書き上げた。

いよいよ帰る前の日は朝から飲み始め、日暮まで五、六升。灯が入ってから膳を替えて、原酒のどろどろするやつを七・五・三の一升五合の盃で美事に飲み干した。翌朝帰る時は二〇〇円という大金の他に一斗五升ばかり入る酒樽を貰った。これを人力車に吊り下げて、車夫と二人で飲みながら帰途についたが、途中でこの酒樽を落してしまいさあ大変、大騒ぎして探しに戻ったが、ついにみつからなかった。

この国周について、鈴木酒造店五代の奥さんの千代子さんはこう語っている。

「国周さんの来られたのは、三代の時でした。絵書きだと言って来た国周さんは汚ない姿で参られました。風呂に入って頂き、新しい着物をさしあげ、離れに仕事場を作りましてそこで仕事をしてもらいました。酒の好きな方で、毎日二升以上飲んでおられ、これで仕事が出来るのかと思いましたが、仕事には熱心で三ヶ月位いましたが。仕事場に行っては下図を書き、十六枚の造り酒の絵を書き上げましたが、仕事をしております人の顔は当時人気の役者の顔で、さすが似顔絵師であると思ったと祖父は言っていたそうです。

この絵は信仰しております成田山に納めましたが、この時は従業員一同と共に人力車で成田に参りお納め致しました。絵は成田山の絵馬堂に納められておりましたが、鳩で汚されましたので、今は成田資料館に納められております」

国周は年中汚ない姿で芝居小屋に出入りし、役者の舞台の極付を見て、巧みにその特徴をつかみ、下絵を描いた。根っからの職人肌で「あっしは似顔絵描きだから役者とは皆つき合うが、どうも団十郎ッて奴は初めっから気に入らねえ。いつだったか団十郎が、暁天星五郎の芝居をしたことがあった。このとき書いた絵が気に入らねえと文句を言ったが、向こうが天下の団十郎なら俺も天下の似顔絵描きだ。団十郎だって自分で自分の顔や仕草は分るめえ」と、気骨のほどをもらしていたという。

汚ない着物をだらしなく着て、客席から楽屋にも出入りする国周は、団十郎の顰蹙(ひんしゅく)を買っていたものか。いまなら芸術家として迎えられるであろうが、当時は絵描きといえば職人で、版元に抱えられている下職にすぎなかった。

国周は江戸ッ子らしく金にも執着がなく、人に頼まれると嫌と言えなかった。市川団蔵の弟子の団六を贔屓にしており、着物を作ってやったり借財を引請けたりもした。ある時どうしても必要な金なのにくれてやったので女房に泣かれたこともあった。彼の人世には、金も名誉も欲しくはなかった。金が入れば飲み、人にもめぐみ、金がなくなればお店に行って借りて来た。そのため一生貧乏暮しだった。

明治の中期になると、絵葉書や写真が普及し、印刷技術の向上と共に浮世絵の人気も下火となった。明治三三年七月一日、一鶯斎豊原国周は六六歳で吉原土手近くの茅屋で、見取る人もなく淋しく窮死した。その晩年は淋しいものだった。しかし国周の似顔絵は今日高く評価されている。

駒形　どぜう

今日では泥鰌料理の店といえば、駒形の「どぜう屋」と本所高橋（たかばし）の「どぜう屋」きりない。駒形の「どぜう屋」はその店名の越後屋より「駒形のどぜう」の名のほうが通っている。初代の越後屋助七は享保元年（一七一六年、八代将軍吉宗の時代）に浅草寺の門前町に茶店を開いた。この門前町は浅草寺門前から浅草橋（旧浅草見付）までの間で、この道は奥州街道の道筋に当り、江戸時代は新吉原や猿若町にあった芝居小屋の見物客でもっとも賑やかな街道であった。初代は始めから「どぜう屋」を開いたものか、参詣客相手の茶屋だったものかはわからない。

しかし、この時から九〇年を経た文化三年（一八〇六）には、りっぱな泥鰌の料理店となっている。この間、何回も罹災したが、この年も焼失し、このとき再建した店は、江戸で有名な看板書きの初代撞木仙吉に、暖簾に「どぜう」の字を書かしている。

泥鰌の料理は、泥鰌を丸のまま味つけした醤油で煮つけた泥鰌鍋や、泥鰌汁くらいのものであった。柳川の始まりは文政のはじめ、江戸南伝馬町三丁目の万屋某が、泥鰌を裂いて骨や首、臓物を去り、ごぼうといっしょに煮た料理を考えた。柳川というのはこの店の屋号だった。

明治三八年頃の越後屋は庶民的な店として、下町の客が多かった。座敷に上って鍋台（畳の上に直接に置く巾一尺五寸、長さ一間位の檜の板で、この上に鍋や料理を置く台）の前で徳利を並べる上客より、床几に腰を掛けて泥鰌汁でご飯という、庶民的な中流以下の客を丁寧に扱った。

駒形のどぜう

昼飯時になると、車曳きや天秤棒を担いだ者、行商人などがドッと押しかけた。泥鰌汁が一銭五厘、めしが半鉢二銭五厘、計四銭ですんだ。めし半鉢といっても他のめし屋の一人前以上あり、労働者以外の客は半鉢で腹一杯になった。このようであったから時間によっては、二度三度と客止めをすることもあった。〝酒にお膳〟〝おつけにお膳〟の者が多く、車を引いたり天秤棒の客はたいてい〝おつけにお膳〟の客だった。

これらの客は急ぐ人が多い。床几で食べる客は喧噪を極めた。だからこんな時には食い逃げの客もあった。この種の客は店の入口近くに席を取った。食べてすぐ逃げ出すのに便利なようにだが、店の者はこういう客の態度は注意して見ているとわかった。女中や番頭が注意していると、そのうちにパッと飛び出す者がいる。女中が「食い逃げ」と叫ぶと、待っていた若い衆は〝食い逃げ〟より早く外に飛び出して捉えた。

しかし、この店では〝食い逃げ〟にひどいことはしなかった。〝食い逃げ〟を裏の空地に連れて行き、水を飲ませ、倉の中に三時間位入れて許してやった。この処置に感謝して、後年成功した人が昔のお礼にと、りっぱなみやげ物を持って挨拶に来たという。

この店では一人の客に三合以上の酒は飲ませなかった。徳利が三本並ぶと、それ以上の酒の注文は断った。怒る客もあったが、そういうときは女将が出て来て「誠に申訳ありません。私の店では三合以上差上げないことにしております。お身体にさわりますので……」と丁寧に挨拶した。大抵の客はその挨拶に恐れ入り、生酔の顔をますます赤らめて気分を直して帰って行った。

このような客扱いがこの店をさらに繁昌させた。浅草には浅草独特の義理、人情があった。百数十年の間に江戸は浅草の庶民が、肌ふれ合う生活のなかで自然に培ったものである。

五代越後屋助七（渡辺繁三氏）の友達だった久保田万太郎は、震災後の駒形のこの「どぜう」屋をこう書いている。

「『百助』もなくなり『べにかん』のなくなった今でもなほ、この店だけは元の所に、昔のまゝ残っております。そして窓の前に貼ってある、二枚のビラの一枚には、彩色入りで『月とほとゝぎすと駒形堂の屋根』が描いてあって、『柳川の御出前をいたします』としるしてあり、他の一枚には、あたり的と盆の上に乗せたどんぶり鉢とが描いてあって、『うどん、そば加工』としるしてあります。絵の稚拙さが、何か風のつめたい東京の一月のもの丶あわれを誘ひます。ついでながら、この店以前は丸ごとの泥鰌汁ばかりで、さいた泥鰌は使はなかったものです。割いては間に合はない位、昔は忙しかったからでせう」

これは震災の時の焼野ヶ原に再建した越後屋を見て、万太郎が当時のことをまとめたものである。ビラに「月」「ほと、ぎす」「駒形堂」が描いてあったことは三題噺ではないが、越後屋五代の風流な気持を表している。「駒形のどぜう」は三代の助七の遺言で、震災後も昔ながらの店を建てた。戦後もこの遺言を守って建てられた。

私の訪れたのは昭和四六年十二月末であった。平屋建のような二階建で、廻りを防火用のためか黒いしっくいが塗られ、入口には古風な五尺位の黒い長暖簾が「どぜう」と白く抜いてあった。この暖簾をくぐり、入口の荒い障子の格子を開けて入ると、左側は五センチ位の厚味の食台の前に、常連らしい法被(はっぴ)姿の客が二人、料理の出来るのを待っていた。

唐で出来た畳を敷詰めた三〇坪位の座敷には、三間置き位に四列に鍋台が置かれている。巾五〇センチ、長さ一・八メートル位の鍋台の前に坐る。めずらしい食台である。これは今では泥鰌屋だけの拵らえかも知れない。こんなところにもこの店の〝江戸〟が残っている。

鉄製の七輪に炭火を入れ、紺絣りの着物に赤い帯を締めた十七、八の女中さんが運んできて鍋台の上に乗せる。鍋は十五センチ位の薄い鍋で、十二、三匹の丸の泥鰌がすでに味をつけて煮られており、七輪で温めればよいように作られている。鍋台の上の葱は泥鰌の泥臭さを消すものであろう、薬味入れにいっぱい盛られてある。

私は今まで泥鰌の料理は食べたことはなかった。泥鰌のひげを生した死骸がうらめしそうに睨んでいると思うと、気持ちが悪く食わず嫌いであった。しかしこれはいける。一口味わってそう思った。酒にも合う。

この店の常連らしい先客は七〇過ぎとみえる老夫婦で、鍋台の前で小柄な身体を曲げるようにして黙々と賞味している。その静かな食べ方がなんとなくさまになっている。こういう常連客が永い歴史を秘めたこの店の雰囲気を醸し出すのに、一役買っているようだった。

土間のテーブルで待っていた客には、女中さんがお膳を出していた。昔なら天秤棒組の客かもしれない。六〇歳位の職人風の客だった。

五代の奥さんであるみえさんはこの店の世継ぎの家憲などについて、興味深い話をしてくれた。

「私の店は初代からこの場所で商いをしていたようです。何回も火事に罹いまして、何回も建てなおしました。この店は三代の遺言で戦後建てたものですが、防火に心を使ったものです。明治の初年は三代の頃で、根岸にいたことがあります。上野の戦争で輪王寺の宮様の御隠居家の御隠殿も罹災しまして、その跡が明治五年に売りに出まして、買い求めました。三代は茶道、俳諧の道にも通じておりまして、このご殿のお屋敷は焼けましたが京風の粋を取り入れており、この庭の美しさに魅せられまして、そのお庭に調和した茶室を設計させまして京風の茶室をこしらえました。そして茶友をお招き致しまして茶会を催しましたが、その時は人力車や馬車でおいでの方が多く、道にいっぱいに並んだといいます。明治十六年に日本鉄道会社が上野から熊谷までの間鉄道を敷きますとき、ちょうどこの地がひっかかりまして移転を命じられまして、御隠殿の歴史のある庭も樹木も取払われ、なだらかなこの丘も削り取られ、不粋な汽車が走るようになりました。

そのようなことがありましたが、お店は相変らず忙しく、明治の末はどじょう鍋六銭、どじょう汁一銭五厘、鯨汁二銭五厘、鯰鍋十五銭、鯰汁五銭、酒一合七銭、めし一人前四銭、半人前二銭で、鍋と汁と酒とめしで二十銭あれば充分で、お香の物は無料だったようです。

私の店は代々遺言で、長男が必ずしも家を継ぐとは定っておりません。その時は家族が集りまして世継を定めたもので、四代は三代の三男で、私の主人も四代の三男でした。六代は私の子供の二男で、いつも子供のうちからこの店を継ぐに最適の者が家を継ぐという家憲になっております」

売家と唐様に書く三代目

私はこの川柳をふと思い出した。人の家は三代と持たないという。特に料理屋は男の子が生まれるとつぶれるという。長男必ずしも最適の世継ぎではない。家を繁栄させるには、この店の家憲はたしかに当を得ている。

店の左側に久保田万太郎の句碑がある。

御輿渡御待つどぜう汁すゝりける

また久米正雄もかつて同店を訪れ、句を詠じている。

東京の曇りは熱きどぜう汁

室町　けんちん汁

この「けんちん汁」は、中央区室町一丁目六番地辺にあり、日本橋三越の前を入った所にあった。縄のれん式の腰掛けのみやで、「けんちん汁」が名物で、なかなか繁昌した店だった。酒に汁物はちょっと変な感じがするが、妙に合って、一杯ひっかけるには手頃な値段ということもあり、店はいつも客でいっぱいだった。

剣客　榊原健吉

明治維新と文明開化は、一般人にはこんな形でやってきた。苗字が許され（明治三年）、断髪令、帯刀禁止令が出された。穢多非人の称の廃止令が出て（同四年）、戸籍を作る（壬申戸籍）ことになり、太陽暦が採用され（同五年）、徴兵令が布告（同六年）された。

そして一般の人は、これまで圧迫されていた武士階級との差がなくなったことを意識すると共に、反動的に剣道、柔術、角力などを軽視する風潮が現れた。西洋文明の流入に圧倒され、古来の風習や習慣を次第に軽蔑視するようになり、剣道のことを〝棒振り〟と悪口する者まで現れた。武士は禄に離れ、生活のために商人になる者もあれば、手に豆して鍬を握る者も出来、武術を顧りみる者は年ごとに少なくなるというありさま。

明治四年、新政府の太政官三九九号は「散髪、制服、略服、脱刀共可為勝手事、但し礼服の節は帯刀可致事」と脱刀令が出され、次いで同九年、これに追打ちをかけ「自今、大礼服着用並に軍人及び警察官吏等制（正）規ある服着用の節を除くの外、帯刀被禁候。但し、違反の者は其刀可取上事」と完全に帯刀を禁止した。

　これは明治七年の佐賀の乱、同九年の熊本神風連の乱、萩の乱、秋月の乱に悩まされた新政府が、一般人が刀を持つことを禁止したもので、特に府県令を以て剣術を禁止した所もあった。なかでも甚しかったのは京都府で、槇村府知事は「撃剣の稽古をなす者は、国事犯嫌疑者と認る」と極めてきびしく布告した。

　その結果、剣術を教えて生活していた剣客は収入の道が途絶え、路頭に迷う者が現れた。そこで、これらの剣士に収入の方法を与えなければ、悪の道に走る憂があるとし、救済の道を講じたのがのちに〝明治の剣聖〟とまでいわれた榊原鍵吉である。

　榊原は天保元年（一八三〇）の生れで、十三歳の時、幕末の達人と称された直心影流の男谷精一郎の門に入り剣術を学んだ。小禄小臣の身で暮しも楽でなかった榊原は異常な程の熱心さで稽古にはげみ、他の人の倍も努力したのでたちまち腕があがり、数年で目録を得るまでになった。

　師の男谷は榊原に免許皆伝を与えようとしたが、なぜか榊原はいろいろと理由をつけて断っていた。剣の道でも免許皆伝をうけるには相当な金がいる。小禄の身の彼にはその金の捻出が出来なかったからである。

　ある時、また免許皆伝の話が出た。榊原が断ると、師の男谷はその理由を訊ねた。榊原は、しかたなくその理由を話したところ、男谷は笑って「なんだ、その心配なら無用」と、その次の日免許皆伝の式をあげてくれた。師の男谷は榊原を、剣が秀い出ているばかりでなく人間的にも免許皆伝の資格が充分にある人物と見抜き、異例の免許を与えたのである。男谷はその後、この愛弟子を講武所（陸軍省の前身）の師範役として推挙した。その後榊原は二ノ丸御留守居役となり、禄三〇〇石を拝領するようになった。また慶応四年の『武鑑』によれば、遊撃隊御頭取となって三〇〇石を領す、とも記されてある。

慶応二年（一八六六）七月、将軍家茂が若くして歿し、慶喜十五代将軍となる。この年講武所が陸軍所と改められ、洋式の訓練を採用するに及び、榊原は身を引いて下谷車坂（今の上野警察署の東寄りの電車通り）に道場を構え、門人の育成につとめた。

その後上野の戦いもあったが、榊原は動かなかった。慶喜は大政奉還後、嗣子田安亀之助（後の十六代様といわれた徳川家達）を世継ぎとし、隠退した。明治二年、榊原は招かれて亀之助の供をし、駿府（静岡市）に行ったが、明治三年に東京に戻っている。時に四一歳であった。

「明治二年五月、徳川家達（幼名亀之助、当時六歳）が七〇万石の大名として府中に移封された時、榊原鍵吉（三等勤番組＝二、三〇〇石）は一緒にお供して来た。そして藤右衛門町の桑名屋清左衛門（下駄屋）方に居を定めた」（『静岡市誌』）

その後、新政府の榊原の人となりを知る人は何度も刑法官、警視庁などへ推挙したが、徳川の知遇を忘れない榊原は他の人を代わりに推挙して、決して自分は仕えなかった。その間、一般剣士の職に離れた人々が生活に困っているのを見て、明治六年三月、撃剣興行を思い立ち、

「旧武士は職に離れて、生活に困っている。このままにして置いたら、悪い道に走るかも知れない。これらの人々は剣の道以外に知らない。今度第五区小十一区浅草象潟町に小屋を設け、門人共相集り、竹刀、薙刀等の試合興行を行い度い」

と願い出た。この願いは榊原の人と成りと剣術界における人望が大いに力となり、晴天十日間の条件で認可された。同年四月十一日、浅草左衛門河岸（台東区浅草橋一ノ二辺）に小屋を設けて試合興行を行った。

この時の出場剣士は当時の一流剣士ばかりで、旧幕時代講武所師範小川清武、大沢整、能勢慎吉、松平康年、織田正暉、鈴木重備などであった。試合方式は相撲の様式が取り入れられた。参加者を東西に分け、呼び出しが「何某殿」と呼び出し、見分役（行司役）は日月の扇を持ち、剣士を試合場の中央に折り敷かせ、扇をもって押え、双方見合わせて扇を引く。途端に立合いを始め、三本勝負でその勝ち負けを決めた。試合場は相撲と同じように、中央に土盛りをした土俵を築き、四本柱を設けた。

剣術のほかに、女の薙刀と男の太刀、大刀と鎖鎌の勝負もあり、その中には榊原の門弟で英国領事館の書記も番付に記載されていた。

それまで町民は道場の武芸試合は覗き見することも出来なかった。それが銭さえ支払えば、剣士が汗を流して試合をするのを誰でも見物出来るようになった。ときには掛け声の一つもかけることが出来るのは、たしかに溜飲の下る思いでもある。こうなると、物めずらしさも手伝って、この興行は大当たりに当たり、十八間四方の小屋も観客を収容しきれない程であった。その盛況を芳年は錦絵に描いている。

その後、深川富岡八幡宮の興行も当たりをみせた。この撃剣会の盛況が刺激になり、職がなくて生活に困っていた剣士達は相集まって各所で興行を行なった。浅草西福寺境内（台東区蔵前四丁目）で斎藤弥九郎、本所御船蔵前（江東区深川新大橋一丁目）では千葉東一郎（周作の甥の養子）などが興行し、東京で短い期間の間に三七ヶ所も行なわれるようになった。

興行が盛んになるにつれ、はじめは剣道の神髄を大衆に披露するつもりだったのが営利本意になり、女の剣士も出現し、腕前よりは美人を集め、袴の股立ちを高くとり、太股のあたりまで見せるお色気興行が行なわれるようになった。桟敷では酒を売り、芸妓や酌婦まではべらせるようになり、同年七月十九日に東京府令が出て「三十一日限り　撃剣会興行禁止」となった。それからは、これら剣士達は地方廻りをする者が増えた。

榊原鍵吉はこの興行衰微後も車坂の道場で門人の育成につとめていたが、剣士としての人望は衰えなかった。

明治八年、オーストリアのフェンシングの達人シーボルト・ヘンリーが来朝した。榊原の名声を伝え聞き、礼を厚くして面会を申込んだ。西洋にフェンシングという剣術があることを知ってはいたが、どのようなものか知らなかった榊原は、丁重な迎えをうけてシーボルトの宿を訪れた。同じ剣の道を歩む者として、初対面の二人は百日の友のように話し合った。通訳を通じての話はたどたどしかったが、話は期せずして剣の真髄に触れた。

榊原は「剣の道に二つはない。彼を知り己を知って敵に対するに、百戦百勝の術は具わる。洋の東西を問わず、剣の操作如何によらず同趣である」と言い、同じ思いのシーボルトに舌を巻かせた。英国領事館の書記トーマス・マクラチーは榊原の門に入り、三年の間指導を受け、明治十一年八月、明治天皇が上野公園に臨幸した時、警視庁主催の剣術大会で審判の栄に浴している。

この年二月十九日の『有喜世新聞』に、

「来る三月一日より榊原鍵吉さんは、千住北組三丁目に於て撃剣会を催され、その金主に同所骨継ぎ名倉さんが元方（金主）というから、怪我をしても即座に療治が出来ますとは重宝なことです」

と記載してあった。昭和四九年刊の名倉弓雄氏の『江戸の骨つぎ』に、名倉家と榊原との交友が克明に記してある。剣術会は禁止されていたが、隅田川の外の千住ではこの禁例もそれ程うるさくはなかったものか。

この時代になると剣術を習いに来る者も少なく、榊原道場もさびれていたらしい。名倉家の弥一氏は道場の敷地内に長屋を建てて収入を計らせたり、夜は道場を利用して講談、落語の席を開かせた。日暮になると道場の板の間に呉蓙を敷き、一段高い正面の師範席を高座とし、席名を「榊亭」と名づけた。当時、寄席は東京市内外に一五〇軒位あったようで、下町に多かったのも江戸っ子を自認する人々によって支持されたからである。数百人を収容する正式の寄席もあれば、榊亭のように夕方になると寄席に替る所もあった。柔術の磯又一郎（神田の磯亭）や、相撲行司の式守伊之助（日本橋の大ろじ）、話し家の古今亭志ん生（芝の古今亭）などもあった。

榊亭には円朝なども出たが、はじめのうちは珍らしさも手伝って客が来たが、鍵吉がいつも木戸口に立ち、チョン髷姿の鋭い目つきで「明晩もきっと参れ」と門弟を叱り飛ばすように言うので、客は恐れをなして次第に来なくなり、二年程で赤字になり看板を下ろした。

明治二十年十一月、伏見邸に天皇が行幸された時、余興として明珍の兜割りをご覧に入れることになった。この時、警視庁の剣術世話係をつとめる上田馬之助、梶川義正、逸見宗助などの名剣士が試みたがみな失敗し、榊原はみごと三寸五分切り下げて栄誉に輝いた。この時五八歳だった。榊原は警視庁で後進の指導をしていたが、明治二七年九月十一日六五歳を名残として、この偉大なる剣士は生涯を閉じた。

榊原の剣について、その高弟山田次郎吉（東京商科大学剣道師範）は、師の偉業をこうたたえている。

「旧師歿して以後は名の実に副はず、技の法に叶はざる者多く、撃剣は熾んなるに似たるも、道術は破れたるにちかし。是を想えば、この年を以て剣道の弐世紀の終末を看做する妥当なるかを疑ふ」

「剣正しからんと慾すれば、その身正しかるべし」

剣に溺れず、謙譲な人柄の榊原鍵吉は、剣の道を正しく後世に伝えた。彼は生涯その髷を切らなかった。

染物　大彦

呉服界で「大彦」といえば「東京で一番のお店です」と誰からも同じ返事が返って来る。

数年前三越で大彦作品展が開かれたが、一呉服問屋でこのように個展に近い催しが出来るのは「大彦」以外にないだろう。

高級呉服の問屋として明治以来東京柄を作り、婦人の羨望の的になった呉服は初代大黒屋彦兵衛と、二代「大彦」の主人野口真造氏の努力によるものである。「大彦」の作品は一般の呉服店には少ない。それは高級すぎて一般向きではないからで、東京は申すに及ばず全国の一流百貨店、呉服店でなければ販売は出来ない。

初代「大彦」こと野口彦兵衛は幼名を由次郎といい、河村仁兵衛の次男として嘉永元年（一八四八）に両国で生れた。河村家は代々両国橋の「水防ぎ請負役」の御用を請けており、御用提灯がいつも用意されていた。若い衆も大勢おり、見世物小屋の人々から〝地主さま〟といわれていた。「水防ぎ請負役」は毎年のようにある出水時に、大川で最も重要な両国橋を守るために設けられた役で、幕府から毎年なにがしかの費用が出たが、出水の多い年は欠損であった。

少年時代の由次郎はなかなかの腕白者で、十二、三歳になると近所の子供の親分格にのし上り、喧嘩はするし〝河村のお坊ちゃん〟の顔をきかせ、餓鬼連と一緒に催し場に押込むことも度たびあった。

父の仁兵衛は心を痛め、祖母と「このままだと、終いには遊び人にでもなってしまうのではないか」と話をしているのを聞いて、由次郎は反省した。どこかへ奉公しようと、日頃父が信仰する清正公様に願をかけたというから、当時の子供はませていたのか、とにかく普通の子ではなかった。

もちろん、これは由次郎自身の発願で、祖母にも父にも話をせず願をかけたのである。その満願に近い日、山田流琴曲の家元の山田おまさと知り合い、この人の紹介で万延元年（一八六〇）

麹町八丁目の呉服商加太八兵衛方に奉公することが出来た。この時、蒲団一組と袷や単衣物など当座使う物を送り書をつけて奉公にやったというから、河村の父も由次郎の奉公には気をつかったものである。

腕白者であり乱暴者で餓鬼大将だった由次郎は、加太呉服店に奉公しはじめてからはすべて使う人の考えに忠実に勤めたので、数年の間に責任ある仕事を任せられるようになった。

明治維新の年、由次郎は二一歳になった。官軍の江戸入城の報せに、市中の人びとは戦禍をおそれて家財道具を車に積み、逃げ出す騒ぎとなった。加太家でも避難することになり、由次郎は一番番頭と共に金箱を積み、小金井の別荘に持って行くことになった。若い者に車を曳かせ内藤新宿までくると、官軍の兵士が通行人を検問していた。引返すわけにもゆかず、さすがの由次郎もこのときばかりは顔色が変った。加太家の全財産ともいうべき金箱を積んでいるので、何か文句をつけられて没収でもされたら大変である。しかし必死の申しひらきで無事に通過できたときは、さすがに虎口を脱した思いだった。

初代大彦こと野口彦兵衛

加太家はこの件で後に奉行所で調べられたことがある。由次郎と番頭は「私達の責任でやりました」と、主人に類の及ばないように申しひらきをしたが、いっぽう主人の加太八兵衛も「私が運ばしたのです」といった。答が二つになり、一時問題となったが、両者のいい分がかえって奉行所に好感をいだかせ、無事解決した。

このように、まだ若かった由次郎はその年にはりっぱな商人としての度根性を持ち、一人前になっていた。明治七年（一八七四）二七歳で加太家を辞し、日本橋両国橘町一丁目の呉服問屋大幸こと大黒屋幸吉から熱望され、長女こうの婿となった。

大幸は慶応元年の太物呉服商の番付の中に「久松町のいせ清」などと肩をならべた大店で、加太家とも取引きをしており、由次郎の働きぶりに感心した幸吉が「ぜひ」と望んで婿に迎えたのである。

養子に来た次の日、由次郎は養父に聞いた。

「私は縁ありましてこちらへ参りましたが、これからどのように致したらよいでしょうか」

「私は別に財産を作ってくれとは思わない。私の望みは京都ではよい呉服が出来るが、この東京ではなぜか東京向きのものが出来ない。何とかして作ってみたい」

と養父は答えた。由次郎も長年同じようなことを考えていた。期せずして同じ考えと判り、この時に由次郎の一生は決ってしまった。

その後、由次郎は分家して大黒屋彦兵衛と名乗り、呉服の小売商を始めた。しかし養父からいわれたことが頭から離れなかった。京都と東京は気風も違っていた。江戸の末期から江戸好みといい、粋な気ッ風のいい人々の着る物は柄も染色も京都の人には理解のつかない点も多かった。

そこで彦兵衛は、東京人が東京の柄を作ったら、きっと粋な物が出来ると考えた。発想力に富んだ彦兵衛は自分の裁量で行なえるようになると、機場へ出かけ、これまで彼が温めていた織り方で、当時知る人も少ないシオンベルベットを開発し売り出した。また店の別棟で手描き友禅の工場を設け、京都と違った柄と染料を使い、風合いの違う〃東京の友禅〃を作り出した。その他に町内に作業所を作り、付近の婦女子を集め、版木によるプリント、型紙による摺込みを絹に施してハンカチやマフラーを作り、横浜ウイトニース商会を通じロンドン、ニューヨークに輸出した。

事業の発展と共に明治二〇年、小石川関口の神田川上流に染物工場を新設し、染色の技工を養成し、彦兵衛考案の模様を型染めにして「東京大彦染」と商店銘を摺り込み、東京はもちろん中京から京都にまで売り込んだ。

明治18年発行の東京流行細見記の太物屋呉服部一覧（三段目に大彦の名がある）

彦兵衛は元来考古的な趣味を持っていた。早くより古代衣裳、時代人形、武具、漆蒔絵の蒐集に興味を持ち、その数は数千に及んだ。また学者、文人、画家などの友達も多く、研究心に富んだ彦兵衛はこれらの品々を買うに金は惜しまなかった。手に入れた物を何日も眺め、そして頭の中に入ると、それは「東京の大彦」の柄と色と染め方の構想となって湧いた。

彦兵衛が望まれて大幸の婿になってから僅か十年の間に、東京一流の呉服問屋になったのである。如何に非凡の人であったかが窺える。

明治三十三年には、皇太子御成婚のお祝いに逓信省から両殿下のお部屋の双方に通ずる電話機一対の献納の儀があった。そのとき協力方を彦兵衛に求められ、その功により当時珍らしい卓上電話機一対の寄贈を受けた。同三六年、大阪で第五回内国博覧会が催された時、農商務省より指命を請け、染織の審査を仰せつかっている。

同三七年『唾玉泉』に記載された三井呉服店（今の三越）の理事高橋義雄氏と彦兵衛の対談で、明治時代の衣類の変遷が物語られている。

「男物は、羽織は旧幕時代は平民や町人は一般には着なかったもので、しゃれた人は竜紋小紋、羽二重小紋など着ましたもので、武士や富豪、大町人は黒の羽織を着ました。この小紋の羽織がなくなり、無地になったのは明治五年からです。

これは同四年に断髪令が布令されまして、私も同五年に髷を落しましたが、その後は黒の羽織を着たものです。流行は変なもので、散切りとなった人からこの紋付の黒の羽織を着るようになりました。

着物は、それまでは大概古渡りの縞唐桟に、結城の紬、それから伊勢崎銘仙の類から青梅縞位のものでしたが、髷を落してからずっと高尚になり、一統糸織などを着るようになり、同十五年頃より大嶋紬などを着たものです。その頃、男は白い襟巻をしたもので、大巾の縮緬で、一般は五尺、奢った者は八尺もあるものを襟巻にしていました。

お婦人物は、旧幕時代は上州方面で出来ました南部縮緬やお召縮緬などを着たもので、御殿女中の着物は京都で出来た縞縮緬を着ておりました。

それをある人が、赤糸人の唐山柄の東京向に織らせたのが流行し、京都のお召縮緬が桐生辺で上州お召に替えられまして売れる位流行したものです。私の考案しました縮緬の小紋染は、明治七、八年から二〇年位まで流行し売れたものです。

それからお婦人の間に頭巾が流行りました。明治になり髷が大きくなりましたので、大巾縮緬四尺五寸で、黒か鉄色のもので、なかなか粋なものでした。今の頭巾は浜縮緬のごりごりのものですが、昔は贅沢な物は上州縮緬が良く、縮緬のシボが小さく極薄手で、たためば袂へチョット入りますので、外様に参ります時、持ち物の上に置きますので、何かのお集りの時など間違いますので、その頭巾の隅に印をつけまして売り出しましたが、これもよく売れました」

流行の先端をいった彦兵衛の呉服は、この話を聞いても高級呉服の話で、常に五年先十年先の流行を考え、流行を作っていった。この対談の中で「今は紫が流行っているが、五年先には栗梅色や葡萄鼠に替るでしょう」とか「十年後には紋も今の紋より小さくなるでしょう」といったりしていることも、時代の移り変りを的確に押えている。

着物にうるさかった九代目団十郎は「大彦」の物しか着なかったといい、江戸ッ子風の粋人の五代目は「竺仙」の作った物を着た。「大彦」と「竺仙」は、同時代に共に同じように柄を考え、染料を研究し、染め方に苦労した人であった。仕事の面では互いに尊敬し合っていた仲で、彦兵衛が病気になった時、竺仙は見舞の者に一幅の軸を持たせて見舞わせている。

「貴方の病気の話を聞いた。貴方は私の心のささえである。早く直って元気になってもらいたい。私の替りに軸を贈る」

と添え書があり、軸は頭巾を冠り十徳を着た竺仙の自画像であった。

彦兵衛の次男で、現在の「大彦」の主人である野口真造さんに聞いてみた。

「父は蒐集した品の修理や手入れを自分で直接行なっておりました。人形の時は一つひとつ鷹の羽根で塵を払い、絹の布でその顔や手をそっと拭いておりました。節句の時は十五日位前から秘蔵の雛を倉から出して、十五畳の座敷に毛氈を敷き、いっぱいに飾りました。その数は百余種に及び、すべて古い雛で、雛の歴史と作者を研究する方には垂涎のもので、研究においでになる人も多く、玩具博士といわれた清水晴風さんや木彫の竹内久一さん、巌谷小波さんなども参られたものです。

父は人形作りにも興味を持ち、人形師として有名だった久保佐四郎さんが両国の虎屋横丁に住んでいた時、人形の大首など作っていましたが、久保さんを呼んで蒐集の雛人形を見せ、古裂を渡し、御殿女中が飾る一寸余の小さい雛の七沢屋雛を一揃い作らせました。久保さんは幾種かの父の所蔵の雛を手本として、根岸に居を移し、工房を作り研究につとめ、終に佐四郎人形と名づけた作品を世に出しました。

父は古代衣裳や裂地も収蔵しておりました。その数は二百余点を越したようで、六代目の未亡人がお雛妓さんだった時、父に話してそのうちの一枚を借り、それを着せて絵にしたこともありました。

大正四年に、永井荷風さんも二代目左団次の案内で参られ『大窪だより』に『莚竹子に導かれて、その名も橘町に知らぬ人なき大彦翁をたづね申候。翁が多年力を尽して集めなされ候慶長、元和より宝暦、天明に至る縫模様の小袖、加賀染の類あまた拝見仕候。翁が徳川時代流行意匠の研究に熱心なる、それらの貴重なる古代の衣類に止まらず、凡そ図案に因みある古版本、錦絵、千代紙、摺物の類、一つとして集めずという事なければ、その家正に専門の美術館とや申す可き。……一度び翁が家に来りし古物は、朝な夕な主人のみかはそが夫人、令嬢の温き手に愛撫せられ……その秘蔵の小袖を見て限り知れぬ美感に酔ひしは、唯に古美術の美しきが為のみにあらで、主人が居室の有様を始めとし、主人が趣味の生活より来る人格の力与って少なからざる事を思い合せ、美術館の効果も亦個人絵画展覧会と同じく、個人個性の力の欠くべからざる事今更のやうに心づき申候』と書いております。

私は兄弟四人で、上は二人とも女でしたので仕事には関係ありませんが、兄は京都に修業に参り、明治の末に帰ってきて小石川の工場で自分の修得した写し染（型友禅）を始めました。大正になり、工場も狭くなり府下玉川村双子の河畔に移ることになりました。

私は初め橘町の店で製品の構想、設計を致しておりましたが、その後新設しました工場に大きな捺染の機械を据付け、新しい染料と道具でドレス、中形、着尺、小紋の仕事をしてきました。大正十二年の関東大震災の時には橘町の店も全焼し、店蔵も中蔵も焼けましたが、幸いにも父の秘蔵の蒐集品の一部は助かりましたのが不幸中の幸いでした。

父は大正十四年一月三〇日に府下駒沢村新町でなくなりました。その後、兄弟で仕事をしておりましたが、ある日龍村平蔵さんがおいでになり、『清浦伯や正木先生の意見でもあるが』と前提され、この際、父が行っていた『手仕事の染方に戻れ』と申されました。私はそのお話を請けて深く考え、兄に申しましたところ、兄も同意し、私は父から習った手法で製作を行い、兄は本家の大黒屋幸吉を継ぐことになりました。

私は呉服商の『大彦』を継いだのではなく、染物業の『大彦』を継いだので、大彦染色工場では今後の研究にふさわしくないと、大彦の名はそのままにして『大彦染繍美術研究所』と改称しました。そして旧工場で父の時代からの古い技工連を集め、型紙や型版で製作を始めました。染料は植物染料による旧手法の利用を考え、早速苅安や藍芳木などを買いつけ、藍瓶を十数本埋けて玉藍を産地から取寄せました。

そのためには父が蒐集した衣裳が大変に助けとなりました。そのうち模様や技術の難しいものを選び、染料、手法、糸、縫方など調べることが出来、小裂は何度も試験染をして実物と見くらべて染め上げました」

野口氏はこの作品を昭和三年春、華族会館で陳列し、関係の人々や有名人にその成果を問い、同九月、大阪三越で「大彦倣染徳川大奥時代衣裳展覧会」を催した。この時伊原青々園博士、和田英作画伯、高田早苗博士、大槻如電翁、久保田万太郎氏などが来場してその労作を賞でた。その後、松坂屋、高島屋、大丸、十合などの百貨店で衣裳店を開いている。

野口真造氏は現在八三歳で、古い時代の衣裳から新しい色と型を探り出し、しかも近代染料に日本古来の草木染の手法を生かし、斬新な製品の研究に余念がない毎日である。

ほんや　通り町　須原屋

「須原屋」の初代は北畠茂兵衛と云い、南朝の遺臣顕家中納言の家系である。紀州有田郡から江戸に出て万治元年（一六五八）頃、日本橋青物町に書店を開いた。その後、元禄元年（一六八八）に日本橋通りに店を移し、書籍の出版を業とした。

しかし、甥の北畠佐次右衛門春庵が婦人薬の秘法の処方を伝授され、これを「須原屋」で製造し〝順気散〟と名づけて発売した。これが血の道に悩む婦人の妙薬として評判となり、爾来二百有余年、大正の末まで〝家伝の順気散〟として須原屋の発刊する書籍と共に名を高めた。

「須原屋」は〝順気散〟の他に、江戸時代の地図（切絵図）の発売元として有名である。この時代には地図の発行は、一介の書店では許されず、また地図といっても、いずれも大名屋敷や侍屋敷、寺社、名所などを尋ねるのに便利な道しるべ程度のものだった。したがって距離に大きな違いがあり、実測図ではなく、ただその地にある建物や名物を並べたものであった。

この地図を作るにはまず許可をうけねばならず、その製作する店も定められていた。

江戸切絵図は宝暦年間（一七五一―一七六三）以後、明和・安永（一七六四―一七八〇）にわたり出版された吉文字屋のものと、文政期（一八一八―一八二九）の須原屋版、嘉永年間（一八四八―一八五三）の近吾屋、尾張屋、平野版とがある。「須原屋」の持株の絵図について『江戸絵図株帳』記載の須原屋茂兵衛株中に、

「江戸切絵図　八枚

美濃屋平七、吉文字屋次郎兵衛より買収

片カナ　各竪一尺五寸、横二尺二寸

築地八丁堀、日本橋南、下谷浅草、谷中小石川、番丁辺、浜町、神田、日本橋北、芝、愛宕下、駿河台小川丁、永田丁辺」

とあり「割印帳」の中の各絵図の条下に、文化十四年三月、行事取調べの際株式と定め、当時既に「須原屋」の権利となっていた旨の断り状が書いてあった。

この「須原屋」について仲田定之助氏は、その著書『明治商売往来』に記している。

「須原屋茂兵衛は江戸時代、元禄の末ごろから、国、郡、全図、大名武鑑などを刊行して全国に広く知られた地図版元であるばかりでなく、数多くの木版本を上梓した書林である。又須原屋は出版書肆としてばかりでなく、婦人血の道の妙薬、家伝順気散の本舗として知られていた。

その須原屋北畠茂兵衛の店は、明治の時代に日本橋三丁目、今の高島屋百貨店の北角の所にあったと記憶している。店内に並んだ古びて黒光りのする棚に鉄の抽手のついた引出しが沢山あるのが印象的だった。そして、木版刷りの薬入れの紙包みが山と積まれて、店内には薬草の香りが漂っていた。

この須原屋も明治になり洋書など置いていたが、今はこの日本橋から姿を消してしまって知っている人もない」

江戸切絵図の中に須原屋の印が所見出来る。

清元　菊壽太夫

二代目都一広は、一中節の保存で人間国宝になった新橋菊村の女将篠原治である。この人は昭和三一年刊の『菊かさね』に、夫であった二代目菊寿太夫のことを書いている。治は少女時代から芸事が好きだった。当時日本橋呉服町に住んでいた菊太夫（後で弥生太夫から菊寿太夫となった）と知り合い、邦楽の師匠を紹介して貰い、日本橋坂本町にいた都一広の弟子になったのも、菊太夫の力添えがあったからである。

もちろん、治が邦楽を学ぶことが出来たのは、彼女の音曲に対する鋭利な感覚と物覚えの良さはあるが、菊太夫という協力者がなかったならば、その機会も得られなかったろうし、また彼女の天才的才能も伸びなかったであろう。

治が清元の師匠の菊寿太夫といっしょになったのは明治二八年で、菊寿太夫五五歳、治は二〇歳だった。三五も年上の菊寿太夫の女房になった治はそれだけ苦労もし、芸事一筋に生きる女に成長していた。菊寿太夫は天保十一年（一八四〇）の生まれで、本名を中井錠之助といい〝植木店の師匠〟といわれた初世菊寿太夫の弟子で、仇名を学者といわれるほど芸人仲間では物知りだった。始め菊太夫といっていたが、後に師匠と芸の上で仲違いをして、師匠の家を出て弥生太夫と名乗り、出稽古などしていた。師匠の歿後、乞われて二代目菊寿太夫となり、樽新道に住んだので、〝樽新道の師匠〟といわれていた。

菊寿太夫は頭をつるつるに剃っており、新内のほかに書も嗜み、茶人で「千成」の俳名を名乗り、大蔵流の狂言、謡などは何度も舞台で演じ、踊りも名取りで趣味の多い人だった。維新の一時期、芸界は衰微していた。その頃菊寿太夫は道具の目利きが出来たので、当時各大名が領地に引揚げるのでただも同様の値段で売り払われた道具や骨董品を買い入れ、銀座の道角に蓆を敷き、並べて商売をしたこともあった。いっしょになった二人は一時、木挽町七丁目で待合を開いたが芸人が商売をしても「計算合って銭たらず」で、結局廃業してしまった。

当時は芝居小屋も少なく、今日のように毎日開いているわけでなく、年に四回か五回開けばよい方だった。清元も自家で弟子をとることは出来ない不文律があり、生活は苦しかった。二階を一ヶ月朝食付きで三円で貸し、その収入を当てにする始末で、ときたま三銭で買った魚の切身も二人で半分ずつ食べた。治が出稽古で得る僅かな収入が生活の糧だった。

当時の芸人や角力、医者、戯作者などは本職の仕事の他に、贔屓筋のお座敷で客のお機嫌を取り幇間のまねごとをして生活の糧を得ていた。明治の中期になっても芸人はだいたいこのような道を歩んでいた。菊寿太夫もお贔屓のお客の座敷に呼ばれ、坊主頭をふりかざし、清元を一段語ると幇間に早替りして、お酒の相手をし、小唄や踊りで客のご機嫌をとり結んだ。

二世都一広の篠原さんは、

「主人との生活での思い出は貧乏と苦労だけです。冬になると蚊帳を質屋に持って参り、夏には請け出したものです。ある年の夏、蚊が出ましたが蚊帳を請け出すことが出来ないでおりますと、主人は『蚊は出たがヤが出ない』といいますので、何のことかと思っていましたが、そのわけが判ると二人で顔を見合わせて笑いました。

ある時、梅見に連れて行ってやろうといいますので、急いで仕度……仕度といっても別に着替えるものがあるわけでなく、羽織をひっかけて出かけました。そして向島百花園に参りましたが、まだ梅は咲いておりませんでした。しかし入口に椿に似たわびすけがあったので、主人は矢立を取り出しまして懐中紙を短冊型に作り

まだ少し　梅が早いと言う客は
　にっこり笑顔　見せてわびすけ

と書きましてわびすけに結びました。このようにのんきな人柄で、お金がなくとも平気な人で、それだけ一人で苦しみました。伏見の宮様に出稽古に参っておりましたが、夜は遅く、朝は間貸していました人の朝食を用意するので早く、ねむくてなりませんでした。お迎えの人力車が参りましても車の中でねむってしまい、車の梶がトンと下りると、やっと目がさめる騒ぎで、お稽古もねむくて困ったものでした。

主人の娘が日本橋で待合を再開致しまして、引取るといい出しまして、無理に連れて行きました後、別れたようなことになりました」

篠原さんは、何時別れたかを『菊かさね』には記載してないが、利恵治の名で新橋から芸者として出て、菊村の女将となり、芸一筋で遂に栄誉ある賞をうけた。花柳界及び邦楽の発展につくし昭和四三年、九二歳で大往生をとげている。

常磐津　林中

常磐津は浄瑠璃の系統に属し、豊後節から分れた一流派で、常磐津の名称は初代常磐津文字太夫が常磐津の名を使ったことから生れた。

常磐津林中は、明治の時代に常磐津の名人といわれ、本名を山陰忠助といった。父は南部盛岡藩の馬廻り役石川清蔵で、天保十三年（一八四二）江戸芝桜田久保町に生れた。その後三浦藩の山陰定次郎の養子となった。

人の運命とは面白いもので、山陰の隣りに和登菊という常磐津の女師匠が引越して来た。幼い忠助はこの家に遊びにいっているうちに、その語り口をすっかり覚えてしまった。その頃六歳の子供だったから文句は片言まじりだが、節は正確である。和登菊は忠助の記憶力と味のある語り口に非凡の才能を認めて、定次郎の了解を得て和登菊の師匠の〝芝の師匠〟で通っている和登太夫の門に弟子入りさせた。

十二歳で小和登太夫の名を貰った忠助は、師匠の和登太夫から天分を認められ、檜物町の家元豊後大掾（四代文字太夫）の直弟子としてあずけられた。安政二年秋（一八五五）に、大掾は檜物町の稽古場を実子小文字太夫にゆずり、向島小梅の隠宅に引移った。十四の小和登太夫は昼前は和登太夫の処で習い、午後は豊後大掾の所へ、芝桜田久保町から向島まで毎日二里半の道を雨が降ろうが風が吹こうが欠かさず通いつめた。時には朝八ツ（二時）に起き、四斗樽の水を浴び、熱いかゆを食べて、暗い道を小田原提灯をつけて通った。

忠助十七歳の時、養父の定次郎は安政五年に流行したコレラにかかり、臨終の床から「お前が芸がうまくなるように、おれの命は縮めてもと金毘羅様に願をかけた。どうか上手になってくれ」と小和登太夫の手を握って息を引取った。

文久二年（一八六二）小和登太夫二一歳の時、豊後大掾がなくなったので、初代松尾太夫の門を叩き、弟子入りした。この頃、丹波篠山六万石の藩主青山備中守が大の粋人で、江戸屋敷において毎日の様に茶会を開いていた。たまたまこの茶席に豊後大掾と小和登太夫を呼んで常磐津の会を開いたのが縁となり、お屋敷にお伺いしている間に小和登太夫は茶の道をまなぶようになった。

その内に松尾太夫も没し、二代松尾太夫となり、二三歳の時先代松尾太夫の縁続きの娘すゞを妻に迎えた。その頃世はまさに維新で、西洋文化の流入と世相の混乱から芝居もかからず催物もなく、日本古来の芸能を見かえる人もなく、弟子は減る一方で生活にも困った。

二代松尾太夫は以前に青山侯の邸に出入りしていた間に自然に養われた骨董品や書画の鑑識力を頼りに、その頃国元へ帰る大名、武士が二足三文で売る家具、骨董品を買い求め、これを露天で売って糊口をしのいだ。

やがて世の中も次第に落つきを取りもどし、芝居もぼつぼつと開かれるようになり、浅草猿若町の芝居も守田勘弥の努力で新富町で開かれるようになった。もうその頃になると、九代目団十郎に「松尾太夫のタテじゃなけれぁ、充分に踊りこなせねえ。あれぁ近頃めずらしい名人だ」と口を極めて褒められるほどだった。

また当時の劇界の中心人物守田勘弥は団十郎、踊りの家元花柳寿輔と共に、十代小文字太夫の常子未亡人に空席になっている十一代小文字太夫を松尾太夫に継がせてはどうかと申入れた。この三人に推薦されたのでは反対などすることも出来ず、明治十二年七月、行事常磐津三中（豊島太夫）宅において常子未亡人と親子契約をなし、忠助の松尾太夫は十一代目小文字太夫となった。

明治十八年十月、同流の元祖宮古路豊後掾の建碑大法要を金龍山浅草寺で行ない、一家一門六百余人が参加して盛儀を極めた。このため莫大な借財を負い、それも原因となり常子未亡人とも不和となった。同十九年の暮、家元引退の声明をして檜物町の家を出て、日本橋矢ノ倉に移転し、一時常磐津林中と名乗ったが、その後宮古路国太夫半中と称した。この時半中四五歳だった。だが小文字太夫家元の圧迫もあり、芝居の出演回数も減り、この矢の倉も家賃がたまって追い立てをくう仕末。同二二年の暮には浜町二丁目十二番地（俗にいう薬研堀）に引越した。しかし家元の肩書きをはずしたこの時期の半中は一番充実した時で、貧乏で生活には窮したが、自分を見詰めることが出来た時期でもあった。

明治二五年正月のある晩、稽古のために上京していた青森の松美太夫と文蔵に誘われ、「神田川」で好物の鰻を食べて来た半中は、すずに父の生まれた盛岡へ行く話をした。それから三年、半中の盛岡での生活が始った。同市八幡町にいた知人の大久保みね宅に稽古場を開いた。東京から常磐津の名人宮古路国太夫半中が来たというので、盛岡の花柳界を中心として常磐津の愛好家が集り、半中後援の人々の熱中した催物に自然と稽古にも身が入り、半中の教え方にも力が入った。こうして僅かの間に東京の一流どころに出してもはずかしくない弟子も出来た。でもこの盛岡の生活も長くはなかった。

同二八年四月、一通の封書が東京から来た。堀越秀とある。九代目団十郎からの手紙である。「戦争も終り、何かパッとした狂言を出し度いが、半中にぜひ地で語ってもらいたい」とあった。だが半中は断った。団十郎から二度目の誘いの手紙が来たが、これも断っていた。

その年の七月、団十郎の使者として、狂言作者の久保田彦作と座方の甲子屋万蔵が盛岡に来た。団十郎は半中と息のあった「関の扉」を出すといって来たし、十二代小文字太夫、岸沢仲助からのぜひにとの書状もあり、さすがの半中も腰を上げない訳にはいかなかった。そこで半中は名も常磐津林中と名を改めた。

八月中旬の盛岡で催された林中の送別会は十二代家元を始め、若佐太夫、和歌太夫、男佐太夫、咲太夫に、三味線の岸沢式佐、仲助、文治兵衛、岩沢芝喜作も加り、十九日から二五日の一週間、生姜町の杜陵館で行なわれた。七日間に五六番という花々しい出し物で、常磐津の曲目は殆んど網羅しつくしていた。

十月下旬、歌舞伎座付の芝居茶屋武田屋で稽古が始った。「関の扉」の役割は、団十郎の関兵衛、菊五郎の墨染、小町姫の宗貞、常磐津は上の立(たて)が十二代目小文字太夫、脇が和歌太夫に若佐太夫、三味線が岸沢式佐、上調子式蔵、眼目の下の巻はもちろん立が林中で、脇が咲太夫、男佐太夫、三味線常磐津文字兵衛に上調子は芝喜作改め文字八がつとめることになった。

文字兵衛がシャンと初撥を入れた、久方ぶりの林中の浄瑠璃。四年間の都落ちの結果や如何に……と皆カタズをのんで待つ内に曲も進み〝音はそうそうとうとうと闇を照らせる金色は、玉散るばかり物すごき……〟このあたりになるとさすがの九代目もベッタリとその場に坐ったきりで、身動きも出来ず林中の浄瑠璃を聞き惚れた。

文字兵衛のおさめの撥が終ると、潮騒のような嘆声が声にならず座中に充ちた。林中の咽喉が織り成した豪壮華麗な「関の扉」下の巻のまぼろしは、名優団菊の至芸を以てもとうてい及びつかぬものであった。

団十郎は「常磐津ってものはこんなに味が深く、大きな芸とは知らなかった。盛岡で人魚でも食ったのかい」といい、菊五郎に「あんなうめい奴ぁ、早く死んでしまわねえと、こちとらの命が保たねい」と洩らしているのを林中はジーッと聞いていた。四年間の雌伏時代を思い出し、芸道のきびしさをいまさら思う林中の目に涙が光っていた。

十一月五日、歌舞伎座の霜月興行はすばらしい前景気のうちに幕を開けた。今までにない盛況で毎日満員の客を迎えた。団、菊の演技は勿論であったが、林中の「関の扉」の浄瑠璃は、客を魅了し、「芸の前には何ものもなし、きびしさが故に芸道の尊さ」を胸にたたみ込んだ。

明治三八年五月、上野広小路寄席鈴本亭に出演し名人芸を披露したが、同年六月新潟市上大川通国粋座に出演中、旅館で発病し、三九年五月浜町一丁目の自宅で不帰の客となった。六五歳だった。六月九日には常磐津の大会を両国伊勢平楼で準備中であったが、これはにわかに林中の追悼会に変更された。

遺骨は本人の希望により、盛岡の菩提寺に葬った。法名法林院殿芳香日佳大士である。

片切　加納夏雄

加納夏雄は、刀鍔の彫刻の名人である。文政十一年（一八二八）京都の伏見家に生れたが、七歳の時加納家の養子となり、通称治三郎といった。十三歳で太田派の金工、池田孝寿に学び寿郎と号したが、二五歳の時夏雄と改めた。安政元年（一八五四）に江戸に下り、後藤一乗と共に横谷宗珉風の片切彫の第一人者となり、明治の時代の最後の鍔作りの名人となった。

鍔の材料は鉄をきたえた物が主であるが、赤銅、銅、朧銀（おぼろぎん）または稀れに黄金製もある。形は円型が多いが、撫角木瓜（なぜかくもっこう）型、角形、八角形、あおい形が多い。大きさは十センチから十一センチ位のものが多く、中央に刀身をつらぬく穴がある。

鍔の彫刻の技法は、透彫（すかしぼり）、鋤出（すきだし）肉彫、片切彫、毛彫、平象嵌、象嵌、うつとり嵌、布目象嵌、肉合彫（ししあいぼり）などがある。

鍔の発達の歴史は室町時代からのことで、金家、信家の二大作家が輩出し、金家（山城伏見の産）は鉄台に山水、道釈人物等の絵画的な図柄を鋤出、高彫法に金、銀、銅を配置し、象嵌、色絵の技法を用い、実用的なものの他に高度の芸術的作品を創造した。

信家は甲冑明珍の十七代といわれ、厚目の鋸目地の鉄鍔に素朴な透彫、鋤出彫の技法で雅味のある鍔を作り、図柄に亀甲、梅、桐、唐草などがある。

江戸時代となり、これらの技法を基本として種々の手法が研究され、各地に名人が輩出した。

加納夏雄の墓（谷中）

肥後に林又七、平田彦三、西垣勘四郎、志水甚五郎等があり、長門に長州鍔の八派が生れ、肥後の作品とその優劣を競い、彫金に奈良利寿、土屋安親などが芸術的な作品を残した。

加納は、製作意欲の最盛期にあった四〇歳のときに明治維新を迎えた。明治四年廃刀令が布告され、刀剣類の所持は禁止され、見つかれば二〇センチに折るように命ぜられた。日本古来の芸術品や工芸品が、にわかに流入した西洋文明のきらびやかさに圧倒された人びとから軽視されるという風潮のなかで、刀剣類も例外ではあり得なかった。

政府は日本の芸術品の散佚をうれい、宮内省内に古器保存課を設置し、明治十三年四月、東京上野博物局出張所で第一回美術会を開き、一般の参観を許し、古美術に対する再認識を計った。それより前、新政府は貨幣の改革を計画し、金銀座を廃止し、丁銀、豆板銀や藩札の流通を禁じるとともに、造幣寮を設けて民部省札を発行し、新しい貨幣を作ることになった。

この時、加納夏雄は片切彫の技術を認められ、明治四年貨幣鋳型の製作を命ぜられた。加納は各種の貨幣の原型を作り、同八年造幣少技となった。その後、宮内省の命をうけ天皇の御剣の金装を命ぜられ、菊章銀盃及び白絹を賜っている。

加納の手法は、その絵画風の趣に家彫、町彫と共に自由な写実的な技法を完成し、色金と彫りの技術の組合せにより独特の薄肉耕彫刻においてすぐれていた。作品は地金の光沢を巧みに活かして、平面の材料も肉付の盛り上るが如き彫りをよくした。

明治二一年、上野公園の旧寛永寺の子坊の覚成院、等覚院の跡地に日本古来の美術の再興を目的として、日本画、木彫の二科を設けた東京美術学校（今の藝大）が創立された。その後、金工、漆工の二科が増設され、加納は教授として招かれ、技術を公開すると共に若い人々の指導に当った。そして帝国技芸員に推薦をうけた。

この人は自分の技術に対し、徹底的な潔癖感を持っていた。のちに彼は自分の未熟だった頃の作品を買い戻し、叩き潰したという。そのせいもあって今日、加納夏雄の作品は少なく、その価値は高く評価されている。代表作の「月雁図鉄額」は国立博物館に所蔵されている。明治三一年二月二日、七一歳で没。墓は谷中墓地にあり、正六位、日芳に猷院釈夏雄居士である。

刃もの　奈古屋

江戸時代から昭和まで二百余年の間、日本橋照降町（今の中央区日本橋小舟町）にあった。創業は元禄二年（一六八九）で、初代は肥前（熊本県）名護屋の出だったので「なごや」と号したというが、別の説では元堀田家の三〇〇石取りの武士で、享保の頃（一七一六―三五）山形に在り、その後江戸に出て刃物屋を開いたともいう。

初代の久太郎がどこで刃物をきたえる技術を覚えたかは判っていない。しかし「なごや」の代々の当主は自ら材料を選び、鉄を錬え、火を起し、焼きの加減をして「刃物は手作りでなければよい物は出来ない」と信じてきた。世継の子に「よい刃物を作るには、骨惜しみをしてはならない」「手を抜くな」と手で作ることを教え、その秘伝を子供から子供へと伝えて来た。

明治になり、外国から輸入されたバリカンを見て「これは面白い」と早速作り〝錨印〟と名づけて売り出した。これも「なごや」が小物の刃物を得意としていたからで、その当時は動く刃物として評判になった。そして子供達の頭は、日本国中丸坊主になって行った。

明治二〇年六月、明治一代女の花井むめ（芝居では花井お梅、芸名秀吉）が、箱屋の八杉峯吉を殺したとき使った出羽包丁が証拠物件として裁判所に提出された。これには「なごや」の彫印が打ってあった。

この店は十一代亀山久太郎さんの時、戦災で焼けたが、その後復興しなかった。

刃もの　うぶけや

刃物の「うぶけや」は中央区人形町の旧電車通りにある。日本橋人形町通りの問屋街にも近代的ビルがびっしり並んでいるが、そのなかで、時代に押し込められたような和風の作りの二階建、大正時代に建てたという茶式風のどっしりした建物はひときわ異彩を放っている。

「うぶけや」の初代喜之助は天明三年（一七八三）にこの地に刃物店を開いた。喜之助は小物細工に長じた名人級の打物師だった。銘を兼忠と称し、職人仲間では早くから評判が高かった。

〝うぶ毛もよく切れる鋏〟〝よく剃れる剃刀〟〝よく抜ける毛抜〟などを得意としたので「うぶけや」と呼ぶようになり、それが自然と屋号となった。

表看板の「うぶけや」のうの字は江戸時代の書家伊原雲涯、ぶの字は丹羽海鶴、けの字は岩田鶴皐、やの字は近藤雪竹が寄せ書きで書いたもの。また店の扁額は日下部鳴鶴の門人で、四天王の一人といわれた丹羽海鶴の書。この二つは「うぶけや」の家宝となっている。

明治の一時期にこの店で大工刃物も製造していたことがあった。五代喜太郎は名人堅気、職人気質の人で、ある時仕事帰りの大工が鉋を買いに来た。喜太郎は大工箱の中から鉋を取り出させ「この鉋はまだ使える」といって、どうしても売らなかった。その頃大工道具といえば御徒町の「研綱」が大工仲間で評判の店であったが、喜太郎の商売を度外視した職人気風に江戸ッ子たちがよろこび、いっそう店は繁昌した。

うぶけやの看板

いつの代に作られた言葉か分らないが「刃物屋で、切れてならぬ物が二つある。毛抜きと、客との縁」という言葉と初代喜之助の兼忠銘を守りつづけてきた。維新後、外国の刃物が輸入され、その型がどのように変ってもその時代々々に研究し、手作りの刃物を作っている。明治十九年と二〇年に、当時メリケン鋏を作らしては名人といわれた吉田弥吉の作った鋏を店に飾っている。当代（七代）の矢崎秀雄さんも職人肌の方だった。

「関東大震災に罹いましたが、戦災には罹いませんでした。

大正時代のこの家は廻りから見ますと古めかしいと思われるでしょうが、私はそれでよいと思います。一軒位東京で昔の味のある店があってもよいと思います。私の店には私の店を知って下さっているお客様が来て下さいます。こんな話もあります。五〇年配の奥さんがあるとき古い鋏を持ってきまして、磨いでくれとのことでした。そのお客様のお話では、その方の祖母さんが嫁に参ります時、その嫁入り道具のなかに入れて贈って下さった鋏で『お婆さまから私が嫁にくる時に贈られたものですから大切に……』といわれて頂いたものだというのです。そして今度娘の嫁入先がきまりましたので『娘に贈ろうと思います』とそのご婦人はいうのです。よく見ると、その鋏に『うぶけや』と彫ってありました。私は祖先が、親子四代も使える鋏を作ったことに感心すると同時に、祖先の有難さをつくづくと思い知らされました。このときほど商売冥利につきたことはありませんでした。

また六代の時、初代の紙切りの林家正楽から鋏の注文がありました。この鋏は穴を切り抜くために、鋏の先の切れ味が大切で、何度も師匠の注文で作り直し、やっと出来上り、大変に喜んで頂きました。この鋏の型は師匠が苦心をして考え、作らしたものですから、他の人から注文があっても絶対に作りませんと約束しました。

その後、師匠から弟子の林家今丸に、この鋏を作ってやってくれと話がありました。しかし六代は、『正楽師匠が使うなら作りますが、他の人が使うのでは……』と断りました。師匠の奥さんからもたのまれましたが、職人気質といいますか、頑なにお断りしていました。するとある日、今丸さんが店に参られ、店の土間にピタリと座り、両手をついて『ぜひ、御願いします』といわれました。これには六代もびっくりすると同時に、一芸に秀いでた人がこのように懸命に頼みに来た、その芸の道のきびしさを思い、さすがの頑固な喜之助もこれには感激し、土間に飛び下り今丸の手を取り、喜んで鋏の製作を引請けました。この今丸さんが二代目正楽さんで、義理にも厚い方で、盆暮には必ず参られ、今も個人的なおつき合いをさせて頂いております」

七代も職人気質というか、なかなか話をしたがらず困ったが、そのうちにこの店の種々の資料をみせながらボツボツ話をしてくれた。この頑固さが「うぶけや」の刃物を守り、店を守ってきたのだろう。近頃めずらしい職人肌の店主である。

白酒　かまくら川岸　豊島屋

〝山なれば富士　白酒なれば豊島屋〟と、江戸時代から童歌に唱われた「豊島屋」は現在埼玉県東松山市に酒倉を持ち、醸造業を営なんでいる。

「豊島屋」の初代十右衛門は寛永年間（一六二四―四三）姉の嫁ぎ先の小石川牛天神下（文京区春日一丁目五番地）の与力、曽矢家に世話になっていたが、正保年間（一六四四―四七）に豊島屋清右衛門の酒屋を譲り請け、二代十右衛門にこの店を継がせ、次男に元禄年間（一六八八―一七〇三）に鎌倉河岸に店を出させた（この年代には多少の疑問がある）。

この鎌倉河岸の店が江戸・明治・大正と二百有余年の間繁昌した「豊島屋」である。

鎌倉河岸は日本橋川の上流にあり、大川に通じており、徳川氏江戸城改修の時、鎌倉より取り寄せた石材をこの川岸に運び上げたので、町の名を鎌倉町（千代田区内神田）といい、この河岸を鎌倉河岸といった。

元文元年（一七三六）には豊島屋はりっぱな店になっていたらしく、築城の人夫に酒を供し、その労にむくいていたらしい。そのために将軍家の御用を命ぜられるようになった。豊島屋の繁昌について『我衣』には次のように見える。

「見世を大にして、外々より格別下値に売りたり。毎日空樽十、二十を小売にして明くる程に、酒は元値段にて樽を儲けにしけり。片見世にて豆腐を作り、酒店にて田楽を焼く、豆腐一丁を十四に切る、甚だ大きなり。豆腐は外に売らず、手前の田楽斗也、田楽を大きく安くみせ、酒も多くつぎて安く売る故、当前には荷商人仲間、小者、馬方、駕籠の者、船頭、日傭、乞食の類多くして、門前に売物を下し酒を飲む。云々」

一本の樽が四斗樽で、一日四石から八石と売れたのであるから、一人四合飲んだとしても千人から二千人の客があったことになる。しかも小者、馬方、駕籠かきから乞食まで酒を飲んで騒ぐのであろうから、どの位の大きさの店であったか分らないが、割れ返えるような騒ぎだったろう。

川柳にいわく。

田楽を持って馬方叱りに出

店の前につないだ馬が道をふさぎ、騒ぎになっているのを、一杯飲んでいる馬方が田楽を持って飛出して来て、馬の尻を片付けたのであろうがたゞなは結んでも馬の尻まではつなげまい。商売物を道路に置いたまま飲む客で道巾もせまくなり、常に店の前は賑わった。酒を飲まない客や小商人らは田楽を菜にして昼食をとった。豊島屋はこのような客も大切にした。

　豊島屋であわぬは飯の菜にされ

この頃になると、鎌倉河岸に豊島屋の倉が何棟も建てられた。

　谷七郷を豊島屋がおっぷさぎ

谷七郷とは鎌倉の意味で、ここでは鎌倉河岸のことをいい、何棟あったかは述べていないが、河岸いっぱいに建てられていたものであろう。一日二五樽から五〇樽の酒を消費するのだから余程倉も必要であったろう。

　この豊島屋は春になると、白酒を売った。この白酒は初代十右衛門が、神告によりさずかったものという。ある夏うたた寝をしていると、夢枕に立った可愛い紙雛が白酒の作り方をことこまかく教えた。十右衛門は早速その通りに作ってみると、頗る旨い酒が出来た。十右衛門はこれを節句の子供用に使ったらと思い「桃の節句に　白酒を」と宣伝した。これは評判となり、水戸侯を始め各大名屋敷の御用を請け、一般にも普及した。今でも桃の節句には甘くて子供の口に合う白酒を飲むが、これは豊島屋が江戸時代に一般に流行させたものである。

『わすれのこり』には節句前の四日間の豊島屋の商い状況が記されている。

「三代将軍の時代（一六二三—五一）に、この四日間に二百五、六十石も売りつくして客足は絶へず、混雑は甚だしく、或る年から店の前に頑丈な竹矢来を結廻し、町内の鳶に客の整理をして貰い、入口と出口を設けて、入口に櫓を設けて、その上に鳶の者と医者を詰めさせ、若し怪我人が出た時はとても人混に入り助け出すことは出来ないので、鳶口で櫓の上に釣り上げて応急の手当を施すことにして、売出しの当日は混雑を避ける為に、酒、醬油、田楽の商売は一切休み、白酒は現金の取引はせず、前もって発行した切手で白酒を売り、買った人は裏口を通り抜けられるようにしたものである。この日はさしも広い豊島屋の前は、火事場のような騒ぎで、一日の売上が幾千両にも及んだものである」

この騒ぎは江戸末期まで続いたらしく『江戸名所図会』にも竹矢来を廻して混雑している豊島屋の画が描かれている。

しかし文化十年（一八一三）二月、三河町の風呂屋から出た火で豊島屋は半焼した。このため白酒を売る日を二月十九日の半日としたことがある。「豊島屋は半日きり、白酒を売らない」ということが伝わると、大群集は町内を埋め、阿鼻狂乱の声は江戸の町に響き渡り、さしもの頑丈な竹矢来もくずれんばかり。遂に死人一人、怪我人おびただしく、町役人の出張となり販売を中止したが、群衆はそれを聞かず、まるで打毀しのような騒ぎとなった。それで止むを得ずまた売り出したが、ついに半日で店を閉めることが出来ず、夜半にまで及んでこの騒ぎを一時押えた。

こんな騒ぎがあり、天保の改革には第一番に槍玉に上がり、さしも繁昌した豊島屋も営業を縮小せざるを得なくなった。しかし天保の改革も二、三年で、水野越前守の失脚後には、豊島屋は従前どおりの繁昌をみせた。

いまは豊島屋の本社は千代田区猿楽町一ノ五にある。関東大震災の時、神田橋の袂（千代田区内神田二十番地）に移ったが、戦後米軍に接収されたので猿楽町の住居跡に店を移したものである。東松山市に醸造場を持ったのは昭和十年で、地元の造り酒屋の倉を買ったものである。豊島屋酒造合資会社代表社員の田中誠次さんに聞いてみた。

「私の店の資料は戦災ですっかり失なってしまい残っておりません。震災までは鎌倉河岸の現在の昭和産業の処にあったといいます。明治になっても相変らず薄利多売で、店は繁昌していたようですが、豊島屋小売り屋で、酒は造り酒屋から仕入れて売っておりました。先代の時に酒も造らねば安く販売が出来ないと、灘の倉を四つ買い、そこで造り、売っておりました。

今は清酒と白酒、味醂を造っております。清酒は〝金婚〟という銘で、明治神宮が大正九年に鎮座されました時から神酒としてお使用頂いております。

白酒は私の家の秘伝のもので、今も〝江戸の草分け〟の銘でご愛好頂いております。

父は八九歳で十七年前に死亡し、兄も二、三年前になくなりまして、おもしろいお話が出来ず残念です。浅草の淡島神社に豊島屋の名の入った力石がありますが、これは明治の時代か江戸の末に鬼熊という力のある軽子がおり、その男が差し上げた石をお納めしたものです」

醤油　西川岸　國分勘兵衛

四代の国分勘兵衛宗山は元禄年間（一六八八―一七〇三）に、伊勢の本店から江戸日本橋本町の江戸店に来たついでに、筑波山をお詣りして土浦に廻った。伊勢江州の国は行商の盛んな所で、商売ででかけた旅先で土地の産業、気候を調べ、醬油や酒の醸造業を行なっていたもので、特に江戸付近には伊勢の商人の醸造所が多かった。勘兵衛は醸造所を開く下心もあって、土浦を訪れたのである。

土浦城主土屋政直は産業の振興に努めていた。瀬戸内海や行徳の塩を運び込むに便利であるし、醬油は江戸に輸送するにも船便が利用出来た。その上醬油を作るのに最も大切な水が軟水であり、近在から良質の麦と大豆が獲れた。

土浦に一ヶ月程滞在して人を使って調べ上げた勘兵衛は、ここに醸造所を作る決心をかためた。そして正徳二年（一七一二）土浦の田宿に大国屋勘兵衛の名で醬油醸造所を作った。

五代勘兵衛の時代、大国屋の醬油は味も評判もよく、荷扱いの量も多くなったので、日本橋本町の江戸店を日本橋西河岸（中央区日本橋通り一丁目二番地）の現在地に、倉を日本橋の川に向けて作り移転した。それと同時に亀甲の商標を考案し「亀甲大」醬油のマークで江戸で売り出した。

亀甲の商標及びその製品の評判について『新編常陸国誌』にはこうある。

「土浦にはこれ（醬油）を製するもの多し。当時江戸府下にて多く用ふ。行方郡帆津倉辺にても、亀甲ショウと云ふ醬油が出る。土浦にて大黒屋（大国屋）と云ふものの製するを上品とす。印には亀甲の内に大の字を書く故に亀甲大と称す。江戸にても上品とせり（略）下総の銚子、佐原より出ずれども、土浦の亀甲大に及ぶものなし」

また『守貞漫稿』には、

「江戸は大坂より廻漕し、又近国にても製す。下総の野田、堂陸土浦等より出る物上製也。亀甲の中にマークを記する名製なるが故に、諸造ともに亀甲の印を記すの中に種々の字を書く者近年多し」

醬油は亀甲のマークを使用しているものが多いが、国分がこの商標を最初に考え使用したものである。安政の頃には三〇〇〇石、明治七年には一四〇〇〇石の醬油を作った。

八代勘兵衛は自家製品の販売だけでなく、他の商品の取扱いをも考えていた。安政年間に知人を通じ横浜に居留していた医師ヘボン（当時の名医で、俳優田之助の脱疽を治療した人）を訪れ、茶の輸出に成功した。

国分は国元の鳥羽藩及び醬油を製造している土浦の藩より御用金の御用を受けていたが、御維新となり藩毎に県が置かれるようになり、江戸も東京と変り、御用立てた金は返らず、それまで順調に発展してきた国分も左前となった。しかし大番頭の松田善助の献言により土浦の醸造所を閉鎖し、食料品の卸問屋として再出発することになった。

明治十五年、九代勘兵衛は十七ヶ条の店則を作った。その中に、

「一、商売体之儀ハ　醬油、味噌、和洋酒、缶詰、空樽、空壜之外側へ利益ニ相成候共決シテ見掛致ス間敷キ事」

明治十五年、洋酒や缶詰がまだ日本人の口になじまなかった時分に、これらの品を主要販売品目に選び、「例へ利益に相成候共」と他の品の取扱いを固く禁じているのも、人々の趣好に必ずあうものと判断したからであろう。さすが国分九代であり、国分の基礎を作った人らしい。

この店則のなかに「幼年ヨリ相勤メ八ヶ年相立候ハバ、勢州本家へ初登リ中付ベク、後七年相立候ハバ二番登リ中付ベキ事」と定めている。国分商店は別家制度をひいていたので、ここに「初登り」の字句が記載されている。

この店則は毎年一月二十日及び十月二十日の〝えびす講〟の夜、従業員を集め、読み聞かせたものである。

明治二二年、エビス・ビールの取扱いを始め、同二七、八年の日清戦争により壜、缶詰商品の需要も増し、東京一流の食料品取扱店となり、全国各地への卸店として発展して行った。明治四一年にK＆Kの商標を定めた。現在地に国分ビルが完成したのは昭和六年。現在の勘兵衛氏は十一代である。

角力　玉垣額之助

相撲が国技といわれるようになったのは、両国に相撲の殿堂の国技館が建てられた明治の末からのことである。江戸相撲は一般に、今から三五〇年以前の寛永年間（一六二四—四三）の三代将軍の時代、明石志賀之助が四谷塩町で晴天六日間の興行をしたのが、その始りだといわれている。この興行は、神社、仏閣の再建や修理の資金調達のために、その土地の有志の人々が主となって行なった、いわゆる〝勧進相撲〟である。

この時代にも、地方では力自慢の者が集まり、祭りの日や物日には角力が行なわれた。これを

〝草相撲〟と称したのは官許の相撲が行なわれるようになってからである。〝草相撲〟は地方の好角家により育てられていた。

この素人力士と、相撲を業とする力士が集って行なう相撲を〝寄方相撲〟と称していた。その時代、相撲の規則もまだはっきり定っていなかったから、勝ち負けの判定で常に紛争が絶えなかった。そのために喧嘩が起き、死人や怪我人が出たので、慶安元年（一六四八）から何回も〝寄方相撲〟は禁じられていた。

元禄年間（一六八八―一七〇三）――一説には元禄十一年――に、浅草の三十三間堂が火災にあい、これを深川に移した時「地固め」と称して〝勧進相撲〟の許可を得て六日間の興行を行なった。この時は素人の力士は参加させず何の紛争もなく、評判もよかった。その後同じ条件で興行は許され、天明の頃（一七八一―八八）には相撲の規則も確立し、寛政三年（一七九一）四月、両国東詰の回向院境内で晴天十日間の相撲興行が行なわれた。

一方、これらの力士達は元禄、宝暦（一六八八―一七六三）の頃、角力の好きな大名に抱えられるようになり、扶持米を貰い、家臣の待遇をうけて慰み相撲をとっていた。中でも相撲好きだった紀州、尾州の徳川、高松の松平、平戸の松浦、鳥取の池田、明石の松平、熊本の細川、姫路の酒井、庄内の酒井、その他奥州の南部公など、各藩の大名はいずれも大勢の力士を抱え自慢にしていた。そして年一度、両国の相撲に出場させ、その勝負を争い位付けを自慢していた。力士も勝てばお褒めの言葉が頂けたので、この日のために技術を磨き、必死に勝負を争った。

各藩の江戸詰屋敷の家臣はその藩抱えの力士の応援に毎日出張り、勝負の結果を早馬で国元の藩主に知らせるという力の入れようであった。

一方、関西の力士や地方の素人力士もこの両国に集り、自然とその人々を収容し、角力を覚えさせる部屋が出来るようになっていた。

興行を行なう日には「今日は相撲を行ないます」という合図の太鼓が鳴らされた。晴天の朝早く、夜もまだ明けやらぬ大川端の両国橋の東詰に立てられた櫓の上から〝五穀豊穣〟〝天下大平〟の触れ太鼓がさわやかに叩かれ、それが大川のしじまを破り、静かな江戸の朝の町々に響き渡り、好角家の血を湧き立たせた。

お抱えの大名から扶持をもらい、贔屓筋から〝たにまち〟と称する贈り物をもらう力士達が「一年を十日で暮らすよい男」といわれたのもこの時代である。

この頃の相撲興行は相撲会所で運営されており、筆頭（ふでがしら）一人、筆脇一人、組頭五人と組下、平取締役、の五階級の役員で行なわれていた。その頃の筆頭は相撲の全権を握っており、会所の行事、金銭の出納等すべて筆頭が独占し、相談事は筆脇と行ない他の人々には書類さえ見せなかった。興行の収入は、支払いはするが純益は両者の収入となった。大入りの時は組頭（これを歩持年寄といい、平年寄と区別し、歩持年寄には利益のあった時には僅かな配分をしたが、欠損の時はその歩金を負担させられた。この年寄の特権は部屋を持つことが許されて、弟子の養成が出来、また床山を持てた）に一名一両二分ずつ配分したものである。

筆頭は興行中は相撲会所に出張り、役人の接待をしたり指示をするが、普通の時は奥の座敷に筆脇と共におり、組頭などが用があってお伺いに来ても、決して座敷の中に入ることは許されず、敷居をへだてて話をさせた。自宅にいる時は居間の次の間に妻女が控えており、平年寄などは妻女を通じて敷居越しに用向を伝え、決して直接には話しも出来なかった。

このような制度は永い間に相撲界につちかわれた習慣である。力士の番付も筆頭と筆脇の二人で決めたもので筆頭こそはまさに〝角界の帝王〟であった。

筆頭の初代玉垣は旗本の出身ともいわれているが、確証はない。しかし十二代玉垣までの間に、この一門から大関三人、関脇二人、小結四人、幕下三人の力士が出ているというから、江戸時代の有力な部屋であったらしい。

十二代玉垣は最後の筆頭で、平戸藩主松浦肥後守の落胤だともいわれ、文化十年(一八一三)に生まれ、文政十三年(一八三〇)十八歳の時に初土俵を踏み、雪嵐弥三郎または立花馬之助などの四股名で相撲をとった。僅か四年の間に三段目まで進み、天保四年(一八三三)年寄常盤山の株を得ており、現役と年寄の二枚看板だった。

天保十四年(一八四三)三一歳の時、十一代玉垣が死亡したので名跡を継ぎ、十二代玉垣となっている。そして嘉永五年(一八五二)には筆頭となっているが、角力好きの平戸藩の強力な推薦があったものかどうか、憶測の域を出ない。四〇歳の玉垣が筆頭となるについてはよほどの後援がない限り出来なかったと思われもするが、平戸松浦藩とはやはり何らかの関係があったものとも思える。

その後、玉垣は筆頭として角力界に君臨し、縦横にその才をふるっていた。しかし明治維新となり、大政奉還により各大名はその領地を返還するに及び、今まで扶持をもらって家臣の待遇をうけていた力士達も扶持に離れ、角力部屋に戻った。これからは相撲をとって収入を計るか、贔屓筋の援助で生活する以外に方法はなかった。

しかも維新後、西洋文化の流入と時代思想の一大変革期を迎え、日本古来の武芸や習慣はうとまれた。「角力は裸で野蛮である」といわれ「裸踊り」と嘲られ、時には「国辱催物で、禁止すべきである」とまでいわれた。こうなっては興行を催しても見物客は減るばかり。木村庄之助の著書『国技勧進相撲』はこの時代の角界の実情をよく伝えている。

「明治維新以後の相撲界は寂寥を極めたものであります。移り行く時代の激浪の中で、当時の人心は相撲を観賞するというような余裕はなく、相撲界は沈滞し、火の消えたような有様でした。しかし、この相撲道不振の秋に、不知火、鬼面山の両横綱、大関境川、綾瀬川、其の他大纏、両国、朝日嶽などの錚々たる力士があったのであります。

これまで諸侯のお抱えとして、安定した地位にあった力士が、廃藩置県の結果お抱えから離れ、生活苦に直面するに到り、相撲界は未曾有の受難時代を迎えたのであります。しかし、この相撲界不振のどん底から相撲道再建の雄々しい欲求が諸制改新という時代の標語と結びついて誕生しようとしていたのであります。

従来の相撲界は筆頭、筆脇などの一部の年寄連が勢力を恣いままにして、力士の待遇など一顧も与えられなかったのです。これに対して、改良要望の声も高かったのですが、因襲牢固として抜き難い相撲界のことですから、常に握りつぶされ、実現の機を見るに至らなかったのです」

筆頭の玉垣は相撲界の最高責任者として、時代の移り替りもよく知っていた。そして扶持から離れた力士の生活が苦しいのも知り抜いていた。そこで玉垣は相撲界の再建のため政府要路の好角家や贔屓筋を廻り、寧日がなかった。

掛け取りに待ったをしない関相撲

筆頭玉垣の部屋にも、こんな当時流行の狂句がかかげられるようになった。

このような時に、角界の因襲を破るべく敢然と改革の火蓋を切ったのが初代高砂浦五郎であった。高砂は房州の出身で、天保九年（一八三八）に生まれ、長じて阿武松部屋に入り、明治五年（一八七二）に高見山改め高砂となり、東の前頭筆頭となった。彼は古い相撲制度を改正しようと、何度も同じ志の者と玉垣に意見書を提出している。しかし玉垣としては、大勢の力士を抱えた角力部屋の手元の苦しいことは知りながらも、相撲界の人気の回復がまず第一と、内紛は極力押えて置きたかった。高砂達の改正案に同調する点もあったが、実現には至らなかった。

明治五年、愛知県の巡業先で高砂は同行の力士達と計り、またまた意見書を書き具申した。これを見た玉垣はその時虫の居処が悪かったものか大いに怒り、具申書を破り捨て、高砂を番付から抹殺してしまった。

それを聞いた高砂はますます闘志を燃やし、同六年関西で改正相撲組を作り、同八年東京に進出し、神田龍閑町の旅館を根城として秋葉原の火除地で興行し、相撲会所と対決した。その間、各贔屓の人々により解決策が講じられたが、感情的に対立した両者の間に解決のめどは立たなかった。

その後、芸人には鑑札が交付されることになったが、地方巡業中で東京を留守にしていた改正相撲組にはその許可がなかった。そのことで監督官庁の警視庁に申告をしたのを機会に同十一年五月、警視総監の調停で両組織は円満に解決し合併した。

相撲会所は改組され、高砂は初代取締役となり、合議制で相撲は運営されるようになった。筆頭の権力を失った玉垣部屋にはその後いい弟子も集らなかった。高砂は玉垣を徹底的に抹殺したらしく、玉垣は明治十四年（一八八一）八月二六日、淋しく本所元原庭（墨田区吾妻町一ノ四）で六九歳で歿している。

永く続いた筆頭の制度は、玉垣を最後としてなくなった。玉垣額之助に関する数少ない資料の中で、市川市市川の安国寺にある玉垣の碑は貴重である。

「明治十年西南戦争起きるや、東京大相撲協会年寄十二代玉垣額之助外五十八名力士召されて皇軍に従う。発するに臨み、熊本清正堂に詣で、至誠守護を請い、戦勝を祈る。爾来硝煙蛮雨の間に転戦すること一年有余、而して一人の負傷だに出でざりしは、全く大尊儀の冥財なるとし、就しも深く其の霊験に感じ、信念弥々昂進す。

明治十三年、玉垣氏報恩の為尊像を迎え奉り、一字を東京市本所区元原庭の自庭に建設し、茲に道場を開設するや、帰依の男女日に多きを加え（略）偶々玉垣氏遠逝に遭い……四境の発展人家の稠密は、遂に霊堂所在の地たるに適せず……大正七年市川市安国寺境内に……翌八年三月二四日竣工と共に遷座祭を行うに至る……」

西南の役に玉垣が力士を連れて参加したことについて、相撲博物館の館長だった故石井鶴三氏の話では、その時玉垣は九州地方巡業中で、好角家の黒田清隆の話で参加したものであるという。この時力士達の武運長久を祈願した熊本の清正公の分霊を、本所の自邸（墨田区東駒形二丁目辺）にお堂を建ててお迎えした。このお堂は大正八年に安国寺に移され現存している。同堂に十二代玉垣額之助の金箔の大きな位牌（高さ約四〇センチ、巾十五センチ）が安置されている。碑は同寺の入口の右側にある。

　玉垣額之助は筆頭として、お贔屓というよりも友達としての交際も広かった。一中節、浄瑠璃にも通じており、明治十二年に大槻如電の書いた「覚え」がこのことに触れている。

玉垣額之助の位碑

「慶応の初に『道成寺』の新曲いでしが（作者茶卜俗称樽藤左衛門）世の中穏やかならぬをりなればとて、うちこめ置かれし内に、作者物故せられぬ。三年の秋、橘雪大人（俗称玉垣額之助）其の志を継ぎて、本として世に伝えたり（略）。

　老人は古稀といふ齢になりたれば、三十一ヶ年の間節つけせし浄瑠璃の数六段あり。此新曲こそ年ごろ心をこめし物なれば、永く世に伝えんものと、橘雪、玉湖の両人に謀りて、五月五日浄瑠璃の供養の法要を開き、また此六段を一綴りの冊子となしぬ。また『道成寺』は前後ともに橘雪大人の浄書なり……」

大槻如電は明治の国文学者で、邦楽に精通し、雅楽から俗曲に至るまで博学の人であった。この人に協力し、一中節と浄瑠璃の本をまとめた玉垣はもちろん邦楽に精通した人であり、古曲の愛好者でもあり、通人だった。一中節や浄瑠璃を通じて人との交際も広く、書もよくし俳諧も人後に落ちなかった相撲界の巨星も維新の波には勝てず、悶々の内に歿している。前述の『国技勧進相撲』にはこう書いてある。

「明治初年まで相撲界の絶対の勢力者であったのですが、高砂の勢力に押されて玉垣額之助の死後は正系もないありさまです。現在の玉垣は元巴潟で(昭和十七年)、玉垣とは縁故のない人です。しかし玉垣の一門から友綱、尾車、雷の名力士が輩出し、

㈠友綱部屋　其の始祖は海山であり、取締りとして雷と共に名声をうたわれ、国技館の建設にも功のあった家柄で、国見山、太刀山、伊勢が浜等の名力士を出しており、二子山、熊ヶ谷、二所が関などが属しています。

㈡尾車部屋　元大関大戸平から出て、名力士大砲、荒岩などはここの所属であります。花籠はその門流であります」

玉垣の名跡は巴潟の後、元旭川、元羽黒花とうけ継がれ、今は元小結若浪が十七代年寄玉垣を襲名している。

歴代の玉垣の墓は豊島区大塚仲町の西信寺にあり、十二代の戒名は宝樹院玉阿橘雪居士である。

俳優　市川團十郎

豊臣秀吉の時代、「出雲のおくに」が念仏踊りを京都四条河原で催したのが芝居の始まりだというが、江戸中期に江戸で開花し、日本橋堺町（中央区日本橋芳町）に慶安四年（一六五一）芝居小屋が出来た。

しかし、その後の正徳四年（一七一四）山村座に起きた江島事件で、同座は取払いを命ぜられ、それ以後、芝居及び役者に対し幕府の取締りは厳重で、役者は一般の人々と交際することや民家に出入りすることは禁じられ、芝居小屋の出入りにも深編笠をかぶり、派手な衣装の着物を着ることは許されず、もし犯す者があれば遠島闕所（けっしょ）を命ぜられたものであった。

天保十三年、天保の改革の時、芝居小屋は浅草猿若町に移転した。この地は吉原にも浅草寺にも近く、奥山と称せられた所で、小出信濃守の下屋敷の跡であった。

九代目団十郎は天保九年（一八三八）十月、江戸木挽町で七代目団十郎の五男として生まれた。本名を堀越秀といい、生後七日目に浅草猿若町三丁目、河原崎座主河原崎権之助の養子となった。幼年時代から役者としての基礎教育の舞踊、邦楽、茶道、華道、書画を一流の師匠について学び、遊び盛りの幼少年時代も普通の子供のように自由はなかった。

この猿若町には一丁目に猿若座（時には中村座）、二丁目に市村座、三丁目に森田座または河原崎座があった。この時代の芝居は今のように毎日催されておらず、年三回か四回開場したもので、これは座主が芝居を開こうとしても、自己の資金で幕を開けることは出来ず、大部分は金主がいて興行したからである。座主は狂言を定め、役者の都合を聞いて、それを金主に見せて承諾を得て、興行の資金を出してもらうのである。金主がもし出し物、役者に不満のある場合、狂言または役者の変更をしなければならなかった。しかし狂言の変更はよいとしても、役者の都合もあり、なかなか手配のつかない時は開場の日程もつけられなかったのである。

そして、幕の開く日となっても二、三日延びたり、十日も日延べすることは間々あった。開場の日は瓦版などで予じめ報じられて噂になり「何々座が何日に開く」と人々の口の端に上るが、なかなか開けなかった。

いよいよ開場の段取りがつくと、芝居小屋の若い衆や芝居茶屋のおかみさんなど総出で、贔屓筋の客の家を訪問し、番付を見せて「いよいよ何日から幕が開きますが、ぜひ御出かけを」と挨拶する。芝居好きの客は幕の開くのを待兼ねているので、狂言の話や贔屓の役者の噂をしたりして、祝儀をつつんで見物の日を約束してくれたものである。

江戸時代の猿若町の芝居小屋は、いわゆる百日芝居といわれていたもので、百日の間の営業が許されており、百日過つと芝居小屋を取毀し、再び許可願いを出したものである。芝居小屋は見世物小屋同様で、表こそ美しく飾られていたが、粗末な普請で、屋根こそあれ、時には日の差し込む時もあり、天井は荒縄でしばり、見物席の畳は名ばかりだった。

電燈もない時だったが朝早くから幕が開いていた。芝居見物の客は前の晩から芝居茶屋に泊り込んだもので、大中小の三階級あった芝居茶屋はそれぞれの客を迎えるのに、茶屋の前に紋入りの高張提灯をかかげ、芸者を招く客もあり大変な賑わいをみせた。また舟で来る人は前の夜に舟に乗り、山谷堀に朝もまだ明けやらぬ頃に着いた。歩いて来る人、駕籠で来る人は提灯を下げて、暁の道を見物に集ったものである。

舞台には上手、下手に大蠟燭をつけ、役者が登場すると、下場から釣竿のような竿の先に明りをつけて、役者の顔の前に振り立てた。盛り上りに見得を切ったのは、照明の関係でそうしなければ山場が見せられなかったからだ。これが古い日本特有の芝居の型を作り出したというのも面白い。小道具は一切使用せず、簞笥も長持もすべて張子で作ったり、幕に描いたものである。

この時代、一回の興行で三日も四日も桝が売り切れると、世間の人々は目を丸くして驚いたもので、好劇家の血を湧かせたものであった。

明治の時代、大名人といわれた団十郎にも不遇の時代があった。江戸末期から明治にかけて、まだ芸も未熟で大した役も付けてもらえず、維新の頃は、人々は芝居どころの騒ぎでなかった。当時権十郎といっていた団十郎は、役者といっても着るものも汚ならしく、道を歩く権十郎を人々は〝貧十郎〟と呼び、借金も多く、鼻つまみの所在であった。

しかし、この〝貧十郎〟にも贔屓の客はあり、ある時両国の藤堂様からお迎えの者が来た。サテ困った。着て行く物が無い。外出着も羽織も全部質屋に入れてあり、お伺いすることも出来ない。そこで使いの者にその訳を話し、何がしかの金を借りて質出しをして出かけた。このような権十郎のどこを見込んだのか、この頃、山谷の東京の一流料亭八百善と肩を並べていた柳島の橋本の主人が、日本橋槇町油座御用達津田某の娘ますを、八百善の養女にして権十郎に嫁入りさせている。

権十郎の修業時代に、実兄の八代目団十郎が大阪で自殺した。安政六年実父母も続いて世を去った。明治元年（一八六八）九月二三日、団十郎二九歳の時、養父の権之助が今戸の自宅で浪人者に斬殺された。そこで権十郎はその翌年二月に七代目権之助を襲名したが、明治七年、三六歳の時実家に戻り、九代目団十郎を継いだ。この前後に団十郎の芸は完成されていた。

明治五年、十二世守田勘弥は、半世紀続いている猿若町の芝居を、維新となり世の中も変ったので元のように東京の中心部に移そうと願い出て、同年十月日本橋新富町に守田座（後の新富座）を作った。

今までの藁囲いのような芝居小屋が、最新式建築で建てられ、それがまず評判を呼び〝コケラ落し〟の狂言は一番目「太閤記」、中幕は「国姓爺」、二番目「散切阿富坊主与三」で権之助（後の団十郎）、左団次、仲蔵、翫雀に、女形の岩井半四郎、河原崎国太郎などの当時の一流の俳優が出演し、満都の人気をさらった。また守田勘弥はこの劇場を開場するに当り、各国の大公使を招待し、各大臣を招じ、芝居に対する今までの考え方を打破った。居並ぶ貴顕の前で芝居をした役者を、人々はもう河原乞食といわなくなった。各国の大公使は団十郎や菊五郎を芸術家として認め、交際を求めた。世間の人は役者を見直すようになった。

これは勘弥の営業政策がうまかったのと、団十郎が上手であったばかりでなく、菊五郎、左団次が団十郎と芸を競い、団・菊・左の花ばなしい芸争いによるものであった。明治二〇年四月二六日、麻布鳥井坂にあった外務大臣井上馨伯邸において催された天覧興行の際、団・菊・左の三人は「勧進帳」を演じた。第一日は明治天皇の行幸を仰ぎ、第二日は皇后陛下、第三日は外国の公使を招待し、第四日は皇太后陛下の台覧を仰いだ。

団十郎が河原乞食と呼ばれた役者の地位を、芸術家に引上げ、明治維新後は、外国文学の翻訳物を脚本に取り上げて、舞台で演じ、日本古来の作法にアレンジして明治の芝居に新風を吹き込んだ。これには劇作家依田学海や川尻宝岑、福地桜痴、川竹新七などの協力があったからで、これらの人々の新しい劇は、一時は一般うけしない時もあったが、現在の芝居の踏台になった功は大である。

明治二二年十一月、歌舞伎座が木挽町に新築になり、正月興行の幕開けには、団十郎以外の者では興行が出来なかった。この時団十郎は大阪にいたが、守田勘弥は福地桜痴を下阪させ、都合をつけさせ、一興行六千円という目の飛び出るような価で迎えて正月興行を開幕した。この時の入場料は桟敷一間四円七〇銭、高土間三円五〇銭、平土間二円八〇銭と当時としてはビックリする程の高い価だった。その時の狂言は「黄門記」「道成寺」で、これが当りに当り、団十郎の名声をいやが上にも高くした。

歌舞伎十八番は、七代目団十郎の時代に定められたもので、「不破」「暫」「不動」「象引」「嫐（うわなり）」「助六」「外郎売」「押戻」「矢の根」「七ツ面」「鳴神」「関羽」「解脱」「蛇柳」「鎌髯」「景清」「毛抜」「勧進帳」の十八で、このうち団十郎は「勧進帳」「助六」「矢の根」「暫」「関羽」「押戻」をよく演じ、当り芸だった。

団十郎は芸熱心だっただけでなく、人間的にも修業をつみ、俳諧は永機に習い宝三竹の号をうけ、絵は渡辺小華、花道は新隣春の流れをくみ、書は山内香に習った。巾広い趣味は各界人士との交際を深くした。江戸ッ子らしいキップのよさ、機転がきき、老成した名優としての風格をいずれもそなえた粋人であった。

晩年は主として、歌舞伎座で五世菊五郎と共に古典劇や世話物を演じ、後進を指導し、大名優の名をほしいままにした。明治三六年（一九〇三）六六歳で、神奈川県茅ヶ崎松林村浜須賀の別荘孤松庵で没した。大正八年に銅像が浅草寺境内に建てられた。高さ二メートル余。団十郎の当り芸「暫」の鎌倉権五郎景政に扮した「元禄見得」を新海竹太郎が創造し、中村不折が揮毫し、森林太郎（鷗外）が選文し顕彰文を彫った。

「堀越秀像銘

大正戊午年九月。銅鋳堀越秀演技像成。堀越氏者倡優名閥世称市川団十郎。秀其七世第五子。天保戊戌十月十三日生於江戸木挽街、弱冠名技名天下。明治甲戌七月襲祖曰九世団十郎。癸卯九月十三日病歿茅碕別業。享年六十有六。車貝伊原敏郎撲伝中秀遭中具之運目睹庶事。維新心有所期誓欲腕倡優之陋習矣。是縄尺謹廉遂能為士林所豈可不謂卓。於往而赫於来者邪像之成在。秀郎二十五年後其嗣福三郎請陶庵西園寺侯書。跌前又嘱余銘。余嘗与秀相識喜其為人且謂倡優之技虽卑干有関給教化也。乃為之銘昌。

優歪九世伝衣冠　名噪天下団十郎　睹目隆準顔塗丹　矮軀赤作長身看　其止端迅鵬鶚特
音吐訇然扣金盤　一呼堪息百夫讙　奄忽云込妙技殫　海溢秋陰蓋柏棺　惟見遺像立江予
千載児女増永歎

鷗外　森林太郎撰
不折　中村鉦太郎書
建設者　追善会委員門下一同」

団十郎が青年時代まで過した浅草の地に、この銅像を建てたのも団十郎の心を察してか。この銅像は戦時中の昭和十九年十一月三〇日、折からの雨の中金属回収のため撤去され、二五年一ヶ月余で浅草公園から消えた。

「団十郎の後に団十郎なし」といわれた名優を今は見ることも出来ない。

半ぺん　神茂

半ぺんの神茂（かんも）として三〇〇年近く、日本橋本小田原町（中央区室町一丁目十四番地）に半ぺん、蒲鉾一筋に日本の伝統の味を生して商いを続けている。

初代長右衛門は元禄元年（一六八八）紀州より出府して魚河岸の近くに「神崎屋」の屋号で半ぺん屋を開いた。この地を選んだのは魚市場に近いので材料の魚を仕入れるのが便利なのと半ぺんの卸しに都合がよかったからであった。維新後、江戸が東京と改名した頃、神崎屋茂三郎の代に「神茂」の商号を定めた。

日本橋の神茂

当主の井上幹雄氏は六代である。大学卒業後、昭和二八年に五代が亡くなったので「神茂」の六代となった。

この店は明治二九年の「東京自慢名物会」の木版画に「魚河岸神茂」と題して、

名物と世にめでられて昔より変らぬ味の月の蒲鉾

と半ぺんの味におとらぬ蒲鉾を賞めている。六代井上幹雄氏と五代未亡人の満喜さんが交々語ってくれた。

「私の店の家憲は、堅実な商法で『店は大きくするな。手を拡げるな。規模は小さくても、地道に良い品を作って売れ』というのが何代もうけつがれましたもので、今でもそれを固く守って商売をいたしております。

明治の時代などは、気に入った材料が仕入れ出来ない時は、一ヶ月でも二ヶ月でも休んだものでした。その時代は休んでいる理由をお話し致しますと、お客様にもご了解して頂けたもので、良い時代で、かえって信用を頂いたものです。

昔は半ぺんの材料には星鮫を使ったものです。この魚が魚河岸にあがりますと、まず第一に私の店に話があり『いくらで買ってくれますか』といって来たもので、私の店で定めた価がその日の値段になったものです。しかし、この星鮫は殆んど私の店で買い占めてしまったものでした。他の店ではこのように最高の材料は使わなかったからです」

「私が嫁に参りました頃は半ぺんは一枚十銭で売っておりましたが、他の店は五銭でした。この価でも、品が良く味も良いと売れたものです。この星鮫は深い海でなければ採れない魚で、今ではなかなか手に入りません。これもご時勢で、すぐ金になる一般の魚ばかり採る関係だと思います。

今では原料魚として、金華山や気仙沼で揚ったヨシキリ、メジロ鮫を使っております。先代は五〇を過ぎた頃中風になり、体が不自由なときも仕事場に椅子を持って来させ、それに腰をかけて一日中仕事を指揮しておりました。

昔は半ぺんは祝事によく使って頂いたもので、毎月一日、十五日には日本橋の問屋の習慣として、どの店でも半ぺんやつみれを買いに来たものです。また大旦那や坊ちゃんの誕生日の祝いにはおひらに半月型の半ぺんが一つずつ入ったもので、冬至には鍛冶屋さんの〝ふいご祭〟や節分などにもよく売れました。節句の時には大隈侯は、はんぺん、にんじん、れんこん、きんかん、という風にんの字が二ついたものを七色食べる習慣があったとかで、祖母は大隈様のお屋敷に半ぺんをよくお届けしたものです。節句の時には店の前には行列が出来て混雑したものです。

大正の震災後、魚河岸が築地に引越ししました後も、卸しの方は相変らず昔の味を知っている店にお願いしております」

両替町　下村のおしろい

江戸時代から有名化粧品の数々を製造し、販売した化粧品の店「下村」は、今の日本銀行の前、三越の裏の東京銀行（旧横浜正金銀行）の所、日本橋区本両替町六（現在の中央区日本橋室町一ノ六）にあった。

紅、白粉、煉油で名高く、下村山城の名で知られ、安永年間(一七七二―一七八〇)以来の古風な構えの店であった。『江戸名物詩』に、

三都無類山城製　貴賤珍重六十州
貯得直中経幾日　不融不替一番油

と「下村」の化粧品をたたえている。又〝小町紅〟や諸種の白粉も販売し、その他美術装飾品、小間物なども商っていた。この店が最も繁栄していた時は京都四条通り、大坂御旅筋西の北側にそれぞれ支店もあった。商号は富士山で、この店のあたりから見る富士山は特にその景色もよく、広重の筆にもなっており、店の商標となっていた。

下村の窓に富士はいい印

の句も出来て、江戸住民や国に帰る武士や旅人には「下村」の化粧品は荷物にもならず、その上軽く、女房や娘、恋人に格好な土産物とされた。

寛政年間(一七八九―一八〇〇)の洒落本によれば〝おきな香〟という白粉もあったらしい。

「此春から突出しにて、年は十六なれど大柄に見えて美しく、下村の〝おきな香〟をうっすらとつけて、人柄も良く、あいきょう顔に、こぼれ髪は〝しのぶ〟に結ひ、百介(助)が〝くこ〟の包び、心をあじにさせ云々」

これは最近十六歳で芸者に出た娘が「下村」の白粉をうっすらとつけ、年に似合わず大柄な子で、大人びたその振舞いにもういういしさを残し、その愛嬌の良さを洒落本流に描いたものである。また艶笑川柳集『末摘花』三篇にもある。

下村をもらった礼に二番させ
下村を裾分をくう俄雨

前の句は説明しなくとも分ると思うが、後の句は「下村」の化粧品を買って帰る途中俄雨にあい、雨宿りをしていた時、その家の人から分けてくれといわれて裾分けをしたの意味である。

明治になって西洋文化のはなやかな時代になり、化粧品も種々輸入されるようになった。「下村」は「江戸時代からの老舗をたのみて保守に陥り」といっているが、海外の化粧品の研究、改良にも努力せず、旧来の製法と販売に終始したので次第に世相にあわなくなり「商勢漸く衰へ」をみせて、明治中期、下村保三郎の時代に東京銀行が敷地買収の話があった時、〝引越大臣〟といわれるような高価でこの地を売り、廃業してしまった。

吾妻ばし　佐竹家の庭

この庭は浩養園といい、本所区中ノ郷瓦町一番地（墨田区吾妻橋一丁目二十三番地）のアサヒ・ビールの吾妻工場内にあった。

この浩養園は文政八年（一八二五）将軍家が三河島の造園家、伊藤門三郎（又は伊藤七郎兵衛）に命じ造営したもので、十一代家斉から水野出羽守忠邦に賜り、後に松平越前守の所有に転じ、更に嘉永の頃秋田藩主佐竹左京太夫の下屋敷となった。その間、天保の改革の「奢侈取締り令」に触れ、取毀しを命ぜられたが、将軍家の命により造られた庭園でもあり、水野越前守も廃園には出来なかった。

佐竹侯はこの庭園に、金に糸目をつけず奇石珍木を集め、夜光の桜、白糸の滝、千代の井や太田道灌の遺愛の手水鉢などを配し、名園中の名園に仕立てた。維新になっても佐竹侯の別荘として、その美しさを保っていた。

明治四〇年頃、大川ぞいに札幌ビールの工場が出来た。当時はまだこの庭は昔のおもかげが充分に残っていた。仲田定之助氏がこの会社の園遊会に行った時のことを『江戸から東京へ』に書いている。

「池や石のたたずまいや、庭木の枝ぶり、手入れの行届きは見事なもので、その広場に張られた天幕の中で、西洋料理を食べ自慢の生ビールを飲んだことがあり、ビアー・ガーデンの走りだった」

この美庭も札幌ビールの工場の拡張と共に取り毀された。戦前までは辛じてその面影を残していたが、今は鬼門よけに建てられた鷲神社だけが工場の屋上にあり、僅かにかつての名園の名残りをとどめている。

向柳原　松浦家の庭

地図をたよりに、松浦邸のあった都立忍岡高等学校を尋ねた。正門の前に、名園蓬莱園跡の石碑がある。この校庭の東側に「天然記念物旧蓬莱園ノ公孫樹」と記された石碑が立てられた公孫樹の古木が、わずかに当時を偲ばしている。かつての名園の面影をたどるものはほかになく、この名跡も今や消え去ろうとしている。

この地は江戸の始め、寛永九年（一六三二）将軍家光の時代、平戸の藩主松浦隆信に江戸屋敷として下賜された所である。それから二七〇年余、松浦家の屋敷として、昭和十二年に東京都の所有に移るまで、昔の面影を残した名園だった。蓬莱園の名称は天保五年（一八三四）三月、国学者で歌人の橘守部が命名したといわれる。

松浦邸は僧公月と小堀遠州が、桂離宮や浅草寺伝法院の庭園を作った名工小堀宗甫と計って作ったもので、大川の水を引き、低い所は池に見立て、その周囲に築山を作り、亭をしつらえ、竹木を植え、鶴や鴨を放った。寛永十八年（一六四二）神田の本邸が火災に罹り、それ以後、松浦侯は主にこの屋敷に居住した。それから天保年間まで二〇〇年の間、この園は何人かの名庭園師により完成された。広さは東西に二四四尺、南北に三七七尺、地一七四二坪で、水面はその半ばを占めていた。

松浦家の庭（向柳原）

このあたりは江戸有数の低地で、海岸の遠浅の地のように潮の干満のある地だった。人が住むより魚の住む方が多く、各庭園師はこの潮を巧みに利用した。守部は園内の諸勝をこういっている。

「十寸鏡見るもの多き世中に、海山の景色ばかり、心ゆくものは又もあらじかし。花鳥の色音、月雪の影光もけはい殊に覚ゆるのみかは。山にたづさへば、心静まり、海に対へば思ひ晴れて、玉緒の命も近ぶるばかりなり……。

茲に天ざかるひのみちのくに、やほによし平戸を治すからのとの丶あまとうや、鳥越のみ館なる広庭なん、海山の二つを備へて、うとからずつれなからず見えたる。かくてこそ春の山に花を咲かせ、秋の水に月を浮べてみる心持もしつべけれ。

このみ館や、大殿あたり、鱗のごとくいらか重なりて、なみならず、造りみがかれたる様なれど、奥まりたるあたりのことは、またうかがいも知らざれば申さず。

ときはにかきはに構へたまへる簗がきのうち、すぐれて広く処の様もたゞならず見へたり……。このみ園生の総ての形は早く島好ませ給へる君まして、そのほど世の名ある人々にあつらへ造らし給へりとぞ。

げに池の様や、君のみ心と共に、いと広らにして海をなし、潮かよいありて朝夕満干せり。沖に島あり、磯あり、崎あり、へたに浦あり、浜あり、入江ありて、島に磯を慕ひ、浦は浜をいたわりて、各互に思ひかはせるが如し……。りくに岡あり、山あり、林あり、杜ありて、山は岡をにらみ、林は杜をしり目にかけて、おのがじしかたみに心あるが如し……」

また、それぞれの勝景を銘々した雅名は、

岩間の迫門	詠帰亭	うきくさの橋	おぼろの淵	おもかげの砌
金綺楼	的の原	両児島	千引の橋	下照岡

手向の杜　にほう畝尾　たゆたふ道　ゆるさぬ門　夕ばえの小岫
壺墳　葉わけの径　あやおる岸　望潮入江　ゆかりの磯
みなしご石　たが袖がき　初音林　見わたしの司　しるべの汀
三千代の洞　細江の橋　色香山　いわづの浦　よるべの石
かゞみのわだ　吐月橋　馬場殿　三児島　かすとる浜

湿地の土を掘り、池を造り、築山をきずき、池を大海に見たて岬とし、潮の満ち引きを大地の息づきの満ちたる時の趣き、引きたる時の気配、水にうつる月の影、松の木越しに見ゆる崎、松籟の音にも風流を探求し、水鳥の飛立つ跡の水紋、ゆかりの磯歩む程に変り行く小路に風情を求めた守部は、このように三五の勝所を示した。

安政四年（一八五七）金綺楼その他の一部を焼失したが、歴代の藩主は皆風流の嗜あり、和歌や点茶の奥儀をきわめており、名園の保存にも心をつくし、ほぼ昔の面影を残して明治に及んだ。就中、第三七代の月心公は風雅の道に秀いで、風月楼、心月庵、珍竹窩などの雅屋を建て、ますますこの庭に深味をくわえた。

明治十三年、公は宮中御歌会始の賛者に召されたが、その年三月、風月楼に御歌会に参上の歌人を招き歌会を催した。以来、毎月これを続けた。

忍岡高等学校が上野池ノ端芳町より昭和十二年に移転するに当り、この名園はわずかに、手向の杜と望潮の入江と、天を摩す大銀杏と、その前の池を残して埋められてしまった。二度と見ることの出来ない名園をつぶしてしまった。

花やしき　待合弥生

下町育ちの私は、昔からの「草津」や「一直」が有名な料理屋であったことは知っていた。しかし「弥生」の名は記憶になかった。浅草花屋敷の待合「弥生」を私は探した。浅草の古参芸者のいそじさんも覚えていなかったし、他の浅草の人々のけげんな顔と「サァ」という言葉に何度も突き当った。花柳界の常として、この社会の人は同じ土地に長く居る人が多い。明治の時代といってもそれ程の昔でもなく、誰かが必ず「弥生」の話は聞いているはずなのに、どうもおかしい。話のようすでは全然そのような待合はなかったようである。このまぼろしの待合「弥生」は〝お宮入り〟になるのかと思った。

『東京風物名物誌』（岩動景爾著）を読んでいるうちに、日本橋浜町に「花やしき」があったことが書かれているのを発見した。江戸時代に花屋敷と称する個人所有の庭園が各所に存在し、向島の百花園も一時花屋敷といわれたことがある。浅草公園の花屋敷は明治の中期に開園されたもので、花屋敷といえば浅草公園の花屋敷だけかと思われていたが、そうではない。

私の求めている「花やしき」は日本橋の矢ノ倉、村松町、浜町の一部にあり、今の中央区東日本橋一丁目五・六・七番地にあったもので、広さは約六千坪あったといわれている。その呼び方は浅草の花屋敷と同じであるが、書き方は「花やしき」と書いたものである。この庭園は誰の所有であったか判らないが、風流の人が造園したものにはちがいない。明治の初年に廃園になっている。その跡地が浜町の色街となった。

この「花やしき」の近くは旧両国橋の西詰で、江戸時代から明治の初年にかけて、筵張りの小芝居の小屋などもあり、江戸一の繁華街であった。しかし、その後両国橋が川の上流に架け替えられると共にさびれた。この頃から浜町の花街は明治、大正、昭和にかけて東京の一流の花柳界として栄えたが「花やしき」の名は、そこに住む一部の人々の記憶に留まるのみで、今知っている人は少ない。

「花やしき」と「弥生」のあった所を教えてくれたのは、東京柳橋組合、柳橋芸妓組合の上杉峰太郎氏で、同氏は浜町で生れ、浜町で育った方だった。「花やしき」の話は聞いておられ、待合「弥生」が営業していた所も知っていた。浜町河岸のビルの間をぬい、一つの角、一つの横丁を案内するたびに、この角には××家、ここには○○亭があった、と記憶をたどり指摘され、「弥生」のあった場所も教えてくれた。また上杉さんは、元「弥生」に永い間勤められて、今は鎌倉の由比ヶ浜で小唄の師匠をしている三木万佐（渡辺まさ）さんを紹介して下さった。

三木さんは浅草に稽古場を持っておられ、本年八八歳だという。一人で電車で鎌倉から浅草に通っており、なかなかの元気で、耳も記憶もはっきりとしており、一〇〇人近いお弟子に熱心に小唄を教えておられた。

三木さんにお目にかかったのは、浅草寺近くの浅草花柳界の中にしつらえられた稽古場であった。六畳と次の間つきのお部屋で、さすが小唄の師匠のお部屋だけに何か色っぽい香りに満ち、茶簞笥や数棹の三味線の色もとりどりで美しい。

「私は二七歳の時に『弥生』に勤めました。『弥生』はあの時代に有名な待合の『常盤』さんと肩をならべた一流の待合で、私の勤めました時には女中が十人位と、玄関番の男衆が一人おりました。二階作りの二五〇坪位の大きな待合で、五〇畳の大広間の他に、小広間と次の間つきの静かな部屋もたくさんありました。庭には〝離れ〟もあり、倉もありまして、敷地は二千坪位ありました。

お客様は馬車でおいでの方もあり、人力車で来られる方もありましたが、門から玄関の間の庭を通り、車は着けられました。玄関の側に供待ちの二〇坪位の部屋がありまして、冬期は毎日炭を一俵ずつ暖房のためにあけました。供待ちのご家来衆の方々には御飯料として、お一人一円ずつ差上げたものです。お車の置き場は門のそばにありまして、いつも馬車や人力車が十台や十五台留っていたものです。

『弥生』の女将は百瀬みつといいまして〝大きいおかみさん〟と呼んでおりました。これは娘さんのとし子さんと区別するためです。お女将さんは男まさりのさっぱりした人で、使用人の躾にはきびしく、少しの間違いもお許しにはなりませんでした。お客様のおすすめで止むなくお酒を頂きましても、これは固く禁じられてはおりましたが、いくらかくしましても顔に出ることがありまして、さあそうなると大変で、三時間位お叱りを頂き『家風に合わないから、すぐ出ていってくれ』といってききません。このような時は女中頭もいっしょになりあやまって、やっと許して頂いたものです。毎日の着物は結城のような紬を着ましたが、羽織を着ることも足袋を履くことも許されませんでした。寒い季節にお客様のお供をして外へ出る時でも、羽織は着られませんでした。お客様は政財界それに芸能界の一流の方々がおいでになりました。

農商務大臣になられた伊東巳代治さんも、馬車や人力車でお供を連れて参られたもので、お一人のこともあり、『弥生』で会議を開かれることもありました。その時は芸妓や私達を遠ざけてお話をしていました。会議が終ると、お気に入りの芸妓を呼ばれまして、賑やかに騒がれたものです。錦糸町の平岡吟舟さん（本名熈。車輛製造工場の社長で、実業家であり、邦楽界の発展に寄与した。文芸、音楽の才能に恵まれ、長唄、清元、箏、唄、河東、宮園等の既成の音楽の粋を集めて自作した新三味線音楽を東明節と名づけて発表し、大磯八景、盲人の月、都鳥、三九年川、月の霜夜、の作がある。小唄の〝春霞〟〝逢うて別れて〟〝三つの車〟などは今も広く愛唱されている）もおいでになりました。朝十時頃参られて、昼は〝坊主しやも〟の鳥料理をめし上りまして、夕方は六時頃お帰りになられたものです。その間に芸妓に唄や踊りを教えるのを楽しみにしておられました。その教え方もなかなかお上手で、遊び方も粋で、〝粋な方〟といえば平岡大尽といわれたものです。今も残っている小唄や清元の唄も、曲も『弥生』で作られたもので、このような巾の広い、しかも粋な人は二度と現れないと思います。清元の延寿太夫さんも、お気に入りの部屋で作曲されておられ、〝花がたみ〟などはここで作ったものです。

日魯漁業の堤清五さんは大の角力好きの方で、場所中は毎日寄られました。初日と楽の日は、力士を大勢連れて参られ、芸妓、幇間を相手に力士の素人芸をまじえて賑やかに遊ばれ、ご祝儀をはずみ、大変な騒ぎをしたものです。三井物産の金物部の方々や、瀬戸物町の染料問屋の柴田さんや、白元の青山さんもよくお客様を招待されてご利用を頂きました。

役者衆は、お客様というより、もうお友達づき合いで、団十郎さんや五代目（菊五郎）、羽左衛門さんなど、清元や常盤津のお師匠さんを連れて車をつらねて参られ、一騒ぎの後お遊びが始ったものです。

芸者衆は当時一流どころの与吉、小静、美代吉、金八さんなどが、いつも入る人と決っておりました。お客様のお好みで新橋や下谷の芸者衆も参りまして、ご機嫌を結んだものです。

私達もお客様によって決まっておりました。箱根などの遠出の時などもお供したもので、汽車で国府津まで参り、そこから人力車で宮の下の奈良屋や塔の沢の福住にも何度も参ったものです。お遊びにおいでになって、輿に乗りまして向島や亀戸に出かけることもありました。こんな時は二人乗りの車か、三人曳きの人力車で参ったものです。その頃は向島の桜、亀戸の梅屋敷などが遊山の地で、料亭も『橋本』や『葛西太郎』など有名な店があったものです。

『弥生』の各お部屋には、鉄哉の木像や、清峰、北斎、師宣などの軸を置いてありました。その他に倉の中にたくさんの書画骨董がありました。虫ぼしのときに見させて頂きましたが、何人もの画商が、よくこのような品を集められたと皆さん感心しておりました。お客様の中には、ぜひ譲ってくれと申される方もありましたが、これぱかりは、と上手にお断り申し上げておりました。

しかし、大正の震災の時この倉が落ちまして全部灰になりました。さすがのお女将さんも気を落されて、商売をつづける気持もなくなり、遂に廃業されてしまいました。これは、小さいおかみさんがこの商売を嫌っていたためもあったようです。

その後『弥生』の再建を希望されるお客様のおすすめもあったので、私はお女将さんと相談致しまして『弥生』の跡地に待合『小弥生』を開きました。

しかし戦争中、物資の統制などの苦しみを通り抜けてきましたが、それも戦災で焼けた後は廃業致しました。今は殿方の遊びも変って参りまして、芸妓を遊ばせるような粋な遊びをする人も少なくなったようです」

待合　つきじ　田川

築地待合「田川」は中央区銀座東七丁目九番地の元築地川（今の帝都高速道路）ぞいにあった。今の「ちもと」という下関ふぐ料理店の所である。隣りに「蜂龍」があり、「築地田川」といえば超一流の待合で明治の時代は政府要路の人々の会合の場となり、外国の貴賓の招待の場となった。一〇〇坪位の敷地一ぱいに建てられた、和風のしっとりした店であった。「田川」もお女将さんがしっかり者だったが、後継がなく戦争中廃業した。今「田川」の名は赤坂にある。

平場流　田辺南龍

講談は大正年間まで講釈といわれ、軍書戦記を大名に講読したのが始まりで、慶長年間（一五九六―一六一四）に赤松法印が家康に源平盛衰記や太平記を講演したという。

これが寛永の頃には学問的となり、軍学的となって一般の人にわかるように、面白く話すよう研究され、元禄年間には浅草橋際に太平記を講じる太平記場（講釈席）が出来た。

それまで講釈は両国の広小路や浅草の奥山の人出のある所で、莚を敷いて通行人に聞かせたり、また辻講釈といい、簀葭張りの三尺位高い席で、黒紋付の着物を着て長い髪で白扇を片手に講釈をしたものであった。その後浅草橋に太平記場が出来て、明治五、六年まで開いていた。ここで清左衛門という講釈師が初めから講釈をしていたので、清左衛門が講釈の元祖だと一般にいわれている。

明治初年の頃、東京の講釈場には次のような席亭があった。

東両国	五郎兵衛	浅草	矢大臣門の三席
西両国	福本	〃	金車亭
浅草見付	太平記場	神田	小柳
浅草	三社前	下谷	本牧
〃	弁天山	日本橋	四日市

京橋脇　都川　　八丁堀　浅田
中橋　松川　　〃　岡よし
〃　石場　　三田　春日
京橋　清竹　　本郷　岩本亭

講釈の専門の席亭は太平記場、小柳位のもので、他は夜だけ講釈場になったものが多かった。このような席には、客は下足銭を節約するため新聞紙を持って行き履物は包んで尻の下に置いた。真打格の者がかかった時は十六文から三六文位で明治になって一銭二厘から二銭二厘位になった。

二代目の講釈師田辺南龍は御家人の出で、道楽の末講釈師となった。天下の豪傑と自称していた初代南龍の門に入り、軍談物を得意とし、修羅場になるとこの人独特のはずみ言葉を入れて名をなした。生まれは千葉とも越後ともいい、その住所は不明である。講釈がクライマックスに達するや「ノン〳〵ズイ〳〵、スタ〳〵ノン〳〵」という調子のいいはずみ言葉が出て来るので〝ノン〳〵の南龍〟といわれた。

「大将その日のいで立ち見てやれば、金小実三枚錣の兜を猪首に着なし、黒糸おどしの大鎧、白檀磨きの小手当脇当、大身の鎗を小脇に搔込み、駿足の逸物、銀覆輪の鞍置いて打跨り、采配サッと打振り〳〵一鼓六足の調子を揃え、ノン〳〵ズイ〳〵、スタ〳〵ノン〳〵……」

といった調子で語れば、客はヤンヤの拍手をおくったものである。しかし話し方としては落語調で、今までの軍談からみると重味はないが、軽い調子でときどき諧謔もまじえ、聴衆を笑わせながら自分はまじめな顔でトントンと筋を進めて行く手際は、さすがに一家をなすだけのものはあった。

明治九年一月、新富座で菊五郎、左団次、彦三郎、芝翫で上演した「善悪両輪妙々車」の芝居に、菊五郎は新聞講談師梅龍の役で辻講釈師となり、南龍の口吻を真似て「ノン〳〵ズイ〳〵」を連発して見物人を大いに喜ばした。

この後明治の末期、軍談ものから一般人情物に講釈も移り、その中から神田伯山が生れた。伯山は次郎長伝で東京市民に笑いと侠気物を吹き込み、一龍斎貞山に引継がれたが、大正の末期までに講釈も講談と変わり、次第に衰微していった。

人情はなし　三遊亭圓朝

昨年なくなった「火焔太鼓」の古今亭志ん生は、その著書『びんぼう自慢』の中に述べている。

「人情噺は対話を主として話すもので、『オ、路地だな』……と格子を明ける仕草をして『ごめん下さい』『誰だい、オ、お前か、マァお入りよ』といった風に、あまり説明をしないで、雰囲気で喋って行くもので、人情噺は落語では、一番大切なもので、昔は人情噺が出来なくては真打になれなかったものです。人情噺は滑稽を主とした落語が、次第に単なる落語でなく、その物語りに人情味のある題材を入れるようにして、落語のように〝落ち〟で結末をつけなかったものです」

人情噺の元祖は二代宗叔が人情噺を演じ、麗々亭柳橋、初代春風亭柳枝、春錦亭柳桜、四代麗々亭柳橋が人情噺の名人といわれ、三遊亭円朝により完成したという。

三遊亭円朝は本名を出淵次郎吉といい、天保十一年（一八四〇）に生まれた。祖父の大五郎は伊予国出淵庄を領した前田備前守に仕えて江戸屋敷の留居役を勤めていた。次郎吉の父長蔵は道楽者だった父の血を受けて武士を嫌い、二世三遊亭円生の門に入り、橘屋円太郎という落語家になった。

円太郎は次郎吉を落語家にしようと、口のまだよく廻らぬときから、「カチカチ山」の話をするにも落語調で話して聞かせた。こうして育った次郎吉は幼ない頃から軽妙な小噺の一つもするようになり、七歳の時には人前で一席語るようになっていた。

小しゃくな風に角帯を締め、白足袋をはき、小円太の芸名で高座に現れると、一人前ぶった小生意気な語り方に、客は呆れて拍手を送った。しかし小円太の母親は次郎吉を、道楽商売の落語家にはしたくなかった。そこで親戚と話し合い、無理やりに廃業させ、心安い知人の店に丁稚にやり、堅気な商売の道につかせた。だがその時はすでに小円太の芸風は世人に認められており、席亭主からも客からも「何とか……」と再々の懇望で、ついに母親も折れて小円太を芸界に戻すことにした。

安政四年（一八五七）十八歳で円朝を名乗り、二一歳で真打となり「芝居入の小道具」と「鳴物囃子」を作って世話物を演じた。その頃の円朝は、黒羽二重の小袖に緋縮緬の襦袢、薄化粧をして高座に上った。それが丸一の親方そっくりだったので、客から〝太神楽〟の声がかかり、あくの強い出で立ちで一部の人には顰蹙の感をいだかせた。

円朝の後援者であった山岡鉄舟に「お前は若くて成程話はうまいが、まだ人間が出来ていない」といわれ、利口な円朝はその言葉の意味を察した。参禅をしたり、服装を直したりして人間円朝の完成につとめた。

円朝の鳴り物入りの落語は「芝居噺子」といい、名声を高めたが、この芝居噺子を門人の円東に譲り、落語に専念し、「牡丹灯籠」「塩原太助」「累ヶ淵」「業平文治」「江島騒動」「安中草三」などの人情噺を作り、これを完成した。これは円朝の話術の妙、独創の才によるものだ、古人の糟粕を嘗めず、独特の話法を完成し、ついに「名人円朝」といわれるようになった。

円朝の人情噺に出る人物は悉く生きており、少しの無理もなく、自然で文字通り真に迫っていた。それもそのはず「塩原太助」を語る時にはわざわざ沼田在まで行きその事跡を尋ね、上州なまりの言葉を研究したり、話題の中の人物は知人のうちからモデルを探し出して、言動動作を話中の人物に応用するなど、研究と努力と苦心の結果、完成したのだった。五代目菊五郎が円朝の作った「塩原太助」を脚色して、舞台で多助のあおとの別れの場を演じ、観客の袂を絞ったので、円朝の名はますます有名になった。

明治の初年、東京の盛り場・両国に、両国三場といい有名な寄席があった。柳橋の長右衛門の「山二亭」、両国手前の木遣り師の音右衛門の「林屋」、橋向うの左官の伊太郎の「垢離場」が寄席の檜舞台であった。この「垢離場」で円朝が七年の間、昼席で大入りをとった。この時は円朝は〝八丁荒し〟といわれた。この寄席の八丁以内にどんな落語がかかろうと、芝居が演じられようとも、その間は入りが悪かったというのである。人情噺は読み切りでなく、一ヶ月位の続き物で語るので「次は明日……」というと、次の日も客はドッと押しかけて来た。

また西両国の「林屋席」では円朝の「牡丹燈籠」や「累ヶ淵」が発表された。「牡丹燈籠」は本所に因縁の深い噺であっただけに、本所、深川の人々が押しかけ、連日大入りを取った。

円朝は文雅を好み、書画俳諧に通じ、晩年は門下に四代目円生、二代目円橋、円橋、円遊、円右の巨匠を輩出し、落語の全盛時代を作り出した。

円朝は平素から「芸人はやわらか味があって、人柄がよくなくてはいけない。人に好かれるように、心懸けなくては……」といっていた。弟子に教えるのに、若い頃は頭から叱りつけたが、年をとってからの円朝は決して叱りつけるようなことはなかった。楽屋で煙草を吸いながら、舞台で演じている弟子の話を聞いていて、まずいところがあると煙草を吸っている手がピタリと止り、まずい顔をして、円朝特有の額の筋をひきつらせた。廻りについている弟子達は師匠の煙草の動きが止るのを見て、恐怖に似たものを感じたという。いよいよ弟子が高座から下りて来て、叱られるかなと思っていると「ア、御苦労さま。サァお菓子を上りな」と餅菓子を出し「あの話は、あすこは、あれではいけない。こういわなくては……」と自から教えた。

円朝が高座で話をしている時、子供が泣いて止まないことがあった。その時円朝は高座からそのお客に声をかけて「子供さんに何かお菓子でも差上げましょう」と、楽屋に声をかけて菓子を持って来させた。このように枯れた態度に、客は拍手を惜しまなかった。

明治二五年、五四歳の時日本橋の「木原亭」を最後として高座は下りたが、その後も各名士に招かれて人情噺を演じた。同二六年、円朝の師匠だった三遊亭円生の墓（谷中の山岡鉄舟の建立した全生庵の円朝の墓地の中にある）に誓いをたて、三遊塚を隅田（墨田区堤通二丁目二十六番地）の梅若神社の境内に建てた。この碑を建てた記念として『雪月花一題ばなし』を出版した。この本の始めに文化十年（一八一三）の烏亭焉馬の一文をのせて、落語の由来を記している。

「前略

竹取物語、宇津保物語は噺の父母にして、それより下つかたに至り、こは爺は山へ婆は川へ洗濯、桃の流れしといふことを始めに、その咄の種えう〳〵として、その葉蓁たり。されば、竹の囀ずる舌切雀、月にすむ兎の手柄も、何か噺にもされざらん。力も入れずしておとがいの掛金をはづさせ、高きおいらんの顔を和わらぐも異なり。

此噺いつぞや、下の日待の時、開き始めしより、いざ一会催さんと四方赤良の大人、朱楽菅江大人、鹿都辺真顔、大屋の裏住、竹杖の為軽、つむりの光、宿屋の飯盛を始めとし、向島の武蔵屋に、昔話の会が権三りまするると、四方の大人の筆にみしらせ、おのれ焉馬を判者になれよと、狂歌の友だち一百余人、戯作口を開けば、遠からん者は長崎から強飯の拙、近くは寄って三竹の目じるし、門前に市をなすにぞ、のど筒の往来かまびすしく、笑ふ声富士筑波に響く。

時に天明四ッつ年甲辰四月二十一日なり。それより両国、上野京屋が楼上に集合すること十とせ余り、これを聞くもの□□なりに語り、今は世渡るたつきともなれり。下略」

文化年間は戯文の盛んな時代だった。烏亭焉馬は戯言で落語由来を書いている。

円朝は高座には上らなかったが、その間有名人や通人、粋人との交際も広く、「三題噺」などで扇夫、笠仙、文治などと会を開いた。なかでも山岡鉄舟との交際は深かった。鉄舟が明治二一年病あつく、円朝が見舞に行った時、鉄舟は「円朝、一席何か噺をしろ」といい、円朝もこれが最後かと思い、鉄舟の枕元で人情噺を熱を込めて語った。鉄舟は「久しぶりで、お前の噺を聞いた」とさも満足そうだった。

円朝も本所二葉町に地所家作を持っていた時は、一年に千両もの収入があったといわれた。しかし明治三三年（一九〇〇）八月に死んだ時は八十余人いた弟子も三人となっていた。多年の苦労のためか病弱となり日蓮宗に凝り、朝夕お経をあげていたが、脳病をわずらっていた。死ぬ時は浅草万年町に居を移していたが、弟子達は、一代の名人円朝をこの万年町で死なしてはと、病がこうじて何も判らない円朝を担ぐようにして、広徳寺（下谷車坂）前に貸家を見つけ、そこで円朝の最期を見届けた。行年六二歳だった。

三遊亭円朝の墓（谷中・全生庵）

墓は全生庵の山岡鉄舟の墓前にある。三遊亭円生の墓も同所にあり、戒名は三遊亭円朝無舌居士である。この寺では毎年七月十五日から「牡丹燈籠」「累ヶ淵」にゆかりのある化物の軸が披露され、八月十五日には落語家や関係者が参集し、円朝を偲び一席語っている。これも一代の名落語家であり芸術家でもあった円朝の偉大さをしのぶ人々の心である。

弁当　魚がし　弁松

折詰弁当の元祖「弁松」の初代松五郎が江戸へ出たのは嘉永二年（一八四九）の秋だった。松五郎の故郷、越後長岡は雪が深かった。進取の気性に富んでいた松五郎は江戸の評判を聞き、雪深い長岡から何とかして江戸に行きたいとチャンスをねらっていたが、同じ村の人が江戸へ行くと聞き、いっしょに行くことになった。

江戸で落ちついた知人宅は、日本橋の魚河岸の近くだった。毎朝、日も上らないうちからガラガラという車の音に、松五郎は目を覚した。何でこんなに朝早くから車が通るのかと、松五郎はいぶかりながら車の後をついて行った。車の行く先は魚河岸であった。

そこで松五郎を驚かしたのは、人と人が入り乱れ、からみ合い、魚を取引きする売り値、買い値の叫び声がせまい露地にこだまして響き、ワーッという音響。江戸ッ子の訳の分らぬ早口が田舎者の松五郎のド胆をぬいた。

日に千両の商いがあるという魚河岸のこの賑わいを見て、これだけの人が出入するのだから、この人達を相手に何の商売をしても必ず成功するだろうと松五郎は思った。この魚買人たちは朝が早いので朝飯を食べずにきている。そのことに気がつき、松五郎は嘉永三年春、ここにめし屋を開いた。

魚河岸に仕入れに来た人は忙しかった。落ちついて飯を食べる人はない。飯を食いながら取引きする者。口を動かしつつ飛び出す者、食べ残して行く者もあった。松五郎はその客の食べ残しを折りに詰めて後を追った。こんな心遣いが評判となり、店は繁昌した。

松五郎はこの忙しい人々のために、弁当の折詰を店の前に並べた。当時このように気を使う人もなく、この弁当は忙しい人にはうってつけの食事で、仕入れの人も仲買の人も喜んでまとめて買っていった。その後、この折詰は河岸の衆ばかりでなく集会や遊山に利用されるようになり、松五郎の店は次第にめし屋から折詰屋に変っていった。松五郎の考えたたこの桜煮はとくに好評だった。たこは煮ると堅くなった。それを柔く煮るように考えたのである。信田巻、豆きんとんも好評だった。

雪と見る笹折詰の弁当は月に玉子や花の桜煮
旨い味たこの桜煮玉子焼折りに詰めるは涙なりけり

といった狂歌も現れるほど、松五郎の「弁松」は一般に知られるようになった。

維新となり、新しがりやの東京の人々は西洋料理をもてはやすようになった。松五郎は、日本人の舌は徐々に変るとしても、急に変化するものではないと確信を持ち、日本伝統の味の中に新しい調理方法も加味することを忘れなかった。魚河岸の新鮮な材料で高尚な「弁松」の弁当は、評判も良く、七・五・三や節句、物日などのときには宮家や徳川、紀州様などのお屋敷からの注文も増えた。四〇センチに五〇センチ位の大きな三段の〝お重〟は、漆塗りの金銀をちりばめた立派なもので、人力車や馬車で取りにくることもあった。祝賀会や会社の宴会、園遊会にも利用され、何千もの注文が殺到し多忙を極めた。

折詰弁当の「弁松」(魚河岸)

日本橋の魚河岸が築地に移ったのは大正の震災後であったが、「弁松」は今の日本橋の旧魚河岸に、江戸時代からの老舗と共に残っている。

「弁松」の当主、五代樋口徹郎氏は語る。

「私の店は初代から百有余年、この日本橋の旧魚河岸で営業しております。昔はこの店の前は車や人で、東京と近県の魚屋、鮨屋、料理屋が早朝からどっと仕入れに参りごった返したものです。昔は飯屋をしていたようですが、弁当を作って商うようになり、弁当屋の松五郎といわれ『弁松』と呼ばれるようになりました。

初代は、魚河岸に近ければ材料の魚の新鮮なものを、安く手に入れられるので、ここに店を開いたといいます。使い残りの材料はその都度川に捨てたそうです。味については祖父(三代)は、昔より今の方が味がよくなっているといっておりました。調味料が違っているからです。若い方とご年配の方では味好みが違いますので、ご注文を頂く時にお伺いして、その年配向きに調製しております。

踊りのおさらいやお唄などの発表、お芝居、遊山などにご利用頂きますが、新鮮な材料をおいしく召し上って頂くために、今でも三時四時に起きて仕込んでおります。仕入れは魚河岸及びヤッチャ場に私の店専門の仕入れ店があり、そこで全部仕入れまして調理します。歌舞伎座の前の木挽町弁松は、当店とは関係はありません。商標権のことで昭和十五年頃、裁判にかけたことがありましたが……」

うな丼元祖　ふきや町　大野屋

うなぎがいつ頃から料理されて食べられたかは判らない。またお重の形で出されたか、皿に盛られて出されたかもはっきり判らないが、山谷の「重箱」が鰻を重箱に入れて客に供したので「重箱」といわれるようになったのであるから、それ以前はたぶん鰻の料理は皿に盛って客にすすめたものと思われる。鰻を芝居小屋で食べた例として、こんな記録がある。

「文化の頃（一八〇四―一七）に堺町（中央区日本橋芳町）に芝居小屋のあった頃、金主（この頃芝居興行を行なう時、金主を見つけて興行を行なったもので、金主は出し物や配役に注文をつけて、その了解が得られねば幕が開かなかった）の大久保今助という人があった。この人は鰻が大好きで、小屋に来ては鰻を取寄せていたが、食べる時にはもう冷めていて、どうも旨くない。何とか鰻屋に行って食べるように、温かくて旨い鰻を食べる方法はないかと考えた。そこで炊きたての飯の上に、焼きたての鰻を乗せさして持って来させた処、温くて鰻の味も風味も変らず旨かった」

これは重箱に入れて来たとも、皿に盛って来たとも書いてない。芝居小屋まで持って来る間に温かい鰻も、たしかに冷めてしまって旨くはなかったろう。

この時の鰻屋がこの「大野屋」かどうかは分らないが、この芝居小屋のあった葺屋町の近くの大野屋は天保七年（一八三六）に、大どんぶりに飯を盛り、鰻を焼いてタレをつけ、めしの上に乗せて、天保銭一枚で売った。これが大当りして好評を博し、「元祖鰻めし」の看板をかかげた。やがてこれが全国に普及し、鰻といえば鰻どんと思うようになった。もっとも、鰻めしが鰻どんといわれるようになったのは、昭和になってからのことである。この鰻屋は大衆的な店として繁昌したが、昭和の始めに廃業している。

堀の内　しがらきのっぺい汁

江戸ッ子で日蓮宗の信者であった人なら、必ずといってよい位、堀ノ内のしがらきの「のっぺい汁」料理を食べたことであろう。

毎年十月十三日の日蓮忌には、御会式（おえしき）御命講といわれた法会（ほうえ）が日蓮宗の寺々で行なわれた。その中でも池上の本門寺、堀ノ内の妙法寺、雑司ヶ谷の鬼子母神には信者がその前夜から万灯をかつぎ、団扇太鼓を叩き「南無妙法蓮華経」の題目を唱え、白衣に白脚半、草鞋ばきで身を固め、何千人何万人もの善男善女がお詣りした。これらの信者は東京を中心に近郊、遠くは何十里も先から歩いてきた。冬の夜空に太鼓の音と題目の唱声はその道筋に絶えず、当日は寺の境内は立錐の余地なく混雑した。

堀ノ内の日円山妙法寺（通称堀の内御祖様）は、日蓮上人の御弟子日郎上人の作られた霊像が御本尊で、除厄の御影である。日蓮上人は弘長元年（一二六一）に伊豆の伊東に配流された。その時日郎上人は随身を願い出でたが許されず、上人の命により鎌倉の由比ヶ浜で日夜上人の赦免を祈禱していた。ある夕方、海上より一本の霊木を得て日蓮上人の像を刻み、日夜仕えた。上人は弘長三年赦免され、鎌倉に戻られてこの像を見て悦ばれ「我が心身、今よりこの木像に移れり。我四二歳にして救いを得しかば、この木像を、『除厄の号』と称すべし」と申され、上人自から点睛された。

この木像は碑文谷の妙法山法華寺（円融寺）に在ったが、元禄年中（一六八八―一七〇三）住僧日性師の代に当寺に移した。この寺は明和の頃（一七六四―七一）以前は庵室のような小堂で、堂守も微々たるものであったが、参詣者が年々増大し、浅草観世音に比せられるほどになり、付近の民家も次第に水茶屋、料理茶屋となり、堂塔も美を尽すに至った。

このお祖様の入口（杉並区堀ノ内三―四九）にあった「のっぺい汁のしがらき」について、匏永みち枝さんにお尋ねした。みち枝さんは「しがらき」の娘さんで今は伊東市川奈の恵鏡院匏永哲雄氏の奥さんである。同寺でお会いすると、「私が娘の頃、父や祖父から聞いた話ですが」と前置きして話してくれた。

「私の家は『すぎ屋』と申しまして、妙法寺の前で商いをしていた『よろずや』でした。あの付近では妙法寺前の〝門前四軒〟といわれておりましたうちの一軒で、何代もこの地におりました旧家で、妙法寺御用もしておりました。何かあると呼ばれましてご相談申し上げており、参詣人のお世話も致しておりました。昔はお祖様へ参りますには、青梅街道の鍋屋横丁から妙法寺へ参る道がありまして、皆様この道を東京から歩いて参ったものです。この道筋に古くからの料理屋で、『しがらき御殿』と一般に呼ばれていた『のっぺい汁』を自慢にする店がありました。お参りの方は歩いてきますので、この店で休んだり、食事をしたりしたもので、とにかく流行った店でした。土地の人はなぜかこの辺をしがらきと呼んでおりました。これは地名なのか、それともしがらきの料理屋の店名をそう呼んだのか、どちらか分りません。維新の頃、この家に跡継ぎがなく廃業するといっておりましたのを、私の祖母がこの店と昵懇にしておりましたので、買いましたのが明治三年のことです。

そしてここで相変らず参詣の方々に『のっぺい汁』を作り、料理屋として商いをしておりましたが、青梅街道の今の農林省蚕糸試験場の角から新道（今の環状七号線の位置で、その頃は狭い道であった）が出来た時、この道と鍋屋横丁からの道の角地を千六百坪ばかり買い求め『しがらき』の建物も古くなっていたので移転しました。この土地は妙法寺に隣接しておりまして、何かとお参りの方にも便利がよく、初めは二百坪位の茅葺の建物でしたが、次第に手狭になり、次々に建て増しをして明治の末頃には四百坪位になり、離屋や石倉もあり、庭も広く取りまして池も築山もあり、一日ゆっくりと参詣して頂くために大きな湯殿も設備してありました。

忙しいのは正月の初詣りと八月の〝おせんぶ〟と十月の御会式の時でした。特に忙しいのはお会式の時で、二日も三日も前から仕込みが始まり、近所の方にも手伝って頂いたものです。当日は店の前に、建物いっぱいに五メートルの高さで丸太でいげたに櫓を組み、それに紺の暖簾をつるしたものです。この暖簾には、文字を白く抜いた講中の名前や、有名な役者や一流の芸者芸人の名が染めぬかれており、とても景気のよかったものでした。今ではちょっと考えられないことです。この暖簾は私の店の贔屓のお客様から贈られたもので、団十郎、菊五郎、左団次さんなど当時の人気役者や仁左衛門、円朝、円遊さんのような落語家の名前がみられ、秋風にはためいて参詣のお客様の目を楽しましたものです。このような習慣は今はありませんが、昔はこんなしきたりがあったものです。この暖簾の櫓は新道側が五、六〇間、妙法寺側が三〇間位建てられましたので、遠くからもよく見えました。

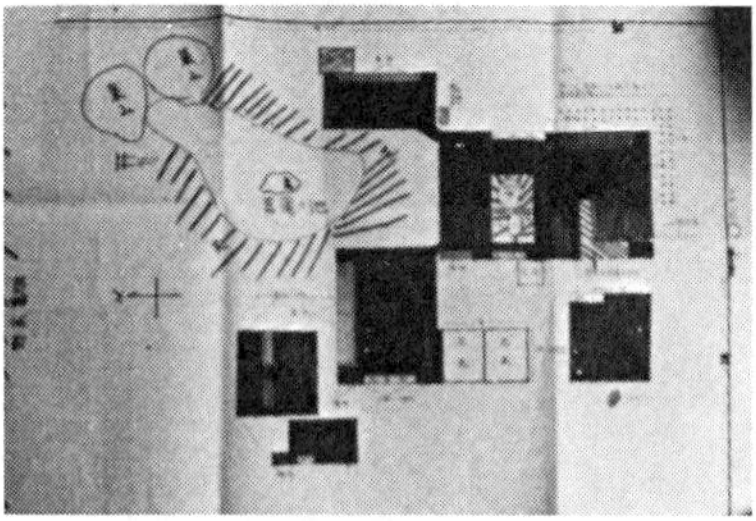
「のっぺい汁」の建物配置図

当日は女中さん三、四〇人、料理人二〇人、雑用十人位で一日三千人からのお客様をご機嫌よくお迎えするのですから大変でした。

店の前には〝呼び込みのシゲちゃん〟という声のいい老人が常時おりまして、お客様を招じ入れるのですが、席のない時お客様にお待ち頂くのに、決してご機嫌を損じさせない、客扱いのうまい人でした。店は一階と二階をぶち抜きまして、一度に百人位食事をして頂けるようになっておりました。お客様はやっと席を見つけても、女中は忙しくてなかなか注文をとりに参りません。お客様は早く食事をしたいので、女中をつかまえましてチップを二銭、三銭とくれるのですが、女中もそれを帯の間に入れてご注文は頂くのですが、これが零れまして、座敷に散らばっていたものです。膳は一人、二人、五人前用と出来ており、丸く畳の上に座って食事をするように出来ておりました。お膳や椀、徳利には『信楽』の印が入っており、朱塗りでした。

信者の方々は皆元気のよい方が多く、担いできた万燈を店先に置き、大勢でドッと入って来ると割れるような騒ぎでした。これが御会式の前の夜からで、入れ替り立ち替りおいでになるのでそれは大変でした。食い逃げもありました。『勘定々々』と申されましても女中が忙しいのでなかなか参りません。待くたびれてお帰りになる方もありました。このような方は、その次お詣りになられました時、お寄り下さいまして笑ってお払い下さいました。

料理は『のっぺい汁』と玉子焼、お新香に御飯で、大正の始め頃一人前十二銭位で、その他にお酒も出していました。一日千円の売り上げがあったこともあります。

いつも倉の中には『信楽』の名の入ったお膳と椀が五百組位用意してありました。この日はお新香を切る人を雇ったものですが、一日中下を向いて切っており、顔と足がむくんでしまい、ご飯を盛る人は倒れたりしたことがあります。

この他にお盆、お彼岸、法事などにご利用頂きました。この妙法寺の付近には東京十五区の日蓮宗の寺が多く、墓参りのあと法事の振舞いを私の店で行なって頂きました。

毎年六月になりますと、母は〝講中参り〟と申しまして、御贔屓のお客様や講中の主だった方々のお宅に盆のご挨拶にいきました。人力車で参りましたが、三日位かかりました。この時は『信楽』と印刷した団扇を持ってお伺いしたものです。

このように繁昌しましたのは母のまだ若い頃だったようで、明治中期になりまして、甲武鉄道（今の中央線）が八王子まで敷かれ、一日がかりで参詣に参られる客も少なくなりました。その後は宴会の客やお役所や学校、会社の集会にお利用頂くことが多くなりました。今まで木綿の絣の着物を着ていた女中さんも、絹物を着てお酌のひとつもするようになりました。

関東大震災の時は無事でしたが、今度の戦争ではすっかり焼かれました。いまさら『のっぺい汁』でもあるまいと、私の弟の文之助は再建しませんでした」

二時間以上に及ぶお話を七三歳のみち枝さんは、疲れた様子もなく聞かせてくれた。

この「しがらき」の資料は少ないが、河竹黙阿弥の『甲州記』に「しがらき」で中食をしたことが記載されている。天保六年六月、旅に出ることの少なかった黙阿弥が、当時地方では大きな劇場であった甲州の亀屋座に、三世菊五郎の実子三代目尾上松助一座と共に出かけている。

「十九日　宵より小雨降り、一日降るも七ッ過より天気、四ッ半頃出立。浜町より護持院ヶ原、番町通り、市ヶ谷御門を出で、鍋屋横町を抜け、堀ノ内（御祖師様）へ参詣す。中食しがらき。堀ノ内千部にて参詣おびたゞし」

黙阿弥が立ち寄ったこの日は千部会（追善や祈願のために、同じ経を千僧で一部ずつ読む法会。一僧で千部読むこともある）の日で賑わっていたらしい。もちろんこの「しがらき」は「すぎ屋」が買い求める前の「しがらき」のことである。黙阿弥は同行の松助らと共に、芸界で信仰する日蓮宗堀ノ内のお祖師様へ参詣し、旅の無事と甲州亀屋座の興行の成功を祈ったものであろう。

漬物　室町　小田原屋

日本橋室町、駿河屋呉服店（三越）の前に二階建ての間口五間、奥行十五、六間の「小田原屋」漬物店があった。

この店の本店は千代田区神田須田町にある。「小田原屋」十六代の小栗寅雄さんは創業以来の来歴を話してくれた。

「初代の小栗吉右衛門は小田原北条氏の重臣で、天正十八年（一五九〇）に豊臣秀吉との戦で破れ、その後武士を捨てて町人になりました。慶長八年（一六〇三）に家康が天下をとり、江戸に来てから次第に発展して神田川べりに青物市場が出来ました。初代はそこに漬物の卸店を開き『小田原屋』と名づけました。

その後青物市場も隆盛をみせまして、店もますます繁昌しました。元禄年間、小田原屋七代の時三人の子供がありまして、それぞれ分家させ、一人は乾物屋、一人は室町に漬物屋を開かせました。これが室町の小田原屋です。商号は本店と同じに㊗を使用しました。三越の前で人通りも賑やかで、日本橋、京橋の通りは東京一の繁華街となりまして、銀座にも明治になりまして煉瓦街が出来ました。

室町の小田原屋は、何代かの時、どのような理由でか分りませんが早川家の養子となり、早川姓を名乗り代々佐七を襲名しておりました。小田原屋が有名になったのはある大火事のときからです。いつの火事のことかよくわかりませんが罹災しまして、焼けた漬物で食べられる物を一般に施こしました。その時は焼跡に何百人もの人が集り、怪我人も出たとかで、これが宣伝になり、漬物なら室町の小田原屋といわれるようになりました。

六代佐七の時がちょうど明治の時代で、この人はなかなか商売も熱心な人でした。仕入から店売りまで全部自分で目を通さねば気の済まない人で、仕入れた品も味が気に入らなければ絶対に売らなかったといいます。特に漬物は温度で味が変りますので、どのようにして造ったか分りませんが、温度の変化の少ないように倉を造ったといいます。そして漬物にはないれの時があります。その期をはずすとどんな漬物でも味は悪くなりますので、その仕入れと保管に気を使ったものでしょう。

このように商売熱心でしたから各お屋敷や兵隊屋敷にもお用を仰せつかったものです。六代佐七は日本橋の大店の旦那衆のように小唄もうまく、酒もやり、おつき合いもよく、小唄の会などを行ないました。六代は大正の初年に死亡し、店も衰退しました。震災後、一時復興しましたが永い間店を仕切っていた番頭がなくなり、その後文学肌の七代佐七は商売を嫌い、大正十三年に店を閉じてしまいました。

七代の早川佐七は、明治、大正にかけて植物の採集やその標本作りで有名な人でした。数年の間ヨーロッパ、アメリカに滞在して研究した人です」

菩提寺は文京区小石川の源覚寺にある。

煮豆　よし町　蓬来屋

宝来屋の初代吉兵衛は福井県武生市（たけふし）の人で、農家の二男だった。文政年間（一八一八―二九）に江戸に出て来た。当時の日本橋の魚市場に近い人形町に煮物の卸問屋を開いた。どこの市場でも同じであるが、魚市場に仕入れに来た客は近くの乾物、海苔の卸問屋に立寄り買求めて行った。初代の店はこれらの店の間にあり、毎日夜の明けないうちから忙しかった。

つくだに屋の朝は魚屋より早かった。温かい造りたての煮物は評判もよく、店は繁昌した。いつ頃から小売屋になったのか、はっきりしないが、「宝来屋」はその頃江戸の有名なつくだに屋となっており、江戸末期には数々の錦絵にもその繁昌ぶりが描かれている。明治三八年の新聞に同店の紹介がでている。

「宝来屋は今は三代の福住吉兵衛である。この店の宝来豆は雁食豆（がんくいまめ）であり、煮豆というけれど、実は蒸し豆で、豆を蒸し、籠に入れてよく蒸して熱いうちに甘い汁の中に浸す。いわば栗の含め煮のようにするので、豆は原形のままで、柔らかで、暑中も腐敗するのが遅い。宝来豆についで鮒の昆布巻と甘露煮、それから〝照りごまめ〟もこの店の自慢の品である」

暮になると、正月の祝膳に欠かすことの出来ない宝来豆を、縁起物として買いに来る客が殺到し、怪我人も出る騒ぎで、正月の松飾りに忙しい町内の頭連をたのみ、店の前に丸太で枠を作って客の整理をさせた。特に二九日から大晦日までは、店の前は通行出来ないほどの賑わいだった。

「宝来屋」は明治以後宮内省の御用をつとめている。
五代の福住吉兵衛さんに話を聞いてみた。

「宝来豆を有名にさせたのは三代で、それまで魚河岸に来る人々に卸しだけしていたようです。しかしそれだけでは一般の方々に、自分の努力して作った煮物を直接に賞味してもらえないと、小売りにも力を入れるようになりました。煮物は煮上ったものをすぐ食べて頂くのが一番おいしいので、その日に作ったつくだ煮をその日にめし上って頂くために小売りを主とするようになったようです。

昔は暮れになりますと、二八、九日頃からおせちを買いにくるお客で賑わい、大晦日までは正月の祝物の煮物で忙しかったものです。町内の頭にお客様の整理をして頂きましたが、当時は容れ物がありませんので、皆様お重などを持参され、その中にいろいろと詰めますので時間がかかり、お客様をお待たせしましたからで、とにかく怪我人は毎年出たようです。当時、この前の道も六メートル位の狭い道でしたが、お客様と魚市場出入りの人々といっしょになり道はごった返したといいます。

今でも年末になりますと、お客様が立て込みますが、宝来豆や主だったものは箱に詰めて置き、注文に応じてすぐ

明治38年頃の宝来屋店頭

お渡し出来ますから、昔のようなことはありません」

お客の味は年毎に変って行くという。昔からみると甘い味が好まれるといい、代々の「宝来屋」の主人はその時代々々の味に気をつけ、その時代に合せて味つけをしているとか。近代的な味に伝統の味つけを忘れず研究を続けている。ここにも江戸の味があった。

佃だに　佃源

佃島は漁師町で、佃煮が初めて作られた所といわれている。

寛永年間（一六二四―四三）に摂津国西成郡佃村（大阪市西淀川区佃町）の神主平岡某が三十余名の漁夫を連れて江戸に移住したとき、三代将軍家光から大川（隅田川）の中洲を給わり漁村を開いた。これは家康が大坂城を攻めた時、佃村の漁民が協力したので家光の代になって褒美として大川の中洲を与えたのである。正保元年（一六四四）二月にこの中洲の漁村を、本国の佃村の名をとって佃島と名づけた。

神主平岡某は大坂住吉神社の分社、蓑田神社をこの佃島に移し、住吉神社に安置した。神社は大川に向けて建てられ、その鳥居は川の中にあった。この神社の信徒には大坂や各地と取引きをする商人が多く、毎月の参詣人に今でいう佃煮を供したところ、これが大変に好評だった。以来佃島で作られた〝煮物〟を佃煮というようになった。『続江戸砂子』に当時の佃島の描写がある。

「此島は江都の地をはなるゝことわずか一丁が程にして、ひとつの離れ島なり。方百間ありと云う。島中みな漁を業とし、町といへどもまばらに鄙めき、干網の下道ほそく、東南の岸は常に磯打浪の音、由井、興津の風情あり。わずか一丁はなれて、十里の浪路を越えたるおもひに、心さびしくおもしろし」

大正の初期まで、この大川で白魚が採れたといい、白魚船が出て夜の川面をいざり火が照していたものである。この土地の人々は最近まで、大川を渡って銀座方面に行くのを「江戸に行く」といっていた。佃島の人達が東京の発展を横目で見つめながら、よそ者的な意識がこういう言葉となって表れたものだろう。今も佃島に行くと、自分が他国者のように感じる時がある。

「佃源」は中央区佃一丁目の河岸にある。ここの主人の田中昭次郎さんは六代である。

「私の祖先は正徳四年（一七一四）にこの佃島に来たといわれております。この島に来た人達は幕府の御用をつとめておりまして、旧の十二月二〇日前後から三月の雛の節句頃まで、毎日本丸、西丸の食膳用として白魚を献上したもので、白魚船の船頭は巾を利かせたものです。そして幕府に納めて余った魚は、日本橋川へ舟で行き、道行く人に売ったものです。これが日本橋の魚市場の始まりです。

佃煮は、魚が多くとれた時、保存用に塩煮にしたのがはじめだといいます。佃煮の材料は新しいものがよく、新しい材料は煮上った後、仕上りも艶もよく、美味しく出来上ります。昔は採ってきた材料をすぐ煮たものですが、今は魚河岸から仕入れたものを使っております。煮方は、良質の生醬油の煮立った中に材料をさあッとあけて、蓋をしないで焦げつかないように掻き回しながら煮るものもあり、煮つめるものもあります。

煮た後の汁はおつゆと申しまして、冷しておいて次の煮物のとき醤油や砂糖を加えて煮ます。このおつゆはちょうど蒲焼のタレのようなもので、大切にしております。私の家の汁も、もう二〇〇年位使っているものです。

この島には江戸時代には三〇〇人からの漁師がおりまして、毎朝出かける舟、帰る船で大川べりは大変でした。

その頃は六人ずつ船に乗って漁に出たもので、この人達のことを〝六人〟といったものです。

明治の末まで佃の人々の手で行なっていた〝渡し〟がありました。五厘で渡したので〝五厘の渡し〟といったものですが、それを都が経営するようになり、佃大橋が出来まして、

佃源（佃島）

世の中が変って参りました。昔、私の店の前から漁に船が出たものですが、これも護岸工事のため厚いコンクリートの壁が出来て、昔の佃の風情がなくなりました。昔漁師だった人も今は殆んど魚河岸に店があり、魚河岸で働いております」

「佃源」は間口二間、奥行十間の平家建の店で、田舎の店といった風の造りである。この店はよく映画の場面にも出て来て、芸能人や有名人が訪れている。明治四〇年七月には佃煮の品評会で、府知事の二等賞をうけている。

浮き舟で篝火を焚く佃島

朝霧に戻る佃のいざり舟

この土地は震災にも戦災にもあわず、明治、大正の下町がまだ残っている。

根附　谷斎

港区新橋の電車通り、茶商の渋江徳兵衛さんに「谷斎（こくさい）」のことを聞くことが出来たのは幸運だった。谷斎とはどんな人か全然判らなかったが、北区の江戸地図の研究家磯部鎮雄氏に渋江氏のことを聞き、早速訪れたのは昭和四六年の春だった。

渋江氏は八七歳だといわれるが、小柄な人で、驚くほど記憶のよい人だった。芝で生れ芝で育ち、十歳の頃に同町内に住んでいた谷斎のことをよく知っておられ「可愛がられたものですよ」という。

谷斎は姓を尾崎、名を惣蔵といい、若い頃玉陽斎光雛に根付彫りを学び、角彫りに巧みで谷斎と号した。明治文壇の巨匠尾崎紅葉の父で、谷斎が明治五年に妻を失った後は母方の漢方医荒木舜庵に紅葉を預けた。彼自身は愛宕下町四丁目（港区新橋六丁目）の、元の仙台屋敷のお長屋に一人で住み、根付けや莨入れの筒の彫刻を業として暮していた。

袋物（紙入・莨入）は裂地に金唐草、印伝、黒サントメ、古金襴などを使用し、根付けに古渡珊瑚、瑪瑙、金、銀、象牙、鹿角を使い、雅風のある彫りをした。谷斎の彫物は当時の渋好みの名士の間に愛好された。しかし谷斎は名人肌の人によくあるように、気が向けば仕事場に入り、何日も食事をしないで仕事をするが、気が向かなければ仕事場に埃が積った。紅葉の友人で小説家の江見水蔭はこんな話をしていた。

「団十郎が谷斎に、煙管の筒の彫刻を依頼したことがあった。いくら待っても出来てこないので、『先にお金がほしいのだろう』と早合点して、使いの者に三〇円を持たして催促にやった。この頃の三〇円といえば大金で、明治十年頃でそばの価が一銭だった。この催促の仕方に職人肌の谷斎はグッと癪にさわった。相手が天下の団十郎ならば、こちらも天下の谷斎だと使いを待たせて置いて、三〇円で金の延板を買って来て、それに、金三〇円也　右正に受取申候　市川団十郎殿　谷斎　と彫って、さあこれが受取りだ持って行きねえ、といって使いを帰した」

このように気骨のあった谷斎であるが、いくら上手で名人でも当時はあくまで職人である。江戸時代でも歌麿や広重の作品は国宝視されているが、その作者は版元の一職人に過ぎず、一生不遇な生活を送った人が多い。

谷斎も気が向かなければ仕事はせず、一人暮の気安さからいつも留守勝ちだった。谷斎のいる時は玄関の長押の上に木魚を置いていたが、留守の時は木魚は下駄箱の上に置いてあり、知人はこの木魚の位置で黙って帰って行った。

名人谷斎は奇行の人だった。なぜか外出の時は赤い羽織と赤い頭巾を身につけていた。着物は当時流行の唐桟織で、円太郎馬車にも乗らず、尻はしょりで杖をつき、明治座や新富座などの芝居小屋や、回向院の角力小屋に出かけて行った。なぜ谷斎がこのような処へ行ったのか判らないが、小屋はどこでも木戸御免で、小屋の方は「福の神が来た」と喜んで招じ入れた。谷斎は桝の間を往ったり来たりして、知合いや馴染の客を見つけ、酒の相手をしたり芝居の軽い批評や取組の話などしてはご機嫌を取り結び、小使銭をせしめた。このように幇間のようなまねをする谷斎を、「谷斎坊主」と蔑視する人もあった。しかし人づき合いもよく、小さなことに気もつき、詩や歌も解し、書画、茶の湯も一応おつきあい程度は出来たので贔屓筋からは可愛がられた。飄飄とした人柄が愛され「谷斎がいないと淋しい」と座敷や旅行に連れて行かれたこともあった。

幇間じみた素行と職人肌の二つの性行が、仕事の時と外出の時とで使い分けられたものか、とにかく変人であった。この赤い羽織と頭巾は、正月が近くなると町内の主だった店に立ち寄り「今年も羽織が汚れましたので」と、羽織などの新調の費用を無心した。これは毎年のことで、町の人気者で変人で通っている谷斎に、皆笑いながら寄進した。しかし多く寄付されても決して不当に余計には受取らなかった。

この金で新しい羽織や頭巾を作り、正月が来ると挨拶用の手拭を持って、新調の羽織を着て頭巾をかぶり、町内の寄進主や店に挨拶にでかけた。この時の羽織の紋は、全部違えて染めてあり、一番多く寄進してくれた店の紋は背中に染め、寄付額順に袖から胸に染められ、谷斎の義理固さを示していた。

「紋をいつ調べたものですかね」と渋江さんはいっておられた。

赤い羽織を着た谷斎は、渋江氏の前の東海道(巾八間)を歩いて来てもすぐ判った。

谷斎はまた子供好きで、彼の廻りにはいつも子供が群らがっていた。お金を持っている時は駄菓子を買って与えた。金のない時は近所の店に立寄り「子供に菓子を買ってやるので……」といっていくらかの金を貰い、子供に煎餅などを買ってやったものである。渋江氏の店にもよく来たもので、先代が十銭位渡すと、菓子を全部買って子供に与えていたという。そして子供に取巻かれ、子供といっしょに遊んで喜んでいた。

小説家は自分の身の廻りの人をいろいろに種として書くものであるが、紅葉はこの変人の父のことは一度も書いたことがない。谷斎の幇間的な行動を不快に思っていたのであろう、この父のことは語らなかった。

奇人であり、根付けを作らせたら当代一の谷斎は、彼らしい死に方をした。明治三〇年頃、銀座のも組の組頭三橋竹松と、初代のステテコ踊りの三遊亭円遊と仲が良く、誰が言い始めたのか、品川沖に網打ちに出かけた。気の合った者同士の舟遊びは楽しかった。捕った魚を船頭に料理してもらい、舟の上で食べたが、その中に河豚（ふぐ）があった。

その夜、三橋竹松が死んだ。三橋の家内は、他の二人はどうかと若い衆を谷斎の所にやった。その時谷斎は手足が痺れ、舌がもつれて七転八倒している最中で、かけつけた医師も近所の人もうろたえているところだった。谷斎も、その次の日に死亡した。

渋江氏はこう語りながら、谷斎の銘のある茄子の根付けを奥から持って来て見せて下さった。「谷斎坊主」といわれ、赤い羽織を着て幇間じみた振舞いをして一部の人を顰蹙させた谷斎であるが、その作品の渋味、型、風雅さはやはり名人の手になるものであった。恐らくは奇行を演じながらも有名人の持物や粋人、通人の好みをしっかりとみていたものか。

筒　はし一

初代橋市こと橋本市三郎は漆職の又三郎、通称ぬし又の子として、文化十四年（一八一七）に生まれた。芝新銭座（港区東新橋一丁目または芝浜松町一丁目）で刀の鞘の漆塗りを本職としていた。橋市はきさくな職人肌の人であったが、奇行も多かった。

橋市五二歳のときに上野の戦争があり、早速のこと見物に出かけ、その翌日、人を雇って白地の布地に「官軍の兵隊の刀の鞘の剝げたものは、無料で修理致します」と書いて振れ歩かせた。これが縁となり、薩摩屋敷が近かった関係もあり西郷隆盛や大久保利直がよく立寄った。何の目的だったのかよくは判らないが、芸者に「橋市」と染めた法被を着させて人の集まる処を歩かせた。同じ法被を乞食にも着させたというから、今日のサンドイッチ・マン的宣伝を考えていたのか。とにかく何かの目的があったものであろうが、思いついたらすぐ行動に移さねば気のすまぬ人であった。

明治五年に廃刀令が布告された。刀の持ち歩きが禁止され、京都府の如きは刀を差して歩む者は反乱者と見做され、投獄されるという時代であった。各大名は藩地を取り上げられて武士は扶持を離れ、生活のために美術品や家財道具を二足三文で手放した。世はまさに文明開化の渦中で日本古来の芸術工芸は見返られない時代だった。

このようなご時勢で、鞘塗りを本業とする橋市は生活にも窮するようになった。かねてから京都、大阪の見物をしようと思っていたが、金もなく、その日の生活にも困っていた時であった。だが思い立ったらどうしてもやらねば済まされぬ橋市は一案を考え出した。彼は友人、知人に自分の死亡通知を出した。驚いて飛んで来た悔みの客の前に姿を現した彼は、皆にお詫びを述べ、自分の計画を話した。

この奇行に驚く人もあれば、呆きれ、また怒る人もあった。橋市の奇行を知り、人と成りをよく知っている人は大笑いとなり、彼のお通夜は送別会となった。次の朝大勢の人々に送られ、品川を笑いの渦巻くなかを出発した。懐には香典と餞別があるし、気ままな一人旅で京・大阪をおもしろく見物した。奈良を発つ頃は手持ちの金を使いはたし、無一文となってしまった。

さすがの陽気な橋市もこれには困った。元来物事を気にしない彼は、何とかなるだろうと、昨日にかわる乞食のような旅。奈良から東京までの旅は遠かった。物乞いをしたり神社の廊下の下や家の軒の下に寝たり、犬に吠えられたり、散々な旅の末に川崎まできて多摩川の水で二ヶ月に及ぶ旅の垢を拭った。芝新銭座の家に戻った時は隣近所の人々が驚くほど痩せ疲れていたが、口だけは相変らず達者で、旅の出来事をおもしろく語った。

二代橋市は父を大林七五郎といい、芝宇田川町で安政三年（一八五六）に生まれた。元治元年（一八六四）九歳の時、橋市の弟子になった。初代には世継ぎが無かったので、明治五年十七歳の時養子となった。同十五年二月七日に初代橋市が六六歳で死亡したので二代「橋市」となり、橋本市蔵と名乗った。

この人は漆工の名人といわれ、明治二二年（一八八九）東京藝術大学が上野に開校した時、講師となった。

明治も中期になると、世の中の西洋崇拝熱もやっと落着を取り戻し、古来の日本芸術が再認識されるようになった。粋とか通とかという風潮が流行しはじめた。

「橋市」は莨入れの筒や刀剣の鞘などに〝さび竹〟と称する独特の技法を用い、その微妙な漆塗りの技術は高く評価された。また漆を使った箱庭も巧みに作った。「橋市」について、芝新橋の渋江徳兵衛さんは、

「私のまだ小さかった頃、橋市さんは近所に住んでおられましたのでよく知っております。偉い人で恐い人だったという記憶しかありません。この人のお父さんは大変に変った人で、町内では変人として通っていたといわれます。当時、この芝では『橋市』と『谷斎』の二人の変った人がおりました」

といって、奥から「橋市」の銘の入った莨入れを持って来た。

「これは二代が作ってくれた莨入れの筒ですが、私が若い頃、宴会に参りましたとき酔った友達がこれを踏み、ひびを入れてしまいました。それを三代『橋市』の春さん（伊藤鉄三郎氏）に修理をお願しました。春さんはこの筒を直してくれますと同時に、黒い漆で作られた筒に紅葉を三葉描き出してくれました。これは実に美しく、『橋市』親子二代の作品を持っている者は恐らく私一人と思います」

黒い筒に赤、青、黄が初霜にあったばかりの紅葉のように生いきとしていて、漆特有の艶が何

ともいえない。漆の凸凹がくっきりと美しさを添えており、私はその美しさに魅せられてしまった。

作家の大林清さんは二代橋市の孫で、同氏は祖父二代のことを知っておられた。

「奇人といわれましたのは祖父の養父のことで、なかなか奇抜なことをしたらしいようでした。しかし一面、職人気質の人で、良い仕事はしたようです。祖父はやさしい人で、幼い頃に細工場に入っては叱られましたが、漆は埃を嫌うので細工場は閉め切りで仕事をしておりました。筒は日本紙を観世縒(より)に縒り、筒に巻いて漆で塗ったもので、何回も乾かしては塗っておりました。叱られて細工場に入りましたとき『静かにしているんだぞ』といわれ、祖父の仕事を見ていたものです。漆臭い部屋で櫛、筒、お盆、お茶やお花に使う物を作っていました。子供は母一人でしたから、この仕事が継げませんので弟子の伊藤鉄三郎さんが『橋市』の三代を継ぎました」

鮎問屋　魚がし　尾寅

慶長年間（一五九六―一六一五）に摂津の国佃村から来た漁師たちに、徳川家光は大川（隅田川）の中洲を与え、幕府御用の漁労をさせた。漁師たちは上納して残った魚を、日本橋の河岸に船を浮べて道行く人に売ってた。これが日本橋の魚市場の始まりである。

慶安四年（一六五一）に、漁師森孫右衛門の長子九郎右衛門が幕府の許可を得て、日本橋小田原町に店を設け、隅田川や江戸湾（東京湾）で採った魚を一般の人々に売った。魚市場の先鞭をつけたのはこの九郎右衛門である。

江戸の末期、この市場の繁栄を『江戸名所図会』にはこう記してある。

「橋の下を漕ぎつたう漁船の出入、旦より暮に至るまで嗷々（ごうごう）としてかまびすし。船町、小田原町、安針町等の間悉く鮮魚の肆なり。遠近の浦々より海陸のけじめなく、鱗魚をここに運送して、日夜に市を立て甚だ賑へり」

魚市場は鮮魚をすばやく取引きするために、威勢のいい若い衆が掛声も勇ましく、時には殺気立った荒っぽい市場であった。このような雰囲気が、いわゆる「江戸ッ子」を表徴するような気風となり、粋でいなせな江戸ッ子気風を醸し出した。

「尾寅」の初代は尾張（愛知県）の出身で、尾張屋寅吉といい、魚市場の店は日本橋の北詰の手前を左に曲り、二つ目の角にあった。それで角の寅、「角寅」ともいわれた。

江戸時代の魚は、近海物として江戸湾でとれたいわゆる〝江戸前〟物と、遠海物として九十九里や相州（神奈川）のものがあり、江戸湾は実に豊富な漁場だった。九十九里や銚子に揚がった魚は小舟で利根川を上り、江戸川を下って江戸湾に入り、この魚市場に運ばれた。

幕府の御用魚は、銚子から早船で布佐まで運び、それから御用の札のついた早駕籠で松戸まで走り、ここから船で小名木川を通り、大川に出て魚河岸から江戸城に運び込まれた。

この時代の魚市場の権力は、漁場にも及び、魚問屋が「持ち浦」「仕入浦」を持ち、「どこそこの市場はどこの魚問屋」と定っていた。

この中で「尾寅」は鮎問屋として有名で、鮎専門の問屋だった。鮎は流れのきつい多摩川物が一番で、鮮度も高く身もしまり、香気も高く、光沢も味も他の川でとれた鮎とはくらべものにならなかった。特に初夏の鮎は初鰹以上に賞味され、一流料亭は争って引取った。この鮎を「尾寅」は一手に引受けた。鮎の相場は常にこの店が仕切っていた。

明治の初年、十代「尾寅」の服部長兵衛（文化十三年［一八一六］生まれ）は商売熱心で、なかなか侠気で腹太の人であった。一方、芸事にも趣味深く、河竹黙阿弥などとの交際も厚かった。通人連で作っている「酔狂連」の一人で、山城河岸の津国屋藤兵衛、落合芳幾、扇夫、広岡幸助、条野採菊らと共に歌舞伎界にも深く関係していた。明治の初年、守田勘弥が浅草猿若町より新富町に芝居小屋を移した頃、団十郎の改名問題が起きた。当時黙阿弥と権之助（後の団十郎）を呼び相談をした。そして芝居関係から苦情が出たら黙阿弥が引受け、新場や川通りの組合からのごたごたや借財は一切「尾寅」が引受けることに決まり、権之助に団十郎を襲名させることにした。この頃は襲名する名に、借財がついて来ることがよくあった。

今でも市川家が演じる「助六」は、河東節の関係もあるがこの魚市場に話があって初めて上演する習慣がある。

このように魚河岸と歌舞伎、特に「尾寅」を通じての関係も深く、当時の「尾寅」は市川家の有力な後援者で、正月など市川家関係の者はもちろん、四世中村芝翫、権十郎など、さらに芸妓、幇間までお祝の客が絶えなかった。

特に黙阿弥との交際は深く、初松魚など初物が入荷すると、まず黙阿弥の所へ贈ったらしい。

「大暑の節に候得共、益々御清栄奉祝祝寿候。陳者、業用の繁きと老人の引籠り勝に而意外の御無沙汰御有免被下度候。先達而は初松、活鯛御投恵下され難有、其御礼にも参上不致候内、又々御祭礼御揃並に団扇、手拭頂戴致し、重〳〵難有奉存候。今日暑中御窺旁々御祭礼御祝に参上可致之所、当節新富町秋狂言並に二丁目本郷の助に頼まれ、年寄之重荷汗のみ出て弱り居り候。何れ近日参上いたし得花看、種々之御礼申述候。為御祭礼御祝、暑中御伺に粗品呈上御笑納被下度候。先は大暑御厭御凌可被遊候。

中々可祝

八月六日

其水拝」

角尾様

この手紙は、明治十四年のことで、家族ぐるみの交際をしていた。粋人で明治の芸界につくした「尾寅」の十代は明治二六年七八歳で死亡している。

十一代も芸熱心の人だった。当時流行の河東節や一中節を習い、踊もうまかった。誰にも芸事を習っているとは話さず、とある機会に「滝夜叉」を踊り、それが細君に知れて家庭争議を起こしたこともあった。目元の涼しい粋な人であった。関東大震災で夫人と子供を失ない、一人となった十一代は新橋の老妓喜代次（花井お梅と沢村源之助を張り合った人）と青山で静かに暮していたが、昭和になって死亡した。

これで「尾寅」の店は血筋も絶え、店も閉じた。戦後「尾寅」の関係者が集り、魚河岸で有名だった「尾寅」を再興させようとの話が持ち上り、尾村幸三郎氏の父（尾久）が先代の店に永く勤めていたので、「尾寅」の店名を継いでいる。

永芋問屋　連雀町　「万本店

秋葉原の青物市場は昭和の初めまで、千代田区神田須田町一丁目及び神田多町二丁目にまたがった広い地域にあった。この神田青物市場の始まりは慶長八年（一六〇三）に家康が江戸開府にともない、江戸市民の需要をみたすために水利の便な神田川べりに設けたもので練馬方面及び下総・上総の青果物は舟で神田川岸に荷上げされ、青物市場に運び込まれた。

神田市場の外には高崎、奥州街道にそって駒込、千住などの市場もあったが、正徳四年（一七一四）に幕府の御用を務める青物役所が、この市場内に設けられるに及び、神田青物市場が江戸で最大の市場となった。

「万本店万屋松五郎がいつ頃からこの市場に店を持ったかは分らない。代々幕府の御用店として土物の山芋、大和芋、慈姑などと蜜柑を取扱っていた。弘化四年（一八四七）に紀州蜜柑の荷受けについて、青物役所取締名主の代表の一人として奉行所に書類を提出しているから、その頃にはこの市場の名主として、重要な店となっていた。

四代江沢松五郎は神田区連雀町七番地に、明治の初年に店があり「蓮雀町「万」といわれ、商号は「よ印」または「よろず屋」通称「万松」であった。

土物は昔からこの市場のしきたりで、問屋は「万が独占していた。土物の入荷は「万が全部引受けて、仲買の四軒（伊勢長＝松本長五郎、万幸＝江沢幸吉、伊勢長＝岡林長兵衛、伊勢屋＝堀池長吉）にいいせりで卸していた。当時の取引き状況について、同市場の武金さんはこう話している。

「仲買の四店はいずれもこの神田の青物市場の一流の荷受け仲間で、土物の仲買はこの四店以外に参加は出来ませんで、もし土物が入用ならばこの四店の誰かに依頼して手に入れたものです。

「万の五代江沢由三郎さんが筆を片手に手板を持って、腰に矢立を挟み、そのやり取りを受け、帳付けは番頭の新さんがつけておりました。この取引きは短時間で終り、「万さんは風呂に入り、汗を流して外出したもので、当時の商売はこれでよかったので実にのんびりしたものでした」

五代の由三郎は芸達者の人で、芸者と一緒になったが、堅物の四代松五郎はどうしても許さず、ついにこの女の籍は入れることが出来なかった。四代松五郎は青物市場の土物問屋として、商売も熱心で財産も残した。神田市場の役員として永年勤め、店員を大勢養成し各々支店を出させ業界に尽した。明治二九年十二月二九日、惜しまれつつ他界した。

五代の由三郎は義太夫、骨董、盆栽に凝り、自ら「菜魚」と称し、商売は番頭任せだった。明治の末年に「万浦」に蜜柑、その他の店に土物の問屋株を譲り、神田市場から身を引いた。大正の震災の後に巣鴨方面にいたという噂があったが行方は不明だという。四代までの墓は谷中の観智院にある。

神田青物市場全国青果卸売組合連合会会長の江沢仁三郎氏は「万の親戚である。

味噌屋　乳熊

さが丁

「味噌屋乳熊」これが「ちくま味噌」と判るまで、「乳熊」とは何だろうとずいぶん考えさせられた。「ちくま味噌」は深川清澄公園の近くで、倉が堀に面した大きな味噌屋である。

「ちくま味噌」の初代作兵衛は伊勢国（三重県）乳熊の出身で、慶長年間（一五九六—一六一四）に出府し、一時日本橋で塗物店を開いていた。元禄の初めになって深川永代橋の東袂に味噌屋を始めた。この時故郷の乳熊の地名をとり、店の名を乳熊屋作兵衛とした。せっかく日本橋で塗物店を開いていたのに、味噌屋になった理由を、いまは十六代の竹口作兵衛さんに尋ねてみた。

「はっきりしたことは判りませんが、伊勢の国は山が多く、農産物も少なく、代々の領主は商いで国を富ますべきだと一般の者に行商を許したものです。そのため江州やこの松坂には江戸時代から商人が多いのです。松坂の人々は行商をしながら、海運がよくて水の良い土地を選んで酒や味噌の醸造業を開く者が多かったので、初代も味噌屋を開いたものと思われます」

初代作兵衛が隅田川の永代橋際に店を持ったのは、大量の米や塩、大豆の船による輸送が便利だったからだ。米や大豆は、関東物を使った。塩は行徳で出来たが、やはり瀬戸内海のものが多かった。この河岸には漆喰でかためた白い乳熊の倉が立ち並び、原料の搬入や出荷をする軽子の掛け声が毎日静かな川面に響き渡った。

この土地は船便はよかったが、土地が低いので味噌の生命である麴は作れなかった。デルタ地帯の深川は堀をほり、その土で出来た土地で、ちょっとした雨でも水が出る。これでは麴室が作れず、米を本郷の麴屋に送って麴を作らせた。

その頃、高台の本郷、麴町、芝あたりには麴作りの店があり、本郷には文政期に百数十軒の麴屋があった。そこへ乳熊屋から毎日米が送られ、毎朝三時には室から出された麴が大八車や馬車に積まれ届けられた。

初代作兵衛は商売熱心な人で、一代で「ちくま」の土台を築き上げた。しかし風流の人でもあり、宝井其角の門に入り俳諧の道を学んでいたが、同門に大高源吾がいた。元禄十四年十二月、赤穂浪士が主君浅野内匠守の仇を打つべく本所松坂町の吉良邸に打ち入り、みごと本懐をとげて品川の泉岳寺に引揚げる途中、永代橋を通った。この時初代は、赤穂浪士に熱い甘酒粥を振舞い、その労をねぎらった。一行の中に大高源吾のいるのを発見して、その無事を喜んだ。

その時源吾は、新築中の乳熊屋の店の棟木に店の由来を書き、看板を揮毫してくれた。

これは初代が店を開いてから十四年目のことで、これが評判となりますます繁昌した。永代橋際の「乳熊ビル」の前に、この店と赤穂浪士大高源吾との由来を書いた碑が今も建っている。

初代は、江戸末期にこの深川に住んでいた佐藤信淵（農学者で『農政本論』などの著述がある）、勝海舟との交友も深かった。特に海舟の父の小吉とは住居も近く、小吉を通じ海外の事情と日毎に変化してゆく国内の状勢を知り、町人ながらも国事を憂い、勝海舟の紹介で横浜の医師ヘボンと知り合い味噌の東南アジアへの輸出を行なった。

明治になり、東京市内外に数百軒の得意先を持ち、船で出す荷、馬車に積む樽は日に何百を数え「ちくま」の店の前は人の通れないほどの混雑ぶりだった。この賑わいは、明治十八年河竹黙阿弥が書き下した『四千両小判梅葉』の中の「四谷見付外堀端」の場に「ちくま味噌」の台詞があることからも知ることができる。

九助「ごまぢゃねえが、お前の味噌はめっぽうけえ味が良くついている」

富蔵「代物がよくなけりゃあ、どうしても売れねえから、永代の乳熊までわざわざ俺が買いに行くのだ」

伝助「道理で味がいいと思った。味はちくまに限るのう」

これは菊五郎が富蔵に扮し、当時の話題をさらい、菊五郎の当り狂言となった。近くは幸四郎、勘三郎または海老蔵、松禄のコンビでしばしば上演されている。

竹口さんは、

「私の家は三百余年の歴史がありますが、大正の震災と今度の戦災ですっかりその資料を失い、父や祖父に聞いたことや、永くおります番頭などから聞いた話です。私の家では代々初代作兵衛の名を襲名致しております。祖先は、江戸の人の口に合った味噌はどのような味のものか、ずいぶん苦労したようです。江戸には各国の人が集っておりますので、その生まれた国によって味が違うことに気がつきました。寒い国の人は塩の効いた味を好み、暖い国で暮していた人は甘い味噌が好きで、そこで甘味噌と塩気の多い味噌を作りました。

しかし味噌は同じ作り方をしても風土、気候により違います。地方の農家は冬になる前に味噌、醤油の仕込みを始めます。しかし寒い土地では、冬に仕込みましても発酵しませんので、自然と夏を越す味噌が出来ます。二年、三年置きまして〝なれた味噌〟となりますが、これを賞味する処もあり、それぞれの国で風味と味の違った味噌が出来上ります。

味噌は、その方の生れ故郷で常日頃食べていた味噌が、一番口に合うといいます。その味を出すのに祖先は苦労したようです」

三〇〇年近く、しかも十六代も続いた「ちくま味噌」の店歴に私は感心した。その間、江戸では何十回もの大火があり、維新のような政治的にも生活様式にも大改変のあった時代もあった。その時々に人々の味の変化もあったろうし経済の危機にも襲われたことだろう。明治から大正へ、新しい機械文明の流入する時期に、いち早く麴室を利用せず、温度と湿度を調整出来る味噌倉を開発し、醸造方法を改革したのもこの店を繁栄させた原因だった。当代の竹口作兵衛さんにお尋ねしてみた。

「味噌の一番おいしい食べ方は、醸造したてのツブ味噌を当り鉢で山椒の擂粉木ですりまして、使用するのが一番旨い味の味噌となります。山椒の木の香りが味噌に混り、味をよくします。味噌汁にするには、煮ては駄目で、温めるつもりで熱してください」

味噌屋　妻恋坂　いせ利

妻恋という地名が本郷にある。粋な名だなと思っていたが、妻恋坂という坂と、妻恋神社もあった。妻恋坂は今の蔵前通りの坂でなく、この坂から一つ湯島に寄ったほうの、急な六メートル位の狭い坂である。登りきった所を右に曲がると湯島天神に突き当たる。

妻恋神社は『江戸名所図会』にはこう記している。

「日本紀に、日本武尊東夷征伐の時、妃弟橘媛海水に入りてむなしくなり給う。依って尊この事を深くなげきたまひ、帰路に逮んで上野国碓日嶺に登り、東南の方を望みたまひ、吾嬬（妻）者耶と宣ふよし見えたり。困って考ふるに、此地も東征の時の行宮の地たるによって、かの尊を鎮り奉り、妻を恋ひたまふの意を取りて直ちに妻恋明神と号けしなるべし。今稲荷明神をもって社の号に称するといへども、おそらくは後世合祭せるならん歟」

この神社には天正年中家康巡見中急難あり、この神社で一夜すごしており、寛永五年には家康の像を鎮座してある。

妻恋坂の途中を右に曲がる五味坂があり、その左側に十メートル程の古い石垣がある。これは時代物だなと思っていたが、これが江戸時代から味噌を作っていた「伊勢利」の屋敷跡だった。町会長の鶴巻嘉男さんは、妻恋神社の由来や「伊勢利」の屋敷跡を案内されたあと、この店に長く勤められた内山さんの宅まで一緒に行ってくださり、いろいろとお話を頂いた。

この本郷台は江戸時代から麹の産地であった。本郷三丁目辺から金助町、春木町、三組町、新花町からこの妻恋にかけて、麹の室が数多くあった。江戸及び近辺の味噌屋、酒屋が米を持ち込み、これらの室で麹を作らせ、毎朝三時ごろから大八車に麹を積み朝もやの中を走って行くのが当時の風景だったという。元禄の初年（一六八八）に聖堂を湯島に移した時、その敷地内に麹室が多数あったというから、その歴史は古い。

文化十三年（一八一六）山形豊寛著『江戸図解集覧』にはこんな説明がある。

「本郷湯島より、江府の酒、味噌麹多く出る。芝辺の麹は増上寺切通の上、三田辺より出る。惣じて下町は湿地にして、三、四尺下は水也。本郷又は三田辺は土地高く、室をつくらうに煩なし、よって此職多く右の所に住す」

この本郷台は高台で、ローム層の土地に十数米の縦穴を掘り、そこから何本かの室用の横穴が掘られていた。一定の温度と湿度が麹を作るには必要で、土肌をむき出した室は麹作りに最適だった。高台のため地下水も遠く、長雨が降ってもこの条件は一年中変らなかった。

「伊勢利」の初代は伊勢（三重県）の高木村の出身で、藩主の戸田侯は松坂の商人に江戸に出て業を営むように推奨しまた全国に行商することも許した。元禄の頃「伊勢利」の初代は江戸に出てきた。「伊勢利」の屋敷は藩主戸田侯の菩提寺の蓮光寺のあった所で、明暦三年（一六五七）の振り袖火事の時罹災し、本郷肴町に移転した跡地で、その地約一千坪を得て室を作り、味噌屋を開いた。

「伊勢利」が繁昌した原因に、正月の〝おかぐら〟があった。正月三日以後数日間、三河の万歳と近郊からの〝おかぐら〟を呼び店を開放して祝った。これが妻恋の正月風景となり、「伊勢利」の笛、太鼓の音は町内から神明下の町々に響いた。この日は店の前に甘酒の屋台を作り、女子供は申すに及ばず通行人にも振舞った。中には鍋などを持って来る人もあったが「伊勢利」は気前よく応じた。

明和九年（一七七二）の江戸大火の時、店も倉も焼けてしまったが、焼けた味噌や塩を罹災した人々に施した。施しを受けようとして集まった群衆に死者が出るほどの騒ぎで、それがまた評判となり口から口へと伝えられ、江戸末期から明治にかけていっそう繁昌した。

店は秋から春にかけてとくに多忙を極めた。毎日の売上げは銭箱が一杯になるほどで、その目方は十貫匁に及んだという。毎晩の銭勘定は大僧、小僧が夜遅くまでかかった。

明治になり宮内省及び宮家のご用もつとめ、東京市内外に八百軒余の得意先をもち、上海、ハワイ、アメリカにも輸出し、台湾や朝鮮にも出張所を持った。一日二〇〇樽以上の荷物が神田川から船で出荷され、大八車や馬車で運び出された。忙しかった日は店員全部に「神田川」の鰻が振舞われた。当時の店員の休日は藪入りとお盆位のもの。毎日の食事も魚がつくのは一日と十五日位だった。一般の家庭では料理に使う醬油を節約して、味つけは塩ときまっていたもので、鰻が食べられるなどは願ってもないことで、一生懸命働いた。

この時代は「伊勢利」七代の時で、東京の長者番付に、高木利七の名が記載されている。店は間口二〇間、奥行十間程あり、味噌倉七棟、文庫倉が三倉あった。七代は商売は番頭まかせで芸事に凝り、骨董に明るかった。文庫倉には国宝級の書画、骨董が多数所蔵されて、その価格は当時の文京区の土地全部買える位あったという。本宅の床の間の柱は京都の金閣寺の南天柱より太くりっぱであった。節句には親戚、知人を迎えて祝ったが、雛段は十畳間いっぱいに飾られた。雛人形は象牙造りで、その衣装は三越で当時一流の職人に作らせた。その豪華さに参会者は「さすが伊勢利だ」と舌を巻いた。

七代は多芸の人で、養鶏にも趣味を持ち、高知の長尾鶏を飼い、その頃一羽千円もしたものがあった。

ある時「伊勢利」に盗人が入った。その時利七は財布のまま金を出したが、盗人は中の金だけ抜き取って去って行ったが、残していった財布の方が、取られた金より高かったと大笑いしたことがある。

このように渋好みの旦那衆で、小唄をよくし、芸人や角力取り、幇間などの出入りも多く交際好きだった。外出する時は抱えの人力車で出かけた。大久保に別荘があった。毎年躑躅の花が咲く頃になると茶友を呼び、舞台をしつらえて園遊会を催した。当時この大久保は東京の躑躅の名所で、七代も自庭に名木を集めていた。

明治末期になると、温度や湿度を調節する装置が開発され、室（むろ）のない工場でも味噌や酒の麴が出来るようになった。しかし「伊勢利」は手作りの寝かした味噌が良いと、相変らず今までの作り方を変えず旧来の営業方法を踏襲した。そして四〇石入りの味噌樽（八尺×八尺）を二〇〇本も常時作っていた。時代の流れに気もつかず、時流に逆らった商法を続けている間、大正十二年の関東大震災で倉も屋敷も焼け、文庫倉にあった貴重な書画、骨董品も残らず焼失してしまった。消火につとめていた番頭や使用人は麴室の中に入って助かった。

八代は商人には向かない人で山歩きが好きだった。九代は今度の戦争で召集をうけた。空襲で店も家も焼けたが、こんどは麴室に退避した使用人は全部焼け死んだ。復員して来た九代はすっかり商売意欲を失ない、ついに廃業してしまった。

大久保の別荘は大正年間、府下神代村に移し躑躅もその時移し植えたが、この別荘も財産税で物納してしまった。いま僅かに京王線に「つゝじが丘」の名が残っている。「伊勢利」が別荘に移転した躑躅が物納後も近くの家々に植えられ、それが今に息づいているものである。九代はその後藤沢に移転したが、五二歳で没した。

今、本郷名物の麴室は神田明神前の天野屋に残されている。先頃私はこの店を訪れ麴室を見させてもらったが、二百年余も前に造られたこの室はローム層の土肌をそのまま現しているところもあるが、明治以後に煉瓦で補強した部分もある。まさか東京にこのような江戸時代のものが残っているとは意外だった。

この店では今も、店で売る甘酒、味噌は手作りであるという。

西新井　かるやき

雨の中を、西新井の「かるやき」を求めて西新井大師の門前町を訪ねた。

一軒々々のぞくようにして「かるやき」の看板を探したが見当たらない。煎餅を焼いている店に雨宿りに飛び込んで、女店員に聞いてみた。「かるめ焼ですか」という言葉が返って来た。若い人々は昔名物だった「かるやき」の名前さえ知らないのかと思うとがっかりした。しかしその店の年配の婦人が、若い店員をたしなめて「大谷屋さんが昔かゝゝゝゝるやきを焼いて、売っておりました」と教えてくれた。

大谷屋は草団子屋だった。私の突然の訪問に驚きながらも、奥さんの栄子さんは「昔話ですね」と下町の人らしく気さくに話をしてくださった。

初代大谷恒三郎は興野（おきの）村（むら）（足立区興野）の地主、大谷家の長男として生まれた。農家の生まれであるが農業を嫌い、弟に家をゆずり弘化元年（一八四四）に西新井大師の参道の真ン前に土地を求め、大師の土産品として「かるやき」の店を開いた。

この時代の西新井大師の付近は田と畑との緑に輝く土地で、遠く筑波も春霞みの彼方に隠見し、静かな田園風景の中にポツンと大師の甍が聳え立っていた。大師境内には簀葭張りの茶屋が店を並べていた。

大師詣りは舟で小台まで来るか、千住から西新井大師道を歩くか駕籠に乗って来たもので、どちらにしても一日がかり。遊山がてらお詣りをしたものだった。

この土地は江戸にも近く、煎餅で有名な草加にも近い。煎餅の原料の米所であり、各農家もこの土地の風習として、米で「かるやき」を老人子供向きの菓子として作っており郷土色豊かな菓子だった。

初代はこれに目をつけ大師詣りの土産品として、庶民の口に合う「かるやき」を作りあげた。大師のご縁日の日は、平日の閑散さとは打ってかわって大変な賑わいをみせた。ご縁日の前日から大師の境内は人の波がつづいた。茶屋もこの日は一家総出で、手伝いをたのんで客を迎えた。茶店ではおでんやうば貝の煮つけなども売っていたが、大谷屋の「かるやき」を参詣の人は争っ

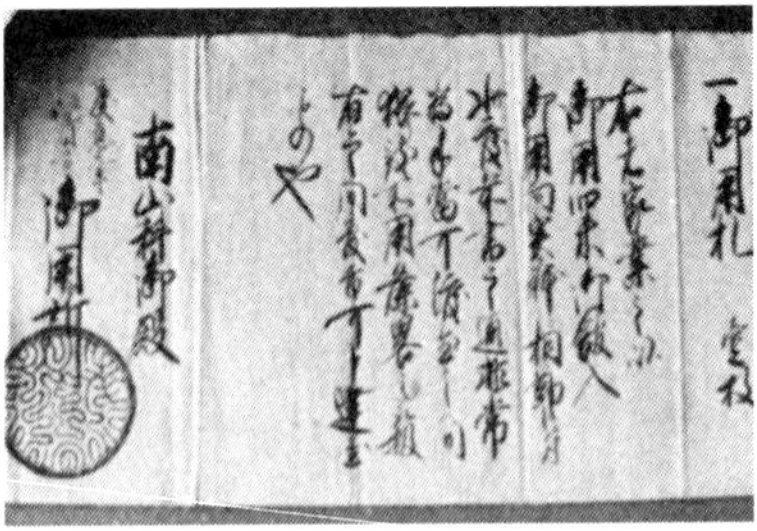
「かるやき」の御用札

て買った。

この日のために大谷屋は三〇人からの人を臨時にやとい「かるやき」を作った。この日の売上高と、大師のお賽銭とどっちか、といわれたほどに売れ、時間によっては客が殺到してどうにもならず、怪我人まで出る騒ぎもあった。一番よく売れたのは明治の中頃で、大谷屋二代の時代だった。

その頃は間口二〇間、奥行十間もあった堂々たる店で、店の前に木で柵を作り、お客の整理をしたほどだった。紺のハッピを着た頭連が客を気持よくさばいてくれた。

三代も商売の熱心な人で、「かるやき」の味を変えず、新しいものを考えて、飯倉の風月の修業に行き、一時見込まれて言問団子の養子に迎えられたこともある。が、家に戻り三代を継いでいる。

西新井大師をお詣りすれば土産は必ず「かるやき」ときまっていたが、今度の戦争で原料は配給となり、そのうち不足気味となってきた。この頃には大谷屋の「かるやき」を真似てまがい物を作る店が現れていた。三代は「今まで信用して買って頂いたお客様に、自分の気のすまない品をお売りすることは出来ない」と、ついに製造を中止してしまった。

戦後は味の変化もあり、この西新井で「かるやき」を作る人は少なくなった。それでもたまに大谷屋に「かるやき」といって訪れる人があるという。大谷屋四代立三さんの奥さん栄

子さんは、

「昔はこのかるやきの作り方は秘法になっておりまして、主人以外の人は知りませんでした。餅米を挽いて、これに熱湯を注ぎ、しゃもじでよく練り、せいろで餅の芯までふけるようにして玉子大にちぎり、それを蒸して熱いうちに取り出し、臼で搗いて餅にして砂糖をまぜたもので、これを生かるやきといいました。

秘法はこの砂糖の混ぜ方で、うまく混ぜないと砂糖が浮き上ってしまいました。この混ぜ方を失敗すると〝数の子〟といいまして、ざらざらになったものです。この生かるやきはちょうど牛脂のようなものでした。

焼かるやきは生かるやきを短冊型に薄く切り、鉄板や鉄棒の上で焼いたもので、砂糖が入っているので軽くふっくりと焼き上り、子供や老人に喜ばれたものです」

この店は昭和六年、東武線の西新井駅から西新井大師まで延びる時に店の敷地の一部を参詣道として割譲したので、今は角地となっている。明治の初めの大谷屋の繁昌を広重が描いているが、この絵は戦災で焼けてしまった。

現在、大谷屋は「かるやき」は売っていない。五代の映一さんは「セジュウル」というレストランとパーラーを営んでいる。

今戸　都鳥せんべい

待乳山の聖天様の丘から眺めると、隅田川の上り下りの船も絶え間なく、昔吉原通いの舟で賑わった山谷堀の水は濁り、水門の吃水線も黒く汚れ、今戸公園の台東体育館の建物にはもう昔を探ぐるよすがもない。今戸が震災前までは〝今戸の寮〟といわれたお屋敷町であったことを知る人は少ない。

江戸の頃、この今戸や本所、深川、向島などに大名や旗本の控屋敷、下屋敷が出来た。資産のある町人の寮などがデルタ地帯の掘割りの岸に多かったのは、日本橋や京橋から舟で往き来するのに便利であったからだ。さらに江戸の末期になると、今戸には猿若町の役者連の住宅が集まり、はなやかなところであった。その頃は隅田川は清く、白魚が寮の桟橋に引き潮に残されて朝の味噌汁の実になったともいい、この流れで顔を洗ったともいう。

小松宮様のおられた対鷗荘、明治の時代に三井と肩をならべた三谷の屋敷もあり、中村鶴蔵や田之助、宗十郎、三津五郎、百之助、我童などが住んでいた。正月などは菊五郎や彦三郎が人力車で若い衆を連れて、新年の挨拶に毎年来るので、このあたりは大変な賑わいをみせ、琴、三味の音も絶えず、今戸橋から橋場にかけて優雅な屋敷町だった。〝竹屋の渡〟が今戸橋の袂にあり、対岸の向島では桜の季節になるとこの土手の桜が雲と見違える程で、朝と夕の六つ時に打つ三囲神社の太鼓の音が川面に響き、櫓の音も静かに聞えた。

この屋敷町の近くには仕出し専門の店も出来、料亭の「大七」「八百善」「重箱」もあり、その中に気のきいたせんべいや「都鳥」があった。

今戸の「都鳥せんべい」のことは、浅草猿若町の「猿若せんべい」、今戸の「今戸焼」の白井さんを訪ね、それから今戸の曹洞宗本龍寺で「都鳥せんべい」三代川村幸松さんの奥さんが茨城県牛久駅の近くにおられることが分った。

川村芳子さんは七三歳で、お孫さんに取巻かれ静かに暮しておられた。私の突然の訪問を驚きながら、快く話を聞かせてくれた。

「今戸の『都鳥』の先祖は遠州浜松の漢方医だったといいます。祖父は医者になるために文化・文政の頃江戸に出て参りまして、知人の今戸の本龍寺さんにお世話になり、医学の勉強をしておりました。

ちょうどその時、ある藩の江戸屋敷に行儀見習に行っていたこの寺の娘が宿下りしてきまして、その娘と縁があって一緒になり『都鳥せんべい』の初代幸助が生まれました。この人は商人肌の人で、本龍寺の境内――今の隅田公園のプールの前に店を開きました。

はじめは消防用のさし子を作って売っていたといいます。それが、どこで覚えてきたものですか、明治の初年に手焼きせんべいの店を始めました。この店で売っていたのは今も売っている丸い煎餅で、当時はどこでも焼いて売っていたものでした。

二代の辰之助になりまして、お土産用によく売れましたが、普通の煎餅ではどこでも売っていて面白くない、何とか工夫はないものかと常々考えていたが、ある時〝竹屋の渡〟の舟

「都鳥せんべい」の千社札

に都鳥（かもめ）の乱れ飛び交うのを見て、この鳥の型のせんべいを小型にして作ってみたら、と思いつきました。早速鳥型の種を手で作り焼いてみたものを私に見せ『どうだ、面白いだろう』といいました。私は、こんな小さな煎餅をどうやって焼くのか心配でしたが、主人は知人に頼んで真鍮の板型を作らせ、それで餅を抜いて焼きました。が、どうも厚い餅はふくれまして、屑が出来ますので、餅を薄く作り、それで型を抜き焼きましたら、これは成功しました。

しかし煎餅を焼くには千遍返すといいますが、何せん小さいので焦げないように一つひとつ引っくり返すのが大変です。使用人から早速苦情が出ました。そこで細かい金網に蝶番をつけて、金網と金網の間に種をならべ、網で押えて遠火で焼くように工夫しました。煎餅は手焼きにかぎりますが、種を遠火で温めながら芯まで火を通して、それから本式に焼く心持ちで作らねばなりません。私の店では、ふくれた煎餅は屑煎餅として処理してしまいました。

主人は商売熱心でしたが、また芸達者で、特に清元が上手でした。声がよい人で、すすめる人もありまして一時は清元で身を立てようとしたこともあり、そんなことから今戸のお屋敷への出入りも多く、役者衆との知合が多かったので客筋にはその関係のご注文が多かったものです。

初めのうちは店売りを致しておりましたが、お客様に焼上るのを待って頂くのは大変ですから、注文を頂いて約束の時間にきて頂くようにしました。これはお客様に粗相があっては申訳ないとこのようにしたのですが、今考えますと、のんきな商売でした。繁昌したのは型が変っていたのと、品良く、味がよかったので各屋敷、役者の方々に気のきいた手土産としてご用を頂き、桐の箱に詰めてお願いを致しました。〝おさらい〟の時は烏帽子籠に入れて何百も作ったものです。

明治の中期には猿若町の芝居小屋も東京の中心に移りまして、芝居小屋から注文があると父は気が向きますと、新富座などに円太郎馬車に乗りまして、楽屋に届けに参りました。そしてついでにお芝居を見物するのを楽しみにしておりました。

その後主人が作りました〝桜の花型〟〝木葉型〟の煎餅も好評でしたが、大正の震災を境としましてこの今戸の寮も少なくなりました。今戸川も汚れ、自動車も発達して舟の必要もなくなり、山谷には震災の罹災者を収容するバラックが建ち、人気も悪くなり『八百善』も再建致しませず役者衆の屋敷も次第になくなりました。その後あちらこちらに、私の店の人気を見まして真似する店も出来て参りました。そして今度の戦争です。この牛久に二代と三男と私が疎開しておりましたが、戦災で主人と子供三人を失いました。その上一代にも数年前になくなられ、もう今戸に店を出す気力も失ってしまいました」

あきらめ切った川村芳子さんはくったくのない笑をうかべ「すべて昔のことになりました」と

結んだ。腕白盛りの孫を相手に田舎のおふくろ然としたこの人の口から、無雑作に出てくる菊五郎、我童、小松宮様、三谷様などという言葉が時代と歴史を物語っていた。

茶道　川上宗順

表千家茶道の不白流の流れをくむ川上宗順は、池の端派といわれる川上宗雪と共に江戸時代からの江戸千家の家元である。

茶道の宗家といわれる千利久は堺の田中與兵衛（後の千阿弥）の長男として、大永二年（一五二二）に生まれ、幼名を與四郎といった。商都堺の商人は社交機関の一つとして茶の湯が盛んで、與四郎も能阿弥流の茶匠の北向道陳に学び、後に村田珠光とその門下の宗珠の流れをくむ武野紹鷗を師とし、茶道を極めた。

珠光は奈良弥名寺の僧で、庶民階級の出身。大和の茶寄合の環境に育ち、京都に出て一休に参禅し、東山殿（足利義政）にも参仕し御殿中の御茶の湯も極めた。しかし僧出身の珠光は、茶の湯は貴族の好みのものでなく、むしろ庶民的なものであるとし、唐物の茶器を尊重するより信楽などの侘のある茶器の中に日本的な美を見出し、それを茶道に導いた。珠光の跡目といわれた宗珠も「下京茶湯」と称される四畳半、六畳の茶室を用い、庶民的な茶道を行なった。

このように京都、堺を中心として珠光の精神をうけて新しい茶道が開けた。

武野紹鷗は珠光の教えをさらにすすめ、いっそう簡素な民衆生活に近づけた。今までの四畳半の茶室も珠光の作りの鳥の子紙の白張付きの壁を土壁にし、本格子は竹格子に直し、障子の腰板を取り、床の塗縁を薄塗または白木にして自然を重視した手法を加えた。

與四郎十五歳の時、師の紹鷗が京都に移ったので與四郎も師の後を追い京都に移り住み教えをうけ、その翌年、京都で茶会を開き、初めて茶の世界に名を現した。そして二三歳の時（天文十三年）堺に戻り、宗易の号で茶会をしばしば催した。宗易の身近には奈良の松屋久政、堺の津田宗及、今井宗久などの豪商の茶人がおり、宗易はそれらの人々の中で声望を高めた。

永禄十一年（一五六八）織田信長が京都に進出し、堺の商人に対し二万貫の軍用金を要求して来た。あまりの額にさすがの堺の商人連の会合衆はこれを拒否したが、今井宗久らは名物の茶器を贈って堺の町を救った。その後、堺の商人は信長の権力に屈服し、茶の道にある者もその権威にこびるようになった。宗易も信長に従属し、永禄十三年四月、宗易四九歳の時、信長の前で宗易の手前で、宗久は茶を賜った。

天正十三年（一五八五）秀吉関白就任にともない、その祝として茶会が禁中小御所で行なわれた。この時、秀吉から利久の号を与えられ、天下の茶匠として茶道界の大茶人となった。同十五年、北野で大茶会を開くなど、みのり多いものがあった。秀吉の権力の前に屈したかにみえたが、師の紹鷗よりうけた侘のある茶の湯への道は利久の胸に脈々と流れていた。彼の書いた『南方録』に、

「茶の湯の心の至る処は……草の小座敷にしくはなし……家は漏らぬほど、食事は飢えぬほどにて足ることなり。是仏の教、茶の湯の本意なり」

と述べているように、自然を心とした茶人と、聚楽第を作った権力者秀吉との間には次第に心のへだたりが出来、ついに秀吉の激怒をかった。天正十九年、七〇歳の時、突如堺に蟄居を命ぜられ、同二月二八日切腹を命ぜられた。その直接の原因としてはいろいろといい伝えられているが、どの説も断定してはいない。

①千利休 ― ②少庵（号宗淳） ― ③宗旦（号咄々斎）
- 宗守（武者小路千家）
- ④宗佐（号逢原斎）（表千家） ― ⑤宗佐（号随流斎） ― ⑥宗佐（号覚々斎） ― ⑦宗佐（号如心斎）
- 仙叟（裏千家）

少庵は、利久と後妻の宗恩との間の子ともいわれ、また養子ともいわれている。三世宗旦は天正六年（一五七八）に生まれた。幼少の頃大徳寺春屋宗園のもとに参じ、喝食《かつじき》（仏法の修行の少年）となった。父少庵が千家の再興を許された時（一説には宗旦の時許されている）、一時堺に呼び戻されているが、その後も大徳寺清厳宗渭に参禅して茶禅一味の境に徹し、侘の精神を確立し、千家中興の業を成しとげた。

そして、大名茶人の金森宗和が姫宗和と称されたのに対し、宗旦は「乞食宗旦」といわれた。権力をさけた宗旦の茶道は京都市井に拡まり、山田宗徧、藤村庸軒、杉木普斎らがその門下に参じた。正和五年（一六四八）宗旦七一歳で隠居し、三男宗佐に家督をゆずり、四男仙叟と共に裏に住んだ。これを世の人は「表千家」「裏千家」と分けて呼んだ。

千家は利久を宗家と呼び、少庵を二世、宗旦を三世、宗佐を四世と呼んだ。七世如心斎宗佐は江戸中期の宝暦年間、高弟の川上不白を江戸に差向け、表千家の茶道を江戸の人々に拡めさせた。

この川上不白を「江戸千家」と称し、それを流祖としたものに宗雪、宗什、渭白、宗吾の川上四家が出来た。

今この流派で盛んなものは、池之端派と称する宗雪と、浜町派と称した宗順がある。

(流祖＝初代)川上不白
- 川上宗雪
- (二代)川上宗什―(三代)宗寿(号・眉山)―(四代)宗寿―(五代)宗順―(六代)素蓮―(七代)宗順
- 川上渭白
- 川上宗吾

この五代宗順が明治の時代、東京の茶道界に重きをなした人で、明治四一年八月二三日に七一歳で歿している。

私は、七代川上宗順氏を杉並区高円寺南の屋敷街に訪れた。ここは近くの環七の自動車の騒音も聞こえず、静かであった。通りに一軒だけある畳屋さんに尋ねると「そこを曲ったところの、土塀の家です」という。土塀とは変だナ、と思ったがすぐ成程と思えた。茶道の家元だけに自然を尊び、土塀にしておられるのだなと気がついた。

手入れしたとも思えぬ土塀の重みが、永い伝統の茶道の重みを感じさせる。家元は三〇代のまだ若い方で、不粋者の失礼な質問に、ときどき微笑もたたえてお話をしてくださった。庭も自然のままで、侘を求めるこの流儀のためか、草木は生い茂っていた。

「代々川上家は筑前久留米の有馬藩の茶道指南役をつとめておりました。殿様がお国元にお帰りになります時はお供を致しまして、何回も九州に行っておりました。表千家川上派は江戸千家と称されまして、流祖は江戸に表千家の茶道を伝えるべく、宝暦年間（一七五一—六三）に、七世如心斎宗佐様の命により、江戸に参ったのです。

明治の時代は五代宗順様の時で、一時日本橋蛎殻町に住んでおりましたが、浜町におりましたので『浜町さん』の名で呼ばれておりました。お弟子には三井南家や益田孝（三井物産社長）や馬越恭平（大日本麦酒社長）さんなどがおられました。

護国寺にある川上宗順の設計の茶亭化生庵

五代様は茶道の他に、お道具や建築にも一流のおたしなみがあり、道具屋さんが、骨董、書画を持って参り、その鑑定をお願いしたもので、その道の権威者でございました。馬越さんが護国寺の境内に化生庵（仏法の意で、母胎または卵殻によらず自然に生れること）と申します茶室を建てられました時、五代様がご設計申上げました。墓は谷中安立寺にありまして、栄遠院宗順日聞居士であります」

花道　花本宗壽

花道は華道と書き、記録の上では天平年間（七二九―四九）にあらわれているからその歴史は古い。室町時代には公家、僧、上流武家の間で流行し、展花会など催された。

文明―天文年間（一四六九―一五五五）に『文阿弥花伝書』『唯心軒花伝書』『池坊専応口伝』『御成敗式目』などの教本が作られ、華道の基本が定まった。

室町時代に茶の湯、いけばなが室を賑わすようになり、その規模、様式に変化をきたし、茶室花が生まれた。しかしこの時代の末期から桃山時代にかけて「侘茶」が流行するに及び、小品、簡素な「投入れ」が求められるようになり、茶器と同様に花器が強調され、花は第二義的なものと思われていた時代もあった。

しかし江戸時代に入り、茶の湯が一般化すると共に生花は「池坊」「池坊専好」「青山御流」「園基香」「源氏流」「千葉竜卜」「東山流」「千葉一流」「遠州流」「春秋軒一葉」「古流」「今井一志軒宗普」「相阿弥流」「未生流」「未生斎一甫」「石州流」「片桐石州」などの諸種の流派が生まれ今日の隆盛をみている。

花の本流の華道について、日本大学芸術科の湯本教授にお聞きした。

「花の本流の華道は、明治時代までたしかにあった流派で、何派の流儀を踏襲したものか判りませんが、今は絶えたものか、その流派の名は聞きません。戦前にその流派を名乗る方で、会津若松に花ノ本広松斎と本井一甫という人の名がありましたが、今どうなっているか判りません。花ノ本宗寿の名も記録にありませんし、またその弟子や子孫の方もどうなっていますか。

宗の字は茶道からきましたものか。明暦、宝永の時代の花道関係の方にありますが、茶道と華道とは切っても切れない関係にありましたので、茶道からきたものと思われます」

花道が華道と書かれるようになったのは江戸時代からのことで、茶道の普及と共にそうなったものと思われる。先ごろ東京都内の百貨店で華道各派の華展が催された。各流派の名が新聞紙上に出ていたが、その流派数は一〇〇に及ぶものであったが、「花ノ本流」の名はなかった。

蒔絵師　萩野庄兵衛

萩野庄兵衛は道具商「堺庄」の長男で、弘化三年（一八四六）に京橋中橋広小路四番地（中央区京橋一丁目一番地）に生まれた。このあたりから日本橋、神田にかけては腕のいい職人が集まっていた職人町だった。庄兵衛は土地柄のせいか、どこで覚えたものか蒔絵がうまく、その師匠も分らないが、蒔絵の古物の復元や修理にかけては天下に比がないと称されていた。

蒔絵師萩野庄兵衛のことを知りたくて、港区西麻布の古美術・茶器商「水戸幸」の好意で庄兵衛最後の弟子の長谷川さんにお目にかかった。

「水戸幸」の当代吉田清氏は庄兵衛の孫に当たる。昔、日本橋に萩野の店があった時「水戸幸」

の店も近くにあった。仕事の関係で取引きがあり、庄兵衛の一人娘たまは中村清三郎方に嫁ぎ、「水戸幸」に勤めていた中村の次男清氏に世継ぎがなかったので望まれて養子となっている。長谷川さんは「水戸幸」出入りの職方だった。

「私は明治二八年の生まれで下谷根岸におりました。父は生地師（漆師の注文で漆塗りの下地を作った。材料は大体桐材を用いた）で、萩野方に出入りしていたので、明治四〇年、十二歳の時鞘町にあった店に弟子入りしました。

その時主人は六〇歳位で、養子の八十吉（やそさん）が二七、八で、いい職人でした。中村清三郎さんは蒔絵を作りましては『堺庄』の銘を入れていました。主人は蒔絵を作るよりも修理、複製がうまく、得意先は骨董屋さんが多く、古い蒔絵の修理をしておりました。修理といってもその時代の参考資料を調べてから修理にかかりますので、その調査が大変でした。小倉石油の社長小倉常吉さんの持っておられた国宝の片輪車も修理しましたが、実にうまく直りましたので社長からお褒めの言葉を頂きました。

関東大震災の時罹災しまして、品川の益田男爵邸に一室を頂き、秘蔵の蒔絵を修理し、また複製しましたが、男爵はこれをお客様にお分けしておりました。もちろんこの箱には『堺庄』の銘を入れました」

萩野庄兵衛

七七歳のこの老職人は久し振りに着たものか、和服がどうもギコチない。朴訥で口数少ない言葉から明治そして大正を感じさせられた。また庄兵衛の孫（八十吉の子）の平塚とき子さんはこうも話された。

「家は京橋にありまして、間口二間、奥行七間位の二階建の家で、二階に細工場の八畳がありました。その隣りに四畳半がありまして、そこが祖父の居間で、この部屋が気に入ったものか、私達もお客も入れませんでした。

祖父は仕事はやかましい人でしたが、声を荒だてて叱るようなことはありませんでした。昔は今と違い、細工場に女が入ると穢れるといっておりまして、母や私達は戸口まできり参ることが出来ませんでした。作品は茶道具、食台、火鉢、すずり箱などが主で、下地は他の所で作ってきて、何回も何回も漆を塗ります。埃がつくことを恐れて大きな茶箱のような箱にソット入れて乾くのを待っていたようです。

私は仕事のことはよく知りませんが、ときどき神田の漆問屋に漆を買いにやらされたものです。お茶の好きな人で、一斤十五円もする玉露を喜んで飲んでいました。おしゃれな人で、出かける時は唐桟の着物に茶羽織、角帯に白鼻緒の下駄といった姿で、子供心にもなかなか粋なものでした。背は五尺五寸位で決して大きな人ではありませんでした。江戸の職人といった風の渋味があり、お寺参りが好きで一日と十五日には深川の不動さんにお参りしたものです。その時は羽子板など買って来てくれました。

人力車や馬車が嫌いで、どこに行っても必ず歩いて帰って来ました。下駄がすぐ履けなくなり、祖母はこぼしながら新しい下駄を用意したものです。

そしてこれは祖父の癖でしたが、どこへ参りましても道具屋があると寄り込んで、古い物があれば見せてもらい、その店の主人と話し込んでいたものです。出かけたらいつ戻るか分らなかったものです。

赤坂の『水戸幸』さんのお世話で大正十三年、七八歳の時、神戸の山下汽船の山下亀三郎さんのお邸で一年がかりで、お茶道具や漆器を修理致しました。震災にあいまして家を焼いてしまいましたので、品川の益田様のお屋敷にお住居を頂きまして、益田様のお仕事をさせて頂きました。祖父はこのお邸で昭和四年十月に八四歳でなくなりました。戒名は観誉寿得信士で、小石川表町（文京区小石川三丁目五番）の浄土宗法蔵院です」

蒔絵師　小川松民

明治の時代、日本の蒔絵界に新風を吹き込んだ偉大な蒔絵師小川松民は、江戸日本橋長谷川町（中央区日本橋大伝馬町一丁目）で弘化四年（一八四七）四月二五日に生まれた。本名を繁次郎といい、父は金具師で小川忠蔵といった。

文久二年（一八六二）三月、十六の年に中山胡民の門を叩き、慶応年間に絵を池田孤村に学んだ。松民が修業を終えた頃はちょうど明治維新で、生活に窮した大名や武士は、持っていた書画骨董を安く売り払っていた。松民は今となれば国宝的な書画骨董を買い漁り、蒔絵の参考資料とし、自分の部屋にあふれるほど積んでいた。

明治九年、松民は海外の絵の研究のため、当時としては芸術家で渡航する者などなかったアメリカに渡った。このとき絵の研究のかたわらフィラデルフィヤの万国博覧会を見学した。

帰朝した松民は、アメリカで見た絵に蒔絵の古来の手法を加え、上野で行なわれた同十年の第一回内国勧業博覧会に硯箱と茶入れを出品した。この新しい感覚の作品は蒔絵界に新風を吹き込むものとして絶賛をうけ、美事龍紋一等賞をうけた。この作品が蒔絵界に認められ、次の年には博物局（博物館）の依頼により片輪車手箱を、その翌年には浮線綾手箱も復元した。同十五年にも同局の命により、松平伯爵家の沃懸地片輪車手箱及び土井子爵家の浮線綾手箱を再生し名声をあげた。その後も各博覧会に出品しては数々の賞を得、同二一年日本美術協会員となり、第三回勧業博覧会の時は審査員、同二三年七月、東京美術学校教師として迎えられ、漆工科を作り後進の指導に力を入れた。このように蒔絵界に偉大な足跡を残した松民は翌二四年五月三〇日に四五歳の男盛りに病を得て歿した。墓は谷中にあり、青秀庵晋々松民居士である。

小川松民の曾孫の小川龍蔵氏は埼玉大学に勤めておられ、「今は蒔絵とは全然関係ありませんが」と前置きして話してくれた。

「松民は私の曾祖父で、これは全部祖母から聞いた話です。松民は明治時代、蒔絵師界では有名人だったようで、とても交際の広い人のようでした。松民の父の忠蔵は大の芝居好きで、日本橋芳町にあった芝居小屋が天保年間に浅草猿若町に引越したので、日本橋長谷川町にあった家を引払いまして浅草馬道町に引越したといいますから、その好劇ぶりはお判りでしょう。馬道は猿若町にも近く、今戸と同じように役者衆が住んでいる所でした。役者との個人的なつきあいは申すに及ばず、贔屓の者に対する力の入れ方は大したもので、当時猿若町の中村座の座主中村勘三郎に慶応元年に六七五両、明治六年に八〇〇円の金を貸しております。祖母は、この金は取れなくてもよいといって貸したものだといっておりました。

松民は蒔絵の技術を、当時蒔絵界の第一人者の中山胡民先生の下で学んだそうです。明治九年にアメリカに行ったというから、私の家はその頃はよほど資産があったのでしょう。松民は芝居好きでしたが、芝居を通じて蒔絵に対する優雅な構想を養っていたようです。しかしよい仕事をした反面、親ゆずりの芝居好きで、交際も広く通人として評判も高かったようで、資産は忠蔵がつぶしたのか松民がつぶしたのか判りませんが、この時代に減らしたようです。

色々と作品もあり、手紙などもありましたが、震災や戦災でそのたびごとに少なくなってしまいました」

小川氏が見せてくれた借用証には、幕末から明治の初期にかけて、猿若町の芝居小屋の経営の困難がにじみ出ている。

松民は西洋の絵から学んだ新しい絵画的発想と、旧来の蒔絵の手法に芝居の動の美しさをとらえて加味した新しい型の蒔絵を完成した。若くして亡くなったが、蒔絵の歴史を辿るとき、欠かすことのできない人物である。

筆墨　古梅園

墨の「古梅園」は奈良の古梅園松井の東京店である。中央区日本橋通一丁目にあった。店の前の優雅な看板は「御用　御墨所　古梅園製墨　官工　南都　松井和泉掾」と書いてあり、この金看板を中国の子供二人が須弥壇の上に持って立っていた。

墨は中国で初めて作られたものを、高麗の曇徴（どんちょう）が飛鳥時代に来朝し日本にその製法を伝えた。「古梅園」先祖の松井珍道は慶長の頃（一五九六―一六一五）古事にならい油煙墨を作って商っていたが、享保・元文期（一七一六―四〇）に松井元泰が長崎におもむき、清国人から新しい墨の製法を学んできて日本製墨界に清風を吹き込み、奈良を日本墨の故郷とした。

天正年間（一五七三―九一）に徳川家康の命により出府して、日本橋通二丁目に江戸店を設けた。新しい製法による「古梅園」の墨は文人、画壇に好評であった。享保年間（一七一六―三五）に日本橋通一丁目に移転した。

「古梅園」について『江戸名物詩』にいわく。

「南都仕入松井店　日本橋南翰墨場

紫玉書奴摺来処　筆端乍為二古梅香一」

本園の製墨は其種類数百ありと雖も、就中有名にして能く世に行はるるは〝紅花墨〟〝九玄三極〟〝神仙墨〟〝後素必用〟等を以て最とし、〝翰墨林〟〝玄之又玄〟等之に次ぐ……」

その当時には数百種の墨が製造販売されていたが、右の四種の最高墨がとくに有名であった。
この墨の作り方を「古梅園墨談」にみてみると、

「墨の原料は松と油の煤を使って作る。松煙は樹齢の古い脂気の多い松材を燃やして煤を取り、油煙は桐油を主とし、極上のものは蘇合（そごう）又は香油を使い、菜種油、胡麻榧油を使うこともある。この煤をこまかい篩にかけ、にかわ汁を混ぜてよく練り、杵で搗き、これに膩脂、藍玉、胆礬、生漆麝香、龍脳などをまぜ、それを適当の大きさに切り、圧搾し、灰に埋め、水分を吸収させながら乾燥したものである。墨は二〇年三〇年から、六〇年七〇年の枯れたものが良いとされている」

筆墨　高木

日本最古の筆で八世紀頃のものと思われるものが、奈良正倉院に十七本保存されている。これは巻筆（筆の芯に毛を巻いたもの）で、形は椎の実に似た短峰（短い筆先）形なので〝椎の実筆〟とか〝雀頭筆〟と呼ばれている。

日本へ筆が渡来したのは九世紀といわれるが、それ以前にもあったものか。空海が最澄と共に遣唐使藤原葛野麿にお供し唐に渡り、帰国したのは延暦二三年（八〇四）で、この時筆の製法を筆生坂名井清川に伝え、狸の毛の筆を作らせて朝廷に献じている。古事によるとこの時の筆は「真書用」「行書用」「草書用」「写書用」であった。

筆の高木五郎兵衛は三重県の出身で、松坂商人の血をひいていた。この地の商人は江戸や大坂で成功した人が多いが、五郎兵衛もその一人だった。江戸の末期に横浜に来て、洋銀相場をしていたという。夜明け前の横浜には外国人も多く、そのなかでも洋銀相場というからには中国商館との取引きがあったものと思われる。当時中国は銀が取引き単位で、毎日相場が立っていたものと思う。

中国商館に出入りしているうちに筆の知識を得たものか、幕末の江戸日本橋通旅籠町に「筆問屋高木法古斎」を開いた。通旅籠町は大きな問屋の多い大伝馬町の近くにあり、五郎兵衛は当時の江戸の名筆の揮毫になる看板を店頭に掲げ、その後の李鴻章（中国の政治家）の筆になる「古筆奇墨」の額は有名だった。

人気書家の巻菱湖の用いた筆を「菱湖用筆」として売り出したところ、この評判がよくその型の筆を出入り筆匠を動員して作らせたが間に合わないほどの注文があった。

この頃は物を書くには筆以外になく、名士たちも直接店に来て筆を求めた。また特別の注文をする人も多く、五郎兵衛は仕事を通じ有名人との知合いも出来た。店は間口八間の堂々たるもので、三〇〇人からの筆工を抱えていた。筆工たちは高木法古斎の仕事をすることを誇りとしており、中にも名筆匠といわれた人もいた。大筆の高木仙造、中筆の渡辺庄五郎、細筆の吉川善吉などがそれである。高木法古斎は優秀な筆の開発に常に心を用い、筆にはその作者の銘を入れさせ、その作品に責任を持たせたから筆匠たちは常に良品の生産に努力した。

製品で有名なものに「一觴一詠」「高木水筆」（神品、妙品、佳品の三種）「第一枝」などがあり、明治十年上野で開催された第一回内国勧業博覧会で三本の筆「星朝三筆」は最高賞の龍紋牌を得た。

五郎兵衛は幕末から明治にかけて物識りとしても知られ、製筆法に改良を加え『製筆要諦』を発刊した。この本は今だに製筆家の教本として使用されている。彼は書も巧みで、翰墨道の士で清の梁同書の著した筆史を解明した。

明治十六年、筆祖といわれる気蒙将軍（万里の長城を築いた人で、猛将の名も高く、筆の元祖といわれた人）を祭り、向島三囲神社に筆塚を立てた。しかし当時隠居して寿穎（じゅえい）と名乗っていた五郎兵衛は、この碑の完成をみずして同年一月十六日に歿している。

この碑はその子の手でりっぱに完成し、同年四月十六日除幕式を行なった。都下の名士と多数の来賓を迎え、関係者およそ六〇〇人が参列し盛大を極めたという。高木法古斎について根岸の（株）精華堂社長佐藤悦三郎さんは、

「私は明治三四年生まれで、今年七五歳になります。小学校を卒業しましてすぐこの道に入り、筆作り一筋にすごして参りまして、筆匠として誇りを持っております。お陰様で私の作りました筆は、何回も品評会に出品して賞を頂いております。

昭和三五年、浩宮様のお生まれになりました時、宮内省に呼び出されまして、お守りにするもので犬の張り子の中に入れる筆を作ったことがあります。

今は筆の毫（毛）は日本にもありますが、中国、カナダ、印度、台湾、アメリカなどから輸入しております。品種は兎の毛（紫毫）羊の毛（羊毫）イタチの毛（狼毫）馬、狸、狐、鹿

などがありますが、混ぜて使うのと、混ぜないで使うものとがあります。

作り方は昔からみな手作りで、毫を整え、根元を糸できつく結び、松脂に白蠟を加えたものを毛の根本に塗り、焼鏝で毛を固め、しめうるし（漆とウドン粉を練ったもの）で軸と穂を着けます。

高木さんは、筆業界では神様のような方で、幕末から明治時代にかけまして高木の筆といえば全国を風靡したものです。恐らくあれだけの筆商は今後現れないでしょう。ずい分研究もなさったようですが、よい筆を作りました。当時の有名な筆匠は殆んど高木さんの仕事をしておりました。宣伝などもよくしたようですが、よい筆でなければ宣伝だけで高木の店の名がそれほど高くはならなかったでしょう。筆塚を作りました時は大変な参会者だったそうで、山岡鉄太郎さんも能筆でしたが、山岡さんの話で静岡市の寺に碑も立てたとか聞いております。

私達の年輩の者には〝筆の高木〟は忘れられない存在です。しかし、震災までこの店は営業しておりましたが、その後復興しませんでした。今どちらにおられますか、業者でも知っている人はないようです」

明治、大正、さらに昭和と次第に字はペンで書くようになると、筆の需要も減っていった。しかし、その世代の人が〝筆の高木〟の名声を他の文房具に一部置き替えれば、高木の名だけは残ったろうに。筆一筋に生きた筆の高木は今はない。人の家は三代続かないというが、高木もその例か。時代は刻々と変化する。その波に乗れた人が次の世代を輝しいものにするものか……。

篆刻　中井敬所

中井敬所は高芙蓉の古体派の篆刻を承けた、浜村蔵六系の印人である。その技術と共に、我国における印章学の基礎を築いた印学者と称すべき人で、その業績には偉大なものがある。昭和四六年刊の吉木文平氏の『印章綜説』にみてみよう。

敬所は天保二年（一八三一）江戸本所台所町（墨田区両国二丁目付近）で森江氏兼行の三男として生まれた。幼名を資三郎と呼び、名は兼之、字は資同といい敬所と号した。

三世浜村蔵六は敬所の叔父に当たり、三世が天保十四年、五三歳で歿した時、門人に推され蔵六家を継ぐことになった。しかし当時十三歳の少年であった敬所は、江戸末期に二世蔵六と並び称された益田勤斎の嗣子益田隅所について篆刻を学んだ。そして自由な立場で篆刻の道を究めるため浜村四世を継ぐことを辞退した。この頃、隅所の一字をもらって敬所と号した。

敬所は嘉永五年（一八五二）二三歳の時、幕府の御用をうけ給っていた御飾師棟梁、中井肥後守由路の養子となり、幕府の篆刻のご用をうけていた。三八歳の頃、明治維新に際会し、府中（静岡市）に移された十六代家達（幼名亀之助）に従い、他の家臣と共に府中に移り住んだ。

維新の混乱も収まり、新政府の布令も次第に滲透し、時代の移り変りを感じ取った敬所は明治の初年東京に出で不忍池の旧宅に居を構え、もっぱら篆刻の道に精進した。敬所は篆刻の仕事の他に篆刻に関する古文書を収集し、練金術を研究し、撥蠟、翻砂の二法を究め、鋳印技術の修得

中井敬所

に努めた。

明治十三年、宮内省より「御璽」の彫鐫を命ぜられ紅玉、紫晶、水晶の三顆を刻し上納した。同二三年第三回内国勧業博覧会の審査官を拝命し、同二四年全国宝物取調局調査官を委嘱された。

この頃続々と新設される会社及びその重役の印章の要請も多く、篆刻は流行し名家の収蔵する古印譜に接する機会を得て、敬所の印学者としての資料収集に役立った。また同じこの頃、中国古印の収集家郷純造の委嘱を受けて『印譜考略』二巻を作成した。

この郷純造という人は文政八年（一八二五）に生まれ、字を叔明といい五三居士、法眼道人、松居山房とも号した。美濃の人で幕臣より明治政府に出仕し大蔵次官、貴族院議員を歴任し男爵となった。夙に篆刻趣味に徹し、多くの印譜を収蔵し、明治期における最初の中国古印の収集家の第一人者で、自らもその印譜を編纂して出版した。郷は秘蔵の中国印譜の評定を中井敬所に委嘱し、刊行したのが『印譜考略』の正篇である。

敬所は明治三九年、七六歳の時帝国技芸員に推された。その間しばしば宮内省の御用印製作の命を拝し、かたわら我国篆刻史に関する資料を収集し「近世印人」を稿し、日本古印の研究に情熱を傾け、明治篆刻界の長老として第一人者となった。篆刻に関する著作に従事中、明治四二年九月三〇日、享年七九で歿している。

敬所の遺稿はその門人達の手で発刊されている。敬所の古稀を記念して門人が撰した『菡萏居印粋』二巻及び歿後に刊行された『菡萏居遺影』一巻。日本の印章制度の沿革資料を集成した『皇朝印典』一巻及び『続印譜考略』二巻は明治四四年、石川文荘、岡村梅軒の校訂により発刊された。敬所の七回忌にあたる大正四年には遺稿『日本印人伝』一巻が、石川文荘及び門人の岡村梅軒、竹内左顧、岡本椿所、郡司梅所、河田文所によって校訂上梓された。その他多数の未刊の遺稿、旧蔵の印章、印譜、写本が東京国立博物館に収蔵している。

私は中井敬所の墓所が葛飾区堀切の日蓮宗妙源寺にあることを王子の磯部鎮雄氏に教えられた。墓所の石垣には鶴の彫刻がほどこしてあり、りっぱな墓であるが「無縁さん」であるという。震災前は本所区番場町にあったが、罹災後葛飾の現住所に移り、住職も四世替られたという。墓表に、

旃檀院宝舎日具居士　文久二年壬戊八月廿日
宝舎院妙種日清大姉　明治三年庚午七月十八日
朗月院敬所日真居士　明治四十二年巳酉九月三十日
真月院妙隋日縁大姉　明治二十一年戊子十二月二十二日

と彫されている。旃檀院と宝舎院は敬所の養父母で、真月院は敬所の妻である。この墓に旃檀院のことが刻まれてあった。

「君名由路号白葩肥後其通称甲州巨摩郡西南湖印之里長安藤三五右衛門之二男也。文政九年八月為御飾御鍛冶棟梁中井但馬之養子嗣家尽力家道益隆今茲四月請身延山現住日梲聖人受夫妻之法名属予為墓表預刻石垂○窮鳴人不能為明日計而君能身後憲不違乎時安政三年六月十二日也」

中井敬所の養父由路は甲州巨摩郡西南湖（にしなんこ）（山梨県南巨摩郡甲西町西南湖）の豪農の安藤三五右衛門の二男で、文政九年（一八二六）に幕府御用御飾、御鍛冶の棟梁中井但馬の養子となった。日蓮宗本山身延山第六十七世智鏡院日梲（にちえい）聖人より法名を承け、由路生前に仏事を行ない、墓標を作り本所妙源寺に墓所を作った。

私は知人の山梨県南巨摩郡中富町法向寺の住職秋山智経氏に調査を依頼してみた。その結果、敬所の孫に当たる安藤千（せん）さんが塩山市に住んでいることが判った。

千さんは明治二八年生まれで、今年七九歳。娘さんが山梨県知事田辺国男氏の奥さんで、三年ばかり前にご主人をなくし、今は娘さんの所に身を寄せておられる。

千さんは、

「中井敬所は母方の私の祖父で、曾祖父は安藤家より中井家に養子に参りました方で、何か幕府の金銀を取扱う仕事をしておったそうです。曾祖父の由路には男子の世継がなく、一人娘に祖父の敬所が養子に迎えられたといいます。家は不忍池畔の茅町（台東区池の端一丁目四番地）にありまして、蓮の花の咲く頃はとても美しく、白や赤や紅の色がみごとでした。

前には愛染川の清らかな流れがあり、大きな柳の並木がありまして静かな所でした。

私の母は曾祖父の実家の安藤に嫁入りまして、私はこちらにおりましたが、母といっしょに不忍池のそばの祖父の家に遊びに参ったものです。その頃中井の家の庭が広うございましたので、この一部に家を建てまして、東京に次第に永く住むようになりました。祖父の部屋は本屋から渡り廊下でつながれており、六畳と八畳の部屋になっておりました。お弟子さんは五、六人いつもおりました。

私の生まれる前のことですが、宮内省から「御璽」の御用命を承ったことがあったそうです。その時は大変で、部屋に注連縄(しめなわ)を張り、新しい白の仕事着を着て斎戒沐浴して作り上げたといいます。背は高くはなく、いつも白い髭を貯えており、静かな話し方をする人でした。ある時、私がお茶を持って参りましたら『熱いものを持って来るときは七、八分目にして持って来るものですよ』とやさしく言われました。

篆刻界では偉い人だと聞いており、皆さんは『先生々々』といっておりましたが、決してこわいお爺様ではありませんでした。

祖父は私が十五の時なくなりましたが、子供は三人とも女子でみんな嫁に出しましたが、祖父は何とかして篆刻の仕事を血筋の者に伝えようと、私の従兄に望みを託しましたが目的をはたせませんでした。そこで篆刻の仕事は弟子に伝え、中井家は絶家させてしまいました。そして篆刻に関する資料は全部、当時の帝室博物館に納めてしまいました。

中井の家は長女が嫁入りしました新家(にいのみ)の家族が住んでおりましたが、戦災後中野に移りました。

祖父の墓には一度お参りしたことがありますが、小さい時のことで、たしか谷中の墓地だと思っております。

安藤の家も明治四〇年の大洪水で、小作をさせておりました田や畑が冠水してすっかり貧乏してしまいました。また戦後の農地改革で、東京に住んでおりましたので不在地主ということで土地を取り上げられてしまいました。一時は年貢米が籾で三千俵位入って来たものです。家は二〇〇年以上も前に建てたものです。建築学上めずらしいものだとのことで、考古館にでもという話がありますが、費用もいることでどうなりますか……。私には東京に行っておりますす子供が三人おりまして、農林省や商社に勤めておりますが、帰って来たがりません」

といって笑っておられた。私が中井由路と敬所の墓は葛飾区の堀切にあることをお話しすると、千さんは大変に驚いて、「子供の時、一度だけお参りしたことがありますが谷中だとばかり思っておりました。どこだったか判らず困っておりました。谷中のあちらこちらのお寺に訊ねたりしておりましたのですが」という。

私は寺の場所と地図を書いてさしあげた。

篆刻　益田香遠

益田香遠の墓が文京区向丘の浄心寺にあることを、これもまた江戸時代の切絵図の研究家の磯部鎮雄氏に教えられた。墓のお守りをしている方は武蔵野市の益田伸さんであることも判った。益田さんは六四歳。今は第一線を引退され、好きな釣りなどを楽しみながら悠々自適の生活を送っている。

益田香遠は益田さんの大伯父に当たり、香遠遺品の篆刻印を多数所蔵し、戸棚に所狭しと並べられてあった。また香遠の書、篆刻の古書も別の戸棚にぎっしりと保管されていた。

篆刻印は中国から伝わり、印材に青田石、昌化石、寿山石のような柔らかい石材を用い、篆型の字を彫るところから「篆刻」といわれた。その鑑賞は、印泥（印肉）で紙に押した印影の型、朱と白の均衡、筆勢などの美しさが何ともいえず雅味があり、有名人や画家、書家が愛用したものである。

益田香遠は本名を厚（あつし）といい、天保七年（一八三六）に京橋の日吉町（中央区銀座八丁目五番地）に生まれた。初代を勤斎といい、明和元年（一七六四）の生まれで、代々喜連川藩（十万石）の江戸屋敷詰の家臣であった。六書に通じ篆刻の道に明るく、趣味が高じお暇を頂き印形師となり、幕府の御用も頂き刻印の製作をした。しかし勤斎に世継がなく、二代を弟子の隅所に譲り、天保四年五月二三日七〇歳で歿した。香遠は隅所の長男で、天保七年の生まれ。隅所から厳しい教えをうけ「五輪の書」の素読などさせられた。夜中に寝ぼけてふとんの上に起き上り、正座して素読したこともあったという。

「とにかく大変な教え方らしかったようです。大伯父がいうには、子供の時代などなかったといっておりました。家での教えのほかに書道の稽古にも通わされ、行儀も教えられたので、その時の教えが身についたものですか、どんな時でも決して膝は崩しませんでした。

万延元年三月、父隅所の死後、二四歳で家業を継ぎました。明治維新後は新政府の太政官印師となり官印を作りました。香遠の部屋には篆刻の本が何千冊もありまして、仕事を請けてもこれらの本を調べてから彫りにかかりますので、何ヶ月もかかったものです。執政の宮の御印をおうけしたことがありましたが、この時は毎朝冷水で身を清め、白地で作った仕事着で何日も細工場にこもりきりで、一ヶ月もかかって作り上げ、お納め致しました。この他に伊勢大神宮の御印も作りました。

作品は博覧会や美術展に出品しまして、明治の文壇人や有名な方とのおつき合いも多くなり、香遠の居間になっております茶室からはよく話し声が聞えておりました。日吉町の家は京風の茶室作りで、入口は格子作りで当時は静かな処でした」

益田さんは、この話は大伯母から聞いた話だといい、一枚の紙を出してきて私に見せて下さった。

「御用之儀有之間　明後日可御出候也　十月二十五日　用度司　益田香遠」

とあった。これは明治何年か判らないが、十月二五日に宮内省の用度司（用度係）よりの御招状である。執政印の御用命を頂いた時のものかははっきりしない。

香遠は大正十年一月三日、八六歳で歿しているが、弟子の香雪が四代を継いだ。戒名は無誉無咎香遠居士。この寺の墓碑には初代から三代香遠に至るまで、その墓にそれぞれの事跡が書かれている。

向じま　乾屋

この「名物くらべ」に「向島乾屋」と記載されている同じ枠に「今戸半七」があるので、窯元だとは思った。が、山谷堀に面した所に「今戸大七」という料亭があったので、料理店と窯元の両面を探し歩き、向島の窯元十数軒を訪ねたが判らなかった。

「窯元で乾屋（いぬいや）という作業場がありましたか」と聞いて歩いたので、判ろうはずはなかった。古物漆物を取扱う西麻布の水戸幸さんに「萩野庄兵衛」のことで訪れた時「乾屋」は三浦乾也であることが判った。この「名物くらべ」を作った松本愚想もなかなかの戯作者である。「乾也」を「乾屋」と描き興に入っていたもので、素人の私には判ろうはずはなかった。

三浦乾也は文政八年（一八二五）の生まれで、若い時陶器の作り方を伯父の吉六に学び、さらに尾形乾山の流れをくむ西村藐庵（みゃくあん）に雅味のある作風をうけ、また小川破笠の自由奔放な技法を身につけた。乾也は江戸末期から明治の初期にかけて向島に窯を開き、乾也独特の雅味のある作品を作り出した。乾也の作品は江戸の町人の間に賞讃され、特に茶人の間にその雅風が愛された。

乾也の特技として、婦女子の間に「乾也玉」と称された陶製の玉がある。これは独特の美しい焼物で根掛けや簪にして喜ばれた。窯師仲間でも乾也の新作品は賞賛され、小田原や鎌倉にも窯が開かれた。東京国立博物館には乾也の作品の陶製の浮彫「鶩鳥」がある。明治二一年（一八八九）六四歳で歿している。二代目乾也は大正の震災後京都に移っている。

乾也について、現在東京今戸で今戸焼の窯元として只一軒残っている白井孝一氏はこんな話をしてくれた。

「今戸には江戸初期より瓦など焼く窯がありまして、川向うの向島にも同じように瓦を焼く窯がありました。主に勝手用の火消壺、行火、焙烙、土釜など作っておりました。二代目乾也さんの隣にあった私の家では乾也さんが京都に移られます時、その秘法と共に薬類を頂きました。現在も乾也の手法を今戸焼にアレンジしまして今戸焼を作っております」

雅味のある今戸焼を私は求めて帰った。何百年もの間、土地の土を焼いて瓦や勝手物を作り続けた今戸焼は、今戸から川向うの向島に移り、今も今戸焼と称して作っている工場はあるが、本格的に松を焼いた黒い焼物は出来ない。「今日今戸焼を本式に作ると、近所から文句が出ます」という。真黒い松の煙が、昔はこの今戸にたなびいたことであろう。窯の前にはいつくばるようにして土作りをしていた様子が目にうかぶ。

今戸　半七

今戸半七は、今戸の窯元であった。八代の時、表千家碌々斎に引立てられ、関東大震災後伊丹市に移り、故小林一三氏（元宝塚歌劇、東京宝塚劇場社長）のすすめもあり宝塚市に居を構え、乾山風の今戸焼の茶器の窯元として各千家の書付物などの茶道具を作り、茶人の賞賛をうけている。

代々半七を襲名し、隅田川半七、すみ田川半七、スミダ川半七、楽半、芦斎、今戸焼半七などの別名で呼ばれていた。

今戸は台東区今戸のことで、浅草の隅田川（今戸川ともいう）畔の隅田公園から白髭橋辺までが一般に今戸といわれている。この地は江戸の末期から、根岸と同じように別荘地として発展し、白髭橋の西袂には小松の宮様のお邸もあり、浅草猿若三座の役者の住いや日本橋の商人、旗本の寮が川岸に建ち並んでいた。

江戸は毎年火災が多く、その控屋として、また保養の別荘として、舟便が便利なこの地は大正時代の鎌倉、大磯などと同様に、優雅な琴、三味線の音の絶えることのない地であった。

この今戸に、関東にはめずらしい土器を焼く土着の人々の集まりがあった。「今戸半七」のことについて、宝塚市の八代今戸半七氏にお電話をしたら、お手紙を頂いた。

「今戸焼は今より四百余年前、天正年間（一五七三―九一）豊島郡今戸村に於て創立さると伝うれど詳らかならず。今戸村は浅草区今戸町なり、古老又伝えて云う、下総国千葉の族某、武蔵国浅草石浜或は今戸村に土着し、瓦及び土器を作り、業となす者十余戸ありしと（略）貞享年間（一六八四―八七）土器の工人白井半七なる者、点茶用土風炉を製し、又火鉢等の種々の器を作る。世人之を今戸の土風炉師と云う。尋で其の地の工人之に倣いて業を開く者漸く多し。

享保二年（一七一七）二世白井半七始めて瓦器に釉水を施し、楽焼に似たるものを製し、爾来工人之に倣いて業を開く者数十戸、多くは食器にして雑器は極めて少なし。世呼んで今戸焼と云う。

三世又白井半七と云い、四世、五世亦白井半七と云い、共に芦斎と号す。初世以下数世皆土風炉及び楽焼を製し、年序を経て漸く盛んなり。又玩弄物、婦女の朔像を造る。伏見人形に似て、それよりは麁朴なれど、其の間自ら奇作愛すべきものあり、好事の輩今戸焼と唱えて之を愛玩す。（略）

明治年間、六世白井半七業を継ぎ、土風炉を作り、又楽焼を能くす。最も名声あり」

とあった。関東は焼物の産地は少ない。このように川畔で焼物が作られるのはめずらしい例で、今戸辺の土は瓦や土器の材料となり、松葉を焼き黒い焼物が出来た。

江戸末期に今戸に七、八〇軒の窯元があったという。元来勝手用の焼物や瓦が多かったのは江戸という消費地を控えて発達したもので、この焼方は河向うの向島にも伝えられ、向島で出来たものも今戸焼と一般に呼ばれていた。

しかし、尾形乾山や三浦乾也の影響をうけ、今までの黒い勝手用品を主とした今戸焼は釉（うわぐすり）を用い、また他の地の材料を用い愛玩用の人形が作られるようになり、その素朴な味が愛された。明治の時代、六世白井半七は愛玩用の人形の製作に妙を得、その作品には独特の雅味があった。

浅草の仲見世でいまでも〝今戸焼〟として売っている楽焼調の蚊いぶし、焙烙、色づけをした狸、狐、犬、馬、猫、河童、鳩などが何百年もの伝統を物語っている。

三味線師　菊岡

東京都内に三絃の店で「菊岡」あるいは「石村」を名乗る店が多い。この「菊岡」の店は明治時代に有名だった三味線師菊岡と何かの関係のある店で、きっとすぐ判るものと安易に考えていたが、知っている人はなかった。「明治の時代有名だった、菊岡という三味線師を知りませんか」という私の訊ね方が悪かったのかもしれない。

しかし、中央区日本橋両国の三味線師打越長吉氏は「その菊岡は日本橋の菊岡のことでしょう。そこは明治の時代に有名な店だったそうです。その店に勤めておられた沢田さんがまだ健在で浜町におられます」と紹介してくださった。

沢田健吉さんは明治八年十月の生まれで、本年九五歳。娘さんと二人住いで、私の突然の訪問に驚いておられたが、快く迎えてくださった。お歳に似合わず記憶もしっかりしており、自ら茶菓子をすすめながら若い頃の思い出を話してくれた。

沢田さんが「菊岡」に知人の紹介で年季奉公に行ったのは十三の時で、明治二〇年だった。店は日本橋よろず町（中央区日本橋通一丁目一番地）の、日本橋川を背にした所にあった。間口三間で奥行のふかい、二階建のがっしりした店であった。明治以前には、店の前に「御用」と書いた葵の紋のはいった高張り提灯をかかげた老舗で、三味線作りの名家であった。

「私は小学校を卒業しましてすぐ『菊岡』に奉公したのですが、当時の年季奉公は十三歳位で行ったものです。手に職を持っておれば食うに困らなかったもので、普通の家の子はみな奉公に出されたものです。初めは店の回りの掃除や使い走りをしておりましたが、二、三年たつと仕事の手伝いをさせてくれ、十年位修業しまして二五位で、やっと一人前の職人になったものです。

入店しました時、職人が五、六人おりました。この人たちはみなこの店で修業した人で、この兄弟子たちは自分の使用する鋸を大小五、六本、鉋五枚位、その他のみ、小刀など自前のものを持っておりまして、ほかの者には絶対に使わせませんでした。

私が奉公しました時は『菊岡』四代の時で、三代の小助さんは当時七〇歳位で、目が悪く隠居しておりました。この人が『菊岡』を有名にした人で、目は悪かったのですが、さすが三味線作りの名人だけあって三味の音を聞いて『あれはあすこが悪い』と茶を飲みながら欠点を指摘したもので、一番恐しい人でした。『菊岡』が日本一の三味線師になったについては、こんな話があります。

三代がまだ若かった頃、まだ明治以前のことですが、この店に藤七という腕のいい職人がおりました。この人は永い間『菊岡』に勤めておりましたが『菊岡』をやめて、小石川の水戸様（今の後楽園）の前で世帯を持ちました。水戸様の近くでしたので御家来衆の方と知合いになり、水戸様に出入りを許されていました。藤七が三味線、琴作りの名手であることが水戸侯の耳に入り、京都御所に献上する琴を作るように命ぜられました。

そこで藤七は水戸様のお屋敷の一間をお借りして泊り込み、約二ヶ月かかって、会心の琴を作り上げ、水戸侯にお見せしました。これが大変に喜ばれ、無事お納めすることが出来ました。これが縁になりまして水戸様のお抱えとなり、それからは水戸に住むことになったのです。

ところで、それ以前に深川の冬木町の名主が、ある時倉を整理していたら埃にまみれた三味線三丁が見つかり、藤七の所に修理に持ってきました。藤七はこの三味線を見てビックリしました。これは亀屋石村の作で、当時『古近江』といわれ、もう存在しないといわれておりました〝まぼろしの三味線〟だったのです。その型の良さ、作りのすばらしさに、藤七も舌を巻き、〝まぼろしの三味線〟を見ることが出来たのも商売冥利と喜びました。藤七はそこで、苦心して元型をそこなわないように修理すると共に、その寸法、作り方を図に取りました。

水戸にきてから藤七はこの図をもとにして『古近江』の三味線を復元し、たまたま江戸に所用で出たおりに旧師の三代菊岡小助に図面と三味線を見せました。三代はこの三味線を手に取り、全体の調和の美事さ、旋律の美しさに驚嘆し、藤七の研究心と技術に敬服しました。そして藤七の申し出で『古近江』の型を『菊岡』の三味線に取り入れることにしました。三代はこの型を基本にして研究し、菊岡型の三味線が出来たのでした。『菊岡』が三味線で日本一流の店となったのはこのためでした。

『菊岡』の三味線は芸界に有名になり、師匠たちが好んで使うようになり、やがて〝御用〟も受け給わることになったのです。

明治維新となりまして一時芸能界も衰微した時期もありましたが、同十年頃から復興し、浅草の芝居小屋も新富町や木挽町に移ってきて、復古調になりますと共に、日本古来の芸も華ばなしく芽をふき始めました。

四代は商売もうまく、またなかなか人つき合いもうまく芸達者で、特に清元が上手でした。俳句も詩もやり、日本橋の問屋の旦那衆との交際も深かったものです。この旦那衆が宴会や催物を行なう時は主人にたのみ込んできたものです。というのは、主人が芸能関係の人々と昵懇でしたので、たいていの芸能人は無理をしても出席させることが出来たからでした。四代の席には東京でも有数の店の旦那が集りましたから、よい贔屓のお客様も出来ましたので、芸能関係の人々も喜んで出演したものです。これは四代が交際が上手だっただけでなく『菊岡』の三味線なしでは三味は弾けなかったからで、芸能界の陰の権力者でもあったからです。

そんなわけですから店には各派の師匠連や芸妓の方などが人力車で参りまして、はなやかなものでした。

私は世帯を持ちましてからも『菊岡』に勤めておりましたが、三五の時やめまして、自分の家で三味線を作るようになり、店の仕事をしておりました。

四代は大正年間になくなり、五代はどうも商売がうまくなく、戦災にあった後は店を復興させず、喫茶店のようなものを店の跡で開いていたそうですが。今は熱海の方にいるとか聞いております」

九五歳の翁は一気に『菊岡』の三味線の由来を話してくれた。時々咳込まれ、苦しそうであったが「誰かに『菊岡』のことを話しておきたかった」といい、聞いてもらえて有難かったと、かえって礼をいわれた。誰かに聞いてもらいたかった、という言葉には、この老人の真実があったと思う。

このように歴史を作ってくれた人々の言葉を、しっかりと書き留めておくことも私の責任である。

「古近江」の三味線についてもふれておくことにする。近江石村についての記録は『竹豊故事』にあった。

「抑々三味線の由来は、元来琉球国の弄び物故に琉球絃と号す。日本に是を渡来せし始めは……永禄五年（一五六二、室町時代）の春、琉球より泉州堺の津に渡来る。……京都に名を得し琴、琵琶の細工人亀屋市郎左衛門石村といひし者、此の三味線をうつし作り出せり」

亀屋市郎左衛門石村は琉球三絃を琴、琵琶の作り方に応用し、世にいう日本の三味線の原型「石村三味線」を作り出した。その間の事情については、

「永禄五年春、月琴の祖兼城の按司……豊後の国に流配となり……一子をもうけ……幼少にして盲人となる故、月琴を教へ、年月立つに随ひ、此道の名人となり……月琴の丸き胴を角にて製し、是に三筋の糸をかけ……四条室町に居住し石村検校となる。その養子市良右衛門と云ふ人、石村の跡を継ぎ……蛇皮線より思ひ付きて猫の皮を製し……猫の皮にて張り、三筋の糸をかけて弾くところ、音色感にたへたり。これ今の三味線の始めなり。是より石村の苗字となし……今云ふ西京大坂にて三味線、琴司の家に石村亀屋と云ふは儘有なり」

この石村は初世から十二世まであり、「古近江」とは四世以前の作をいう。「近江」というは五世以後の作で、これには近江の焼印がある。二世の時、江戸に移り「江戸近江」の元祖といわれ、三味線の元祖として珍重されたが今その作は絶えてない。

琴師　重元平八

重元平八の祖先は山田流琴曲の流祖山田検校の血を継いでいる。

山田検校は宝暦七年（一七五七）の生まれで、姓は三田、通称斗養一といい、宝生流能楽師三田了任の子として生まれた。幼時に失明したが、聡明で天性の美音であった。生田流の琴の師匠で町医師の山田松黒の内弟子となり、琴を習った。母方の姓も師匠の姓も山田であるが、斗養一がどちらの姓を名乗ったかは不明である。

斗養一は、生田流琴曲が曲のみで江戸の人々の趣味に合わぬと考え、その頃流行していた浄瑠璃（河東、一中、富本節）の曲風を入れ、独自の歌詩、曲を作り上げた。そして大勢の人の前で演奏できるように琴の改良を考えた。

これには琴師重元房吉が協力した。琴爪を大きく厚くして音量の増加を計り、琴の厚さを工夫した。今日伝えられる〝あやめ型〟の琴もこの時製作され、山田流琴曲の完成に琴師重元の協力は大いに力があった。

検校二一歳の時、安永六年（一七七七）に「江の島の曲」を作り、続いて「葵の上」「小督」

「熊野」「住吉」「那須野」「千里の梅」など四〇曲に及ぶ名曲を次々に作り、山田流琴曲の基礎を作った。門人に山登、山木、山勢の三高弟が輩出し、山泉、千代田、小名木などの検校が山田流琴曲の大家として他流を圧した。

山田検校には四人の息子がいたが、芸系はすべて門人により引継がれ、山田検校は一代の人であった。功成りとげて文化十四年四月十日（一八一七）六一歳で死亡している。

検校の山田流琴曲を完成させた琴師重元房吉は通称平八といい、一説には山田検校の兄弟と伝えられているが、その資料はない。しかし検校の三男孝三郎が房吉の養子となっている。重元二代の孝三郎は親孝行の人であった。あるいは仏門に帰依していた人か。父検校及び母の位牌を作り、毎日冥福を祈っていたのか、重元家の過去帳の検校の死亡した十日の頁は、線香の燻りともみえる跡で赤黒く焼けている。

この人は検校の死後三二年の嘉永二年（一八四九）四月にその菩提寺で当時山谷にあった源昭寺（現在葛飾区高砂七丁目十三番地）に検校の碑を建てた。もっともこの碑は重元孝三郎孝恕、山登検校松和一、高木政二郎樸恒、の三人で建てたものだが、建碑者の中で重元孝三郎を最初に記載したのは、山登検校が師の息子として一歩ゆずっているものと思われる。

二代は三代孝友に店を譲り、相斎と号して隠居した。嘉永六年に山田検校の琴曲詩『撫箏雅譜集』を発刊し、その後『増訂撫箏雅譜集』を出している。

四代孝保は、一女安子の養子として尾州の人、清兵衛を迎えているが、この人は琴師とならなかった。四代は子飼いの琴職人の土谷（屋）桐助（武蔵国安達郡元木村［今の東京都足立区本木］の土屋鉄五郎長男）に五代重元平八を譲っている。この人も明治の時代に琴作りの名人といわれた。

重元平八の店は神田亀住町三番地（千代田区外神田五丁目三番地）のお成街道にあった。この店は琴屋として、特に山田流の琴の製作の店として、同流の有名師匠や名家への出入りが多かった。師匠たちはしばしば店を訪れ、自分の弾く力に合う琴の製作を依頼したもので、重元も客の体力に合った琴を作った。琴師と琴曲師との関係は、よい琴を作り、よい曲を弾くことで相互の関係は肉親以上だった。重元は若かった今井慶松などに親身も及ばぬ世話をしたらしい。

中野の琴三絃店主、河合保さん（中野区中央四丁目六番地）は重元平八についてこう語っている。

「大正十四年、私が十六歳の時、神田区五軒町九番地の叔父の琴三絃店の山形屋河合淙吉方に奉公にいきました。重元さんのお店はその頃、神田亀住町三の今の三ノ輪工芸社の所にありました。ここは蔵前通りから松坂屋に行くお成街道の右側にありまして、河合の店の近くですからよく知っております。

間口二間、奥行五間位の二階建の店で、庇の上に高さ一尺、巾六尺位の上品な感じの看板があり、右書きで『重元平八』と書いてありました。店には三人位の職人がいつもおり琴を作っておりました。五代の重元さんは山田流の始祖の親族ということで、琴曲界の天皇のような方でした。有名な方々の演奏会やおさらいの会には必ず重元さんは招かれまして、羽織袴で出席されたといいます。重元さんの出席しない会は二流の会だといわれておりました。当時一流の師匠方は重元さんが作られた琴を持っておられ、貴重品視されておりまして、なかなか手に入らなかったものです。私は重元さんの作られた琴を拝見したことがありますが、さすが重元さんで、これは琴を実際に作る人でなければ分らないりっぱな作りでしたが、これには『明治三十七年　妾宅に於て製作す　七十六歳』と書いてあるのには驚きました。下谷二長町に妾宅があったそうで、奥さんに亡くなられ、お茶飲み友達の家で細工場を作り、そこで作られたものですが、『妾宅に於て』とは枯れたことを書かれたものと感心致しました。

重元さんは面倒見のよい人らしく、琴曲界の方々はよくこの店に出入りしていたようです。若い時分の今井慶松さんや、松岡松韻さんなども特に懇意にしていたといいます。

五代は大正の始めに、湯島の岩崎さんのお屋敷で琴を作ったことがありますが、その時はお屋敷の中に細工場が出来まして、そこで仕事をなさったそうです。二年の間に二面の琴を作り上げたといいまして、仕事の熱っぽさに業界では呆れもし驚いたものでした。大正十年に五代は亡くなりましたが、その時は年をとられて琴の糸を締めることが出来なくなっておられたそうです」

また五代重元の孫に当たる田村菊誉さんは、こんな話をしてくれた。

「五代平八桐助は腕のいい琴作りでした。父の六代兼吉に厳しく教え込みまして、明治二四年五二歳の時、父に跡目を譲り隠居しました。

不忍池の弁天堂の前に琵琶型の銅鋳碑を建設しましたのは、五代が四七歳の時で、たしか明治十九年と記憶しております。母のきんが嫁に参りましてから三筋町に別居しまして、そこに細工場を作って仕事をしておりました。店に入って正面に、巾四〇センチ、長さ六五センチ位の檜の板に『御琴師房吉』と彫った字に黒漆を塗った看板がありました。これは初代平八房吉の書いたものでしたが、大正の震災の時焼いてしまい惜しいことをしました。

重元の店は代々有名な先生やお屋敷に出入りしておりまして、店には人力車や、当時まだめずらしい自動車でお供を連れたお嬢様や奥様が参られ、それははなやかなものでした。また先々代の萩岡、今井先生なども、いつもご不自由のお身体にもかかわらずお立寄り頂いたものでした。

六代は五代目菊五郎に似ているといわれ、客扱いもうまい人で、御得意先の評判もよかったものでした。明治三九年に『みくねがわ』という琴を作ったことがあります。これは当時有名な茶人の高橋さんの注文で、日露戦争の戦勝を記念して『三九年川』と名づけた琴ですが、六代は、一生一代の物を作り上げるのだといい、職人冥利につきるものを作るのだといって精魂をかたむけ、実に美事な作でした。

大正十一年、不忍池畔で行なわれた博覧会に父は琴を出品しました。その価が当時の金で千二百円でした。業界も各先生方もびっくりなさったもので、重元だからその価が通るとおっしゃっておりました。

父はよく演奏会に出席しました。そしてその時はその琴の音をジーッと聞いておりまして、琴の音、弾き方を批評したもので、先生方も必ず父を招いて下さいました。

そんなわけでしたから、琴曲界にもめごとでもありますと、六代が参りまして仲裁に入り、それで大抵のことは収まったものです。出張して仕事をしたことがありますが、その時は平岡照さん（東明流の家元で、日本鉄道会社の重役で茶人）の所で細工場を作って頂き、柏屋栄左衛門さんといっしょに仕事をしました。柏屋さんはその頃の三味線作りでは名人といわれた方で、平岡さんは父と柏屋さんの二人に、他の人の手をいっさいかけない琴と三味線を作らせ、家宝にするのだとの申し出でありました。

五代は八二で大正十年に亡くなりましたが、六代も五五でその次の年に死にました。その次の年が大震災で、母のきんが店を再開しました。が、やはり女手ではどうにもならず、大正の末に店を閉めました。

母は五代と六代が琴作りの名人といわれていたので、その名を汚すことを恐れたのでした。父は出来上った琴を大切にうこんの風呂敷に包み、出入りの人力車に毀れ物を取扱うようにして乗り、蹴込みに立てかけ、その側に琴を抱くようにして雪の道をお届けに行った姿が、今でも目にみえるようです」

それから約五〇年――。琴師重元平八の名を何十軒もの琴三絃店に聞いても琴曲師の師匠に訊ねても判らなかった。だが重元平八の作った琴は、今日もどこかの演奏会場で美しい音色で弾かれていることであろう。何百年か前に作られたヴァイオリンが、今では何千万円とかの価がつけられているという。名器重元平八の琴がそれ以上の意義と価値をもって評価される日はいつのことか。

柳しま　はし本の表二階

橋本へ着けるや雪の　うかれ舟
すだれかゝげて　二階から
のぞむ　田面の村雀

この小唄は四代目菊五郎の作で、清元菊寿太夫、同梅吉、田村成義と菊五郎が「橋本」に遊んだ時、その二階から眺めた景色があまりすがすがしいので、即詠即曲で菊寿太夫の三味線で詠じたものだといわれる。

江戸から明治、大正にかけて「柳島の橋本」といえば、山谷の「八百善」や「亀清」と肩をならべた一流の料亭であった。場所は柳島の妙見さま（日蓮宗法性寺）の前の、今の柳島橋の袂（墨田区業平五丁目十五番地）で、この料亭跡はいま不動産屋になっている。

初代又兵衛は、万治年間（一六五八―六〇）に横十間川が開鑿されたが、この川の渡し舟屋をしていた。そのうちに妙見様の前に茶店を開き、同時に自費でこの川に橋を架けた。〝又兵衛橋〟と土地の人々に呼ばれていたが、後で妙見橋と呼ばれ、いつの間にか土地の名をとって柳島橋といわれるようになった。

初代の茶店は妙見様に参詣する人に床几をすすめ、土瓶酒や北十間川で採れた業平蜆の味噌汁で食事をさせる程度の店だった。その頃、大坂役者中村仲蔵が江戸に呼ばれ、忠臣蔵の「山崎の場」の定九郎を大坂式に演じたが、どうも評判がよくなかった。悪人定九郎の凄味が演出できず、大坂の一流役者として江戸で不評判では面目丸つぶれ、何とか成功しなければと思い余った仲蔵が妙見様に二一日間の願をかけた。その満願の日、妙見様に参拝し橋本の茶屋で一休みしていると、春の晴れた空が突然曇り、ポツポツと降り始めた。とみるまに激しい降りとなった。

その時はげしい雨をついて、一人の浪人が裸足で飛び込んで来た。三〇前後のたくましい男で、汚れた綿入れを尻はしょりにして糸の抜けた博多帯、着崩ずれした着物の出で立ち、暗い空を眺めながら破れ蛇の目傘を一振り二振り。ぐっしょりと濡れた五分の大銀杏の髪を左手で拭い上げた渋い顔の凄味に仲蔵は思わず「ウ、」と唸った。これこそ定九郎役にぴったりだ。

仲蔵は降り止まぬ雨の中を飛び出した。驚く供の者の止めるのを振りほどき、早速妙見様にお礼を申し上げ、かの浪人の扮装に仲蔵は自分の考案をとり入れ定九郎を演じた。これが江戸の評判となり、小屋は割れるような大入りを取り、さすが名優だと絶賛された。

柳橋の付近は妙見様参詣のほかにも遊山にことかかない所で、亀戸天満宮の藤、妙義神社の初卯、臥龍梅の梅屋敷、四ツ目の牡丹、萩寺（龍眼寺）の萩や、両国橋を中心とした六〇ヶ所に及ぶ岡場所。ここに遊ぶ客を相手とする料亭の中で、江戸の末期には料理が旨くて品のよい「橋本」は当時の一流人士たちに愛される店となっていた。

横十間川と中川と大川をつなぐ北十間川が丁の字に合う角にこの「橋本」はあり、柳島の通りから二、三段下った所で、横十間川に面して桟橋があり、舟で来た客はこの桟橋から上った。川に面した「橋本」の二階からは遠く筑波の山々が霞み、大川を上下する舟も向島の桜に風情を添え、目の前の田や畑や請地村にあった植木屋の緑が目に染み、夏は涼しく、秋には田面に稔る稲穂に群がる雀は四代目の詩情をわかし、小唄の一句も出たものであろう。

明治三四年の『風俗画報』の民間行事新年の祝に左の文章が出ている。

「……名物の葛餅屋は何処の店も黒山の如くの人詰めかけ、手も廻らぬ程の繁昌はめでたき限りなりしが……柳島なる橋本には裏手河岸に屋根船二艘、表入口に馬車、人力車など待構へたる有様に、七、八組は客は勿論のこと……好景気に見受けられたり」

この店に尾崎紅葉も遊んだ。同三六年一月三日、巌谷小波、斎藤松洲と連れ立ち初卯のお参りをした後、ぶらぶらと歩いて「橋本」に立寄った。この時、つれづれのまま会津若松にいる後藤宙外に、新年の祝の葉書に三人で寄せ書をして送った。松洲が葉書の左上に「柳の枝に繭玉に骰子や万両箱」を描き「橋本」の印を取り寄せ、黒印と朱印を中央と左下に押し、亀戸土産の朱達磨の墨画と木菟を下端に配して右側の余白には、

「エヘン、開運のお守りはこれから出します。」　紅葉

「矢張り江戸はようございます。」　小波

と書いている。これは紅葉のなくなる二年前のことである。

人情話で一世を風靡した円朝もこの店のよい客だった。本所二葉町の家から弟子を連れて賑わしく客となった。二階で弟子に一席語らせ、それがうまく語れると褒美として、円朝が平生身につけている菖蒲革の手提を始め、煙草入れ、紙入れを与え、終には持物一切、羽織から帯、衣類までくれてしまい円朝は長糯袢の上に「橋本」で借りた丹前をひっかけて帰ったこともあった。

「橋本」の九代山口金次郎氏と妙見様の総代勝倉鉄太郎さんは小学校が同級だった。

「私は『橋本』の九代目とは、金ちゃん、鉄ちゃんと呼ぶ幼友達で、小学校も同じクラスでした。私の知っている『橋本』は明治の末か大正の初めでした。柳島の通りに面した道路側には孟宗竹を二つ割りにした、七尺位の高さの塀をめぐらし、どっしりとした料亭で、敷地は二〇〇坪位で、一〇〇坪位の二階家でした。部屋数はたしか七つか八つありました。

昔はこの横十間川も北十間川も水がきれいで、業平蜆が採れまして、川でお米も研いでいたものです。大正の初めまで柳原二位局（大正天皇の御生母）様が妙見様に毎月参詣においでになりました。その時は七、八台の馬車で参られ、三、四〇人のお供を連れて参拝され、局は妙見様でお食事をなさいまし、お供の方々は『橋本』で食事をされたものです。

当日は巡査や私服が御道筋を警戒し、お成りの時は一時交通を止めたものです。この付近では当日は火事など出しては大変と、皆火の用心をしたものです。妙見様は他の宮家の信仰も厚く、毎月の参詣がありまして、古くは犬公方といわれた五代将軍綱吉公の御生母様も、お子様が将軍になられるようにと妙見様に願をかけました。綱吉が五代将軍になると、この参道約十町の間に石を敷き詰めるやら妙見様の建物を新築するやら、それはそれは大変な信仰で、お参りの時は将軍様と同じように道筋の警戒は厳重だったといいます。

昔の妙見様の正門は東向きで、横十間川に向いておりましたが、明治になり川巾が拡がり道路もなくなりまして、今のように電車通りの北向きとなりました。

『橋本』の入口は川に向った方が正門で、横十間川に桟橋がありました。馬車や人力車でくるようになる前は舟で来る客の方が多かったからでしょう。江戸時代から明治の中期までは本所深川へ参りますのに、舟で来た方が駕籠で来るより便利だったからで、この近くに遊びに来る人も皆舟でした。

『橋本』は私の知っておりますには、日本料理を主として、鯉や鯰の料理で、鰻料理は出しませんでした。四、五月と十月が特に忙しく、この時期は網打ちの客も食事に寄ったものでした。

当時浅草の有名料亭の『だるま』の主人がここで食事をして『さすが橋本だ。この料理を持って行って料理番に食わしてみたい』といったことがあります。お客には有名人がよくおいでになり、乃木大将や東郷元帥、団十郎なども参っておりました。

六代のお女将さんが偉い人で、ほとんど仕事を切り廻していました。お客様への挨拶や料理に気を配り、女中のしつけも厳しく、着物の着方から客の応対、言葉の使い方、立ち振舞いに注意しておりました。忙しい時は『亀清』や『八百善』と女中を廻し合っていたようです。

明治の初めに九代目団十郎に嫁さんをと、知合いの京橋の某家の娘を『八百善』の養女にして、嫁入りさせたことは有名な話です。その孫が新派の市川翠扇です。

明治の末から大正にかけて本所深川は地理的条件が悪くなり、客筋も変り、次第に衰微しました。関東大震災の時罹災し、その後弁当なども作っていたようですが、大正の末についに店を閉めてしまいました。時勢とはいえ、この柳島の名物もなくなりました。梅屋敷も明治四〇年になくなりました。が亀戸天神と萩寺はまだ残っております。さあ、金ちゃんは今どこに行っていますか……いい年のはずですが」

よし原　金子の中二階

吉原は震災と戦災に罹い、さらに、昭和三三年の赤線廃止（売春禁止法）ですっかりと寂れ、昔日の賑わいはない。江戸文化の中心で百数十年も続いた吉原にかつて生活した人々も離散してしまった。

昭和二年に吉原土手が崩され、衣紋坂もなくなり、僅かに見返り柳のあった所に石碑がポッンと、当時を物語っているのがわびしい。ただ五〇間がくの字に曲っており、この道が昔のままの吉原の道であると思うと、歩む足にも歴史を感じる。松葉屋の前にあったという大門もその痕跡もない。

大門から水道尻までの大門通りに、昔は両側に引手茶屋があった。桜の咲く頃に行なわれた花魁道中も追想の彼方に去ってしまった。

吉原の料亭「金子」はどこにあったのか。二、三年前から私は知人の松葉屋の菊間氏に機会をみては尋ねたが判らない。松葉屋の紹介で、幇間の富本半平さんや土手の岸儀助さんに知遇を得たが、この人たちも知らなかった。が、吉原の貸座敷に永い間〝巻き上げ菓子〟を納めていた双葉屋御簾納きんさんに「金子」の所在地をやっと教えて頂いた。

料亭「金子」は浅草区京町一丁目二十九番地（台東区千束三丁目三十番地）にあった。吉原の北西の隅で、北側と西側は〝おはぐろどぶ〟に囲まれ、北側の溝にはハネ橋が架かっていた。「金子」は六、七〇坪位の二階建で茶屋風の小ぢんまりした料亭だった。ここの二階からは入谷田甫を経て上野台まで遠くひらけ、青々とした田園と四季さまざまの上野の森が見渡せた。

「金子」は江戸、明治を通じ粋人通人の好んで遊んだ家で、柳島の「橋本」の淡白な趣きとは対象的な艶さが「金子」にはあった。女将のくにの何気ない振舞いにも、こまごまとして精練された客扱いぶりが客を満足させた。

江戸末期における「金子」について、初代市川猿之助夫人喜熨古登子さんは次のように述べている。

「吉原においでになるお客様で、素面でおいでになる方はまずありません。お酒の機嫌でほんのりとよい色に顔を染められて参られます。それにはこの吉原かいわいにはよい料亭がありました。舟でおいでの方は、向島では枕橋の八百松、水神、魚十。〝竹屋の渡し〟のこちらでは、今戸で有名な有明楼、さくらや。山谷に参りますと八百善、くだけた家では重箱で、名物のスッポンに鰻、土手では平松などです。このお取持ちは堀の芸者衆で、ひと口召し上りましてお支度を命じたものでした。

また駕籠でおいでの方は大音寺前の駐春亭、大門をお入りになっては京町一丁目の金子のお料理で時間を計り、お都合によりお馴染の引手茶屋に使いが参りまして、茶屋の主人やお馴染の太夫衆が大勢の者を引き連れてお迎えに伺ったものです。

その頃になりますと、仲の町の茶屋にも火が入りまして、次第に賑やかになって参ります。十時を少し廻った時刻になりますと、按摩の流しの笛、新内の三味、辻占い売りの声にまざり素見の客の足も賑わい、台の物を頭に乗せた台屋の若い衆、芸者太夫衆の馴染客の送り迎え、町内警邏の鉄棒引きのチャラチャラという音など、吉原ならではの艶のある風景がかもし出されたものです」

古登子刀自は吉原で生まれ吉原で育った人で、江戸末期から明治にかけての吉原をよく述べている。

明治二三年、依田学海はおもしろい比較をしている。

「金子楼は芳（吉）原妓院の畔に在り。余嘗て柳島橋本亭に遊び、其の営築の清雅を愛す。客謂ふ、芳原の金子楼殆んど此れに類すると。然れども其の狭斜に近きを以て未だ往観せざるなり。頃ろ芳原の桜の盛開を聞く。偶然興発す。満街の艶雲色濃かに香熱せり。晩に此の楼に酌むに、果して客の言誤らざるを信ぜり矣」

依田学海は明治の一流劇作家で、演劇評論家でもあった。学海は友人と大門をくぐり、満開の花の下で花魁道中のはなやかさを見、「金子」を訪れ一献かたむけた。このとき、前述の「金子」と「橋本」の比較をしている。

当時の粋人で通った西村勝三（明治の大実業家）が明治三四年に「金子」で耄碌会を催した。このときのことを吉原の引手茶屋山口邑の女将よしほが次のように語っている。

「耄碌会の皆様は、清元のお葉、河東節の秀次（秀翁）、横浜富貴楼のお倉、米市などの旦那や女将で、皆通人で通った人ばかりで『一世一代の何か面白いことをして遊ぼう』ということになりました。そこで色々と考えた上、趣向は江戸時代の〝遊び〟をしようということになり、会場は『金子』とお名指しがありました。

私は早速『金子』の女将さんに話をしましたところ、大変に面白い遊びで、ぜひやらせてくれとの話でした。しかしそれからが大変で、江戸時代の気分を出すにはどうしたらよいかと苦労しました。

まず『金子』の座敷を江戸時代の貸座敷に建物を改築し、助六の狂言の幕に積上げる昔の竹村（菓子店）の蒸籠や、当時吉原芸者が大門を出入する門切手や、花魁道中に使用した傘や提灯など、江戸時代の物を集めて適当の場所に並べ昔の吉原の気分を出しました。また吉原では芸者は箱が必ず二丁ずつ入ったもので、これは芸者は呼ばれますと、仲のいい芸者を一人連れて行ったもので、二人が一組になってお座敷に出たものです。衣裳は今様のピカピカしたものは締めさせず、帯止めもさせず、すんなりと帯を下げさせ、足袋も履かさせず、素足で白襟を出させるようにしました。

言葉も花魁の使う里言葉の『そうざます』といった風の甘ったるい昔言葉を使わせるように教えました。芸者は吉原で一流のおちゃら、こいく、おえい、おしも、おりえを呼ぶことにして、幇間も二人で組にして興を添えました。

この日、旦那衆は浜町の藤田に集りまして、昔ならばここから猪牙舟に乗り堀（山谷堀）まで参り、これから駕籠で衣紋坂まで乗りつけ、ここから繰り込んで参るのですが、この時代には猪牙舟はありませんので屋形船で堀まで参り、ここから人力車で繰り込んで参りました。

すべて江戸の扮装というので、男は唐桟または小紋の羽織。女は唐繻子の帯といった出で立ちで、時計などという開化の品は持っていませんでした。ところが秀次旦那が金鎖の時計を忍ばしているのが見つかり、早速罰金を取られました。

この時の趣向で面白かったのはお倉姐さんで、階下からチャンチャンチャンと三味線の音と共に、ちゃんちゃんこに小さな衣裳葛籠を背負った花咲爺に扮して現れましたのには驚きました。これはお倉姐さんは五代目（菊五郎）の所に行き、趣向に智慧を借りて参ったそうですが、五代目は『そのような面白い会があるなら、ぜひ入れろ』といっていたそうですが何せん急のことで日程が取れず、たいそう口惜がっており『せめて帰りにその扮装で、皆さんおいで頂きたい』というので、豊島町の頭や米市、依田の夫婦（依田学海夫妻）など、皆さんがお倉さんを頭にして五代目の家に押しかけて、またひと騒ぎしたものです。

今あのような粋な遊びをする人はありません。またあのように仕度をすることも出来ません。昔は粋な遊びをする方もあり、よいご時世でした」

この料亭「金子」も明治四四年の吉原の大火の後復興しなかった。その家族も戦災にあい、台東区役所の戸籍等も焼失して探すべくもない。

「金子」をわずかに知っていた幇間の富本半平さんが「昔、金子という料亭が、水道尻の所を右に曲った所にありました」とポツンと切れるように語ってくれた。が、この人も今は故人となってしまった。吉原を話せる人は、これからも無くなっていく。

木彫　竹内久一

竹内久一（ひさかず）は浅草田町（一説には浅草並木通り）の提灯屋田蝶（提）竹内梅月の倅として、安政三年（一八五六）に生まれた。チャキチャキの江戸ッ子である。

父は千社札を書くのを得意とし、浅草に永く住み、交際も広い人であった。反面、奇行の多い人で面白いエピソードも多いらしいが、残念ながらその記録はない。

竹内久一は少年時代に父の知人の象牙彫りの堀内竜仙に弟子入りし、後に転じて川本州楽に木彫を学んだ。その後、思うところあり放浪生活をなし、日本全国の寺を尋ね何年にも及ぶ。彼の足跡は京都、奈良はいうまでもなく各村々の寺院にまで及んだ。若い時代のこの研究は木彫に対するするどい観察眼を養ない、やがて明治の偉大な彫刻家竹内久一を育てることになった。

竹内久一は五尺に満たない小男だったが下町育ちらしい〝振らない〟性質で、いつも無性髭を生やし、風采や身装いに頓着せず、見栄を超越した磊落な親しみやすい人であった。それで江戸趣味については大の通人で、粋人との交際も広かった。

明治二一年（一八八八）三三歳の時、東京美術学校（現在の東京藝術大学）が創立されると木彫の講師として迎えられた。その後岡倉天心の指導をうけ、奈良の古代彫刻を模刻すると共に「日蓮」の大作のほか「薬師寺聖観音像」「東大寺執金剛神像」「興福寺無着世親像」（国立博物館蔵）

等々、古代彫刻に新しい手法を加え明治の木彫界に新風を吹き込んだ。

一方、この人は家族や知人の忠告にもかかわらず、相変らずの奇行癖は直らなかった。ある時、知人に招かれて知らない料亭に行ったが、あまり風采のあがらぬ姿なので入口で断られたことがあった。後で料亭では、彼が東京美術学校の教授で、有名な通人であることを知らされお詫びに来たという。

誰がつけたのか判らないが、竹内には〝ぶら兼さん〟という仇名があった。この仇名は大変うまくつけられたものらしく、正面だっては言わないが、陰では〝ぶら兼〟で通っていた。玩具博士の清水晴風とは大の仲よしで、酒も飲み唄も歌い、いつも陽気で江戸ッ子らしく元気がよく、ザックバランのつき合いが出来たから彼の席は底抜けに楽しかったという。

明治二三年、元禄会という会で仮装をして遊ぶ催しが常盤橋近くの待合であった。集まった人たちは思い思いの扮装をこらし待っていたが、竹内がなかなか来ない。ようやく現れた竹内は黄色い足袋を穿き、元禄時代の武士の扮装で長い刀を差し、頭を千剃の奴頭に作ったお供の者を従えて来た。それだけならば大したことはないが、浅草並木通りから日本橋の常盤橋まで約六キロの間、この扮装のまま六法を踏んで来たというから一同ビックリした。もちろん彼の仮装が一等であったが、今日なればさしずめ狂人扱いをうけ慇懃に警察の世話になるであろうに、明治ならではのことである。

またある時、美術家の集まりの国華倶楽部で聖徳太子の像を奉納することになった。太子の像は高村光雲が引き受けた。いよいよその像も出来上り、開眼式を行なうことになったが、舞楽を

竹内久一の像（東京藝術大学内）

奉納する面がない。そこで八方手分けをして探したところ、ある人がその面を持ってはいるが秘蔵の品でどうしても貸してくれない。そこで竹内は「よし、僕が引きうけよう」と面の製作を受けた。それから一ヶ月、仕事場に入ったきり出て来ない。開眼式の日は迫って来るし、竹内から出来たとの報告もなく、皆困っていた。竹内は期日ぎりぎりになって、いつものむさくるしい身なりでやって来た。髭ぼうぼうの姿で、桐箱に入れた蘭陵王の面を持って来た。面は彫りといい塗といい、真に精巧を極めた作品だった。おかげで開眼式は東京美術学校に於てめでたく終った。そのあとで各方面からこの面を所望されたが、面はその時の衣裳と共に東京美術学校の所蔵となり保管されている。

竹内久一の歿したのは大正五年九月二四日で、六一歳だった。墓は豊島区西巣鴨の本妙寺にある。彼の胸像は東京藝術大学にある。

木彫　加納鐵哉

加納鉄哉（てっさい）は本名を光太郎といい弘化二年（一八四五）の生まれで、台東区桜木町（今の鶯谷駅前）に住んでいた。元来禅宗の僧で、彫刻、書画をよくして、明治二一年（一八八八）に東京芸術学校が創立された時、選ばれて教授になった。

明治維新と、それにつづく明治初年の廃仏令により貴重な経文や仏像、書画、骨董が破棄されるのを、僧侶出身の若い加納は悲しみ、全国を遍歴し神社、仏閣を訪ねて日本古来の彫刻、書画の美しさを再認識した。そのため東京芸術学校の教授になっても彫刻、書画、骨董に対する鑑定眼は斯界に比類なき人となった。晩年は奈良に住み、自宅を「唯我独尊庵」と名づけ、大正十四年八一歳で歿している。

加納鉄哉の孫弟子に当たる、日暮里の木彫師平野富三氏の紹介で、加納の弟子であった山脇敏男氏に旧師の想い出話をしてもらった。

「私は明治四二年に、先生が桜木町にお住いの頃弟子入りしました。このお住いは今の鶯谷駅の線路の所です。今スター東京というキャバレーのある所に昔は『伊香保』という有名な料亭があり、その近くに先生のお住いがありました。この『伊香保』で電話の取次ぎをしてもらったものです。当時は電話はなかなかひけなかったので、女中さんが気持ちよく取継いでくれました。

鶯谷の駅が明治四五年七月に開業しました時、取払いを命ぜられまして、金杉下町に引越しました。先生は禅宗の僧侶でしたので『わしは元坊主だが、普通なれば俗人が出家して僧籍に入るのだが、わしは反対で、坊主から俗人になった』といっておりました。先生はやはり俗人と違ったところがありまして、その生活に僧侶的な面がありました。物事にこだわらず磊落な枯れた人で、他人の面倒見もよく、頼まれると嫌といえない性格の方でした。彫刻でも鉄筆彫りが有名でしたが、先生に不得意な注文が参りましても気持ちよくうけられて、入念に製作されましたので、先生の作品は多岐にわたっております。

彫刻家といってもその技術は幅が広く、絵や書もお書きになり、その洒脱な手法は数多い名作を残しておられます。また落語家や講談師とのおつき合いも多く、毎月月末になると寄席の入りが悪くなるものですが、すると先生は自宅に友人、知人を呼び集め小さんや痴遊、しん生などにたっぷりと語らせたもので、会費は取らないのも先生の金銭に対する淡白さがそうさせたものでしょう。師匠にはいつも自分で彫られた作品を贈っておりました。その気骨に感じて正月などは、これらの芸人が弟子を連れて挨拶に参りますので、いつも賑やかでした。

先生は茶人としても有名で、自宅で茶会をよく催していました。先生もお招きをうけてお出かけになり、有名な方々との交際も広く、礼儀正しい作法に素人離れしたところがあったといわれております。

先生の骨董、仏像に対する鑑定は当代第一でした。これは先生がお若い頃に全国の寺々を廻られ、仏像、彫刻を見ていたのと、奈良の仏像、彫刻、骨董に特に興味を持たれたためでした。あるとき人にすすめられた古い彫り物が実に立派な代物だったので、ひと目みるなり先生はどうしても欲しくなりました。だがそれを買う金がなく、相当無理をして五〇〇円の金を作り、その仏像と道具類一式を求めたことがありました。先生は大切に裏の物置に入れ、一つ一つの手入れをなさり『よい物が手に入った』と喜んでおられました。

その後どうしても金の必要な時があり、その中の一つを東京に運んで商人に価をつけさせました。するとそれは五〇〇円ですぐ売れました。このように先生の古美術の鑑識眼はすぐれておりました。その後この物置は焼けてしまいましたが、先生は『金で買えない物を、惜しいことをした』と悔んでおりました。

先生は貴重な古美術の離散するのを恐れて、自分の手許に置けばいずれはこれらの品々の価値が認められ、必ず大切に後世に伝えられると信じ、あらゆる機会を通じ集めていました。けっして先生の利欲のために蒐集しておられたのではありません。ですからホンモノには金に糸目をつけず買い求めておられましたので、常に貧乏でしたが、それを苦にしてはおられませんでした。

欲しいという人があると、その人が必ず大切に保管出来る人かを調べまして、それからお譲りしておりました。

東京藝術大学の表札は加納先生が書かれ、竹内久一先生が彫られたもので、当時の木彫の両大家の手になるもので、大変に珍らしいものです」

根岸　笹の雪

「笹の雪」は江戸時代から根岸にある豆腐の料理店である。

根岸が江戸の末期に旗本や豪商の別荘地となったのは、当時の遊山の地、上野の山や森にも近く、町並が離れていたので火事の心配も少なかったことにもよる。とにかくここは御隠殿も近く、京の鶯の啼き声もする優雅な地として、三味や琴の音の絶えたことのない所であった。しかし天保の改革により贅沢な生活が禁令にふれ、豪邸の取毀しもあって、一時は狸狐の住いとなった。だが、江戸末期に浅草猿若町に芝居小屋が移転し、今戸、根岸に芸能人が住むようになると、再び文客、豪商の住む所となり、その建物や用度品を競うようになり〝呉竹の根岸〟〝山茶花の根岸〟〝鶯の根岸〟〝寮の根岸〟ともてはやされる地となった。

これは上野、谷中、日暮里（当時の新堀）に雪見寺、花見寺、月見寺、萩寺や感応寺の富籤、お仙が茶屋、いろは茶屋などがあり、散策、寺参り、遊山にことかかぬ場所であったためである。有名な「羽二重団子」なども芋坂下にあった。さらにこの地に遊ぶ人の足を留めたのが、根岸の「笹の雪」である。

「笹の雪」の初代玉屋忠兵衛は元禄年間（一六八八―一七〇三）輪王寺の初代の宮となられた公弁法親王様が出府される時、豆腐好きの宮様が玉屋に「江戸の寛永寺に参るが、お前も来るように」とお話があり、江戸に出た、というから、宮家に出入りしていた豆腐屋であったらしい。忠兵衛は、豆腐を作るのに必要な良質の水を求めて寛永寺の廻りを探して歩きひぐらしの里の音無川のほとりに豆腐屋を開いた。しかし一説には、日暮里の農家であったともいう。

この地は王子街道と三河島へ通じる田圃道の交差点にあり、今のベビー理髪店の所（荒川区東日暮里五―一〇）だった。尾久、三河島の農家の朝は早い。野菜を積んで市場に行く車や村人が、同じく朝の早い豆腐屋の忠兵衛の店に寄り、茶を飲んで行った。これも忠兵衛夫婦の人柄であった。夫婦は弁当を使う人に味噌汁を出すようになり、自然と茶屋のようになっていった。

その間、寛永寺には毎日出来たての豆腐を納めていたが、ある時宮様から「笹に積った雪のように白く、肌が美しく柔かくて美味い」とおほめの言葉があり「笹の雪」と名づけよとお名を頂いたので、店の名として現在に至っている。

幕末の頃、この店に上野の戦いにやぶれた兵隊が血刀を下げて飛び込んで来たことがある。寛永寺との関係もあり、かくまったこともあった。寛永寺には三六の坊があったが、殆んど戦火に罹い、その後復興せず、明治七年に寛永寺は現在地に再建されたが昔の隆盛はうかがうべくもない。

根岸の笹の雪

「笹の雪」が寛永寺の庇護から脱却し、茶屋として繁昌したのは明治以後である。入谷の朝顔や不忍池の蓮の花が咲く頃になると、まだ薄暗い中から蓮の花の開く音を聞こうと、また朝顔の花を見物しようとやって来る客で雑踏した。朝顔の鉢を持った客が、朝早くから店を開けている「笹の雪」に立ち寄ったものである。豆腐の味噌汁に豆腐料理、新香に炊きたてのご飯と粗末な食事だが、朝食は「笹の雪」と決めて見物に来た客が集った。

この頃の音無川は水草の流れも清く、前にひらけた畠や田の稲穂の上に、夏の朝風がすがすがしく吹き渡り、遠くにかすむ筑波の山々も、田畠越しに隅田川の帆舟も興を添えた。

明治の中期には「笹の雪」は黒塀をまわした料亭になっていた。毎朝立て混む客は部屋に入りきれず、庭にしつらえた床几に座り順を待つありさまだった。この季節になると、近所の農家の女房、娘を臨時にたのみ手伝ってもらった。毎日便所も間に合わず、庭の隅に醤油樽二つを据えた急拵えのW・Cも一パイだったというから、その混雑ぶりが思いやられる。

店は朝が早いので午前中に閉めた日が多かった。売切れの時は四角のあんどんを店の前に出すのが常で、客も慣れたもので、遠くからこのあんどんを見て「もう売切れか」と笑って戻って行った。「笹の雪」はこの季節だけで、一年分の儲けを得たという。

「笹の雪」は芝居の一幕にも取り入れられた。「因幡小僧」のくだりにはこうある。

「おゝ田町から吉原へ行こうか。いっそ今日は……午の日だから笹の雪で飯を仕上げ、根岸の通りをぶらぶらと飛鳥山から王子へ行こう。そう定ったなら急がないと笹の雪はなかろうぜ。」

「ちがいねえ……。大体午限り売り切れるから、あそこで食いそこなら海老屋から扇屋だ……」

海老屋、扇屋は王子の料理屋である。

「笹の雪」はいま九代で、当主の奥村多吉さんに「笹の雪」の隣りの笹の雪ビルの事務所でお目にかかった。

「祖父の時代、朝顔見物や蓮の花の見物のお客様のほかに、根津の遊廓や吉原で遊んだお客様が朝のまだ暗いうちからおいで頂いたものでした。朝顔、蓮見のお客が寄っていったのは判りますが、根津や吉原のお客がなぜ寄られたのか不思議に思います。朝帰りに安直に食事が出来る店として、朝早くから店を開いていたのと、豆腐は蛋白質が豊富なので遊び疲れた人には最適の料理だったのでしょう。川柳に、

吉原雀ちょっ〳〵と笹の雪

盛換への茶碗もつもる笹の雪

の句があります。音無川ぞいの王子街道が広くなり、三河島に通じる道も拡張されまして、店は下谷区に移り、また今度の改正で現在地に参りました」

終戦の後、根岸小学校の前でバラック建の店に「笹の雪」のノレンをかかげ、店主が焼とりを道行く人にすすめていた時代もあった。それから二十数年、奥村さんはあの苦難の時期をのり越え、二百余年の歴史ある店をりっぱに再建された。

忍川

三橋

明治の時代、有名な豆腐料亭であった「忍川」は今はない。上野山下に古老を尋ねて歩く間に渥美与兵衛氏にお目にかかることが出来た。同氏は上野で生まれ上野で育った人で、赤札堂の裏の岡崎屋文房具店の八代、本年七三歳である。

「明治の時代の山下には『松源』や『揚出し』などの料理屋があり、また『雁鍋』などと

いう店もありました。桜の花や蓮の名所で、江戸時代には山下は岡場所でしたから怪しい女も出没し、とにかく賑やかな所でした。明治になり博覧会も不忍池畔で何回も行なわれ、同十七年に汽車の駅が山下に出来まして、東北の客も降りるようになり、その人々を相手とする宿なども出来て様子は一変しました。『忍川』のあった所は三橋の東側で前に忍川が流れ、その上に二間幅の橋が架かっていて、年中人力車が二、三台とまっていました。

山下の角には西洋料理店の『角世界』(今の京成聚楽の所に二階建の牛肉屋世界があり、この店は角の字をつけて『角世界』といっていた)がありました。『忍川』の裏は常楽院という大きな寺があり、忍川を前にして間口五間位の店で、表側は平家で奥は二階建でした。

この店は上野寛永寺の御出入りを許されており、豆腐料理でも高級な料亭で『揚出し』のような庶民的な店と違い、しっとりとした料亭でした。良いお客様が多いので、常に芸者の出入りも激しく、三味の音がいつも響いておりました。

この店の主人は古書通で有名な幸堂得知翁で、明治の初年、写楽の絵を一銭五厘で買ったものを持っており『安く買ったろう』と自慢にしていました。幸堂はこの料亭経営のほかに古書の蒐集に熱心で、料亭『忍川』の名と共に名高く、どの書籍もみな貴重なものばかりで、文学関係の人々の垂涎の書ばかりでした。同好の士や粋人がよく『忍川』に立寄りました。

明治二四、五年の頃、豆腐料理のほかにふつうの日本料理も調理しましたようで、大正になってからは普通の割烹料理店となり、同十年頃店を閉じました」

亀戸 臥龍梅 梅ぼし

亀戸の柳本氏宅に、梅屋敷にあった碑が保管されているという話を区役所で聞いて、小雨の降る日訪れてみた。

たしかにその碑はあったが、奥の塀の際の犬小屋の敷石になっており、しかも碑の上の半分は失なわれていた。「こんなものでよいのですか」と柳本さんの奥さんはいぶかしそうにいう。区役所から聞いて来たという言葉と「ぜひに」という私の頼みで見せてくれたのであるが、奥さんのいわれるように、雨に濡れて何と刻ってあるのか、光って判読できない。

このように失われていく史跡を、今のうちに何とかしなければ……と思う。

「梅屋敷はどこにありましたか」と聞いたが「さあ」という言葉が返って来た。

そこで亀戸三丁目の旧町会長石渡荘作さんを訪れた。同氏は町内の地図を探し出して、梅屋敷のあった所を赤鉛筆で記入してくれた。「梅屋敷の中にありました。伏見稲荷をお祀りしております」と、雨の中を案内してくださった。「この辺から、戦後はこんなに家が建ちました」と話しながら、人のやっと通れる下町特有の露路から露路へ、洋傘を開いたりつぼめたりして雨のしぶきも意に介せず案内してくれた。

十坪か十五坪の家がぎっしりと建てられ、小さな工場の機械の音の聞える中に一間半位の道があって、その奥に小さな社があった。世話する人もないのか荒れ方がひどい。これでも、廻りから狭められて稲荷神社の境内もなくなろうとしたのを、石渡さんら有志がやっと確保したものだという。「昔はよい所でしたが」と石渡さんはいった。

亀戸の梅屋敷は亀戸天神の北東にあり、今の江東区亀戸三丁目五〇番地から五十三番地にわたり約三千坪の広さがあった。

江戸も始めの頃、本所の呉服商伊勢屋彦右衛門の別荘がこの地にあり、清香庵と呼んでいた。梅の好きな彦右衛門はこの地に梅の苗を植えたが、デルタ地帯の盛り土は地味が合い、生育がすこぶるよかった。そこで彦右衛門の子は呉服商を廃業し、梅の栽培に力を入れるようになり、毎年みごとな花が咲いた。

孫の喜右衛門の時、水戸光圀公がこの梅園を訪れた。龍が臥したような梅の木の枝が地を這い地中に入り、いずれが幹とも枝とも分らず、十丈余りの古木の花の香は蘭麝をあざむくばかり。感嘆のあまり光圀公はこの梅に「臥龍梅」と名づけた。喜右衛門はこの梅の側に籬を作り「臥龍梅」と書いた御用木の札を立てた。

また享保九年二月、将軍吉宗が放鷹の時立ち寄り、枝が地中に入り新しく根を生じ、それが花木となるのを見て「代継ぎの梅」の名を賜った。この梅屋敷や臥龍梅を当時の人は句にし詩にした。

白梅の龍を包むや梅の花
梅屋敷まだ生酔の顔を見ず
鶯の初音で龍も眼をさます

梅干は売り切れ申候梅屋敷

また『梅譜』に、

去都城二十里　有臥龍梅　偃塞十余丈　相付唐物也　謂之梅龍好事者載酒　遊之云々。

この梅園について馬琴は、その遺稿の『異聞雑稿』に記している。

「正月十三日は卯の日なりければ、亀井戸の妙義（亀戸天神境内の妙義神社）へ参るもの、なべて梅屋敷へ立寄らざるはなし。梅屋敷にて十二、十三日の両日は、一日の茶銭醤油樽に三樽づゝあふれる程あり。金にして一日十両余りなりしとぞ。一日分十余両の茶銭は梅干の価ともなり、この日梅干も売りつくせりといふ。いたく客多ければ、茶を吸み出する手廻らず、水にてもよし飲ませよと罵るもの多かり。処せきて尻も掛けずに、帰る者少なからざりしぞ」

大名や旗本商人の屋敷が多かった本所深川には、四ツ目の牡丹や向島の花屋敷、龍眼寺の萩など四季の花々が咲いた。妙義神社の初卯のまゆ玉を首に差し、参詣客はぞくぞくと梅屋敷に足を向けた。旧暦の正月十三日は新暦の二月初めで、初卯の頃はちょうど梅の見頃となっていた。明治十四年（一八八二）にはこの「臥龍梅」から採れた梅で、梅干を謹製して宮内省に献上し、以来毎年行なうようになった。

明治四三年の水害の時、この梅園も永い間水に漬かり、その後の手入れが悪く悉く枯らしてしまった。当時すでに梅園の梅も多くは老木となっており、若木と植え替えをしなかったのも、その一因であった。この梅屋敷について、九五歳になる瓦屋伊藤某はこう語っている。

「私の子供の頃は梅の見頃となりますと、天神様の参拝客の全部が梅を見に参りましたものです。私達子供は梅屋敷の塀の間をくぐり、見物客の中にもぐり込んだものですが、子供ながら梅の香りは強いものだなと思いました。何千本かの梅がいっせいに花をつけ実にみごとなものでした。

桜のお花見と違いまして騒ぐ人も少なく、短冊に何か書いて梅の枝に結びつけている風流な人もおりました。

梅の花が終って梅雨の頃になりますと、近所の人を頼み梅の実取りが始ります。これがまた大変な量で、梅の実の山がいくつも出来たものです。これで梅干を作り、今の葵漬けの樽のような入れ物に詰めて売っておりました。

しかし明治四三年の大洪水でこの梅園も決定的な被害をうけて、ついに廃園してしまいました。その時は六月から八月まで三七日間降り続き、さらに八月五日から八日にかけて豪雨となりまして、その時の罹災者は百三〇万人ともいわれ、三〇万戸が濁流に沈められました。家の鴨居まで水が達し、雨が上ってもなかなか水は引かず、その上権現堂の堤が切れるという流言が飛び、上野、本郷へ避難する人もありました。柳島の土手から見ると、屋根と木が見えるだけで舟で往き来したものです。この時梅園は流れ込んだ水で田のようになり、梅の木もすっかり弱り、何百年も続いた梅園も廃園となってしまいました。その後管理をしていた人がおりましたが、戦後その人もいなくなってしまいました」

今、梅屋敷の「臥龍梅」の碑が柳島の電車通りに立てられており、当時の梅屋敷の所在地をわずかに伝えている。

大もり　山本　梅ひしほ

大森の第一京浜国道で、二〇〇年近くのりを商っている東京大森㊕山本本店は寛政年間（一七八九―一八〇〇）にこの地で茶屋を開いていた。

「山本」の初代の半蔵は伊勢久居（三重県久居市）の藤堂佐渡守（五万三千石）に仕える侍で、父を藤蔵といい次男として生まれた。享保十九年（一七三四）十六歳の時町人となり、江戸に来て日本橋小伝馬町で宿屋を開いた。

伊勢の土地は大坂や西国からの舟が立ち寄る港が多い。だが産物は少なく、松坂の領主も久居の藤堂家も領民に、大坂や江戸へ出て商人となるようすすめた。現在も東京に伊勢屋、松坂屋の店名が多いのはこのためである。

日本橋小伝馬町は大伝馬町と同じように、地方の旅人や商人の泊る宿屋が多く、半蔵の宿屋も繁昌した。半蔵は縁あって東海道大森宿近くの糀谷村の海苔業、亦七の娘を妻とし、夫婦で家業にはげんでいたが、安永元年（一七七二）五五の時、何の理由があったのか判らないが、小伝馬町の宿屋を売り払い、大森の東海道筋に地所を求め茶屋を開いた。間口四間、奥行五間の店で、旅人や蒲田の梅園に杖をひく人たち相手の店はけっこう忙しかった。蒲田の梅林については『江戸名所図会』に出ている。

「蒲田邑にあり、この地の民家は前庭、後園共に悉く梅樹を植えて、五月の頃、その実を採りて都下にひさぐ。されば二月の花盛りには幽香を探り遊ぶ人少なからず」

砂まじりのこの土地は梅の栽培に適し、古くから梅の名所でもあった。

半蔵はこの店を開いて四、五年たった安永四年に歿している。二代清二郎はその時十五歳であったが、父の名を襲名し、商売熱心な母と共に茶屋を営んだ。近くの梅林の梅を材料として梅ひしほを考え出し、その他に木ノ葉餅や瓜を塩漬けにしたやたら漬を作り、客に軽い食事もすすめた。これは評判もよく、大山参りや川崎大師の参詣客が立ち寄り、『嘉陵紀行』に、

「もの食はゞ羽田の蛤茶屋と、大森山本といふ茶漬飯売る店よし」

と名物に記載された。

二代は店が繁昌するにつれ、茶屋の他に旅籠屋も営み、海苔の小売店を日本橋に開いたのもこの時代である。「山本の海苔」として日本橋の店も忙しく、荷物にならない江戸土産としてよく売れた。

二代半蔵は二十有余年の間に大いに産をなし、付近の土地を次々に手に入れ、梅の樹を植えた。その梅林の中に隠居所を作り剃髪して梅路と号し、風流を楽しみ、天保六年（一八三五）七五歳で世を去った。

幕末期、鶴渡り拝地（現在の東邦医大付近）に鷹狩りにきた将軍がこの山本の梅林を賞でられ、お休み所とされた。海苔の「山本」の当主八代山本一営氏は「お休所」と描かれた、下の方が少し焦げた古い看板を取り出してきて、その〝家宝〟の由来を語ってくれた。

「五代の時ですが、新橋から横浜まで鉄道が敷設されるというので大騒ぎしていた時分です。明治五年四月十一日、皇太后陛下が京都から東京に参ります時、皇后陛下が大森までお出迎えにおいでになり、私の家でお迎え申し上げることになりました。

私の家をお使い下さるとのお触れを頂き、お迎えするお部屋を新築致しました。その時は新政府の役人が出張なさり、そのお指図により何回もお調べ頂いて造ったといいます。

その時は何日も前から、街道の家々は火気厳禁となり、二階の雨戸は目張りをし、当日は街道も通行禁止で大変な警戒ぶりでした。五代も、事故のないようにと瘠せる思いだったといいます。幸いに皇后様は皇太后様をお迎えになり、お駕籠をならべられまして宮中に無事おいでになりました。

その時店の前に掲げましたのがこの看板です。看板が焦げましたのは、戦災に罹いました時、倉の中に入れておいて助かったのですが、ある夜進駐軍の兵隊がジープでやってきて倉をこじ開け、女物の衣類など盗んでいき、その時煙草でも残していったものか、次の朝倉から煙が出ているると近所の人が知らしてくれました。幸い一坪ばかりいぶっただけでボヤは消しとめましたが、家宝のこの看板の下部がそのとき焦げたものです。

明治５年、皇太后が東京行路の際休憩した時の御用札

維新前は江戸城本丸、西丸に海苔の御用を頂いておりまして、上野の寛永寺様やその末寺にもお納めしておりました。文化文政期から大坂方面との取引きも多くなり、品川沖から大船で大きな甕（口径二尺四寸、大きさ二尺九寸、高さ三尺七寸）に一万五千枚の海苔を入れて送ったものです。

明治になりましてから、宮中の御用はもちろん南満州鉄道の御用を一手に引き受けまして、毎年ご注文があると四ヶ月も五ヶ月もその仕事にかかりました。またアメリカや東南アジア、台湾、朝鮮にも出荷しておりました。

その頃の仕入れは〝庭先買い〟と〝内山〟の二つがありました。〝庭先買い〟は毎日夕方、十数人の問屋と一緒に海苔生産者の庭先にいき、その日に出来た海苔を調べて各々札を入れ、次の生産者の所へ廻ります。その後小僧が廻りまして、自店の入札が高ければ荷物を引渡してくれました。

また貧しい生産者には問屋が毎年十一月から出来る海苔を引当てに金を貸しつけます。この金は海苔を引取って精算し、これを〝内山〟といいます。「内山」は各問屋に属しており、問屋はそれを知っておりますし、「内山」の生産者は海苔を他には売ることが出来ませんでした。私の店も百軒位の「内山」を持っておりました。

生産業者の大きい所は一日三〇〇帖から五〇〇帖位の生産がありまして、毎月二回潮の引かない日を休み、その日に勘定をしたものです。今は漁業組合に一定の日に製品を持ち寄り、全国の海苔の問屋が集りまして入札をするようになりました。

海苔の一番旨いものが出来たのは大森だといわれております。砂地のある内海で、静かな海の海苔は柔かく、艶があり香りもよいとされています。同じ湾内でも川一つ違うと味が違うと申しまして、微妙なものです。海苔の採れます時期は毎年十一月からで、寒ければ寒いほどよい海苔が出来ます。

海苔の出来る時期になりますと、男は舟で海苔を採りにいき、夕方に戻り夕食を取るとすぐ寝み、午前二時頃起きて海苔を水に入れ、紙を漉くように海苔を簀に張ります。女房連はそれを十八枚ずつ乾板に張って乾したものです。海苔は採ってきてすぐ処理しませんと赤くなり、腐ってしまいますので、この時期には海苔採りの人々は一家中総出で海苔作りに、夜も昼もなかったものです。今はこの乾燥は電気で乾しますので、大分仕事も楽になっております。

日本橋の『山本』は二代の時開いた店ですが、卸しに専念しましたので番頭に店をゆずりました。明治三七年㊕の商標の件について、山本を呼びまして商標の使用を禁じましたところ、山本方でこの商標を登録してしまいました。

戦後、私方も東京都内外の百貨店に卸しを致しておりましたが、日本橋の『山本』も名店街に店を出しまして、㊕の商標の件で裁判となり、その後和解しましたが私方は東京大森㊕山本店となりました」

梅ひしほについて訊ねてみたが、祖父の代のことでよく判らないとのことだった。当時店で福神漬けなどといっしょに売っていたが、梅の種と皮を除き実をすりつぶして砂糖を加え、味をつけた嘗物（なめもの）だったという。

指物　太田萬吉

日本橋の高島屋の裏通りは、明治の時代まで「東仲通り」といわれた。木工関係の人々は「東仲町の細工場」と呼んでいた。この付近には腕のよい職人が集っており、家庭用家具の生産が盛んだった。指物師太田萬吉の店もこの通りにあった。

この店があった場所を探して、私はこの裏通りを七、八人の古老に聞いて歩いたが、みんなその場所が違い、高島屋の裏側の右角にあったというのがどうやら本当らしい。とにかく震災と戦災が明治を遠く離してしまい、この区の戸籍簿も焼失してしまって探すすべもない。

指物は高級な木製品で、一般家庭及び茶室などの調度品で、茶道具の他に飾棚、書棚、鏡台、厨子、硯箱、机、椅子、針箱などの家庭用家具から宗教的なものに及び装飾も兼ねている。

太田萬吉の店は、桑材を使用した指物の元祖といわれていた店であった。伝統工芸家で審査員である須田宗明氏は、

「私の父の師匠の前田宗明が明治の中旬に、太田萬吉の店に弟子入りしました。師匠の生まれは伊豆の御蔵島で、この島には何百年もの桑の大木が野生していました。それを主人に話しましたところ早速この島にいき、豊富にあります桑材を内地に送らせ、製材してみると内地材より数々の利点が発見されました。

内地桑は柔く、細工には都合がよかったのですが艶がありません。また九州桑は木の質が堅く、細工がしにくくて、製品は年を経るにつれて黒ずんできて高級な家具には使用されておりませんでした。

この頃までのいい家具は漆塗りの物が多かったのですが、太田萬吉の発見したこの桑材は強度、ネバリが最高で、その製材の仕方で〝銀〟（見方により木の目が変り、銀色の艶が出る）が出まして、年を過るにつれ薄い飴色に変化して行き、その肌に何ともいえない味が出て参りました。萬吉はこの桑材の素朴な味を愛し、その木目の変化は製材方法がむずかしいので自分で細工場に入り、指導をしたといいます。そして茶道具から高級な家具まで作りました。

この指物は渋味を愛する茶道関係の人々に賞賛され、各席はもちろんお屋敷の出入りを許されました。御用の時はまずお庭を拝見し、各お部屋の作り、お家族の好みをお聞きして、お部屋に合った家具を作ったといいます。

太田萬吉は店で作った指物に、当時としては初めてのことですが、銘を入れましてその作品を誇ったものでした。

私は大正の末に伊藤伯爵家の売立ちの中に、太田の銘の入った指物を発見して買いましたが、実に木目といい作りといいりっぱなもので、さすが明治の時代東京一の指物師といわれた人の絶品だなと舌を巻いたことがあります」

東京で一流の腕を持った職人たちの街「東仲通り」も関東大震災と戦災にあい、住人も皆離散してしまい、今はその痕跡もない。

茶器　堀津長兵衛

茶器の「ほりつ」は江戸時代から明治、大正、昭和と続いた茶器の名舗である。

初代堀津長右衛門は享保二年（一七一七）に伊勢国堀江村より出府した。祖先は北畠親房の一族で、この地の郷士で苗字帯刀を許されていた。

江戸に出てきた初代は、日本橋通り四丁目（中央通り三丁目八番地八重洲通り角、中湯ビルのあるあたりの電車通り）に茶器の店を開いた。

これは初代が茶道の趣味が深く、数々の逸品を所持しその道にも明るかったのと、銀座一丁目の茶舗河合七兵衛の店がこの地にあったので、それを譲り受けたものである。代々長右衛門を襲名したが、なぜか初代長右衛門の位牌に菊の紋章がついていた。二代目からは恐れ多いので家紋を花菱に変えた。

「ほりつ」の店は文政の頃（一八一八―二九）には茶器の店として江戸の超一流に発展し、将軍家御用をうけたまわり紀州、島津家など大名家にも出入し、茶湯御道具師として御用を頂いていた。その頃の取扱い品はお茶道具一式といっても品数も多く、陶器、漆器、鉄器、銅器、繊維製品のほかに木・竹製品から扇子、傘、下駄、草履まで商っていた。

この頃、京都の禁裏より毎年将軍家に「御茶」が下賜された。この「御茶」の受領のために将軍家より使者がたちその行列が「御茶壺」を頂いての帰り道に品川から日本橋を通り常盤橋御門から、江戸城に入ることになっていた。その時「ほりつ」の店で一行は休憩するのが慣例となっていた。江戸の主だった茶問屋の主人達は礼儀を正し、羽織、袴でこの行列を迎えた。店は当日は商売を休み「御用」の提灯を立て、うやうやしく迎えた。「御壺」は店の奥に安置し、一行に食事をすすめた。

江戸の末期、この店では茶道具のほか茶も売っていたようで、二、三〇斤入りから一〇〇斤入りの五尺位の大きさの錫の茶壺があった。この茶壺は明治維新の時、彰義隊の浪士が店に来て、鉄砲の弾を作るのだと徴発していった。その時二つばかり隠しておいたが震災の時焼失してしまった。

維新以後は宮内省の御用を受け、各宮家の御用も受けていたが、「ほりつ」の抹茶は宇治朝日山々麓の銘茶〝菊の白〟と〝いの白〟が斯道の名品であった。〝菊の白〟は東久世通禧伯爵、〝いの白〟は伊達宗幽男爵が命名したものである。

八代長右衛門は明治の中期に、今までの著名な茶室の立体的な起絵図（おこしえず）九十葉を月令という画家に描かして印刷した。『茶席起絵図』前後篇もその後発行したが、その一揃がボストン博物館に収蔵されており、昭和の初年アメリカ大使館の人が店にきて「この書を発行した人は健在か」と聞かれたことがあったという。

この茶道の書を著した八代は有名な茶人で、東久世通禧、石黒忠悳、海軍々医総監の戸塚文海、豪商安田善次郎、蔵前の札差だった青地幾次郎、菓子司金沢丹後の金沢三右衛門など当時一流の茶人と、その所持する名茶器を使って和敬会という茶会を催した。

関東大震災後、八重洲通りが拡げられ店の敷地も狭められた。さらに戦災にも罹い、昭和三四年に千代田区麴町二ノ一の市ケ谷の通りに移った。今日も一流茶器店として、茶器界の老舗としてその権威をほこっている。

当代は十一代堀津浩一氏である。番付表の「茶器堀津長兵衛」は「茶器堀津長右衛門」の誤りである。

麴町・ほりつ

上の山下　するがや精進料理

徳川家康が隠居して駿府（静岡市）にあった時に「駿河屋」は御用をつとめていた店である。三代将軍家光が寛永寺を上野に創立すると、江戸に出て寛永寺の料理を一手に引受けた。当時、寛永寺は天台宗の総本山として三六の坊を控え、徳川家の菩提寺として宮様を輪王寺に迎え、権勢比類なく、寛永寺の御用を受け給わることは商人として最大の名誉であった。

店は上野山下にあった。今の永藤パンのある上野三橋町二番地（台東区上野四丁目九番地）にあり、間口四、五間、奥行二十余間の二階建の店であった。駿河屋ビル（精進料理の駿河屋でなく、駿河屋揚物店）の当主町田氏の記憶によると、

「私はここの生まれで、店の名は同じですが私の店は半平（はんぺん）や蒲鉾を作って売っておりまし

た。精進料理店だった『駿河屋』さんはよく知っております。主人は田辺さんといいまして、お料理を寛永寺さんや各お寺に納めておりました。昔は大したお店だったそうで、寛永寺出入りで羽振りをきかせていたといいます。明治の末にも大変な量の料理を作り、荷車でガラガラと若い衆が運んでおりました。昔は『寛永寺様御用』といった札を車の前につけて運んだそうです。

大正になりまして、精進料理のほかにいろいろの仕出しもしていたようですが、ご主人は殆んど店にはおられませんで、番頭さんが一切仕切っておりました。大正十年頃店を永藤さんに売り本郷西片町に移られましたが、その後どちらへ参られましたか、分りません」

寄席びら　びら辰

びら辰の弟子である橘右近さんは、谷中の寺町に住んでいる。このあたりは静かで自動車も通らず、震災にも戦災にも罹わない、明治、大正の香りの残っている街で、橘さんの家は芸人らしいたたずまいの二階家だった。

橘さんは小柄で清潔な感じの方だった。元ははなし家であったが二代びら辰の弟子となり、今は寄席文字や江戸文字を書く人として国宝的存在である。有楽町の東宝名人会の寄席文字を書くと共に、江戸文字で〝千社札〟などの揮毫にも応じている。

二階の右近さんの部屋には寄席関係の本や、江戸文字の古い書籍が書棚にぎっしりとならべられており、故円朝が高座で使った茶飲茶碗や水筒（円朝が最盛期の〝八丁荒し〟といわれていた時代、寄席に出演しても決して席で出された飲物は飲まなかった。弟子に持参させた藤で編んだ籠の中の水筒に茶をつめてきて、それを飲んでいた。これは寄席で出された飲物に毒でも入っていたら大変だとの配慮からだった）や、寄席関係の絵馬などが所狭しと飾られていた。

びら辰は本名辰三郎といい、びら清こと栗原孫次郎の二男で、安政五年（一八五八）に生まれ、幼い頃川部家に養子に行き川部辰三郎といった。父のびら清は日本橋浪花町で代々の下駄商であったが、書をよくする人で、天保七年（一八三六）神田に住む紺屋の職人の栄次郎という人からびらの書き方を学んだ。

栄次郎という人は元来紺染職人であったが、筆先が器用で法被や浴衣、手拭の型字を書いていた。そのうちに彼は何か書体に特長を出そうと、芝居の勘定流と提灯屋の書体の間の字を考え出した。試みに書いてみると、これが大変に雅味があると評判となり、紺屋の職人をやめて染物の字を書くかたわらびらを書くようになった。

その頃まで江戸の一流の寄席でも、別に定まった書体で出演者の名前は書かず、びらは下足番や弟子が適当に書いていた。それが栄次郎の書体が寄席にうけてからは有名な寄席はみな栄次郎にびらをたのむようになった。

孫次郎は栄次郎の書く寄席字に興味を持ち教えを受けた。また孫次郎自身もいろいろと書体の研究をして今日の寄席文字の母体を確立した。孫次郎は通称を清次郎といわれていたので「浪花町のびら清」と呼ばれ、下駄屋をやめて専門のびら書きとなった。

天保十三年、水野越前守の世に謂う〝天保の改革〟で江戸の寄席も廃業させられた。一五〇席もあった席も三〇年以上開いている席以外は廃席され、一時は大いに衰びれた。三年後、水野越前守の失脚と共に江戸の寄席は復活し、安政の頃には席数も軍談席二二〇席、はなし席一七二席、計四〇〇席ほどあり、清次郎の仕事も忙しかった。栄次郎の死後は寄席びら書きは、びら清が独占することになった。

びら清の功績に〝版行びら〟がある。それまではびらは一枚々々書いたものである。当時の寄席は毎月一日と十五日が初日で、そのびらの注文が同じ頃にドッと来る。同じびらを何十枚も書かねばならず、いくら忙しくても弟子に書かせることは出来なかった。そこで木版刷りを考えた。一度作った芸人の名前の木版を保存して置いて、それを組合せて弟子に刷らせた。さらに字に大小があるのでその大きさも統一して木版を作った。これが〝版行びら〟である。

明治九年にびら清が死亡し、長男源輔が二代びら清を継ぎ、その弟の辰三郎がびら辰の初代となり日本橋長谷川町に店を開いた。

びら清は講談席のびらを書き、びら辰は小文字がうまく、はなし席のびらを書いた。この二軒が明治十二年に百六十余軒もあった寄席（講談、浄瑠璃、落語）の主だった席のびらを書いた。

寄席のびらは席の一里四方の浴場、床屋などに貼

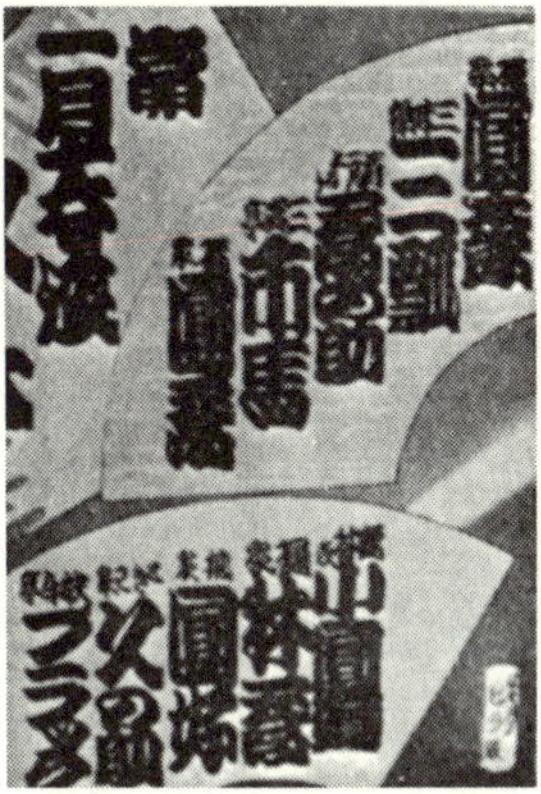

びら辰による寄席広告

られたもので、大きさは三尺四方位であった。このびらは天紅という式の書き方で、上部が赤、下部は緑、字は黒ときまっており、紙は柾が使用され、木版の三度刷りで絵具は顔料を使った。

びら辰は席に出入りしているうちに佃家白魚と酒仲間になった。当時、白魚は、ラッパの円太郎やヘラヘラの万橋、あるいはペケレッツの談志、ステテコの円遊らとともに並び称されていた。その白魚が明治二六年、横浜で変死した。弟子達により荒川区の法界寺に酒樽型の墓が建てられた時、びら辰は「徳利」と「盃」型の石で作った「花立て」を贈っている。

びら辰は明治四三年（一九一〇）九月に五四歳で死亡している。

墓は台東区谷中坂町の宗善寺にあり、釈義辰居士で墓の台石に赤い字でびら辰の寄席字が彫ってある。びら辰の孫に当たる世田谷区の川部辰一郎さんはこう語っている。

「貴方のお調べの『びら辰』は初代の祖父のことで、私の小さい時亡くなりまして、どんな人だったか父の二代びら辰も話してくれませんでしたから判りません。かえって私の方でお聞きしたい位です。

大正時代はまあまあでしたが、ラジオが出来て一時寄席も繁昌しましたが、次第に席も少なくなりました。父は頼まれれば寄席のびらも書いていましたが、開店や売出しのびらを主に書いておりました。私はこの道では食っていけないと思いましてサラリーマンになりました。店は日本橋和泉町（中央区日本橋人形町三丁目八番地一号）にありました」

香を　銀座の㊇

松沢つゆさんは八代八右衛門氏の奥さんで、明治二三年生まれで八四歳である。銀座で生まれ銀座で育った生粋の江戸ッ子で、今は横浜市日吉の慶応普通部（中学校）近くで余生を送っている。

例によって先方様の都合も聞かず、ある日私は日吉まで出かけた際に松沢さんを訪れた。松沢さんは快く会ってくれた。自分で過去帳や店の古い書類を調べられたものか、事細かに記入している雑記帳を取出され、それを見ながら話を聞かしてくださった。

銀座㊇こと大坂屋は薬店として三〇〇年近く銀座に店を開いていた。初代八右衛門は信州伊奈の田畑村の出身で、寛文七年（一六六七）に生まれた。父を寛太夫正包といい、長男であったが元禄二年（一六八九）二三歳の時、志を立てた八右衛門は春まだ雪の深い田畑村を立った。

江戸に着いた八右衛門は知合いの薬種問屋に奉公したが、将来大物になるだけに普通の奉公人と違い、六、七年の間に漢方薬についての知識を得て、元禄九年、三〇歳で三十間堀五丁目（現在の中央区銀座四丁目七番地）の横町に小さな店を開いた。資料によると、その後僅かの間に二回移転している。一回は同年九月に尾張町二丁目の西側畳屋藤右衛門店に引越し、二回目は同十二年に数寄屋町四丁目北角より二軒目（現在地の銀座店）の、和泉屋三左衛門店（間口十間半）に引移っている。

当時の銀座とは——天正十八年（一五九〇）に家康が江戸に幕府を開き、慶長十七年（一六一二）に駿府（静岡市）より銀座を江戸に移し、京橋より南に一万二千坪の地を選び銀製の歩金や小粒の鋳造所を作らせた。これが当時の江戸の銀座で、まだ淋しい街であった。

銀座に店を開いた八右衛門は代々襲名制とし、屋号は大坂屋と号した。大坂屋八右衛門といい商号を㊇といった。取扱い商品は香とくすりであった。

六代八右衛門は天保元年（一八三〇）の生まれである。明治五年、六代四二の頃はまだ銀座に藁葺屋根の家もあり、銀座も廃止されていたが、まだそれほど賑やかな町並みではなかった。同年二月二六日、和田倉門内にあった兵部省（後の陸軍省）より出た火は折からの強風に煽られ、銀座、築地、日本橋一帯を焼き四〇町五千戸を焼いた。政府はこれを好機に、銀座を西洋風の街にしようと決議し「銀座通りに家を建てるなら、煉瓦造りとすべし」と布令した。

政府は銀座通りの民有地を買収し、英国の建築技師T・ウォートレスの監督で京橋から新橋にかけて銀座の表通りに、四年の歳月をかけて煉瓦造りの街を作った。これは連家二階建の日本最初の洋風市街で、ガス燈も同七年に設けられ、道幅も十五間と拡がり、人道、車道を区別し、街路樹に松、桜、楓を植えた。作った戸数は一四三八戸に及び一等、二等、三等に分けて民間の希望者に払下げた。

この火事で㊇も類焼したが、特に許可を得て黒い土蔵造りの耐火式の店舗を建築した。この店は間口十二間、奥行四十余間で、屋敷の坪数は五百坪余であった。店には「㊇大坂屋」と紺地に白く染抜いた暖簾を掲げ、番頭は一番番頭から五番番頭までおり店員数十名、女中も数人いた。

六代の開発した気付薬〝神仙万金丹〟は万病の特効薬として日本全国にひろまり、懐中薬として有名となった。〝万金丹〟は店の仕事場で作り、薬研で薬を細かくし麝香を混ぜて練り、それを丸薬とし乾燥し、金箔、銀箔を粉にして水を混ぜた物に入れて振る。すると金色の丸薬と銀色の丸薬になった。この薬は全国に卸され、旅人は土産物として荷物にならぬ〝万金丹〟を求め、店には客が絶えなかった。

大坂屋の前には常に〝枇杷葉湯〟が用意されていた。水道のない時代だったから特に夏は道行く人、車曳きも馬子も喜んで喉を潤した。㈧の近くの道にはこの薬湯の香りがあふれた。㈧には薬倉が三棟あり、薬の種類も量も多く㈧に行けばどんな薬でも間に合うと評判にされ、仲間の者は㈧といわず「倉」と呼んでいた。

松沢さんの話は当時の㈧の模様をまことに具体的に描写している。

「私は明治二三年の生まれで、その頃歩道も車道も舗装してありませんでしたから、雨でも降りますと高歯の下駄を履いても足袋が汚れたといいました。鉄道馬車の馬の排泄物が銀座に匂ったものです。前の店のクシャミが聞えた位静かな街でした。

銀座が賑やかになったのは、今の尾張町の角に通称銀座の地蔵様といわれました子育地蔵尊がありましたが、この御縁日に道筋に添いまして屋台店を出させました。その頃は明りがありませんから、どこでも昼間だけきり開いておりませんが、銀座はガス燈があり店も明るくしておりましたので夜店が立ち、賑やかになったといいます。今はこの子育地蔵尊は銀座三越の屋上にあります。

店の前には煙草で有名でした『岩谷天狗』がありました。これは今の銀座松屋の所にあり、大変な宣伝で『税金たった三百万円』の看板が店の前に掲げられており、大層な景気でした。倉は今の松屋の敷地の中にありまして石倉でした。店では漢方薬と麝香、白檀、伽羅、沈香(じんこう)などの香料を商っていました。畳敷きの店頭に小僧が座って応対しており、品物は正面に古風な引出しのついた百目簞笥から出しました。頂いたお金は店の左隅にある帳場の銭箱に投げますが、なかなか旨いものでした」

大正の大震災の時、この家も焼けた。その後、香や薬のほかに白粉も売るようになった。震災後の銀座には何階建ものビルが建ち、カフェや喫茶店も出来「昔恋しい銀座の柳」のレコードが発売され、震災前とは一変して日本の一番賑やかな代表的な街と変化した。しかし㈧はこの銀座でバラック建の店で平気で商いをしていた。

「本建築の店にする話は何回もありましたが、主人はよい品さえ商っておればお客様は来て下さる。別に店を直す必要はないと、バラックのままで商売をしておりました。戦災でまた焼けたのですから先見の明があったのでしょう」

と松沢さんはいい、笑っておられた。主人が昭和三九年に亡くなられた後、銀座の庭といわれた広い敷地に松沢ビルを建てた。当主は次女のお子さんの松沢憲邦氏である。

くすり　明神下　紀伊国屋

国電秋葉原駅に下車すると、駅前は日本有数の家庭用電機の商店街で、どの店も香港の商店のように商品を道路の上までならべ道を狭くしている。呼び込まれたら引き込まれそうな雰囲気が漂っており、それでも業者同士の自粛のせいか、店員は「さあ買ってください」といった風の視線を浴せるだけ。それでも何か買おうかなと思う衝動についからられる。

この商店街では異色の存在の、漢方薬の卸問屋「紀伊国屋」がある。天和年間（一六八一―八三）から二百九十余年の店歴を踏んまえた店である。

私は以前にこの店を尋ねようと思い、店の前に車を停めかけたことがある。この道は中仙道で万世橋の交差点の近くで、恐れ多くも万世橋警察署の真前では駐車する気にもならず、後車の警笛に心ならずも寄らずに帰った。こんど訪れてみると、「紀伊国屋」は漢方薬のブームを迎えて忙しそうだった。仕入れの客が七、八人きており、店は改築中で仮営業所で商いをしていた。

十三代の当主土田茂雄さんは六四歳で、区内の種々の要職に就かれており、店の仕事も陣頭指揮をなさっておられた。初代源四郎は紀州田辺（和歌山県田辺市）の生まれ。徳川御三家の一つである紀州侯は五代将軍綱吉の時代に、領内の産業振興のためにも商取引きを奨め、商人が大坂、江戸へ進出するのを奨励した。初代は、天和二年（一六八二）に紀州侯出府の時お供をして江戸に出た。始め米穀商となったが、間もなく神田松住町（千代田区外神田一丁目四番地電波ビルの所）に薬種商を開いた。

ここに店を設けたのは、近くにある神田の青物市場（当時神田田町にあった）に出入りする人の多いのを見て、この地をえらんだのである。神田川には早朝から、房州、上総、葛飾、武蔵から野菜を積んだ舟が何十艘も着いた。河岸は荷上げ人足の掛け声も勇しく、また荷車で運び込まれる荷物で青物市場の内外は混雑を極めていた。午前中は市場関係の客で賑わい、午後からは医師の駕籠も来て薬の仕入れ客も多く、終日忙しかった。

店は間口七間、奥行十間の土蔵造りで、薬倉と家倉の二つがあった。店には黒の暖簾が一杯に薬種問屋特有の掛け方で吊され「薬種商紀伊国屋源四郎」と商標の〼が白く染め抜かれていた。〼の商標は初代が江戸に来て米穀商を開いた時、枡を図案化したものを使用したからである。暖簾の内は通路を除き格子が設けられ、そこが作業場で、畳の上で職人が薬研で薬を細かくしたり調剤したりしていた。

初代は商売熱心で、万病に効くという〝午黄丸(ごおうがん)〟を開発した。この時代各薬種店で同じような薬を発売していたが、「紀伊国屋」の午黄丸は特にその薬効が評判で、心身疲労、急病気付、盗汗に特効あり、価も高かった。それでも全国的に有名になり「紀伊国屋」の基礎を初代の時に既に築いた。

「紀伊国屋」は代々源四郎を襲名していたが、明治維新を十代の時に迎えた。それより数十年前、蘭学は西洋の文化を伝え、それと共にシーボルトによる西洋医学が長崎で芽ばえた。新しい医学は長崎から江戸に伝えられ、漢方医の驚くような新しい医療方法が喧伝されると、西洋医学の医師でなければ医師でないように思われた。

西洋医学の影響で今までのように適当の量を調剤したり煎じた漢方薬を、少量の薬を正確に計量して投薬する方法に変った。医師も薬種商も患者も戸惑いを感じたが、薬効はたしかにあった。十代はこの医療方法の効果を素直に認め、医師と共に研究してその調合に苦心したが、薬はやはり漢方薬であった。この医学界の変化について行けず、同業者の中には廃業して行く店も多かった。明治初期の漢方医及び漢方薬商は不安定な時代であり、新しい時代を生む苦しみの時だった。こんな時期を「紀伊国屋」は香も売り、不安な時代を過した。

新薬の輸入から国内で製薬も行なわれるようになった。西洋医学は普及し医学校も出来、また薬学校も出来た。そして明治の末年に漢方医療は禁止された。

まったく苦難の時代だった。この時代を過した十代は大正八年、世継ぎのないまま歿した。家族は店を閉じようかとも話しあったが、それまで実直に長くこの店に勤めていた土田梅吉（茂雄氏の祖父）に紀伊国屋十一代を継いでもらうことで暖簾を守った。

新装なった外神田の紀伊国屋

大正十年「紀伊国屋」の前の明神下の道が改修された。店前が大きく割譲させられ、敷地が狭くなったので、このとき現在地（千代田区外神田一丁目一番地）に移転した。三〇〇年に近い間漢方薬一筋に商いをなし、その間維新後の西洋医学の普及で苦難の時を過し、一時は衰微もしたが今は漢方薬は見直され、ブームに乗り大繁昌している。石の上にも三年というが、明治の初めから一〇〇年の間よく辛抱したものである。

清元　お葉

豊後節の一流派の常盤津、富本、清元は長唄と共に百数十年の間隆盛を誇っている。初代清元は日本橋横山町の油商、岡本藤兵衛の息子で幼名を吉五郎といい、音曲を好み家業を嫌い、初代富本豊前掾の三味線方の富本延寿斎について富本節を学んだ。延寿斎は筑前藩の浪人で清水太兵衛といい、茅場町の米商だった。

吉五郎は太兵衛の歿後、新曲を工夫し流派の富本を廃し、師匠の清水姓を名乗ったので富本家からひどく憎まれた。このため清水と富本の双方の各一字を組合せ「清元」という新しい芸名を名乗り和解した。そして師匠の延寿の名を取って延寿太夫と改名した。

清元の語り方は富本流の流行している時で、同派の人々から奇異の目で眺められていたが、その語り口は次第に認められ、文化十一年（一八一四）大坂中村座で初めて舞台に上った。

初代延寿太夫の清元に賛同した初代清元斎兵衛は延寿太夫に協力し、今も名曲といわれるものに「須磨」「権八」「保名」「女太夫」「お半」「茶筅売（ちゃせんうり）」「鳥羽絵」「玉兎」「子守」「傀儡師」「累」「山姥」「吉原雀」などがある。

延寿太夫は文政七年（一八二四）髪を下し、延寿斎と号した。その翌八年五月二六日、何者かに殺され、四九歳で死亡している。

文政十年実子の己之次郎が二代延寿太夫を嗣いでいる。一時この流派も衰えたが、二代は語り方、作曲に工夫をこらし、粋な洒落を盛り込み、軽妙な語り方をしたので再び流行した。二代の三味線は初め初代斎兵衛もつとめたが、後に二代斎兵衛や清元栄次郎が弾いた。これらの人との共作で「文屋」「喜撰」「お染」「土佐絵」「玉屋」「三社祭」「神田祭」「落人」「明烏」「白糸」などの名曲が出来た。

二代延寿太夫の歿後、その娘のお葉が父の志を継いだ。お葉は天保十一年（一八四〇）の生まれで、幼い頃から父の教訓をうけ清元、小唄の作曲に才能を発揮し、十八の時に小唄「あの花が」を作った。彼女の婿になった四代延寿太夫は美声で、巧みな語り口で評判もよかった。二代河竹新七（河竹黙阿弥）と仲がよく、河竹の世話物には必ず出演するようになった。

この人は二代延寿太夫の磨き上げた清元に、当時流行していた歌沢調も取り入れ、声を喉でころがすような新しい語り方の技法で三味線の弾法にうまくマッチさせて、新内の本質をもり上げた。

その間、幕末の浅草猿若町の芝居小屋にも出演し、歌舞伎に用いる新しい清元を作曲したり小唄「梅の実」なども作った。演奏も巧みで、望まれて座敷にも出ていた。二代都一広の元築地菊村の女将篠原はるさんは、その自著『菊がさね』の中で次のように述べている。

「私が四代延寿太夫の奥さんのお葉さんにお目にかかりましたのは十八歳の時でした。その時はお葉さんは五五歳位で、浜町の加藤さんという方の座敷を借りまして出稽古をしていました。その時はご主人にもなくなられまして、お一人であったと思います。私も菊寿太夫の案内で参りまして、稽古をつけて頂きました。その頃大変お困りになっていましたようで、お客様よりお呼ばれ致しました時は、着て参ります着物を質入れしてありますので、普段着と掛時計を質屋に持って参りまして、外出着をうけ出しましたようです。質屋も毎度のことで心得たもので、座敷がすみますればまた質入れに参りますので貸したようです。

この時、時計は今の時計と違いまして、チンチンと時を刻む時もありますので困ったといいます。普段着きりない時は戸棚の中にかくれたことも度々あったようです。お葉さんはここから水天宮様の裏に引越しまして、明治三四年(一九〇一)六一歳で歿しました」

お葉の晩年は淋しかった。「具合の悪い時に清元を語った方がよく出来た」という。あながち嘘ともいえないが、何か負け惜しみもあったようにも思える。当時は芝居小屋も少なく出演する機会も少なかった。主人もなくなった後で、出稽古くらいの収入しかなかったものか。養子の五代延寿太夫との仲はどうであったか判らないが、「貸家で死ぬのはいやだ」といっていたという。ついに自分の家には入れなかったようである。

一中節　都一廣

一中節都一広は、六代都一中が天保五年(一八三四)に歿した後、〝お船蔵の師匠〟といわれた都一静(はじめ一清といい、本名高木せい。嘉永二年四月、四〇歳で都一静となった)の弟子となった。

七代都一中は、芸は上手だったが、ふだんの素行がよくなく、弟子や贔屓の人々にも見離され、ついに築地の路上で行き倒れのような死にかたをした。そのため、五代都一中の時から協力者であった菅野序遊は七代に希望を託せず、これでは一中節は滅びてしまうと菅野派を樹立して分派していった。

その時、六代の妻一浜の門弟であった都一静や都一広は、女性であったが正統の一中節を守り、一方に八代、九代を擁立し、芸の上では一歩も引けをとらずと一中節の伝統を守っていた。時あたかも明治維新の混乱期で、見返る人もない芸事を、この師弟は新橋花柳界を本拠として一中節を守っていた。

明治十三年、都一静も七〇の年を迎え、何とかして一中節の家元を継がせる人はないものかと探していた。都松兵衛の孫の楳(うめ)太郎はまだ十三歳だったが、祖父の松兵衛の教えをうけなかなか筋がよかった。これに目をつけた家元の一静は一広と共に何度も松兵衛を訪ね、二人で楳太郎に稽古をつけた。そして必ずりっぱな十代にしてみせることを条件として楳太郎を迎えることを承諾させた。一静はこれで安心したものか、その年の末十代の教育に心を残して歿した。

責任の重くなった一広はそれから六年間、楳太郎を一中節十代家元にするために寝食を忘れて稽古をつけた。

楳太郎に素質はあったにしても、師匠の一広に名人の芸がなかったなれば、十代一中は生れなかったろう。一広も楳太郎も師匠と弟子などという生易しいものではなくその稽古は必死のものであった。そして、明治十九年、十九歳の楳太郎は向島両国の中村楼で、一中節十代家元としての披露をりっぱにやりとげた。

二代都一広の新橋の料亭の女将で、一中節保存の功により人間国宝だった篠原治さんは、初代都一広の事蹟について各方面を通じ探したが判らなかった。このことにつき、都一中十一代家元の元きん楽の女将小林清子さんは、

「篠原治さんは私の恩人で、一中節の名手でした。二代都一広を襲名なさいます時、初代のことをずいぶんお探しになりましたが、そのお身内もお弟子の方も見つかりませんでした。その頃、芸一筋で生活することはなかなか困難な時代で、特に一中節は今流行しております小唄や清元などの本流でありましても、舞台で演ずるような芸でなく、出稽古だけの収入ではなかなか暮してはゆけなかったのではないでしょうか。

しかし、十代を育てた位の人ですから、芸の上では相当の方であったと思います。いつ何処でなくなられたか、お身内お知合いの方も判りません。篠原さんの話では、一静さんとは違い、声の太いアバタの人だったそうです。

篠原さんは私に、一中節十一代家元を継ぐようにお話があり、関係方面にお話になられお許しを頂きました。初代一広が私の父を一中節十代家元にするため必死にお稽古下さり、篠原さんも一中節の家元を空席にしておいては初代に対して申訳ないと、私に白羽の矢を立てられ、懸命にお稽古をつけてくださいました。

初代、二代都一広さんがおられなかったら一中節の十代、十一代はなかったものと存じます。私も何とかして、この恩人の初代都一広の事蹟を探し出すことが篠原さんの恩にむくい

るものと存じております」
いまなお初代都一広のことは判らない。

寿司　へつい川岸

笹まき毛抜壽司

元禄十五年（一七〇二）から二百七十余年後の今日も笹巻毛抜鮓は江戸寿司の風味をそのままに伝えて、十代宇田川石雄さんがニコライ堂の前の通り（千代田区神田小川町二ノ十二）にゆかしく残している。

笹巻けぬきすしの店の絵

初代松崎喜右衛門は越後新発田の郷士で、祖先は京都の公卿の出といわれている。元禄の頃、江戸に出て町人の気安な生活にひかれて町人になり「へっつい河岸」（中央区芳町）に店を開き、押し寿司を作って商いを始めた。当時すでにこの種類の押し寿司は市販されており、あまり商いも振わなかった。そこで戦国時代に笹に包んだ飯が兵糧として用いられたことを思い出し、押し寿司に酢を強くして笹の葉に包み、肴の骨を毛抜きで抜き取り、客に供したところが好評を受け、江戸の食通の評判となった。

本所割下水に住む松本某が、店に来て肴の小骨を毛抜きで抜いているのを見て笹巻毛抜鮓と名づけた。『川柳江戸砂子』に曰く。

「毛抜鮓は笹鮓の別名で、笹巻鮓の名前が出たのは安永時代（一七七二—八〇）から現れた。江戸の名物で、日本橋品川町（中央区日本橋室町一ノ一のあたり）の西村屋が初めて考案して売り出したものである。

この鮓は笹の葉でくるくる巻いて圧したものであるから、飯が硬ばらず、肴が変色しないという特色はあるが、一寸鮓という感じがせず、鮓の味以外の味にも乏しい気がする。品川町の外北鞘町、田所町辺にもあったが、今にも有名なるものは此所の毛抜鮓である」

初めは床見世であったことは、左の句によって知られる。

並床に庇を借りて毛抜鮓

また毛抜鮓について、洒落文学作者の西沢一鳳は『皇都午睡』に記している。

「へつゝい河岸に笹巻鮓とて、一ッ宛笹の葉に巻いて売る店もあり、一ッ十六文其の鮓の名を毛抜鮓という。上方者の口に合へば毎度求め乍ら、毛抜鮓とは魚の骨をよく抜きたる故呼ぶかと思ひしに、よく考へてみれば、よく食ふとの謎なるべしと悟りぬ」

竈（へっつい）河岸の毛抜鮓の最も栄えたのは享保の頃で、店は間口十間、奥行二〇間もあり、井戸のある奥庭を隔てて奥に母屋があり使用人が三、四〇人もいた。竈河岸は住吉町の河岸の名で、この付近には竈を作る家が多かった。近くに岡場所も多く、出前に忙しかった。江戸時代の絵草紙に、

「御殿勤めの面々が宿下りの折、家づとに土産として、笹巻鮓を持ち帰る」

と書いてあり、江戸名物として広くその名は知られていた。

明治になって、赤坂、麴町、本所などの屋敷街や日本橋の商店筋の注文も多く、折詰も一日二〇〇〇個も出た日もあり、その配達にはバネ車に積み、人を頼んで運んだものである。

代々この笹巻毛抜鮓は喜右衛門を襲名していたが、明治三十年七代の時、世継ぎはいたが商売を嫌い、家業を継がなかったので近親の宇田川氏がこの店を継ぎ八代となった。その弟の宇田川石雄さんは永らくへつゝい河岸の店に勤めていたが、明治の末神田淡路町に支店を設けた。

一方、竈河岸の本店は大正から昭和にかけて、この近所の様子も変り、次第に不振となり戦災後は店も開けず、故郷の多摩川にひっこんでしまった。そして笹巻毛抜鮓の商号および営業権を宇田川氏に譲った。

宇田川氏は鮓を握りながら語ってくれた。

「昭和四年に淡路町の店を現在地に引越して参りました。味は昔からみますと、酢はそれ程強くありません。これもお客さんの味の変化によって替えて来たものです。戦後なかなかよい酢が手に入らず、製造元まで行って、当方の希望を述べて鮓に合う酢を作ってもらったものです。種は季節により多少の違いはありますが、海老、光り物（コハダ）、白味物（ムツ）、オボロ、海苔、玉子の七種を主として使用します。種は二日ほど塩に漬けた後さらに約十日間酢に漬けたうえ、シャリに種を乗せて、二センチ位に固く丸く簀で巻き、七センチほどに切って笹で巻きます。近頃は甘い物が一般の好みですが、昔からのお客様がこの味を忘れず、よく来て頂きます」

普通の寿司屋のように、客が来ると忙しそうに種を切り、シャリを握って勢よくサッと客の前に出す雰囲気はここにない。注文すると、皿の上に〝五家宝〟のようにできている笹に巻いた鮓が出てくるのである。

十軒店　治郎公いなりすし

治郎公のいなりずしは日本橋十軒店にあった。十軒店とは、日本橋本町通りに雛店を五軒ずつ背中合せに十軒許可されたもので、一般に十軒店と呼ばれていた。

この雛店は雛祭の頃となると、戦前は室町の電車通りの両側の舗道に店が作られ、雛人形が売られた。十軒店と昔流に呼ばれていたのも当時の名残りである。この十軒店は後で十八軒になったが、なかなかの繁昌で、雛人形といえば、江戸の人はこの十軒店で求めたものである。

ここに治郎兵衛はいなりずしの屋台を出し「十軒店治郎兵衛」の行燈をかかげた。治郎兵衛は天保年間にいなりずしの製法を考えた。油揚げを一昼夜水に漬け、油の臭みを抜き、砂糖と醤油で味をつけ、一方を裂いて袋型にして、初めのうちは寿司飯に木茸、干瓢を刻み込んで詰めたものであった。

明治になって、この飯の中にヽヽチソを振り込んだものを一個一銭で売った。寿司を鉈で二つに切ってすすめたというから、よほど大きかったのであろう。これを切る時、鉈で板を叩きながら「女の木登り下から見れば、大工墨壺さげたよう」などと唱いながら、通行人にやたらに声を掛け「オヽ、兄弟寄っていきねえ。一服していきねえ。手前の煙草をのんでいきねえ」などと口から出まかせの軽口を叩いていた。これが結構客にうけていたという。

明治の中期、三代稲荷屋治郎左衛門の時代にこのいなりずしは催物や人集めに好評で、一日の売上げ一万個に及んだという。二升の飯でいなりずし一〇〇個となるから、一日二石の飯を炊かねばならなかった。まさか一万個の寿司をといぶかる人がわざわざ治郎兵衛寿司を訪れてみると、山と積まれた薪と、一斗炊きの竈が五つもあり、油揚げの鍋に油がたぎっているのをみて、なるほどと思ったという。

日本橋の問屋街には常得意が何軒もあり、小僧が切溜めを車に積んで買いに来た。一〇〇、二〇〇とまとめて求める客と車で店先は賑わった。また横浜にもよい得意先があり、一日置きに四〇〇個ずつ注文があった。また、明治三八年、上野で日露戦争の凱旋将軍大山大将の歓迎会が催されたときには、東京市役所から三万個の注文があった。

この治郎公のいなりずしは大正時代も続いて繁昌していたが、戦後は六〇歳位のお婆さんが三代の娘だったというから、この店も四代で閉じたことになる。

治郎公のいなりずしについて、室町の袋物商丸幸の奥さんに訪ねてみたが――。

「震災の時はりっぱに復興して、場所は違いますが室町三丁目四番地に移りました。それでもよく売れた店で、繁昌していました。戦争になり、人手が少なくなっても老夫婦で寿司を作っていましたが、次第に材料が不足しまして戦争中に廃業したようでした」

この店の跡にはいまビルが建ち、治郎公を思い出す人もおらず、同業のいなりずし屋に聞いても治郎公の名も判らない。

しかし、いなりずしは今日も庶民に愛され、催物や旅行にお伴するなど、治郎兵衛のいなりずしは立派に息づいているのである。

大神楽　⊖仙太郎

明治の中期に太神楽師として活躍した十代⊖仙太郎師のことを聞こうと、鏡味小仙師の宅を訪れた。小仙師は⊖鏡味の十二代の家元である。台東区桜木町の同家の二階にはりっぱな稽古場をしつらえ、鐘や太鼓、笛が所狭ましと並んでいる。また棚には太神楽に関する書籍がぎっしりと詰まっていた。師匠は、文献をひろげながら太神楽の歴史から話してくれた。

太神楽は伊勢の太々神楽から出たもので、獅子頭による祓が伊勢の神人によって流布され、それが江戸で太鼓の曲打ち、小歌狂言などで獅子舞が好色的に工夫され人気を呼んだものである。寛永年間には街角や広場で人を集め、曲芸を見せる太神楽と変っていき、その主だった家が十六軒あった。

初代を近太夫といい、六、七代の頃に〝丸一〟を名乗った。十代の仙太郎は九代槽之助の子として安政二年（一八五五）江戸に生まれた。明治の初年に、仙太郎は家業を嫌い道具屋や瀬戸物屋に三、四年奉公した。しかし蛙の子は蛙で、父の強い要請もあり太神楽師となり、きびしい修業に耐えた。

明治十九年、仙太郎三一歳の時、イタリアの大サーカス・チャリネ曲馬団が来日した。このサーカス団は世界でも一流の曲馬団で、ヨーロッパ、アメリカ、東南アジアの国々を巡業するのに、船まで持っていた。東京では秋葉原や回向院、浅草などの盛り場で芸を披露した。団員は白人、黒人、中国人など含めて二十数名の大世帯で、馬や虎、ライオン、象などの動物の芸を初めて見る東京の人々は肝をつぶした。

一方、座主のチャリネは新しい芸の発見者でもあった。閑をみては各小屋を廻って歩き、日本古来の芸を見て廻った。チャリネはある小屋で仙太郎の芸を見てすっかり気に入り、仙太郎一座をかきくどいた。そして同年秋、仙太郎一座は横浜からチャリネ曲馬団の船に乗り東南アジアとインドの国々を廻り、日本古来の曲芸を披露した。一座はこの曲馬団の売物の芸の一つとして好評をうけ、同二十年の末契約満期で帰国した。

海外旅行の経験を得た仙太郎はヨーロッパの芸を研究しようと、明治二四年一座を引きつれて英国に渡り、ロンドンのアンハラグラ劇場にたてこもり、英国はもちろんフランス、ドイツの各都市で日本独特の太神楽を披露した。ヨーロッパ滞在は十年におよび、その間英国政府より勲章を受け、大成功をおさめ明治三四年に帰国した。

その後、丸一の紋が⦶であったものを⊖と改め、傘の曲芸の油紙を寒冷紗に直し〝五階茶碗の積物〟などを考案し、太神楽の古い伝統に新風を吹き込んだ。大道芸であった太神楽をこの時代に立派な芸術として民衆に印象づけたのも仙太郎の努力であった。

仙太郎は太神楽の座主としてのみでなく、人間的にも一芸に秀いでた人にふさわしい人格を具え、芸道界の第一人者として、要路の貴賓との交際も多かった。仙太郎と総理大臣であった黒田清隆との間にはこんな面白い話がある。

明治二一年、仙太郎は黒田に呼ばれその屋敷を訪れた。その時黒田伯は自慢の刀を仙太郎に見せた。仙太郎は若い頃道具屋に奉公したこともあり、その後も刀剣に趣味を持っていたので鑑識眼は素人の域を脱していた。仙太郎はこの刀を偽物と鑑定した。そのことで黒田と議論となったが、その後仙太郎の鑑定どおり偽物と判り、苦労人の黒田伯もこの時サッパリと仙太郎に書面を送り詫びを入れて来たという。仙太郎の権力に諂わない態度を愛した黒田伯は、その後もよく屋敷に仙太郎を呼び、知人にも紹介し、終生仙太郎の後援者となった。十代㊉仙太郎は太神楽の芸を広め、芸境を高めつつ弟子を養成して、昭和四年七四歳で歿している。

この太神楽の芸風について、仲田定之助氏は『明治商売往来』の中に次のように記している。

「太夫は裃、後見は黒紋付に袴という出立ちの者もあったが、ぐっとくだけて芸人らしい身なりの者もあった。囃子方の三味線、太鼓、笛、鉦などの賑やかな鳴物につれて、まず獅子舞、曲大鼓、曲撥などから開き万燈、籠鞠を見せた。開き万燈というのは万燈をいろいろに飾りたてたり、支柱をついだりしてだんだんに高く上げ、これを太夫の額の上に乗せて支へて、時分を計って仕掛けた万燈を開く曲芸である。

また籠鞠の芸は、太夫は片手に長い柄のついた円筒型の升籠を左右に動かしながら、片手で後見から手渡しされた〝まり〟を投げ上げて籠抜けさせたり、籠の中や飾りの房に鞠を定着させたものである。その他に撥、短刀、皿の曲取りなどを太夫と後見人とが丁度万才と才蔵のように、道化した仕草と軽口のやりとりを交へながら、観客をはらはらさせたり笑わしたりして曲芸を披露するのだった」

仙太郎は日本橋元数寄屋町の丸善の裏に住んでいた。

手品　柳川一蝶斎

柳川一蝶斎は元神田平永町の鉄物商の悴である。最初は仕立屋に奉公に行ったが、生来小手先の器用な男で、どこで覚えたか素人手品を好み、近隣の人に望まれて手品を披露してみせたりした。そのうまさに主人も舌を巻き「お前は仕立屋になるより手品師になれ」というわけで、本人もその気になり、手品師の初代柳川一蝶斎の弟子になった。

初め蝶之助の名を頂き、師匠の後を追い各席を廻っていたが、さすがは手品の第一人者になるほどの男だけに、その熱心さと器用さは抜群だった。弟子入りして二、三年の間に師匠の代理をするようになり、自からも考案を加え、新しい手品を何十種も考え出した。

慶応二年十月に来日したアメリカの興行師バンクツは、彼の非凡と日本独特の手品に感心し、二年の約束で独楽(こま)の松井源水などといっしょに英国へつれていった。続いてオーストリアなどヨーロッパ各地を巡業し、至る所で日本の手品を披露して喝采を博した。日本という国がどこにあるのかも知らなかった当時のヨーロッパの人々は、チョンマゲ姿で裃を着た舞台姿にびっくりしたのは無理もない。それに蝶之助たちの手品は今まで見たことのない新種ばかりだったのでやんやの拍手を惜しまなかった。

一座は明治二年に帰国した。当時外国に行くといえば政府の役人か高名の文化人くらいのもので、芸人でヨーロッパまで行ったのは蝶之助が初めて。二年もの永い間の興行ですっかり箔をつけ帰国した後はヨーロッパで覚えた手品もまじえて、手品界の第一人者にのし上り、師匠の一蝶斎の人気を上廻るようになった。

そこで名も蝶龍斎と改め、引続き三代柳川一蝶斎を襲名した。

柳川の芸は、第一に獅子の一曲、第二に道成寺黄金の鞠、玉中通いの金魚など数十番である。いずれも小手先の早業ばかりで、当時はやり出した器機と道具を用いた西洋手品とは全く違った柳川式の日本式手品であった。明治四二年喘息を病み、日本橋本材木町の自宅で没している。

よし町　がんもどき

中央区日本橋人形町の履物商扇屋の島田光太郎さんの家は、この地に代々住んでいた方で、島田さんはがんもどきについてこんな話をしてくれた。

「私の子供の頃に、芳町の宝来屋の煮豆屋の前に『がんもどき』と看板をあげた鈴木屋という豆腐店があり、なま揚、がんもどき、油揚げなど豆腐を加工した物を売っている店がありました。この店はがんもどきの調理方法を考え出した店だといっておりました。とにかく繁昌した店で、いつも客が立て混んでおりました」

がんもどきの作られた由来について、東京都豆腐商工組合の大屋喜代市氏の話を紹介しよう。

「ある豆腐屋に養子に行った若者がとても働き者で、その養父母にもたいへん孝行で、近所の評判もよく、店も繁昌していました。しかし家付きの娘が他に男を作り家を出ましたが、養子のこの若者はその後も変りなく父母によくつかえ、家業にはげんでおりました。

菩提寺の和尚は日頃からこの養子の働き振りと養父母に仕える態度に感心していたが、あるとき墓参にみえたこの若者に話のついでに『豆腐を油で揚げてみたら』と話してみた。商売熱心なこの若者は早速店に戻り、豆腐の中に昆布や人参を入れ、それを揚げてみたところが美味しい味に出来た。これをがんもどきと名づけて売りだしてみると、江戸の人の口に合い評判となった。この店は孝行者の家、がんもどきの店、として繁昌したといいます」

このがんもどきを作ったのが、「がんもどき」の鈴木豆腐店であったかどうかは定かでない。

とらや横町　五色揚

両国横山町と米沢町の境（中央区日本橋両国）に、とらや横丁があった。この横丁の菓子屋の店先に木彫の虎が据えてあったので、江戸時代の末から人びとはとらや横丁と呼ぶようになった。この横丁に、いさみ床、柳湯、銘酒店神崎などあり、その中にこの五色揚屋もあった。いつも午後には売り切れで、きれいに店を掃除していた。

五色揚げというのは精進揚げのことで、戦前まで下町にはこの五色揚屋があったものだ。主に昼食の惣菜として売っていたもので、十一時頃まで材料を仕込み、客を待たせておいて揚げるので店の前には客がいつも群っていた。さつま芋、蓮、玉ねぎ、人参のような土物と、季節により茄子やインゲンなどが使用される。ウドン粉を硬めに練り、それに材料を入れ、衣をぴったりとつけて揚げたもので、経木に包んで新聞紙でくるんでくれた。

油を温めるのにコークスや炭を使ったので火力の調整がむずかしく、コンロの口を閉めるくらいでは火力の調整がうまく出来ない。そこで油がたぎり始めると、どんどん材料を投入しないと油が熱くなり過ぎるので、短時間の間に手早く商売をしてしまわねばならなかった。

はじめは油を少なくして、鍋をかたむけて揚げており、次第に熱して来ると油を入れるようにして油の温度も調節する。カラッと揚げるのがコツで、さめてもグニッとはならなかった。このような事情があり、この「五色揚屋」も午後には店を閉めたものであろう。『江戸ッ子百話』の中で能美金之助氏は、

「材料を吟味し、油は本胡麻油、野菜も上物を用い、店も小奇麗に腰障子に『五色揚げ』と書き、障子は油引きとして看板になしたるなど、現今と違うて気の利いた揚物店がよくあった。五十歳以上の年配者が多く、世渡りの荒波に耐えてきた苦労人達で、昔の川柳に、

『五色揚種々商売をしたあげく』とある」

と述べている。

横山町の問屋街をひかえ、両国の繁華街にも近かったこの店は昼食の菜に忙しかったものである。

現在この店の店名や、主人の名がどうなっているかは、とうとう判らなかった。

書画かん定　古筆了仲

古筆とはその字の示す通り「古人の筆跡」であり、年代的には平安時代も紀貫之の活躍した十世紀から、鎌倉時代の能書の帝王伏見天皇の十三世紀まで、約四〇〇年間に書かれたものをいう。

わが国の書道は、奈良朝に王羲之の書法を踏まえて、三筆（嵯峨天皇、空海、橘逸勢）、三跡（小野道風、藤原佐理、藤原行成）を経ていわゆる和様書道が確立した。その他の能書家として藤原関雄（治部少輔）、小野恒柯（播磨守）、素性法師、醍醐天皇、紀貫之、兼明親王等四十数人の名がある。当時の貴族は男女を問わず、手習は大切な日課となっており、少年期における日常の習い事として藤原師輔は『九条殿遺誡』に、

「凡そ成長して頗る物情を知る時は、朝に書伝を読み、次ぎに手跡を学び其の後に諸の遊戯を許す」

と書いている。音楽、書道、和歌などすべて堪能であることが、当時の貴族の理想像であった。

他面、女子にとっても筆習いは必須の教養で、清少納言の『枕草子』に、

「村上天皇の御時に、宣耀殿の女御と聞へけるは、小一条の左の大臣殿の教へ聞へ給ひけることは『ひとつには御手を習ひ給へ、次にはきんの御琴を、人より殊に弾きまさらんとおぼせ。さては古今の歌二十巻を、みなうかべさせ給ふを、御学問にはせさせ給へ』となん聞

へ給ひける……」

の一節にも手習いが日課の第一で、次に音楽、第三に『古今集』一一一一首をまる暗記することで、どれもおろそかには出来なかった。

古筆には、写経の外に、歌集、物語、書状、懐紙、色紙、短冊、文書などに書かれたものがあり、それも、年代や書人の社会的地位、身分、老若男女によってそれぞれ異なり、誠に広範囲の筆跡が残されている。

古筆家の祖初代の了佐は元亀二年（一五七一）に江州西川で生まれた。平沢弥四郎といい名を範佐といった。京都に住居を移し、父宗休と共に烏丸大納言光広について和歌の手ほどきをうけた。

この時代、古筆の鑑定は公卿である中院通村や光広が朝廷の公事の片手間に行っており、他に能筆家としては近衛信尹、後陽成天皇、角倉素庵、本阿弥光悦、和久半左衛門、松花堂昭乗などがいた。そんな中で、光広は弥四郎に書道を教えていた。そのうち、弥四郎が古筆の鑑定に趣味を持っているのを知り、光広は本腰を入れて古筆鑑定を教えた。そして古筆の鑑定の仕事を一切弥四郎に譲った。こうして弥四郎は古筆鑑定の第一人者となった。

弥四郎は若くして豊臣秀次に仕え、近衛前久の知遇を得た。元和の末年に江戸に下り、古筆と号し、晩年は剃髪して了佐と名乗った。了佐は茶の道にも堪能で、千宗且、神近宗利、山村栄智などと茶会を催し、利休手作りの茶碗を秘蔵していた。

了佐の三男了栄と、その子了祐が金森宗和に、また四男了雪が小堀遠州に師事し、それぞれ古筆一家は茶道に密接な関係があった。古筆本家と古筆了仲の系図は次の通りである。

- ①了佐　弥四郎　九十一才　寛文二年（一六六二）
  - 了仙　勘兵衛　一寸　慶安三年（一六五〇）
    - ②了任　勘兵衛守村　四十六才　延宝二年（一六七四）
      - ③了仲　勘兵衛守直　三十一才　元文元年（一七三六）
        - 中絶
          - ④了観　最村（了伴二男）
            - ⑤了仲　清水了因養子　明治二十四年（一八九一）
              - ⑥了仲
  - ②了榮　三郎兵衛　七十二才　延宝六年（一六七八）
    - 三郎右衛門
    - 次郎左衛門
    - 源右衛門
    - ③了祐　八兵衛　四十才　貞享元年（一六八四）
  - 了雪
    - ⑤了珉　次左衛門重政　五十一才　元禄十四年（一七〇一）
      - ⑥了音　才二郎最博　五十二才　享保十年（一七二五）
        - ⑦了延　市太郎最門　七十一才　安永三年（一七七四）
          - ⑧了泉　最隆　四十三才　天明三年（一七八三）
            - ⑨了意　半之丞（神回直倍の男）八十四才　天保五年（一八三四）
              - ⑩了伴　弥太郎　嘉永六年（一八五三）
                - ⑪了博　最信　文久二年（一八六二）
                  - 了悦　最祐（了件弟）六十四才　明治二十七年（一八九四）
  - 女　小川氏婚す
    - ④了周　重忠　十七才　貞享三年（一六八六）

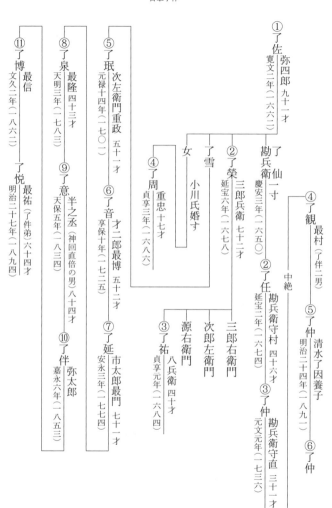

古筆了仲の初代勘兵衛は了佐の二男で、江戸に住み、古筆の鑑定はしていなかった。しかし勘兵衛の長男了任は本家の古筆了佐の了解も得ず古筆の鑑定を行い、極札（鑑定書）を発行したので本家より苦情が出た。この間の事情について『明翰鈔』に「了佐ヨリ免モナキニ、古筆極札ヲ書故。三家中義絶……」と記してある。この三家とは何を指すものか不明であるが、とにかく本家より、「義絶」され、古筆の鑑定の中止を申渡されたものである。了任には言い分もあったのであろうが、このごたごたのうちに延宝二年に没している。

しかし養子に迎えた三代了仲（通称勘兵衛守直）は元禄二年（一六八九）に、幕府の古筆見に取り立てられたことにより本家との仲直りが出来たらしい。元禄二年一月、江戸の書林相模屋太兵衛により上梓された『江戸図鑑綱目』の「諸師」の項に、

「廿一」　古筆目利

本郷　お弓町　畠山牛庵

谷　中　フヤ了仲

フヤ了珉

と揚げられている。畠山牛庵は了佐の門弟畠山牛庵の二代で、フヤ（麩屋）は古筆の屋号で、フヤ了珉は古筆本家の五代である。

三代了仲の後は何故か古筆の鑑定をしておらず、その事跡はない。それから一〇〇年近く過て江戸末期になり、十代了伴の二男最村がこの古筆分家を再興し、四代了観となり古筆の鑑定をしている。

五代了仲は九代了意の門弟清水了因の子で、了観の後を継いで明治時代に古筆の鑑定で有名になった。この人は下谷御徒町四丁目十九番地に住み、明治十六年六月に『新撰古筆名葉集』を発刊している。

古筆鑑定の方法は家伝で、各筆者の特徴、筆勢など熟知させるためにはまず生活を共にする者でなければならず、自然とその世継ぎには鑑定に適した者が選ばれた。本家二代は三男了栄、三代は了栄の四男了祐が継いでいる。このように、才能のない者は相続者にしなかったところに古筆鑑定の権威が保たれ、その極印に重味を増した。

古筆は茶室や書斎の軸などに作られていることが多いので、歴代の古筆家には自然と茶道や庭作りにも明るい者が多かった。五代了仲は明治十八年、浅草六区が出来たとき伝法院の要請で瓢簞池とその周辺の地を、石州流の茶道に合致した庭園にして絶賛を博し、近代的な六区の建物の中にわびを添えた。このひとは同二四年三月三一日に没し、六代了仲は大正九年一月十一日、六七歳で死亡している。七代の了任（幼名了太）の世継ぎだった了以知（良一）は、今次大戦でビルマ戦線に戦い、病を得て帰還後死亡し、古筆鑑定の名家古筆家はここに絶えた。

古筆了仲が使った極印

同氏は東京音楽学校を卒業し、戦地で音楽隊を作り「歌う部隊」と名づけ、宣撫班を組織してビルマ人相手に宣撫活動を行っていた。この音楽隊のことを書いたのが竹山道雄氏の『ビルマの竪琴』で、ベストセラーにもなり映画にもなった。またこの音楽隊について戦友の群馬県の雲昌寺の武者一雄氏は『生きているビルマの竪琴』という本を書いている。

いま古筆家の当主丈文氏は日本橋方面の商社に勤めており、古筆の鑑定は行っていない。同家には古筆も多数所蔵されており、歴代の極印も大切に保存されている。なかには益田香遠の作った印もある。菩提寺は谷中の臨江寺で、この寺の山門の額は古筆了仲の書である。

刀剣鑑定　本阿弥光賀

日本刀の鑑定は室町時代から行われており、本阿弥家は代々その家元である。

本阿弥家の先祖は足利将軍家のお刀の役をつとめていたが、五条秀長の弟が文和二年（一三五三）本阿弥の姓を給わり、刀剣の鑑定を代々つとめ、また茶道の方でもその名は知られている。本家は幕末時代に二一代道太郎で絶家しているが、その子孫は各代に分家して十二家となっている。

明治時代刀剣の鑑定家として第一人者だった九代本阿弥光賀のことをお聞きしようと思って尋ねた本阿弥光博氏は十一代で、住いは牛込にあった。

「本阿弥光賀は本名を和三郎といい、本阿弥八代光利の次男の光味系の九代の人でした。代々水戸家に仕えたので水戸本阿弥といわれ、本所小梅（墨田区向島一、三丁目辺）の水戸邸の近くに住いがありました。

刀剣の鑑定業は、明治維新後、刀剣の所持禁止令が出て生活にも困った時がありました。が、外国人が日本刀の美しさを知り、銘刀類が海外に持って行かれるようになると、また急に刀の貴重さが判ってきて仕事が忙しくなりました。刀の鑑定は、長さ、型、刀紋、地鉄などにより、古いものか新しいものか、作者は誰かを鑑定し、証明書として折り紙をつけるのですが、九代光賀は当時東京の有名な鑑定家として信用もあり、訪れる鑑定依頼人で時には門前市をなすほどだったといいます。

光賀は刀の鑑定のほかに趣味の多かった人で、茶道、俳諧にもすぐれ、邸内に茶室があり、この近くにお住いのある方々との交際も多く、いつもお客をむかえていました。なかなか渋い趣味の人で、いつも大島紬を着ており、外出のときは黒いインバネスのコートを着て、なかなか男前でした。が、黒アバタがあったので親しい友人は〝二度ビックリ〟という愛称で呼んでいたようです。

光賀の性癖は、奇麗好きすぎることで、外出先から戻ってくると人力車で参ったときでも、履物を自分で必ず洗いました。家元ともあろう人がそのようなこととして他の人に見られましてはと、家じゅうの者が履物を取り上げると、何とか言っては探し出して自分で洗わねば気の済まない、変なくせの人でした。

そのような人ですから、あるとき新しく入れ替えた畳に、お客が煙草で焼け焦げを作ったことがあり、さあこれが気になってどうにもならず、八畳の畳を全部新しくしたこともあります。

夫人は昔柳橋の芸妓でした。これは五代目菊五郎と張り合った人だといいますが、とても美しい、頭のよい評判の人でした。この人を五代目と唐拳で勝負して、勝った方が世話することにし、光賀が勝って女房に致しました。平和な時代でした。

光賀のなくなったのは、明治二十年六月二九日でした。代々墓は京都にありましたが、今は谷中の妙法寺にあります。世継がなかったので向島の長命寺の娘さんを養女に迎えておりましたが、事故で二人共なくなり、私の父の本阿弥光意系十六世本阿弥成善（琳雅）の高弟の光遜が十代を継ぎ、そのあと私が十一代になりました」

同氏は、刀とは一尺八寸以上のものをいい、それ以下は脇差しと称し刀とはいわなかったとか、鉄は砂鉄を精錬したもので、中国山地のものが最良で、たたら炉（踏鞴）の中に入れ木炭の火力で溶解するとか、いろいろと説明してくれたが素人の私にはよく判らなかった。

秀吉は天正十六年（一五八八）全国を統一した後、大規模な刀狩りをおこない、僧や百姓が刀を持つことも帯びることも禁じて没収した。これで今までの雑刀は整理され、刀工達もよい刀を作るようになった。これを契機として、それ以前の刀を〝古刀〟、その後の刀を〝新刀〟と呼ぶようになった。そして時代により巾が広くなったり、反りが少なくなったり大きくなったり、切り先が細くなったり、作者により変化をきたしている。刀工の集っていた所は山城、大和、摂津、相模、近江、美濃、加賀、越中、越後、因幡、石見、備前、備中、備後、長門、越前、肥後、豊後などで、各地に名匠が輩出した。

〝新刀〟の時代に入ると刀工は次第に都会に集るようになり、江戸、名古屋、仙台、金沢、広島、福岡、佐賀、大坂などに群居した。特に江戸時代に入ってからは江戸と大坂の刀工が最も栄えた。

戦後、占領軍から武器の回収を命ぜられたときも鑑賞用としての銘刀は没収されなかった。現在は文化財保護委員会により保存されている。

鼈甲　幸手屋

べっ甲の幸手屋の資料を得るのには困難を極めた。幸にしてこの道の長老、台東区浅草の木間多満雄氏が幸手屋のことを知っていた。

「幸手屋は大正の末まで日本橋浜町にあった店です。べっ甲は玳瑁(たいまい)という南方の海に住む亀の甲で、この玳瑁の甲を煮て櫛や笄(こうがい)など髪の飾り物をつくる材料にしたのです。甲は心臓型で黄色く、黒いまだらのある鱗(うろこ)が重なっておりたいへん高価なものでした。天保の改革で贅沢品の追放令ができた時、奉行所の取調べをうけた幸手屋は、咄嗟の機転で『私方で使用しております物はべっ甲でありまして玳瑁は使用しておりません』といい訳をして罪を逃れたといい、その後玳瑁のことをべっ甲というようになりました。

幸手屋さんは古いことでよくは知りませんが、上物ばかり取扱っており、宮内省や各宮家の御用をしていた店で、また花柳界にも評判のよい店だったと聞いております。間口は二間半で大して大きな店ではなかったようですが、しっとりとした大店でした。

明治時代は女性の日本髪はまだ全盛の時で、べっ甲や珊瑚で作った髪の物は貴重品で、櫛や簪（かんざし）が婦人方に喜ばれて小さな店ですが大きな商いをしていました。宮家から注文があると二人くらいの若い者に荷物を背負わしてお屋敷に出向かせ、お気に入りの品物を買ってもらっていたようです。

この商売の特徴として、このように品物を持って商いに行くことが多く、それで気のきいた番頭が大勢いたようです。またこの店の近くには芳町、柳橋の花柳界もあったので〝幸手屋の物〟といえばチョットした自慢にもなったようで、店には姐さん達が絶えなかったといいます。今は日本髪をふだん結う女性はいませんが、べっ甲の需要はカフス、靴べら、ネックレスなどに多くなっております」

大正末期まで商売をしていた幸手屋のその後の消息はまったく判らず、その名前も判らない。場所は清洲橋通りの西側で、蠣浜橋と中ノ橋の間にあったというが。

花かんざし　銀花堂

銀花堂は浅草仲見世の中程の左側にある。この店は幕末の創業で、先祖は仙台藩士の出といわれ、初代嘉兵衛は宇和島藩の御用商人であったともいわれる。浅草寺の子院が仲見世にあった頃、初代は勝蔵院の傍で吉田屋という屋号で手製の笄、花簪を商っていた。

銀花堂の堂号が許可されたのは、慶応三年九月四日で、南山科御殿役所の墨付は今も残されている。当時堂号を商家で許されることは少なく、初代嘉兵衛の人柄とその格式ある商法が堂号の許可となったもので、同家は寺社奉行に堂税を納めていた。

代々花簪、櫛、笄を時代の嗜好にあわせて考案していたが、手作りの頭の物は、演劇芸界に広く利用され、その役ごとに小道具掛りは銀花堂に製作を依頼していた。浅草寺裏の猿若町には芝居小屋が集っており、芝居見物の客は浅草寺の境内を抜けて行ったもので、粋筋や芝居愛好家も銀花堂に立寄ったのでいっそう繁昌した。また花柳界方面で人気が高まり、団十郎、菊五郎格子が評判となった。

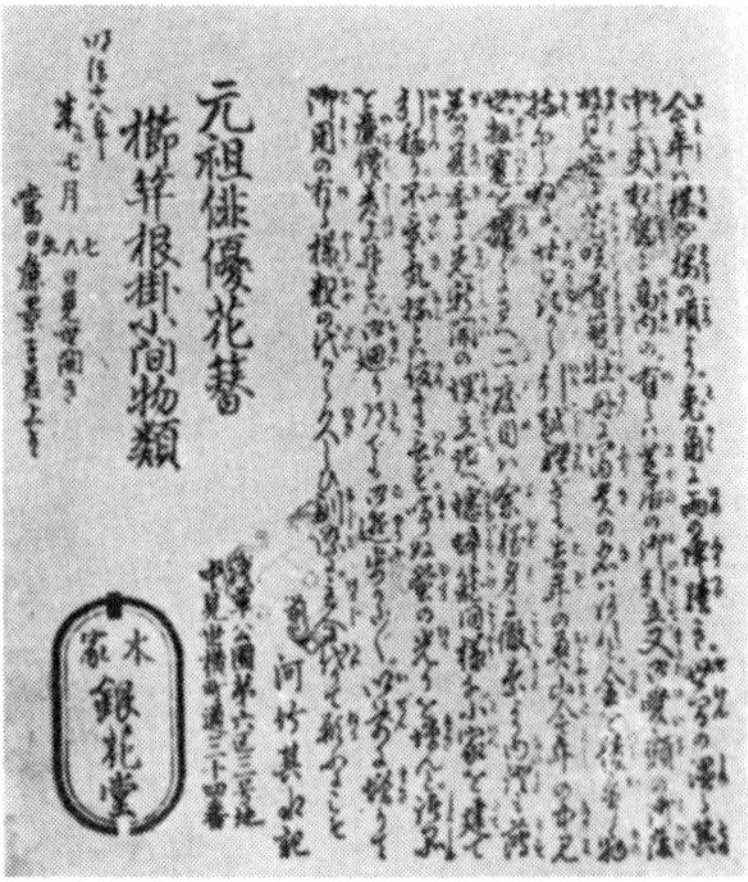

銀花堂の開店案内の広告（浅草仲見世・明治18年）

話をしてくれたのは銀花堂四代の金子喜太郎さん。

「初代の喜兵衛は江戸の末期に、浅草寺の奥山で葦簀張りの店で、はじめは小間物を売っていたといいます。当時の奥山はいまの言問通りであった広場で、ここは江戸一番の賑かな所でした。松井源水などの香具師が独楽を回して人を集め、歯磨粉を売っていたり、講釈場もあり、茶屋や菜飯屋もあり、猿若町の芝居小屋や新吉原近く、浅草寺参詣の人びとは皆奥山に足を進め楽んで行ったものです。

初代は、この近くにあった大名の下屋敷や今戸の寮や花柳界の人たちに、背負小間（しょいこま）という箱にべっ甲の簪や櫛を入れて若い者に背負わせ、商いに行っておりました。当時、大名屋敷や寮の女中達は年に何回かの〝宿下り〟以外にはお屋敷から外出する許しは得られなかったので、呉服屋や小間物屋などみな荷物を背負って、お屋敷に出かけたものです。

背負小間の品は高価な物が多く、持参した物をその場で買って頂くのがコツで、どなた様はこの簪、あの方はこの櫛と、前もって選んでおいておすすめしました。

二代滝次郎のとき、明治十八年に浅草寺の西側の浅草田甫を埋め立てて六区が出来ました。活動写真館や色物小屋、花屋敷などが建てられる一方、東京駅前の三菱ヶ原にはビルが煉瓦で建てられました。そのときの輸入煉瓦の余りを使って仲見世を作ろうと東京市に申請し、店舗が申込者に貸与されました。そのとき祖父はここに移ったといいます。昔は仲見世の両側には浅草寺の子院があって、道巾は今の仲見世の裏通りまでありました。建物は後に三米位の道路を取って建てましたが、今の仲見世の間の通路は昔の浅草寺の子院の入口でした。

その頃のお得意は花柳界が多く、明治座の中に売店を設け、五代目菊五郎模様の柄を考案して小間物にこれを入れて売り出しました。これが花柳界に限らず一般にも評判になり、店の前は大賑わいだったものです」

絵馬
押絵

勝文

絵馬は神社や寺に、五穀豊饒の祈願または報謝の意味で、馬やその他の絵を描いて奉納した扁額の一種である。大絵馬は浅草寺の一間以上のものから一尺位の小さな絵馬まで、型も種類も多種にわたっている。

昔は生きた馬を献納したものだが、これは昔は馬の利用価値が高く、最高の奉納物を意味したがらであった。しかし受ける寺社としては、生き物でもあり、いかに奉納されたものでも何十頭も飼育はできないし、その置き場にも困る。そこで次第に馬の彫刻物にかわり、それが絵に描いて奉納するようになり絵馬といわれるようになった。しかしこの絵馬も凝って画家に描かして奉納するようになると、受入れる側はこれを飾るために絵馬堂を別に建てるようになった。

絵馬は大体板で作られているが紙、金属、石、陶器製もあり、型は額型をしている。大絵馬は別としても、小絵馬は一般の人びとの個人的な願いを込めたもので、病気平癒、妊娠、牛馬の安全などを祈願して奉納したものである。

押絵は花や鳥、人物などの下絵を描き、各部分を一片ずつ厚紙で切り抜き、それぞれの柄の布地で包む。そのとき厚紙と布地の間に綿をふくませてふくら味をつける。

これは江戸時代の大奥の女中の手芸として流行し、発達した上品な手芸品だった。これがのちに町人の婦女子の細工物となった。小箱の蓋に色々な布地を貼り、木と布地の間に綿を入れてふっくらとした感じを出す。これは特に羽子板に利用され、押絵の羽子板が流行した。

勝文は中央区日本橋堀留一丁目十番地の今の富高不動産の所にあった。主人を勝川文吉といい、大正時代には島台（結婚の祝物で、台の上に宝来山、鶴、亀などを布で作ったもの）を主として作って売っていた。

明治時代は四代勝文の時で、押絵、絵馬の店として日本橋の問屋などの注文が多く、なかなか繁昌した。小さな店であったが職人も数人おり、はなやかな感じの店だった。四代は芸事に達者な人で、芝居関係の人が出入りしたのも、その年の当り狂言を羽子板の構図にするためであった。五代目菊五郎が河竹黙阿弥作の「水天宮利生（めぐみ）の深川」を演じたとき、菊五郎の筆屋幸兵衛が水天宮に絵馬を献上する場面に勝文の絵馬を使った。

この店は六代まで続いたが、戦争中に店を閉めて勤めに出た。そして戦後は遂に店を開かなかった。

法衣　松屋庄七

法衣の松屋と、寛永寺と松坂屋には特別の関係がある。

名古屋の伊藤呉服店（現在の松坂屋）は明和五年（一七六八）頃、江戸に店を出すことを計画していた。この命をおびていた番頭の庄兵衛は、越後小千谷にちぢみの仕入れを兼ねて旅に出た。小千谷の仕入れ先の主人から、江戸上野広小路の松坂屋が「相手によっては店を譲ってもよい」

との話のあったことを聞いた庄兵衛は仕入れの話も早々に雪の小千谷を後にして江戸に戻った。当時、上野広小路の松坂屋は三笠松の紋所に松坂屋利兵衛と、紺と茶の暖簾に白く字が染抜いてあり、間口二十間もある大店で土蔵が建ち並んでいた。庄兵衛は松坂屋の主人に面会し、店を買う契約をし、契約金を打つと名古屋に飛ぶようにして戻った。

伊藤呉服店は江戸進出は予定していたものの、庄兵衛の急な話に一時はとまどったが、同年四月松坂屋を買収することに決め、松坂屋の希望により松坂屋の店名は残すことになり「松坂屋いとう呉服店」（この店名は昭和十年頃まで使れていたか）と改めた。

このとき、名古屋の伊藤呉服店に出入りしていた法衣商の松屋は、店と共に江戸に出て松坂屋の近くの上野山下の現在地に店を持った。

天台宗の総本山寛永寺は寛永元年（一六二四）に三代将軍家光の命により天海上人が創立した寺で、天台宗の本山は元来、比叡山の延暦寺であったが、東国の天台宗の管領の全権を寛永寺に与え、忍岡（上野公園地区）に三六万坪と東叡山寛永寺の寺名を与えた。山内に三六院を建て、承応三年（一六五四）には後水尾天皇の皇子守澄親王を天台座主に迎えて輪王寺宮の号を賜り、名実共に天台宗の全権を寛永寺に与えた。

さて、松坂屋は上野広小路に来るとまもなく、寛永寺の御用を受けるべく必死の努力をした。御用店になれば、店の名誉はもちろん、天台宗系の全山及その末寺の御用も受けることが出来るからである。

当時の寛永寺は京都の延暦寺の関係もあり、法衣は京都の法衣店に注文していたので、なかなか出入りは許されなかった。松坂屋は地の利を利用しながい間じっくり努力した甲斐があって、寛政年間（一七八九―一八〇〇）にやっと出入りを許された。注文は松坂屋が受け、京都から生地を仕入れ、松屋はその仕立てをした。

松屋の店は間口十間、奥行二十数間あった。寛永寺や浅草寺、その末寺の全坊七十数寺の僧侶千数百名の法衣のほかに下衣、身の回りの衣類の注文から修理、洗濯などまでひき受けたので、店には三十数人の職人が働いていた。

法衣は普段着の白衣から紫、松襲、玉虫、赤、黒がある。紫色は大僧正、権大僧正、僧正、権僧正が用い、松襲は玉虫色と紫色で織ったもので権大僧正、僧正、権僧正、大僧都、権大僧都。玉虫色は僧都、権僧都、小僧都、権小僧都、赤色の法衣は大津師、中津師、津師。茶黒色の法衣は役の無い僧侶が着る。

紫色、松襲の法衣は精好織の絹を使い、玉虫、赤の法衣は羽二重、縮緬で作る。そのほか探題帽（管長の資格のある奥儀を極めた方がかぶる帽子）、袈裟、袴等がある。天台宗は鎌倉時代以後の宗教と違い地味な法衣であるが、全寺全坊の僧侶の使用量となるとその数はたいへんなものであった。

慶応四年（一八六八）の上野の山の戦いで、今の東京国立博物館の前の広場にあった寛永寺とその三六坊は殆んど焼失した。宮様もこの地を去り、明治維新の神仏分離令、廃仏毀釈運動も起きた。

今この広小路でカバン店を経営している、松屋九代の酒井重利さんは、

「私の店の初代は松坂屋さんといっしょに江戸に出てきましたが、寛永寺さんのお仕事を頂くのにとても骨を折ったようです。法衣の製縫はもちろん、その修理、汚れ物の洗濯まで引き受け車で毎日運んだものです。全坊を廻るのに一日かかったといいます。

昔は将軍の寛永寺参詣の時はたいへんでした。このお成り街道（広小路から万世橋の間を特にこういった）は十日も前から役人が出張り、町内の見苦しい物は取りこわさせ、道路の清掃から汚物の仕末、火元の用心。商家はそのため煤掃いするやらで〝お通り〟の数日前から各家の主人が自身番に詰切りで、役人といっしょに町内の見廻りをしました。当日は二階の戸、障子には目張りをして、屋内の家族は謹慎して一語も発することは出来ませんでした。もちろん通行止めで、店は休業し主人は羽織袴で店の前でお迎えをしましたが、頭は下げっきりですからお駕籠も見ることは出来なかったといいます。

上野の戦争の時は朝から雨が降っていたといいますが、官軍は湯島天神境内に大砲をすえて、上野の山に向けて打ったが弾が届かず広小路の松坂屋前まで持って来て、ここで打ち込んだといいます。もちろんこの辺の人は皆逃げて、おりませんでしたが、家の前で切り合いがあったとかいいます。この時全部焼けてしまい、寛永寺もその坊も殆んど焼けました。官軍は、この寺は徳川家の寺だからと、各坊に火をつけて歩いたといいます。

寛永寺も明治七年には許されて、今の寛永寺坂の通りの言問通りに焼け残った子院の建物に移られました。

明治時代には寛永寺の仕事だけでは営業にならず、上野の各寺の仕事を頂いて営業をしていたようです。この頃が五代の時ですが、分家した松屋があり、やはり寛永寺や各寺の仕事をしておりました。そちらを裏松屋といい、私の店を表松屋といっておりました。

法衣商を廃めたのは戦後で、裏松屋は旅館となり、私の店はカバン店となりました。戦前は赤札堂の半分位までが私の店でしたが、お寺も農地の解放で収入が少なくなり、経営が困難になっておりまして、昔のように仕事が頂けなくなりました」

松屋は上野山下の交差点の前にある。この付近は上転の繁華街の中心で、車と人のはげしい往来をながめながら店主は「法衣だけでは店はやっていけない時代になりました」と淋しく笑っておられた。

五十年五月に前を通った時、店主も並べられてるものも違うので区役所で聞いたら、四十七年に六十五才でなくなられ、五十年一月に奥さんは店を売られて世田ヶ谷方面に行ったという。又々東京の古い店が一つなくなってしまった。

玩具博士　清水晴風

清水晴風は幼名を半七、長じて仁兵衛といい、嘉永四年（一八五一）に神田旅籠町に生まれた。家業は運送業で、初代仁兵衛は駿河の江尻（清水市）の人で、明暦年間（一六五五―五七）に江戸に出て神田筋違い（須田町辺）で店を開いた。

代々仁兵衛を襲名し、神田の青物市場の荷の輸送を業としていたが、十一代仁兵衛は孤山堂山月に俳句を習い、清風と号した。

この十一代は絵画の道にも長じ、明治七年家業を兼ねて諸国を遍歴しているうちに、各地方に独特の郷土玩具に興味を持った。

同十二年、仮名垣魯文、講談の談州楼燕枝、鳥井正楽、淡島寒月、内田魯庵、坪井正五郎、大槻如電、巌谷小波、林若樹、片岡平爺、都々逸坊扇歌、尾佐竹猛らと童心に戻って遊ぶ「竹馬会」という玩具の趣味の会を催した。

翌十三年三月、第二回の竹馬会を向島で催した時、各人が持ち寄った日本各地の古い手遊びの品を見て、おもちゃの収集を思い立った。それ以後、旅行の度に彼は玩具屋や駄菓子屋の隅から郷土玩具、手遊びの品をみつけては集めてきた。十二年の間に収集した数は、三〇〇点、百余種を越えた。

友人のすすめで同二十四年、玩具の画集『うないの友』初編を上梓し発行した。同二十八年、祖父伝来の運送業を他の人に譲り、玩具研究一途の生活に入り、世間から「玩具博士」の称号で呼ばれた。その後も郷土玩具の収集の旅は続き、日本全国その足跡の無い処はない。大正二年七月『うないの友』第六編刊行後、食道癌で死亡した。行年六二歳であった。

「うないの友」は七編から十編までを西沢笛畝が受継ぎ、晴風の死後八年の大正十年まで刊行された。この本は日本の郷土玩具の原本として、現在玩具愛好者の垂涎の書である。

晴風の墓は豊島区巣鴨の徳栄山本妙寺にあり、境内に晴風自筆の涅槃図の記念碑がある。碑には晴風自身と思われる人物が横に臥しており、まわりを数多くの玩具が取巻いている。そして、

「涅槃会や　お伽這士は　蘇生の日」の一句が添えてある。『うないの友』初編の後書に、晴風は次のように述べている。

「明治十三年の春、余が友竹内久遠の向島言問が岡にて『竹馬会』てふことを催し、友がき結ぶ誰かれ打ち集ひたる席に、国々のいにしへより伝はりし、手遊之品集めつらね人々に示されぬ。予もこの席にありて、此の品を見、美術とはかかるものをいふなるべしと深く思ひを起し、今世の中美術と称するは絵画、彫刻物をはじめ数々ありといへども、皆これ高尚にすぎて、予が如き者の愛しえるべきにあらねば、此手遊品に至りて自づから天然の古雅をそなへて、土にて造れるあり、木にて刻めるあり、其の国々の風土、情態を見るに足るべしと感ずるあまり、諸国の手遊び品を集むることを思ひ立ちて、自ら京阪又は奈良地方、其ノ他の国々へ遊歴せしをり、人或は親しき友の旅行を聞きてはこれにことづけなどして集めしに、始め思ひおこしより早や十あまり二とせを過し、数は三百点を超え、類は百余程に及びしものから、朝夕此品を側に置て愛撫し、聊美術心を養ふもといとはなしぬ。

今は春、たまたま木村ぬし来り、予が手遊を愛するを見て、同じ心を生じ今かく遠き、近き種々の品を集め、一人乃楽みに過さんより、これを広く人々に知らしめなば美術をめぐる今日にありては世に益すること多からめ、よろしく上梓して一の冊子となすべしといふ。予も常に其心あれば、そがいふにまかせ自ら描き筆にものしてこれを与へぬ。時に明治二十四余りといふ年九月五日、本業の余暇、清水晴風しるす」

郷土玩具はその土地の風俗、気候、環境のもとで子供に与える菓子や玩具とともに、その土地独特の物が考案されてきた。したがって手作りの素朴なものが多く、その作り方、考え方に差があるのもおもしろい。郷土玩具に対する認識と愛好を深め広げた『うないの友』全編の功績はまことに大きい。

紅葉　王子　瀧の川

江戸時代から明治にかけて、王子を流れる石神井川（しゃくじいがわ）の両岸の楓が紅葉して江戸市民を楽しませた。紅葉の名所は日光、塩原だと思っている人に「在京で紅葉狩り」が出来たといえば驚くだろうが、これは事実である。『江戸名所図会』によれば、

「流れ清らかにして川は曲行なり。一歩毎にながめの替ふる地なり。岩窟弁財天を安置す。風景よく全亀山に似たるところあり。楓の色さかりの頃は、この川水にうつりて龍田川もかくやとばかりあやしまる」

この石神井川の崖下は紅葉をさぐる道があり、そこに岩屋弁天の自然の洞窟があった。ここからの眺めは特に美しく、楓の大木も多く、掛茶屋ではこの近郷で出来るきぬかつぎをすすめ、紅葉煎餅、煮山椒も名物で遊山の人の足を止めた。

また石神井川のほとりに扇屋、海老屋の料亭があり、春の飛鳥山の桜時季と共に栄えた。この料亭は共に寛政十一年（一七九九）に開業して、土地の名物を料理して遊山の客を迎えた。

明治二三年頃、この王子の紅葉見物を当時の人はこう述べている。

「その一ッは日暮里に出て、まず花見寺の紅葉を見て、道灌山を経て西ヶ原に出る。今一ッは駒込村動坂に出て〝ばら新〟の菊を見て、滝の川を過ぎ王子村に到るので、その間にはところどころの紅葉が常磐木の間に望まれて、風景が絶佳だ」

石神井川の崖の上に通称紅葉寺（龍河山金剛寺）がある。ここから見た石神井川の紅葉が最も美しかったらしい。清流に臨んで対岸がせり、深い崖となっている。

「昔はこの辺が紅葉の一番美しかった所で、太い楓の木が植えられておりました。昔は今より寒かったのですが、この楓が紅葉しますと一面に赤、黄の色がさえて、十月の末から十一月の始めが見頃だったようです。この崖の下に自然の窟があり、弁天様が祀ってありました。紅葉見物の人はこの窟に通じる道を通って崖下に下り、そこから見た紅葉もまた格別な美しさがあったといいます。

当時は流れも清く、魚を捕る人もあり、秋には大勢の人が見物に来たものです。戦争中は空襲のときこの窟の中に逃げ込んだものです。窟は自然の洞窟で深さは七、八間ありました。この窟も一昨年護岸工事のため埋めてしまいました。今はこの窟にも下りることも出来ません。残っていた楓の大木もそのときに伐り倒され、これで石神井川の楓は消えてしまいました」

紅葉寺の奥さんは淋しそうに語った。寺の境内から対岸は手が届くように近い。この紅葉は広重も絵にしている。なお、この「くらべ物」（折り込み一覧表）には瀧の川とあるが、石神井川が本当の名である。

紅葉　品川　海晏寺

千葉県市川の真間、王子とこの品川海晏寺の紅葉は、明治時代特に有名で市民が杖を引いた場所である。

海晏寺は曹洞派の禅宗の寺で、三田功運寺に属し、北条相模守平時頼朝臣の開基で大覚禅師の開山である。本尊は鮫頭観世音で、建長三年（一二五一）品川沖に漂っていた大鮫の腹から観音の木像が現れた。これを北条時頼が奉じてこの寺を創立したという。山号を補陀山と号し、四海泰平のため海晏寺と号した。寺内に瑞林、瑞応、広正、東祱の四院を造り、同六年春諸堂落成し翌七年入山供養した。

海晏寺（品川）

時頼はまた南北十二町、東北十町の地を寄贈し、五つの寺坊に銭一八〇貫を寄付した。

その八十有余の寺坊が甍（いらか）をならべたさまは天竺の霊鷲山にもたとえられ、伽藍のみごとさでは南紀の高野山とならび称された。

この寺の境内は楓の名所で、楓の大木が何千本となく植えられていた。『江戸名所図会』に、

「楓樹　江戸舟楓の名所にして一奇観たり。晩秋の頃、満

庭錦繍を晒すが如く、海越への山々は紅の葉分に見えわたり、蒼海夕日に映じて紅を濯ふが如く、書院僧坊もその色にかがやき、この地遊賞の人酔色ならざるはなし」

海晏寺の紅葉狩りについて、こんな川柳がある。

海晏寺　真赤なうその　つき処
もみじより　飯にしようと　海晏寺
紅葉狩　どっちへ出ても　魔所ばかり

舟で紅葉狩りに出かけたが、大川を上れば、浅草の正燈寺も紅葉の名所。新吉原が近い。川を下って品川の海晏寺に行けば品川の遊廓がある。どちらの紅葉の名所にも遊び所が近かったことを読んだものである。

『東京名所図会』の服部南郭（ママ）は、

「境内の古来楓樹多く、紅葉の名所として知られ、千貫紅葉の称あり。
古刹楓林簇晩霞　深深庭院駐年華
那知秋後風霜色　郤勝江南二月花」

と賞している。

海晏寺の禁制の楓を酔客が一枝折ったことがあった。それを見つけた寺僧達が酔客を打とうとした。すると同寺の老僧がそれを押し止め、

あれ見やしゃんせ　海晏寺　真間や竜田や高尾でも　及びないぞえ　紅葉狩

と即吟した。竜田、高尾の紅葉より海晏寺の紅葉が美しく、思わず手折ってしまったのだから許

してやってくれと吟じ、皆大笑いしてこの酔客を許した。

明治時代はこの寺の前を東海道が通じており、その道に漁家が並び、その後はすぐ海であった。寺の後は山をひかえ、山からは寺の楓越しに海を目下に眺められ、境内に茶屋も数軒あり市民の憩いの場であった。

明治三七年に寺の前に京浜電気鉄道が敷設されて、門前の樫の大木も切り倒された。昭和二年には東海道の拡張工事のため寺の境内は二五米もけずり取られ、門前の堀も埋められてしまった。寺の前の海も数次にわたる埋立てで次第に海岸線は遠くなり、今この寺の山に登っても見ることは出来ない。楓の木も今はなく、寺の前は東海道を往き来する自動車の警笛の音に昔をしのぶべくもない。古い墓があちこちに散っているが、岩倉公の墓はこの寺にある。

箱さき　いそや半天紺屋

いそやの初代は、元禄の頃（一六八八―一七〇三）に土佐の国から出府し、故郷の軽着からヒントを得た判天を考え出した。享保二年（一七一七）に大岡越前守が江戸奉行となり、同五年に町方火消「いろは組」を創立したとき、この判天が採用され、そのイナセなスタイルが江戸ッ子に向き、職人達もこれを着るようになった。大店や大名屋敷に出入りの職人に盆、暮の年二回に「仕着せ」として支給される習慣が生まれ、職人の仕事着あるいは普段着として定着した。仕着せの判天を着る者は「××様の出入りだ」と仲間内にも鼻が高く、信用がついたもので、判天一枚に大きな意義があった。

いそやの初代が箱崎の地を選んだのは、判天を染めて水洗する水の便がよかったためであった。私がこの箱崎のいそや十六代小島倫吉さんを訪れると「よくわかりましたね」といわれ、「今月廃業しました」ともいわれた。身体じゅうに紺のしみ込んだような、仕事一筋に生きて来た小島さんも刀は折れ矢はつきて「もう駄目だ」と悟って廃業したという。江戸の初期から十六代もの間、江戸ッ子に親しまれた老舗が一軒、これでまた絶えることになる。

「昔は職人は出入りの店やお屋敷の判天を着て得意になって歩いたもので、その判天を着ていると悪いことは出来ませんでした。悪いことをすると判天を取り上げられ、職人仲間ではこれ程の恥なことはなかったものです。

年始回りには、親方はその出入り先の判天を着て新年の挨拶に行ったもので、何軒も回りますので若い者に出入り先の判天を何枚も持たせて、その先毎に着替えるか、または重ね着をして出掛け、出入り先でその屋敷の判天を上に着替えて挨拶したものです。判天は年に二度頂けますが、これを簞笥に折目正しく畳んでしまって置き、古いものから使ったものです。古くなると紺も枯れて着物に紺が着きません。しかし若い者は、新しい判天の紺が肌につくのを逆に粋がったものです。

これは大正の初めまでのことで、江戸時代から明治にかけては四国の藍で染めましたが、明治になってドイツの化学染料が輸入されると、これを混ぜて使いました。しかし東京の人は何故か紺の匂いを好み『藍染めにしてくれ』と言う注文が多かったものです。

生地は三河木綿の一反二〇〇匁のものを使いましたが、薦包みで名古屋から船で送られたもので、一俵が二十〆ありました。今は帝都高速の高架線のため埋立てられてありませんが、そこに川があり工場は川畔に建っており、染めた生地は川で洗い、広場で〝シンシ〟で張って乾したものです。注文は、正月が過ぎると盆用のものを、盆が過ぎると暮の注文が参ったものでした。

この判天は昭和の初め頃まではどこの店でも工場でも使っていました。特に消防関係の人や仕事師の方には愛用されたものですが、洋服が普及するにつれてもう特種な人以外使用して頂けなくなりました。今は頭や植木職人位きり判天を着なくなりました」

このいそや十六代の話を聞いている間も頭の上に帝都高速の工事の響がする。対岸の日本橋蛎殻町との間の川も埋立てられ、いそやの廻りは駈け足で変って行く。

汐止　蜂龍

「花柳界の人は空気の悪いなかで、しかも不規則な生活をしていて、なぜ長生きの人が多いのですかね」

銀座八丁目に六〇年間住んできた生粋の江戸ッ子で、しかも銀座ッ子の歯科医、鈴木源次郎さんはつぶやくようにいう。本年八五歳で数年前に失明なされ、家業のほうは息子さんに譲られている。お宅は銀座第一ホテルの裏にあり、静かなたたずまいを見せる英国風の作りの家だった。

築地の料亭蜂龍の主人加島たきさんは昨年八九歳でなくなったが、この鈴木源次郎さんは、たきさんの弟で、明治・大正の柳橋の花柳界と当時の政財界の名士が利用した蜂龍をよく知る人は今はこの人以外にない。鈴木さんはお年に似合わず元気で、記憶もしっかりしていた。

「蜂龍の初代の加島和平は柳橋の酒問屋、加島総本店（現存）の加島十兵衛の長男でした。加島の店は宮内省の御用をつとめ、伊勢神宮の黒木、白木の銘酒を納める名家でした。初代はなかなかの粋人で柳橋の名妓といわれた梶田とめを妻とし、弟に家督をつがせ、自分は日本橋茅町に百尺（ひゃくせき）という料理屋を出したり、箱根宮の下に旅館を開いたりしましたが、明治十七年、当時の汐止の十五銀行（華族の人達が創立し、宮内省の御用金を取扱う銀行で、特に信用が厚く、松方侯が頭取であった。昭和二年のパニックの時閉店した）の裏の京橋区木挽町八丁目（現在の中央区銀座八丁目十三番地で銀座第一ホテルの角）に蜂龍を開きました。

この地のすぐそばに三十間堀（今は埋立てられて無い）があり、江戸時代から明治の中頃まで郵船宿（船宿）が立ちならび、本所深川方面の下屋敷や別宅に行く船や遊び船が出ておりました。この船宿が船を待っている客にお酒を出したりするようになり、やがては酌女や芸妓が客席に侍り、船宿が本格的な料理屋となり東京一の新橋の花柳界が出来ました。

ちょうど歌舞伎座の前の采女が原に明治になって農商務省や郵政省が出来、当時の官庁街でしたから、新橋の花柳界は政府の高官や財界人の利用するところとなり大いに発展しました。

粋人の和平は菊五郎や三州などの通人との交際も深く、なかなかの芸人で十四世羽左衛門を向うに回し幡随院長兵衛を余興でやったりしたこともあります。加島の店の関係もあり、政界要路の方々とも個人的な交際もさせて頂いておりましたので、政財界のお客様が多く見えました。店は小さかったが、馬車や人力車でおいでになる方々で、いつも座敷は賑わっておりました。

和平は自分の流儀と趣味からも、まず女中の立ち振舞い、礼儀作法、部屋の調度品にまで念をつけ、当時の花柳界の人々がビックリするような軸や置物を金にあかせて集めました。芸妓も新橋の一流を出入させましたので、芸妓も出入りを誇りにし、蜂龍のお座敷だといえば皆襟を正して席に出たものです。

当時からこの新橋はいわゆる〝待合政治〟に活用され、酒を飲みながら政治が行なわれたものです。蜂龍の前にはいつも二、三台の馬車が留っており、警戒の私服もいて、一種異様な雰囲気をかもし出していたものです。お客の中には、大倉喜八郎、馬越恭平、浅野総一郎、古河市兵衛といった方々にもご贔屓を頂いておりました。

歴代の大臣はもちろん議員の方々は毎日で元外務大臣の小村寿太郎さんや東京市長をされた後藤新平さんなどには特に目を掛けて頂きました。こういうお偉方の席ですから気の使いようが大変で、少しでもお話の内容が漏れたら大事になるので、お客の名前から様子など一切秘密にし、出入りの芸妓も気心の知れた者しか呼びませんでした。そのようでしたから、これらの方たちは自分の家のように見えて、お正月の時など宮中に記帳に参られた大礼服のまま、その帰りに立ち寄って約束をつけておいた芸妓の迎えをうけ、新年の挨拶をさせて頂きました。

私の姉のたきは明治末に加島の養女になりました。私の家は神田田町の青物問屋でしたが、姉は結婚後主人に死なれ家に戻って来ておりました。そこへ知人の話で、望まれまして大正の初年二五歳の時養女になりました。

江戸時代に参勤交替の大名行列が休んだといわれるしがらき新道（汐止から真すぐに入った道）にしがらき茶屋という料亭がありました。明治になり根津嘉一郎さん（東武鉄道社長）の知人がここにキツネ鰻という鰻屋を開いていましたが、初代はこの跡を買い、移転しました。この料亭の敷地は二〇〇坪ばかりあり、元禄時代に建てたという倉も二つありました。ここに新築して部屋は四〇ばかり、広間も大小三つばかり作り、新橋の超一流の料亭となりました。

和平は大正九年になくなり、養母のとめとたきが蜂龍を切り回し相変らず繁昌しておりました。関東大震災で罹災して、その後小田原の別荘におりましたがとめも年ですし、この商売に疲れまして一時廃業を決意し関係方面に通知まで出したのですが、お客様から『なぜやめるのか。我々が援助するから商売をしろ』とはげまされ、大正十三年築地川の畔に再建しました。

大正年代のこの花柳界は大したもので、名物の〝東おどり〟を演じるのに場所がなく、松竹の大谷さんと相談して新橋演舞場を建て、ここで〝東おどり〟を披露しました。当時は豆千代や染子などの名芸妓がおりました。お客様からは前にも増してご贔屓を頂き相変らずご利用下さいました。緒方さんや、歴代の大臣、それに吉田茂さんなどもよくこられ、旅先の珍らしいみやげ物をよく持ってこられたものです。

お客のとりもちもたいへんで、私達の考えられないような気の使いようでした。何日に誰々様がおいでになるという通知をうけると、お気に入りの芸妓は誰、果物は千疋屋に、お菓子は越後屋に注文し、その日の午前中に作ったものを持って来させました。また料理は瑳琊野一門の料理人に河岸に行かせ、お気に入りの料理を作らせました。このような気の使い方がお客に気に入られたものでしょう。

戦後私の二男が東大を出て養子に行きましたがこの商売を嫌い貿易会社に務めましたし、姉は耳を悪くして床に伏す日も多くなり客席に挨拶に出ることが出来なくなり、去る四七年六月米国のキッシンジャー特使をお迎えしたのを記念としまして、その翌日廃業しました。姉はその後港区の元麻布に住んでおりましたが、昨年八九歳でなくなりました」

鈴木さんは六十余年住む銀座のあれこれを話しておきたい様子で、㊇松沢さんの話や銀座松屋の所にあった岩谷天狗の話、昔の銀座の話とつきなかった。「花柳界の人は永生きの人が多い」という話から、どこの女将は九十五歳だし、誰々は八五歳だなどと数えあげ、「やはりお客様のお機嫌を損じないように気を張っているからでしょう。それに若い人々に取巻かれ、気も若いからですか」との感慨を終にして私は席を立った。

蜂龍二代加島たきさんに大正十五年から五十年間勤め、女将の片腕として奮闘してきた人に戸鞆たつさんがいる。たつさんはたきさんが商売を止めた後も、八九歳で病弱のたきさんに姉妹のように付いて看護してきた。昨年たきさん死亡と同時に目標を失ない、故郷の茨城県友部町に戻っていたのを、水戸の梅見を兼ねて訪れた。たつさんは七四歳だというが、話が蜂龍のことになると生き生きとしていた。

「大正十五年の五月に二五で東京に参りまして、日本橋新富町の桂庵（私設職業紹介所で昔は各所にあった）の紹介で蜂龍に勤めました。店は築地川のそばで、裏の川には舟が通っており、お客様も舟で参ったり声色屋も参りました。田舎者の私はビックリしたものです。民政党の浜口さん、政友会の犬養さん、田中義一さんなども参りました。

蜂龍の敷地は二〇〇坪位あって、二階は十八畳と十畳、八畳、六畳の四部屋。一階は四〇畳の大広間と十八畳、八畳の部屋がありました。各部屋に便所が付いておりました。これはお客様の党が違うので廊下で会うと具合が悪かったからです。同じような料亭は新喜楽や山口がありましたが、なんといいますか、待合政治の盛んな時代で、議会では対立することも料亭でなら話のつくことも多いので料亭が利用されたのでしょう。

昔はお客様はお宅に一度戻り、お風呂に入り着物を着替えてからおいで頂くことが多かったものです。お正月には宮中参賀の帰りに大礼服のまま馬車でこられました。お屠蘇と簡単な料理を召し上られ、芸妓達のお祝いを受けるのですが、正月には二〇名以上の方がおいでになりました。

毎年お盆と暮の届け物に、竺仙の浴衣を用意して、奥様には蜂龍好みの柄の浴衣を、ご主人には嶋物の浴衣をお届けしたものです。

料理は嵯峨野という仕出屋から納めさせましたが、ここに奥田という料理人がいました。今上陛下が昭和三年ご成婚の時、京都に帰りましたが、主人がわざわざ京都までいって呼び戻し喜舟という仕出屋を開かせました。その後も奥田さんの作った料理をすすめておりました。蜂龍は大体二、三ヶ月前には部屋の予約が出来ており、そのとき芸妓も約束をつけたものです。

蜂龍の名は先代が池上の本門寺へ参られたとき、寺宝の蜂と龍の蒔絵の盃を拝見して店の名にしました。その後、その盃と寸分違わない盃を作り大切にしておりましたが、本門寺が焼けたとき盃も焼けたとのことで、主人はこの盃を本門寺に納めました。

主人はここ十数年身体が悪く、吉田茂さんの甥の武見太郎さんにずっと診て頂いておりましたが、昨年七月十日に亡くなられ、私はその後お暇を頂きました」

この老女はいま、故郷で余生を送ろうとしている。「いつまで新橋の花柳界が残りますのでしょう」と言った言葉が印象的だった。東京新橋組合第一部の事務所前の穴倉のような所にいた人力車をひく人も、またその車もいつまで残れることか。

はま町　小常盤

小常盤は日本橋檜物町二番地にあった、明治の時代一流料亭であった常盤のわかれであった。この料亭は人形町から隅田川に向って行き、浜町公園の入口の前の中央区浜町一丁目四番地にあった。

小常盤には伊藤博文や桂太郎などの人士が、芳町、柳橋、新橋などのお気に入りの芸者を大勢連れては遊びに来たものであった。浜町の芸者でも一流の者でなければ入れなかったもので、小常盤に出入りしているといえば通ったものである。

大正十二年の震災後、再興しなかった。

堅大工町　纏屋善四郎

纏屋善四郎の祖先の治郎右衛門は享保年間（一七一六―三五）に江戸西神田の槍屋に奉公し、槍を作る職人となった。二一歳のとき年季奉公を終えて神田堅大工町に店を開いたが、腕に職を持つ職人として、何業でもいいから江戸で有名な職人になりたいと神田明神へ日参し、寒の三〇日の間毎夜水垢離をとって一心不乱に祈願を籠めたという。

そして、習い覚えた槍作りの技術を生かして纏屋となった。この纏はいつ頃から使用されたものか分らないが、大名の「馬幟」から変化したものらしい。江戸開府後、スワ出火！という時、徳川の御霊屋または見付警固の各大名は馬幟を立てて繰出して消火に従事したもので、この馬幟が次第に纏に変化し、諸大名も江戸屋敷詰の消防組にこれを持たせるようになった。

江戸は家康開府以後、急激に人口が増え、毎年の如く大火が発生した。なかでも明暦三年（一六五七）の大火は死者十万人ともいわれる。

寛永十八年（一六四一）
明暦　三年（一六五七）
寛文　八年（一六六八）
天和　元年（一六八一）
元禄十一年（一六九八）
正徳　元年（一七一一）
享保　二年（一七一七）

とほぼ十年置きに江戸の何割かが焼け、その被害は莫大であった。

大岡越前守は享保二年（一七一七）に江戸奉行に任ぜられたが同五年、江戸に町方火消「いろは組」を創立した。

この時分にはすでに馬幟から変化した纏が出来ており、龍吐木、鳶口、竹梯子と共に纏は火事の時の消防器具の一つとなり、またその組の印として重要視された。

享保十五年正月、江戸火消いろは組の改組の時、各組の纏にばれんをつけた。そしてその標も一般に銀箔、金箔で塗って型を将棋の駒の型とした。

この年、纏屋治郎右衛門は奉行所に呼び出され、大岡越前守より「今後江戸火消の纏は、其の方一手にて製作すべきこと」と命ぜられた。

纏の作り方は組により相違はあるが、纏の上を座といい、それから垂れるばれんの数は四八本、長さは三尺と定められ、柄は杉で長さ五尺。頭も座も桐を台としてその上を胡粉で塗り固める。

ばれんは和紙を何枚も重ねて、その上を胡粉で塗り固めたものである。しかし胡粉だけでは剝げ落ちるので、ある種の薬を混ぜて塗ったもので、この薬は纏屋の一子相伝の秘薬だった。治郎右衛門が考案した薬は自ら調合製作したものだった。

明治の末になり消防器具が機械化された。蒸気ポンプからガソリン・ポンプが輸入されたが江戸の火消は大体旧態依然たるもので、大正になって府下も次第にガソリン・ポンプを採用したが、水道もなく水は溜り水か池などに吸込口を突込んで、消火したものであった。

この時代筆者も火事の現場に纏が持ち出されるのをよく見た。梯子と手押しポンプを引出して、ガラガラと引っ張って行ったもので、その後から元気のいい若い衆が、重そうに纏を持って走って行った。この纏は、火掛りした所まで必ず火は消し止めるとの意気込みで立てるもので、時には消すことが出来なくなると、纏持ちは火の中に独り立って不動明王の如くがんばることもあったという。それで男なら纏持ちとイキがられたりもした。

池の端 守田寶丹

池の端の今の芽町の通り（不忍通り）がまだ狭い道だった頃、薬屋の宝丹九代治兵衛の店は不忍池に面して建てられていた。格子作りの店は角店で、広さ十五間、奥行二十余間、店の前には当時の薬屋の庭造りによくあった、黒い暖簾が店頭を覆い、倉は屋敷内に二つ、通りに面して一つあった。

宝丹の初代治兵衛は延宝八年（一六八〇）に摂津国住吉郡我孫子より江戸に出て薬業を始めたというが、祖先は武田機山公の参謀師山本道鬼斎晴幸だという。

文久年間（一八六一—六三）九代治兵衛のとき、オランダの医師ボールドウインより薬法を教わり宝丹を作り出した。この人はよほど慎重な人らしく、何年もの間種々の病人に投与し、その薬能を試していた。その結果驚ろくほどよく効く薬であることが分り「宝丹」と名づけて発売した。

その頃種々の悪疫が流行し、殊に吐瀉する病がはやり、この宝丹は特効薬としてその予防と治療に効を奏し、爆発的な売れ方を示した。また家庭薬としても常用され、救急の常備薬として賞用されるようになった。明治十年、西南の役の時、警視庁軍旅用薬として調達を命ぜられ、日清、日露の両役および第一次世界大戦の時は陸軍省にも納入した。

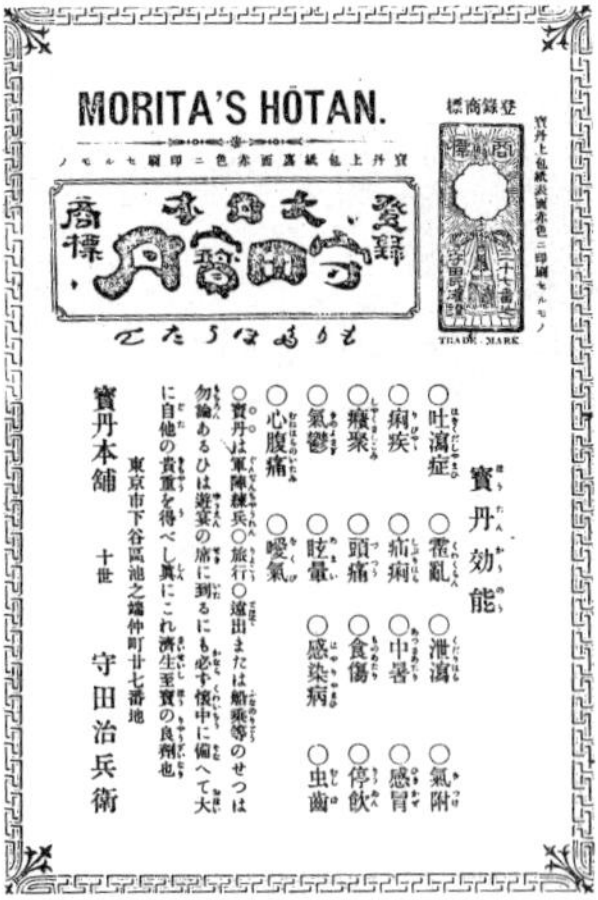

宝丹の効能書

それより前、明治六年に清国の上海、広東および香港に輸出し、続いてこの地に支店を出し、サンフランシスコや南米にも輸出した。明治二〇年頃、宝丹の効能書の印刷費が年間五、六千円もかかったという。今日の金額にすると一億から二億円の宣伝費に相当する。いかに宝丹が売れたか、恐しいくらいである。

宝丹九代が書いた亀井堂の看板。九代によるものはいまはこの看板だけが残っている。

九代は事業も成功したが、趣味の広い人で、宝丹流の書体をよくした。宝丹が有名になるに及び、縁起がよいと九代目に看板や書を頼みに来る人が多く、当時の能書家の山岡鉄舟と肩を並らべて宝丹流の書をかいた。今残っているのは上野広小路の亀井堂瓦煎餅店に掲げてある金看板である。

明治五年版の「高名三福対」に宝丹の守田治兵衛は軍談の伊東潮花、画家の柴田是真と共にあげられ、同十一年九月の『団々珍聞』の「近世盛衰競」の「盛の方」では前頭十番に位置し、同十二年版「東京諸雷名花競」の妙薬七法には守田宝丹が喜谷實母散、岸田精錡水と共に記載されている。

九代治兵衛は隠居して、動坂の別邸に居住していたが、東京古泉会の会頭として古銭の蒐集、研究に従事し、得意の宝丹流の洒落た隷書風の字体の書を描いたのも、この時代である。また同三十七年上野五條天神（医薬の神社）に、赤穂藩の祐筆だった大高源吾の書いた汐留の船宿武蔵屋の看板を奉納している。この看板には「ちや舟　天間　荷たり　武蔵屋」の字句が大高源吾の雄渾な筆跡で書かれ、殊に仮名字はみごとな出来であった。船宿武蔵屋が衰微し、家宝の看板を手ばなした時、六代治兵衛が求め大切に保管していたものである。

この店は大正時代に、不忍通りが広げられて敷地は狭くなり、震災、戦災と災禍をくぐりぬけ、

いまは上野広小路仲町で、それでも昔の香ただよう老舗として商いを続けている。当代は十二代守田治兵衛氏で、店には、

宝　丹　　懐中良薬
立効丸　　ぜんそく
守　好　　婦人良薬

と昔なつかしい文字が宝丹流に描れており、三〇〇年の店歴をほこっている。奥さんの守田榮さんに話を聞いてみた。

「三度も焼けました。維新の時の上野の戦いと、震災、戦災です。

昔は薬屋のように黒い格子のしっかりしたなかで商いをしていたといいます。店には薬を調合する小僧が多勢おり、畳の上で仕事をしていました。外には枇杷湯を入れた薬湯をいつも温めてあり、その香りが近所に香ったもので、これは無料で通行の方々が喜んで飲んだものです。当時は水道もありませんから、外に出ると知合いの家にでも行かねば喉をうるおすことも出来なかったので、小僧さんや馬方、車力などの人々がわざわざ遠回りしても、この湯を飲みに来たものです。

明治時代から大正にかけては大陸に大量輸出したもので、当時は万病に効く薬として陸軍省が推薦してくれたものです。その頃が宝丹の一番繁昌した時です。九代は利益であちらこちらに地所を買ったようでしたが、趣味の多い人で、働きもしましたが、遊びもしたようです。やはり事業を大きくするには交際も広くしなければ……」

今宝丹は上野中町通りにある。

大坂町　高木清心丹

清心丹といえば私達の子供の時代、懐中薬として仁丹と双璧をなしていたものだ。清心丹は銀色、仁丹は赤色で、ともに三ミリ位の大きさの丸薬であった。飲めば「口中爽やかにて気……」といい、外出の時にはよく懐中に忍ばした流行薬であった。

高木清心丹は今、中央区芳町一丁目八番地（元大坂町）の角で高木清心丹薬局として堂々と店を開いている。この店の前の通りは江戸時代の芳町の通りで、日本橋から魚河岸を抜け、人形町の通りに出る最も繁華な通りであった。左に元吉原があり、芝居小屋もあって、深川方面の人々もこの道を通り、魚河岸に抜けたものである。せまかったが、江戸の有名な問屋街があり混雑を極めていた。今の芳町の広い通りは明治になって鉄道馬車が通るようになり、新しく作られた道である。

この店の先祖は江州（滋賀県）伊吹山の麓の高木村の出だといい、高木姓を名乗っている。享和元年（一八〇一）に伊吹山の艾草に縁があり、薬種商をこの地に開いた。このあたりきっての旧家である。

代々與兵衛を襲名し現在は七代である。代々男子にめぐまれず養子を迎えたことが多いが、中興の祖四代與兵衛も養子であった。この人は商売に熱心で、才気もあり研究心に富み、懐中薬清心丹を開発した。ちょうどその頃、煙草の銀座の岩谷商会が煙草の宣伝に力を入れ〝宣伝の王様〟といわれたが、四代與兵衛はこれにならった訳でもあるまいが精力的に高木清心丹の宣伝を雑誌、新聞を主として行なった。ついでにいうと、仁丹の宣伝は街頭が主だった。清心丹の販路は国内はもちろん、当時の「満州」その他の海外市場にまで及んだ。特に日清戦争の時は軍部の御用もつとめ、その薬効は〝万病に効く〟とまで人々に思わせたという。

　店も拡張し、間口十一間余、奥行十五間の堂々たる「高木清心丹」は土蔵倉も三つあった。中庭での荷作り、発送の小僧、大僧、荷車の出入りもはげしく、せまい芳町の通りはごったがえした。仕入れ客や、店頭の無料サービスの薬湯に集まる車引き、小僧、通行人で常に店の前は立込んでいた。

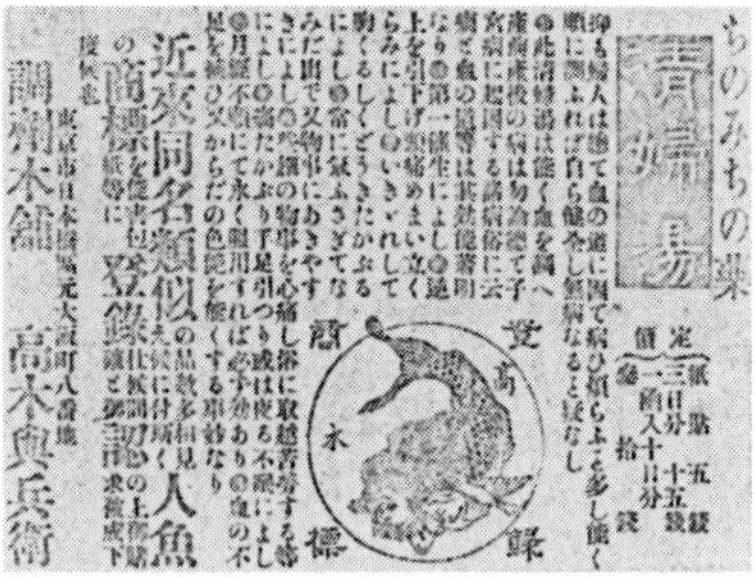

高木清心丹の広告

　與兵衛は各地に土地も求め、財産も不動産、動産、有価証券と三分割して安全方法をとった。また「満州」にも視察に赴き海外への販路拡張につとめ、信用も厚く業界一、二を競う薬問屋として高木清心丹を押し上げた。大正の初年に死亡したが、当時のことについて、七代の長男である高木弘也氏は「父や祖父から聞いた話ですが」と話してくれた。

　「四代の時代は清心丹の隆盛期でした。当時の資料が多少ありましたが、赤坂の山王付近にあった住宅と倉が震災で焼けてしまい、僅に残ったものも今度の戦災で失なってしまいました。お見せできないのが残念です。

父や祖父の話では、四代の與兵衛が偉かった人で、高木清心丹を築き上げた人です。この人は私の曾祖父に当たりますが、とにかく商売熱心で商い一筋の人だったようです。使用人も五〇人ほどいたといいます。製造、販売、それに全国向けの発送荷物で、毎日店の付近は車で一杯だったといいます。この時代に店も拡げ、土地も買い、株などもずいぶん持っていたそうです。次の五代はいわゆる旦那衆で、仕事は番頭に委せきりで、つき合いも広かったようです」

現在の高木清心丹薬局の道路ぞいの駐車場のあるあたりが、昔は製造、荷作り、発送で喧騒をきわめた所である。

活人形　安本亀八

活人形の安本亀八は似顔彫りの名人であった。元来亀八は熊本の仏師の元で修業し、木彫りで叩き上げた技術を活人形に生かした。その非凡の腕は「活人形」といえば「亀八」といわれたほどで、殊に似顔の彫りにかけては真にせまり、人をして舌を巻かせた。

この人の人気はその風采にも依っていた。亀八翁は稀に見る飄逸な名人肌の人で、布袋和尚のような風采でいつもニコニコしていた。浅草馬道の俗称〝富士横丁〟の中程の格子造りの平屋に住み、奥の細工場に大あぐらを組み鼈甲縁のめがねをかけて仕事をしていた。回りには出来上った首がごろごろしており、さまざまの表情の顔や手足が散らばっていてまるで化物屋敷であった。団十郎や菊五郎などの似顔の首はモデルの自宅に通い直接うつし、それを雛型にして入念に本彫りしたので、全くの生き写し。その技術は名人の称にそむかなかった。

木地彫りがすむと、木の口にかけて胡粉仕上げをする。最後の肉色が肝腎で、これがすこぶるむずかしく、人物により濃淡があり翁自身も考えてしまうことがあった。ところが多年人形製作を手伝っている翁の妻がその色付けに妙を得ており、肉色を一手に引受けて翁もかなわぬほどの技術を発揮した。翁はよく「こればかりは婆さんに限る」と人にもいい、一目置いていた。

数多くの興行中、明治二五、六年頃浅草六区で演じられた一世一代の「西南戦争」の大道具仕掛けは大評判だった。

「山上の西郷隆盛が遥かに熊本城を望み、悠然と葉巻を燻らし、口よりゆるやかに煙をはいてみせた。そのときの西郷の顔は、部下の人々が官軍の鉄砲の下に、又白刃に露と消えて行くさまを眺めて、その苦悩を現わした眉を寄せた。その表情の物凄さ……」

その微妙な彫刻に観客は息をのんだほどで、これが評判となり三、四ヶ月この興行は続いた。

明治三〇年頃の活人形について『浅草』(昭和四五年十一月号)に山田徳兵衛さんが書いている。

「明治三〇年頃の色入り木版彫の『俳優似顔草木細工活人形番組』という古い花屋敷のビラが私の手元にある。当時の花屋敷の人気は等身大の活人形の興行でした。ちょうど菊人形のように、人気俳優の当り狂言を二ヶ月毎に取り替えて、数場面を見せたもので、その人形の人形師は古くは安本亀八であった。『細工はヤスモト・カメハチ』という呼び込みの口上の文句がまだ私の耳に残っており、なつかしく思います。

安本翁の後は山本福松のものだが、人気がありましたのは安本で、山本さんも活人形の人形作りの名人でした。このビラには『一月一日より』と書いてありますから、正月物として当時の当り狂言を人形にしたものでしょう。『武松大虎を打殺図』『大森彦七水中に鬼女を見る図』『天の窟戸』『戻りかご色相肩』『花屋敷梅園の図』『美女絵風琴を弄する図』等が見世物の呼び込み興行題目でした」


浅草と活人形は縁があり、花屋敷は常設の設備があった。ちょうど今の菊人形のようなもので、菊の衣装の替りに着物を着せたもので、その年の当り狂言の場を演出していた。

『明治東京逸聞史』に、

「亀八翁は、人形は片輪者や威張った顔の者は作り易いが、一番むづかしいのは女の人形で、それも美人ほどむづかしい。

愛嬌のある顔は特にむづかしい。愛嬌のある顔はその表情が出ないもので、愛嬌というものは一体どこにあるのだろうか。どうすれば捉えられるのか。実にむづかしい」

とある。枯れた安本翁にしても、女は、特に美女は扱いにくかったようである。

活人形　松本喜三郎

活人形は今のマネキン人形のようなもので、生きている人のように写実的に作った。等身大に張り子細工で作り、芝居の有名な場面や歴史に残された名場面を作り、これを見世物として興行したものである。

江戸時代の中期にこの種の人形があったらしいが、幕末から明治にかけて見世物として台頭した。嘉永五年（一八五二）に大坂で人形師大江新兵衛が、張り子細工で役者の似顔人形を作って興行し、その翌年に江戸でも同様の興行が催された。当時の江戸風俗を記した『武江年表』によると、

「嘉永六年、江戸両国橋東詰に生人形の見世物出たり。京都の大石某の作にて、其容貌生くるが如くなりき。江戸にての初めなり」

とある。両国橋の東西の袂には広場があり、浅草奥山と同じように各種の興行が催され、江戸の人々の憩いの場所であった。また遊び場も多く、賑かな所であった。

松本喜三郎の活人形

続いて安政元年（一八五四）九州熊本の松本喜三郎が異国の人物人形を張り子細工で作り、「活人形」と名づけて大坂難波新地で興行した。翌二年江戸に出て浅草寺の御開帳の時、混雑する奥山で見世物興行をした。初めて見る江戸の人々には、まるで生きている人形のようだと大評判となった。次の年も同地で「鎮西八郎島廻り」「忠臣蔵夜討」「水滸伝」などの活人形を

松本喜三郎

披露し、めずらし好きの江戸の人々はこの人形を見んものと混雑を極めた。

喜三郎はこの作品を持って明治の初年まで全国の各地を巡業し、行く先々で評判を得た。その後「西国三十三箇所観世音霊験記」を発表した。このときは何か新しい趣向はないかと、部屋を暗くして蠟燭をつけ、線香をくゆらして雰囲気を出し、その由来を調べ、口上も有難そうに述べた。これには参観人も手を合わせ、お賽銭を投げた。

明治六年三月の『雑誌』第八六号に、喜三郎が製作した塑人体模型をオーストリアの博覧会に出品して絶賛をあびたことが記載されている。

「皇国未だ人体の製あることを知らず。文部省官員田口和美第一大区学校の命を蒙り、耳部模造のハルロビー、及ヤコブソン神経等を全く顕はせし処の者名工松本喜三郎なり」

どのような材料を利用して作ったものか書いてはいないが、黎明期の日本の工芸品を代表して出品するのに松本喜三郎が選ばれたことは、その製作技術はよほど卓越したものがあったのであろう。

明治の後期には電気や機械を応用して首や手足が動く人形を考案し、浅草公園で歌舞伎物や日清日露の戦争物、子供向きの「桃太郎」「かちかち山」などの活人形を見世物として興行した。

この活人形の催し物も諸所の展覧会や呉服店で無料で見られるようになり衰微していったが、その名残りは浅草花屋敷などの見世物として明治・大正まで存続した。またそれが菊人形、つつじ人形と変ってゆき、昭和も戦後となると、マネキン人形がプラスチックで作られて昔の面影はない。

しゃも　回向院前　坊主

しゃもの坊主の初代平山弥五郎は信州生まれで、江戸の末期に両国橋の東詰一ッ目通りの、回向院の門前の元町の角（今の回向院の山門は北向きであるが、当時は西向きで隅田川の方を向いていた。坊主は墨田区両国一ノ九にある）に丸屋というしゃも料理店を開いた。

屋号の丸屋を坊主しゃもと呼んだのは、弥五郎がりっぱな身体で男振りもよく、肌も白く、いつも坊主頭で店に出ていたからである。

当時の両国橋は現在の橋の下流に架かっていた。橋の両側の広小路は、いわゆる両国の繁華街で、寄席あり、百日芝居の小屋あり飲食店ありで、そのうえ春秋二回、晴天十日間の相撲も回向院の境内で行なわれ、江戸一の賑わいをみせた所である。

この広小路の一ッ目の角の坊主しゃもは間口八間、奥行十数間、二階建の料亭だった。中庭をしつらえ泉水も美しく、年配の女中

東両国のぼうず

十数人、料理人八、九人、その他十人の使用人の中で主人の弥五郎は坊主頭を振りながら客を迎えていた。

今もこの地で「坊主」の看板を掲げているこの店を私は三度訪れたが、いつも先方の都合が悪くて会えなかった。その後、別の機会に平山弥五郎の血筋を引く鳥料理屋「平野屋」の四代平山武子さんに会うことが出来た。平山さんは「祖母から聞いた話ですが」と断りながら話をしてくれた。

「初代弥五郎は一代で坊主のしゃもを作った人で、一応料理屋としては成功した人でした。江戸の末に大川の船頭衆の間にもめ事があり、そのとき仲裁に入って仲直りさせましたが、自分の髷を切り落してざんばら髪で話をつけたといいます。その後ずっと坊主姿で商売をしたようです。また一説には大変なのぼせ性で、いつも頭を剃っていたともいいます。とにかく世話好きで、あちらこちらのもめ事に頼まれては仲立ちをしていたようですから、大川の船頭衆の喧嘩を丸く納めたというのは本当のことでしょう。

初代のそんな俠気から〝坊主おやじ〟と呼ばれ、店も『坊主』と呼ばれるようになりました。

その頃、場所が始ると両国橋の東袂から店の前の広小路いっぱいに常陸山、梅が谷、大砲、荒岩、逆鉾、海山、源氏山関へ、と書いた幟が立ち川風に靡いていました。そばを通ると太い青竹がギイと音を立てていたものです。幟はゴシゴシした縮緬を使ったものもあり、大した景気でした。西向きの回向院の正門の前には山型の大きな板に『蒙御免』と書いた相撲独特の看板が立っており、そのそばに明日の取り組を書いた紙が貼ってありました。そして右側が入場券売場で、左が茶屋でした。

その頃は両国の繁華街の名残りがあって、ももんじの港屋や沢田屋、寿司の与兵衛、菓子の三橋や越後屋、貸席の武蔵屋（今の相撲茶屋）、大津屋旅館などがありました。

場所が始まると、鳥と玉子で作った親子丼、しゃもの桜煮を坊主の判天を着た若衆が相撲茶屋の注文で届けたもので、毎日五、六〇〇は仕度したもので、相撲名物の一つになっておりました。また場所がはねるとドッとお客がきましたが、昔ははねる時間が今のように定っていないので困ったものでした。

何百人前もの料理を用意して置いてもたちまち津波のように運ばれていき、その忙しさといったらありません。座敷は畳部屋の追込み式で、火鉢には備長の炭を使い、タレと味噌で桜肉のようにしゃもをたきました。味噌タレは坊主独特のもので、葱は金町葱の最上のものを使い、しゃもも爪の生える前の雄雛で、雛鳥が脂の乗りもよく味もよいのです。

お客には相撲好きの十六代様（徳川家達）がよくきました。警護やお供の数でたいへんで、祖父も羽織袴でお迎えし粗相のないように心がけたものです。

私の家では鳥の仕入れのために平野屋という鳥問屋を、回向院の裏の松坂町に開き、千住あたりから仕入れました。その頃の千住はしゃもの賭事が盛んな所で、いいしゃもを農家で飼っておりました。今でも千住と両国は鶏の市場があります。

初代は眼を患ったとき、堀の内の御祖様を信仰して、全快してからは大の法華経の信者になりました。秋も深まると、池上の本門寺、堀の内の御祖様へ寒参りに出掛けたもので、御縁日の前の夕方などは四、五〇人の信者が集って白衣に身を固め、〝南無妙法蓮華経〟を口々に唱え太鼓を叩き、威勢よく出かけました。両国から池上に行き、堀の内を回って帰ってくるのに三、四日もかかったものです。家の大きな仏壇にはおまんだらの軸がかかげられており、その脇の『掛軸のおじいさん』といわれた軸を幼ない私達はよく拝がまされたものです。

河竹黙阿弥の『三人吉三廓初買』の中に、

源助　どれ流れぬ内にしゃもをこしらえよう。

吉三　手前出来るのか。

源助　出来なくてさ。「坊主しゃも」に二年もいやした。

があります。二代の弥五郎が黙阿弥の門に入ったのは、本所に住んでいた黙阿弥がよく店にきたので初代とも親しかった関係でした。この芝居に『坊主しゃも』の名を入れたのも明治以前のことですから、その頃から評判の料理屋だったようです。

初代は明治十六年四月になくなりました。二代は竹柴善吉を名乗り、黙阿弥の門下として歌舞伎座や帝劇の仕事をしていました。『坊主しゃも』は義姉のみねに、店で働いていた弥太郎を養子に迎えて継がせました。

明治の中期に松坂町に住んでいた二代は『八丁睦』を作りましたが、ちょうど日清戦争の頃で相撲興行どころでなく、毎場所不入りで相撲目的の料理店や商家は青息吐息でした。それで二代は意気昂揚のためにもと音頭をとり、松坂町周辺の八ヶ町、すなわち藤代町、元町、横網町、小泉町、松坂町、相生町、千歳町、亀沢町の有志に呼びかけて八丁会（後の八丁睦）を作ったのです。

交通機関といえば舟と駕籠の時代で、本所、深川や大川筋の向島、今戸が発達し、両国の東と西の広場はとても繁昌したのですが、この頃から人力車も出来て浅草や銀座方面が賑やかになり、別荘やお屋敷もぼつぼつと山の手方面に移り始めた時期です。二代は両国の再開発に苦労したようで、景気の回復と共に『八丁睦』も勢力を増し、両国の顔役的な存在となりました。相撲以外の小屋掛けや各地の縁日の場所割りの指図もしたようです。

二代はまた劇作家、劇評家としても有名で、扇夫、仮名垣魯文、條野などの『二六連』（芝居の前から二列目、中央の六席に坐り、芝居の批評する人々）の仲間に入り役者たちを震え上らせたということです。

両国橋が上流に架け替えられ、国技館が改築されて北向きに入口が変ってからは、店は次第に客足を失って行きました。せまかった一ッ目通りの道路拡張で店の敷地を大きくけずられ、その後は震災、戦災にも罹い、今は五代ですが店も昔の半分以下となりました。

私の父は三代で、十五、六のとき鳥問屋の『平野屋』を再興してこの地で鳥料理店を昭和十二年に開きました。その後はご覧の通り、常総線のガードが出来たり、両国の花火も廃止になりますし、帝都高速道路の七号線も建設されるという変りようで、昭和四五年に廃業しました」

平山武子さんの店は大川べりの両国生花市場の前にある。昔はこの地は百本杭のあった所だという。近くの相撲部屋もビル式のものとなり、ビルから出てくる髷を結った若い人たちに、新しい時代と古い時代のはげしいうつりかわりをみる想いがする。

かしわ　仲見世　金田

金田は明治、大正を通じ浅草仲見世にあり、かしわ（鶏肉）料理専門の店であった。初代権之助は明治の初年、時計商であったというが、隠居して閑をもてあまし、この地にかしわ料理店を開いたのが馬鹿当たりに成功した。

「今日は浅草へ行って〝金田〟に寄って来た」といえば幅がきく位であった。

金田の敷地は二百坪位の広さをもった二階建の料理店で、入口は北向で、仲見世の通りから少し離れたところにあった。この店が繁昌したのは、味が良かったのは勿論だが、まず主人が商売熱心であった。

権之助は常に入口の横の帳場におり、客が来ると大きな声で「いらっしゃい」と気持良く迎え入れた。この商売に打ち込んだ人柄が客に好感を抱かせ、当時の猿若町の役者達や通人達にこの料亭を訪れさせた。

評判の良かった原因の一つに、浅草のどの料理屋でも使っていた年配の女中を、ここでは使用しなかったことがあげられる。彼女らは酒の相手をしたり、軽口をきいたり、表面的にはサービスをしているように見えるが、祝儀をねだったり、客との不祥事を起こしたりで、店の名を汚がすことがあった。そこで金田は、十三才から十六才位までの小女を使い、客からの祝儀などねだらないようにさせた。

また、他の店では、下足番ですら玄関口に来た客が「座敷あるかい」と聞くと、たとえ部屋が明いていても、「ちょっと待って下さい」と気を持たせて、暗に客にチップをねだったりするものが多かった。金田の方は主人が「いらっしゃい」と大きな声で迎え入れるので、客もチップのわずらわしさが無く、気持良く金田を訪れることが出来た。

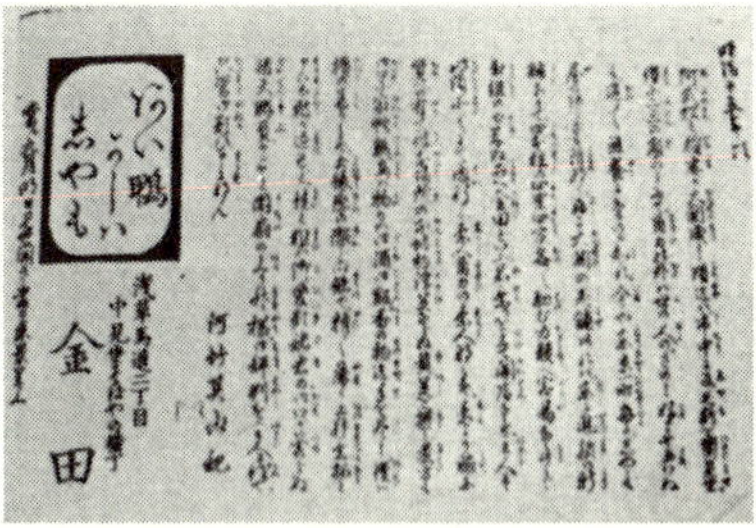

金田の開店案内広告（明治15年頃）

部屋は大体小部屋が多く、屏風で仕切ってあり、備長の炭を使ったすき焼、鳥のさし身、鳥のスープなどの鳥だけの料理だった。庶民的な浅草では数少ない品の良い料理亭として、金田は特異な存在だった。

浅草育ちの久保田万太郎は、金田を次のように述べている。

「金田は同じ鳥屋ながら、料理は拵らえず、鍋で食わせるばかりの家である。先代の主人は黙阿弥と親交があったそうだが、そういう人の経営したところだけに、間取りも良し、掃除も常に行届き、女中も十四・五才から、十七・八止りの終始襷をかけた、愛想のいい小気のきいた者ばかり揃えてある。

諸事器用で、手奇麗なのが、われわれには心持良い、われわれの見たところでは、人形町の玉秀、大根河岸の初音、池の端の鳥栄と共に、きびきびしたいいものを使っている。ただ残念なことに、ここのうち功成り、名を遂げて、近いうちに商売をやめると云う噂がある。若しその噂が真実ならば、我々はあたら浅草の名物を一ッ失なうわけである。われわれはその噂が、真実にならないことを祈る」

浅草の老舗金田について、山谷の酒問屋故金沢国蔵さんは、

「私の店の先代と金田の先代が友達で、よく話を聞いています。浅草の馬道から今戸にかけて、芸人が大勢住んでおりまして、金田はこれらの人々の寄り集り処でした。金田の先代が黙阿弥や仮名垣魯文などと親交のあったことも事実です。

大変に繁昌した店でした。明治の末に新生新派の当時の人気役者の河合武雄もよくこの店に見えていましたが、金田の一人娘が河合を好きになり、ぜひ養子にとの話があり八方手をつくしたらしい様子でしたが、うまく参らなかったようでした。その後四国の人で、元新聞記者をしていたという人を迎えました。この人が良くなかった。なかなかの遊び人で、先代の没後は商売は番頭委せで、先代が帳場に座って『いらっしゃいませ』と客を迎え、それが客に受けていたものが、この人の代になってからは、この名物も消え、女の子達のしつけも乱れ、昔の金田の面影はなくなってしまいました。

大正の震災の頃には、同業者も増えました上に、家の中にごたごたがあり、戦後この店を下谷の銀鍋に売ってしまいました。

その後この人が人形町の中川の肉切りをしていたのを、浅草の仲間が見付け、昔の友達が資金を出し合って、浅草の三丁目に本金田という鳥料理店を出してやりました。この店には昔のお客様も来て呉れまして、商売もうまく行っておりましたが、店がうまく行き始めますと、又々女遊びが始まり、遂に借財を残したまま行方不明になってしまいました。そこで債権者が集まって協議し、今この本金田を経営していますが、なかなか忙しく皆喜んでおります」

浅草には他の地にない人情の厚い処がある。金田の先代は商売熱心の外に、浅草の発展の為に尽した人であり、その友達が、「肉切り」をしていた金田の養子を探し出し、金を出し合って店まで開かせたこの人情は、浅草ならでは見られないことだろう。

袋物　浮世小路　丸利

昔は〝小路〟とか〝店(たな)〟といった賑やかな通りがあった。浮世小路とは江戸の人もなかなか粋なもので、この道は今の日本橋三越の前のあたりにあり、昔の日本橋本町三丁目裏河岸で、俗に塩川岸（中央区日本橋室町二ノ六の大野屋旅館の所）にあった。

袋物を商っていた丸利はよほどの大店であったらしく、喜多村信節（『嬉遊笑覧』などの著者）の『聞のまにまに』によれば、

「天保十三年四月十八日……本町辺に丸利という小間物屋ありて、種々高価のもの多し。

是等皆召捕られ、土蔵に封印を付け御改有……」

これは天保年間、水野越前守が断行した〝天保の改革〟のとき贅沢な品を商う店として丸利がお咎めをうけたことを指しており、下駄の六門屋や香取屋、寿司の与兵衛、松の寿司と共に召し捕られた。

浮世小路の丸利は袋物や、当時宝石視されていた珊瑚、鼈甲の櫛、簪などの小間物の高級品を売っていた。この時代、唐桟の着物に香取屋の畳つきの下駄を履き丸利の袋物を持ったスタイルが通人といわれ、日本橋の旦那衆の外出姿だった。

「昔ぜいたくな持物は、丸利にて調製せしものにあらねばならぬように、もてはやせしなり。安政より文久頃、最も繁昌を極めし由なるが……」

と評されている。銀座七丁目の宝石商丸嘉の初代天野孝次郎氏は若い頃丸利に勤めていた。同氏に聞いてみよう。

「私は丸利の三代の時に仕えました。何代の時か分りませんが、ある日店に坊主頭の男がきて、珊瑚の玉や鼈甲製品を見ていたが、そのうちに珊瑚玉が紛失しました。大騒ぎをして探したが見つかりません。そこでそのお客に嫌疑がかかりました。話がこじれてお客は店先で裸になる騒ぎでしたが珊瑚玉はありません。さあそうなるとお客は開き直り『おれは河内山宗俊だ。小禄でも直参でお茶坊主をしているが、嫌疑がかかった身体ではお勤めが出来ない。どうしてくれる』と凄まれました。悪名高い河内山と知り、主人を始め店の者はすっかり驚き、これは相手が悪いと詫び料を払い帰ってもらいました。どうして珊瑚玉が消えたかと、あとでいろいろ考えてみましたが、河内山は珊瑚玉を物色しながら鼻をかんで、その紙を表に捨てた。そのとき紙屑拾いが来てそれを拾って行った。きっとあの時紙に珊瑚玉を包んで捨てたのだと気がついたといいます。

明治維新になり、まだ世情騒然としていた頃のこと、ある日突然に『御用有之候、出頭可致……』と今の宮内省から呼び出しをうけました。用度司と書いてあるので聞いてみると、用度司は皇室のすべてのご用を致す処だそうで、何事かと恐るおそる羽織袴で出頭しました。谷場新馬之助様のお邸から門鑑を頂き、坂下御門から入りました。

『江戸で名高い丸利という袋物商か。有難くお受けせよ』との話しで、陛下のお冠の桶の袋のご用でした。桑織模様、萌黄色の大和錦に、裏は白手の絹でした。それを萌黄の風呂敷から出して、これを表にして紫の紐を掛けろとの用命でした。

お冠を入れる桶は杉の曲げ物で、かぶせ蓋で、その桶の袋の製作を仰せつかったのでした。その桶をお受けして帰りましたが、人力車も見当らず、重くてえらい苦労しました。その頃はまだ治安の行き届いていない時だったので、もしもの事があったら、と店に帰るまで身の細る思いでした。この仕事は店に出入りの、日本橋四丁目の鹿貫平兵衛という職人にたのみました。この人は名人といわれた職人です。鹿貫も驚いて、すぐ弟子に仕事場を掃除させ、その夜から徹夜の警戒で、翌日は仕事場に注連縄(しめなわ)を張り、皆朝湯に行き身を清め、五日ほどで仕上げて納めました。

その時『江戸日本橋本町三丁目十八番地の丸利江南利兵衛、召使天野孝次郎とはその方か』と申され『よく出来た』との陛下のお言葉があったとも聞いております。

その後、奥州御巡幸のとき、陛下がお使いになる容器の袋も作りました。しかしなんといっても『三種の神器』を入れる御輿の仕上げ直しのご用をうけたときは、それはたいへんな騒ぎになりました。

このときは御輿を頂きに二五人の弟子と共に参りました。この日は男湯ばかりの風呂屋で身を清め、揃いの小倉の紺足袋、新しい草履をはいて、二重橋から入りました。そして二五人で担いで帰り、店の奥をぶち抜き、そこに一応安置しました。この仕事をしたのは中橋の卜斎という、東京一の指物師でした。このときは本町三丁目の一町四方に火の番を置き、店の前には紫の幕を張り『宮内省御用』の提灯をかかげ、夜中も不寝番が警戒しました。これが評判になり店の前はたいへんな人で、お祝いにきてくれる客も大勢あって、一日に銭箱を三度もあけたことが何日もありました。

これは明治の初めのことで、それからもいろいろのことがありました。明治の中期になり、この名家も家運が衰え店を閉めてしまいました。私はその頃の丸利の一番番頭でしたが、私の力ではどうにもならないことでした。丸利に勤めていた人で今も商売をしているのは、私の店と室町の丸孝袋物店だけです」

丸利のお孫さんが現在は横浜で写真商をしているという。

きせる　池の端　住吉屋

煙草を煙管（きせる）で喫う人はもう少ない。明治時代に紙巻煙草が出始めて以来、煙管と刻み煙草を締め出した。煙草で刻み煙草を喫うには、一ぷく吸ってまだ火のついている吸い殻を掌にうけ、これを転がしながら二ふく目の火種にする。もっとも、これは農夫や職人でなければできない芸で、みていてもゆったりした風情があった。

煙管には実用品から愛玩物に至るまで、数多い種類があった。労働する人の煙管はじょうぶに出来ており、真鍮や鉄が多く〝なた豆煙管〟といった。〝天保の改革〟のとき贅を競っていた商人達は槍玉にあげられ、入牢、取潰しにあったので、愛玩用、装身具用に作った高価な煙管も表面は粗末に見せてこしらえた。〝渋い〟とか〝粋〟とかという言葉もこの時代に生まれた。この頃この人達の持った煙管は銀製で、それに金をあしらい、象嵌させたりした。注文するときは煙管屋を呼び、図案から材料、型まで選んだものである。

煙管の住吉屋は上野仲通りにあった。この店は寛政年間（一七八九―一八〇〇）から「村田」と肩を並べた煙管屋で、「村田」の立首と「住吉屋」の猪首が評判だった。安永年間（一七七二―八〇）の『富貴地座位』と『風流仙婦伝』に、

「住吉屋平兵衛　池の端　お名は何処までも通りのよい煙管」
「南豆さらさ紙入　住吉屋が張りたる象嵌煙管　やわた黒の細腰をはき云々」

と「住吉屋」の粋な作りの煙管を述べており、当時の煙管について説明してある。

「其型種々大小長短、全体の形定なく際限なし。然れども大略首尾を金属にて造之、小竿に両頭に挟むを普通とする。烟管に製する所、金を憚かりて用うべからず。奢侈の徒は銀にて造る。普通真鍮を専らとし銅、鉄も亦用之。又焼付或は七度焼と号して、錫を以て真鍮の上に染る。又金、滅金にするもあり。或は横筋をひき、或は深彫、片切彫、色絵の高彫、象嵌、七宝流し、昔は水口にて製之、今は大津にて製之て追分張りと云。煙草に用ふる小管、箱根山等よる出る〝らう〟と云う竹を用ふ」

きせるに凝る人が多くなるにつれ、いろいろの型が考案された。助六、多摩川、駄六、石州張りなど百種に及ぶ型が出来、それに金銀を嵌め込むものや、絵や文字、彫り方に注文をつけ、その種類は雑多であった。

明治時代の住吉屋は東京一の煙管屋として一流の職人を抱えていた。個人的な面倒見もよく、いい仕事をしたが仕事はうるさく、出来たきせるを主人が一本々々検査して受取った。彫刻、象嵌の先生方の作品もあり、今日も芸術品として残されている。

首の下側は煙草の吸い殻を抜くために叩くので、ここは固く作られており、疵はついても潰れないように作った。またきせるを疵つけないように、煙草盆のきせるの当たる所は堅い木で作られ、真鍮の火鉢などは木の枠をはめた。らお竹は三島寄りの箱根山中で採れたものがよく、これは節と節との間が長くきせるには最適だった。三年位の竹は肉の厚味も表皮の固さも、細工するにちょうどよかった。作り方は竹の甘皮をむき、一度煮て火に当て、廻しながら平均にあぶり、癖を直し、漆を指先で三度位塗って仕上げ、そして首と吸口をつける。このときききせるの重さ、バランスを考えて仕上げ、クルクルと廻して調子を調べる。

きせる作りの最後の人といわれる吉田省吾さんは文京区白山の細工場で、この仕事を引き継ぐ人のない淋しさをかこちながらも、いろんな話を聞かせてくれた。

「住吉屋は東京でも村田と肩を並べた有名な煙管屋で、池の端の仲町に『住吉屋』と大きな看板を出していました。この店の筋向いに、明治三〇年頃村田が店を出し、競争して互にいいきせるを作っておりました。住吉屋は仕事はうるさかったが、工賃は他の店より多く出してくれました。

村田は東京市内に何軒も店を出していましたが、住吉屋は仲町だけで、それだけ主人の吉兵衛さんの目も届き、良いものは住吉屋ときまっていました。あの頃はきせるに凝る人が多く、銀のきせるにいろいろ細工をしたものが多く、あのようなきせるはもう出来ないでしょう。

しかし煙草が明治三七年に専売となり、巻煙草が普及し刻み煙草を喫う人が少なくなり、大正五年に遂に店を閉めてしまいました。その後理髪の学校を始めたといいますが、今どちらにおられますか」

芙蓉　麟祥院

三代将軍家光の乳母春日局は品川東海寺の沢庵禅師に帰依し、寛永元年秋には湯島の地を給わり、同七年報恩山天澤寺を建立して渭川和尚を開祖とした。寛永十一年（一六三四）、家光は春日局の忠節を嘉し、柏木村に一〇〇石の寺領を定め、山号寺号を改め天澤山麟祥寺とした。今この寺は文京区湯島四丁目一番地の春日通りに面した所にある。

二代将軍秀忠に慶長九年（一六〇四）に竹千代（後の家光）が生まれると、京都で乳母を募集した。が、東国は鬼の住む所といわれていたので応募する者は無かった。所司代板倉周防守が困っていたところ稲葉佐渡守正成の妻ふくが周防守の苦境を察して名乗り出て、以後は竹千代の乳母として忠誠をつくすことになる。秀忠にはのちに国松という子ができ、格別に寵愛も深かった。このため三代将軍の継承をめぐり、周囲に暗闘が生じていた。そこでふくは策をめぐらし、伊勢参宮にこと寄せて、駿府（静岡市）に隠居していた家康に訴えをした。家康はその次の年、江戸に出て三代将軍を竹千代に定めた。

竹千代が将軍になると、ふくは大奥の実権を握った。参勤交替の大名が大奥の女中に土産として金銀の贈り物をする風習があったが、ふくはこれを廃止させた。そのために女中達が生活難となった。そこでふくは執権酒井忠勝と相談し、女中の格式に応じ一〇〇両、七〇両、五〇両と正式に費用を出させた。

また女は寝顔を見せるものでない、と夜の明けぬうちに起こし、髪を直させ白粉をつけて整えるようにさせるなど、大奥の改革をすすめたのでふくの信望は高まった。家光二五歳の時天然痘にかかり重態になると、彼女は「もし自分が病を得ても決して薬餌、鍼灸は用いません」と願を立て連日連夜の必死の看護の結果、家光は本復した。

寛永六年（一六二九）にふくは杉原一〇〇帖、白繻子一〇巻のお土産を持って後水尾天皇に拝謁し、従二位春日局の名を賜った。同十四年、五八歳のとき江戸代官町に宅地を賜り、同二十年八月に病気で臥した。家光は再三局の邸に駕籠をまげ、同九月十四日自ら薬湯を捧げ「この薬は余がとらす。心よく服して回復せよ」とすすめた。局は病苦を忘れ薬碗を押し頂き、一気に飲むとみせてすべて懐の中に流してしまい、先の誓いを固く守った。そして六五歳で生涯をとじた。

春日局の墓はこの麟祥寺にある。

この麟祥寺と芙蓉はどんな関係があるのか。同寺の住職水野昌晃さんに尋ねてみたが、住職はびっくりしたように首をかしげていた。

「この寺の回りにからたちの木が多くあったので、からたち寺といわれていましたが……」

芙蓉とからたち（生け垣などに植える。とげのある灌木で春に白い五弁の花をつける）がどのような関係なのか。作者が間違えたのか。『江戸名所図会』にも「からたちを垣としたので、からたち寺と呼ばれた」と記載してある。

春日局の墓は丸い一メートル位の墓で、なぜか上部に十五センチ位の穴が千代田城を向いてあいている。住職に聞いたが、わけは知らなかった。

牡丹　東海寺

東海寺は万松山東海禅寺ともいう。寛永十五年（一六三八）三代将軍家光が沢庵和尚に五万余坪の地を与え開創させた寺で、品川北馬場（今の品川区北品川三丁目）にあり、子院が十七坊あった。

仏殿には釈尊の像を安置し、祈禱堂の世尊寺殿の二重屋根の額は天倫（大徳寺二一八世で、元禄二年将軍綱吉の命で当寺の住職となった）の筆である。山門の楼上には観音が奉置されてある。寺内には小堀遠州の計画した禅風の庭園があり、「十境」といって額の潮音閣、鐘楼、要津橋、千歳杉、浴鳳池、鈎玄室、豢竜中、万年石、法宝堂、開山沢庵和尚の廟がある。

「門前の緑水は瀑渓として品川の流海口に通ず。屋後は青山崔嵬として祇植の祠松間に聳ゆ。茂林脩竹風帆沙鳥の勝覧、筆の及ぶ所にあらず。殊更方丈の林泉は小堀侯の差図にして庭作の規範とす。すべて満池、青松、丹楓枝葉を交へ、晩秋の奇観錦繡を晒すが如し。常に寂々として実に禅心をすましむる一巨藍たり」

この寺は前に東海道をひかえ海岸にあり、松林の中に本堂及び十七の子坊が散在した。江戸時代に各地の名園を作り、茶道の精神、禅の境地を知ったという小堀遠州（江戸初期の大名で茶人で茶室庭園設計などの特異の才能の持主で今も造ったものが残っている）がこの庭園を造った。

西鶴の『日本永代蔵』にも、

「此の門前に非人数多く臥して、春の浦風あらく浪枕の騒がしく……」

とあり、また人情本『霧籬物語』には茶屋のある景が描かれ、掛茶屋が海に続いている。

明治初年、当時の神仏分離令による廃仏毀釈運動とともにこの寺に品川県の役所が設置された。この時本堂を取壊し造営中、大風のために崩壊し、ついで品川県は廃県となり東京府に合併された。五万余坪の敷地は次第に払下げられ、東海寺は玄性院に移り、春雨寺清光院が残ったのみで他の寺はすべて廃寺となってしまった。

名園はどこへ行ったことか。『四時遊観録』に「院内沢庵和尚碑池水に添て、紅葉殊に佳なり」とあるから、今の国鉄線路上はその池のあたりであった。沢庵和尚の墓は京浜線と山手線が合流する三角丘の墓地内にあり、二間四方の垣をめぐらし無銘の天然石の大沢庵石が昔ながらに残り、地内の賀茂真淵の墓と、共に史蹟に指定されている。

ここを東海寺の西端とすれば、現東海寺までは雑多に建てられた工場を隔てて東に数町あり、さらに表門、黒門を経て東は東海道に接していたのであるから驚くべき広さであった。

現在、寺の旧地には品川区役所、消防署、城南小中学校などがある。この寺には牡丹があったというが古文書にはわずかに『江戸名所図会』に「丹葉枝葉を交へ」と記載されているのみで、寺に聞いても判らない。

　　ぜん寺もすみに置かれぬ紅葉なり

の川柳があるが、海晏寺と同じように紅葉見物にかまけて品川へ遊びに行く人々を描いている。今の東海寺には楓樹もない。遠州が設計の庭も残っていない。

柳ばし　升田屋

隅田川の上流両国橋の西側の袂に神田川が流れこんでいる。この川の最下流の橋が柳橋で、初めは川口出口橋と呼ばれた。この橋は柳原の土手に架けられたので柳橋と呼ばれ、橋の北側の花柳界を柳橋というようになった。

柳橋は明治の時代、東京市内で一流の花柳界だった。天保の改革で本所深川の岡場所が潰滅的打撃を受け、そのおかげで柳橋が急速に発展した。これは神田川べりにあった船宿のためで、柳橋をつぶしてしまうわけにいかなかったからである。

安永、天明の頃（一七七二―八八）に書かれた『江戸砂子』に、この船宿のことが見える。

「船宿浅草御門（浅草橋南詰）と柳橋の間同朋町の河岸に多し」

江戸中でこの神田河岸には船宿が一番多かったのである。

柳橋は近くに江戸一の繁華街の両国を控え、日本橋の問屋街も近く、船宿の舟を利用して本所、深川、向島、今戸の下屋敷や寮へ行く武家や商人、新吉原通いの猪牙船、川遊びの舟など、この川岸はいつも賑やかであった。

交通機関といえば舟か駕籠で、舟は一番便利な乗物だった時代である。吉原に行くには柳橋から山谷堀の間、猪牙船が上下し、川遊びする舟から芸者の嬌声も聞こえ、三味の音が川面に響き、江戸下町の情緒をかもし出していた。

この船宿は文化の頃には江戸に六〇〇軒もあったという。船宿は店の前に家号の入った行燈を出し、床几や腰掛が置いてあり、柵には烟草盆、火縄箱が用意されて、りっぱな神棚の前の帳場にお神さんがガッシリと坐り込んでいたものである。

美しく結い上げた髪、粋な着物。粋な女といえば船宿の女将をいったものだった。普通の船宿には五、六人の船頭がいつもおり、客が「〇〇へ」と立寄れば船宿の女房や娘は愛想よく出迎えて船頭をうながし、「さあおいでなされ」と烟草盆に火縄を横たえ川岸まで案内し、客が舟に乗ると「御機嫌よう」と舳先をチョッと押して、愛嬌を添えた。

升田屋は柳橋の橋手前（両国寄りの方）下柳原同朋町（中央区日本橋両国三番地）にあった。この河岸には、新上総屋、万年青屋などの船宿が十四、五軒あった。安永、天明の頃には吉原通いの客に船宿の名の入った編笠を貸したことがある。この頃吉原に素見に行く店はみな編笠をかぶって、廓内に入った。五十間に編笠茶屋があり、廓に入る遊客にいろいろ便宜を計ったものである。

この頃から船宿は、舟で客を運ぶばかりでなく、舟を待つ間簡単な酒肴を用意したり、吉原通いの客の着替を預ったり、手紙の取次ぎをしたりするようになった。待合（当時は待合せるために出来たもの）も兼ね、男女の密会の宿もしたので、一時は密会の場所といえば船宿ときまっていた。これも客扱いになれた船宿のお神さんのはからいでそうなって行ったものである。

維新前の升田屋は、待合も兼ねて六畳、四畳半、三畳の二階に二人の女中を置いて船宿の他に料理屋も営んでいた。

柳橋には江戸の末期、十四、五人の酌婦がいた（この頃芸者と呼ばれていた者は、新吉原と櫓下［猿若町］の者のみで、他の土地の者は芸者と呼ばれず、すべて酌婦だった。笄のかわりに白魚を差し、据模様や替り裏、白襟は使用出来なかった。三味線は二ッ折にして自分で持ち歩いた。若い者の髪は高髪の島田、年配者は〝潰し島田〟に限られていた。足袋は履かず厳寒でも素足で、旦那は一人情夫は一人と定められて、密会の場所は大体船宿と定められていた）。

明治の時代には約一〇〇人の酌婦がおり、料理屋は川長、万八、柏屋、亀清、梅川、中村屋、河内などが出来て、そのうち川長、柏屋は名高く、万八、河内、中村屋は貸席として知られていた。

明治七年の『東京開化繁昌記』に「升田屋」について記してある。

「柳橋通りにて、以前升田屋は元柳町十六番地にあり、其の升田屋の旧宅にて、今は天ぷら茶漬を開舗す」

升田屋は又この土地の顔役として、何かもめごとのある時には必ず顔を出している。戊辰の戦いの時、彰義隊の敗残兵を追って来た官軍が柳橋を砲撃しようとした。土地の頭が機転をきかし、若い衆の手で壊させたので、柳橋の花柳界は戦火を避け得た。この頭にお礼にと寄席を作り贈ったことがあるが、その時の世話も升田屋がしている。この家に何の縁故があってか、年老いた堀の芸者小万がやっかいになっていた。柳橋と堀とは吉原通いの船の発着場でその縁は深かったが、堀の芸者は客を送って柳橋まで来て、興を添えたものであろう。堀の小万に横浜の富貴楼の女将が生活費をおくっていたと云う。

品川のおまる

品川のおまるは、維新から大正にかけて品川宿の芸者の筆頭「桔梗屋のおまる」のことである。

おまる十五歳の時、両親の反対を振り切って芸者になったというから、よほどしっかりした女か、お転婆な子だったのだろう。別に生活に困って芸者に売られたわけではないから、前借りをしなくてもよかったが、前借をしなければ芸者にしてくれないというので十年の年季に決めて、わずか四両の前借をして慶応二年に品川芸者になった。おもしろい生い立ちである。

品川は東海道の最初の宿場で、本宿と新宿の二つに分れていた。江戸末期、この品川宿には千住、板橋、新宿と同じように宿場女郎がおり、貸座敷は九六軒あった。

この時代、東海道は海岸通りにあり、街道に添って宿場が建ち並んでいた。これらの貸座敷は往来から見ると二階建でも海の側からは三階から五階建てになっており、「品川心中」の芝居のように貸座敷はすぐ海に続いていた。船で遊びに来た客は桟橋から上る人もあったという。

当時の貸座敷は島崎、土蔵相模、坂本楼、港屋太田楼、岩瀬などの大店があった。また引手茶屋は江ノ島屋、遠州屋など数十軒もあり、お祭のときなどは各貸座敷ごとに娼妓の名前を書いた提灯を店先に下げ、たいへんな賑わいをみせた。どの店も間口は広く、いつも駕籠が五丁も十丁も着いており、入り口は板の間で奥に帳場があり、そこに太い大黒柱があった。娼妓は長襦袢に裲襠を着て、鼈甲の簪を差して〝顔見世〟と称して店を張っていた。品川の貸座敷は他の場所と違い、往来からは見られず、店にあがって娼妓を見立てた。どの店も広かったので、初めての客は帰り道が分らなくなってしまうほどだった。

品川芸者も吉原の芸者に劣らず各自の芸を競った。きびしい稽古と躾は維新時代の品川芸者の名を高めた。

おまるは芸者になって一、二年目で維新を迎えた。品川宿は三田の薩摩屋敷にも高輪の長州屋敷にも近く、客はこれらの藩士が多かった。引手茶屋山本は長州、稲葉屋が薩州ときまっていた。おまるは好きで芸者になったので、サッパリとした男勝りのキップのいい芸者となり、芸も達者で機転もきき、明治新政府の薩長系の役人たちに贔屓にしてもらった。三三歳の時、客席から帰り途階段から落ち、その怪我がもとで芸妓をやめ、お茶屋の株を買い引手茶屋を始めた。その後芸者屋桔梗屋を始め、品川の芸妓のボス的存在として有名になった。

新政府になって、長州人でなければ人にあらずといった風潮の時代。不満の薩州、土州の人々も同じ品川で遊ぶのであるから年中抜刀事件や女の問題でごたごたは絶えなかった。その度に任侠のおまるが引出され、仲裁をテキパキとやってのけた。

こんなことから彼女は長州、薩摩屋敷にも出入りし、西郷や木戸に可愛いがられた。当時のことを七六歳になったおまるが、大正の末になって河野桐谷氏に語っている。

「私の若い頃の品川は今の品川と違って、芸妓もたくさんおりました。貸座敷もお茶屋も多く、お茶屋で芸妓二、三人と、幇間がお酒のお相手をしてひと騒ぎしたあと、芸妓がお供して貸座敷に参り、またそこで酒宴をはり、その後は貸座敷にお任せして帰ったものです。この地は長州の屋敷が近かったので、それらのお客様がよく参られ、木戸さんや山県さんもおいでになりました。長州の方は粋な人が多く、薩摩の人は野暮な人が多かったようです。このように政府の要路のお客がきましたので、品川の芸妓も娼妓も吉原を意識して〝吉原には負けまい〟と教える方も教わる方も真剣だったものです。

当時は師匠の所へ習いに行くのではなく、皆呼んで習ったもので、一流の師匠に足代をつけ、ご馳走しておいで頂いたものです。芸妓の意気込みも今とは違っており、一流の人が多かったものです。団十郎がまだ権十郎といっていた頃、釣りが好きでよく品川に来たもので す。潮時を計るために志摩屋というお茶屋でひと騒ぎしたもので、目と鼻と口だけ出した紫の頭巾をかぶっていました。この人が誰であるか始めは分りませんでしたが、権十郎だと分って大騒ぎしたことがあります。

この頃の芝居見物は四、五人が一緒になり品川から夜中に船で出かけました。大川をこぎ上り、暁方になって猿若町に着き、芝居茶屋の案内で芝居見物をしたものです。この頃は朝から始ったもので猿若町の三座を見るには三日間かかったもので、それを見なければ帰らなかったものです」

堀の小万

大川（隅田川）に架かる言問橋の上流、通称待乳山の聖天様の岡の北を隅田川に流れ込む小さな堀がある。これを山谷堀という。その源流を石神井に発し、王子を抜け鶯の啼く根岸の里を流れて、大川に流れ込んだ川である。明治の頃は流れも清く、大川でもこのあたりは白魚が捕れた。堀の小万の名は、下町に住む私はいつか聞いたことがあった。私のイメージでは侠気のある、深川、浅草の気風を持った芸者を想像していたが、調べてみると、やはりその通りであった。

堀の小万は初代から四代まであった。堀には柳橋、日本橋から吉原通いの猪牙船が通っていた。この山谷堀に〝堀の芸者〟として嬌名を残した堀の小万は、天明年間（一七八一―一八八）から明治の中期まで名妓として代々数々の話題を残している。彼女たちはそれぞれ趣の違った芸風と美貌、下町特有の意気地をみせて、当時全盛の吉原、櫓下（猿若町）、柳橋の芸妓の虎視たんたんたる中で、位の低い〝堀の芸者〟ながら一歩もひけをとらなかった。このうち最も有名だったのが初代の小万である。

江戸時代も終り近く、吉原田圃にぼつぼつと家が建てられた安永の頃（一七七二―八〇）浅草野猿寺の前の貧乏長屋「いろは長屋」に喜兵衛という夜鷹蕎麦売りが住んでいた。しがない商売の喜兵衛は他人のことで損をし、四五両という大金が必要となり、十一になる娘お松を山谷堀の船宿武蔵屋に芸者の下地子として売った。武蔵屋のおかみは女の子がなかったものか、お松に一流の師匠をつけ芸を仕込んだ。

この子が後の「堀の小万」である。五、六年の芸事の修業の後、十六歳で座敷に出たが、天性の美貌と下町風の侠気でたちまち売り出した。小万は堀の芸者が船芸者と吉原の芸者より下に見られていたのが口惜しく、芸者は芸と意気地で勝負するのだと芸にますます磨きをかけたので、吉原に通う粋人の間にも噂にのぼるようになった。

小万の評判を聞いた粋人の一人に大田蜀山人がある。彼はある時、江戸一流の料亭山谷の八百善に小万を呼んだ。興のすすむまま小万の三味線を引き寄せてその胴の裏に、

詩は詩仏　書は米庵　狂歌乃公　芸妓小万　料理八百善

と書いた。当時蜀山人は江戸で有名な狂歌師で、通人としても名声を博していた。八百善としても遊びに来てもらうだけで光栄なのに「料理八百善」とまで認められては主人の感慨もきわまるばかりだった。その後小万は蜀山人、八百善の贔屓でますます有名となり、粋人、通人は小万を座敷に呼ぶようになった。

ある時、向島の座敷から帰る途中の小万が、生酔の武士が町人をつかまえて難題を吹っかけているのをみて仲裁に入り、二人を武蔵屋に連れて来て一席設けて仲直りをさせた。この武士は、この失敗談を主人の松平出羽守に話をした。粋人だった出羽守は小万の侠気に感心し、早速小万を屋敷に呼んだ。出羽守には団十郎、半四郎、菊之丞、鶴屋南北、蜀山人、相撲の雷電、源氏山などの取巻き連がおり、これらの人々との交際が深まるにつれ「堀の小万」の侠名は江戸の内外にまで広がった。

初代の小万は三五の時、何を感じてか二代小万を披露した後「諸国巡礼に出る」といい残して西国に旅立った。その後どうしたものか消息が知れず行方不明になってしまった。これについては噂がいろいろある。大坂で好きな男と世帯を持っているとか、箱根山中で殺されたとか、見て来たような話をする人も現れ、噂は噂を生んで堀付近に話題はしばらくつきなかった。

二代、三代小万の話はさておいて、明治時代の四代小万は初代とは違った嬌名の高い芸妓だった。四代小万は文政三年（一八二〇）または四年の生まれで、初めは小万又はおしゃまという名の柳橋の芸妓だったが、途中から堀に移籍し四代小万となった。顔は十人並の器量で、めっぽう美しいという程ではなかった。小作りの色白で、髪は人並みすぐれて美しく、洗い髪につぶし島田を結いぴん櫛の目がいつも美しく、おくれ毛一本もないことを自慢にしていた。三味なしで踊り客を感心させたほどだから、踊りは一家をなしていた。

お座敷では着物の裾を両足に挟んで逆立ちする芸を披露した。これが〝下ばき〟なしだったので客はハラハラして見ており、お色気たっぷりの仕草がたいへんな人気となった。さしずめストリップショーのはしりとでもいうべきか。

四代の小万については、今戸の料亭有明楼の女将お菊さんが知っていた。

「私の店は維新前から今戸で川魚料理の店を開いていました。小万さんは初代から店に出入しておりましたのでよく知っております。座敷のとり持ちのうまい人で、茶屋や船宿から酒癖の悪いお客がきてもまるで小児を取扱うように旨くとりなして、接待したものです。そういうお客はその後はきまって小万を贔屓にしたものでして、男好きのする人でした。座敷に出ても三味線で踊ったことがなく『三味線がなければ踊れないのは、芸者に芸がないからだ』といっておりました。

その頃のお客は唄や踊りを習った方が多く、それを披露したくて遊びに来るので、芸者も今のように遊んでいることは出来ませんでした。大老がなくなりますと十日間、御老中で七日間、若年寄が三日間というように、岡場所は鳴物を一切止められてしまいます。こんな時小万は内緒で遊ぶ客の相手に囲碁、絵など一通りの芸は持っておりました。三味線などの鳴物なしで口三味線で踊ったもので、それがまた粋なお客にうけていました。その頃の芸者は礼儀も非常にやかましく、お客の刀を持つ時も直接には持たず、袖で鞘を包むようにして両手で持ったものです。

小柄な可愛いい感じの人で、さっぱりした気性の人でした。旦那があるのに八代目団十郎と浮名を流して旦那をしくじったり、いつまでも男狂いが止まず、その方の問題の多い人でした。

明治の中頃になると人力車や馬車が発達し、柳橋や日本橋から舟で吉原へ通う客も少なくなりました。そのために山谷堀の船宿も閑になり、他の土地に住替えをする芸妓が増えまして、明治二五年頃までにはすっかり吉原の廓内に移り、堀には一人の芸妓もいなくなりました。

小万さんもその頃は年を取り、浅草門跡（東本願寺）の横で借家住いで小唄の師匠をしていました。その後柳橋の船宿で料理屋の升田屋にやっかいになっていましたが、どういうわけか、横浜の富貴楼のおかみさんが毎月五円ずつ仕送りをしておりました。明治三二年八〇歳で死んでおります」

「堀」といっても、今の若い者に知る人は少ない。だが年配の者には「堀」といえば吉原を連想する人もいるだろう。今山谷堀の水はどす黒くにごり、白魚の獲れた大川が昔の姿にもどるのはいつのことか。

曲ごま　松井源水

浅草田原町三丁目に源水横丁という露地がある。この横丁に享保年間（一七一六―三五）から江戸末期まで香具師の松井源水が住んでいた。

源水の祖先は、富山で反魂丹を創製した古い家系で、四代のとき江戸に居を構え、独楽を回して人を集めては薬を売った。のちには浅草寺奥山で独楽を回して歯磨粉を売ったので、奥山の名物となった。江戸から明治にかけて松井源水といえば独楽回しとして、商売の薬や歯磨粉より有名になった。

延享年間（一七四四―四七）に九代将軍家重が浅草寺参詣の折り、松井源水は家伝の芸を上覧したので「御用」の符を授かり、以後浅草田原町の源水横丁に門戸を張った。

参詣人で賑わう浅草寺境内に四、五人の弟子を引き連れた源水は後の台の上に大小色々の独楽をならべ、両端に「松井源水」と書いた高張提灯を立て、長い紐をたすきにして口上を述べた。

それから大きな独楽を取り出して麻縄をかけ、ヤッとばかり気合いをかけていまにも独楽の曲芸を見せるかと思えば、このとき弟子達は歯磨粉を集った群衆に売り歩く。大体売れたところでまたまた口上に移り、独楽に縄を掛けなおし、遠巻きに巻いた人垣の輪を拡げ、観客をじらし、足元を調べ、ヤッと縄を引く。独楽は宙を飛んで源水の掌に静止する。あるいはまた刀の刃先から根元へ、扇にとまり、綱渡りから横になり噴水の如く中天に舞い上り、観音様の瓦の上に静止した。『百戯述略』にもこんな記述がある。

「源水は大道において齲歯（むしは）を抜くを本業とし、ハミガキ又は熊の脂肪で練りたる切傷の膏薬を売る為に、人を集め余興に居合抜きをなし、独楽など廻し……」

十三代源水は慶応二年（一八六六）にアメリカ人の興行師ペンコツにみとめられ、家族の一統を連れ曲独楽をもって二年間欧米を巡演した。明治二年に帰国すると『源水洋行日記』を刊行し、当時の文化人を驚かした。十六代は独楽を回さず、居合抜きを以て歯磨粉を売っていたという。十七代の時は西洋ハミガキが出回り、独楽の曲芸で寄席に出演するようになった。

居合抜　長井兵助

長井兵助の先祖は茨城の筑波山の麓の新治村で生まれた。江戸でひと旗あげようと、筑波山にこもり大岩の上で考えたのが今に残る「蟇の油売りの口上」であるとか。まるで講談の種みたいなことが実（まこと）しやかに伝えられている。長井兵助の祖先は蟇の油の「口上」を考えてから「陣中膏蟇の油」を作ったものか、それとも居合抜きを見せて「蟇の油」や歯磨を売りながら「口上」を考えたものか、どれが先か判らない。

天保年間（一八三〇―四三）、長井兵助十代は松井源水の門に学んだという。香具師の先輩で同業の歯磨粉売り松井源水に一目おいていたためか。『天保名物詩』の「狂詩篇」に曰く。

看板の大刀　正面に飾り
兵助の居合　三方に上る
人々待ち得て　今まさに抜かんとす
歯入歯磨き　口上は長し

正面の刀架けには六尺の長刀と普通の刀。大きな五ッ紋を染め抜いた黒木綿の袷を着ながし、長刀を弟子に手伝わせて腰に差す。朴歯の高下駄を履いて居合抜きを見せ、その間に「陣中膏蟇の油」の口上を述べ「蟇の油」と歯磨粉を売る。浅草観音堂の広場や蔵前あたりで、見物人の人垣を見回しながら「さてお立合い。ご用とお急ぎでない方は……」と口上を述べ「これに取り出しましたる陣中膏は蟇の油……」とよどみなくつづく。客の足を止めるために腰の刀を二度三度鯉口を切り、いまにも抜くかと思わせたっぷり。客は、六尺もある刀が抜けるわけがない、手元に何か仕掛けでもあるのかと眺め入り立去りかねるという寸法である。

この風景を夏目漱石は、

春風や長井兵助の人だかり
抜くは長井兵助の大刀春の風

と詠じており、また川柳にもこんなのがある。

人寄せに二腰ほどは駄目に抜き
大太刀を抜きそうにしてよしにする
三方へ片足あげて売りつける
太刀風で家伝歯磨売りちらし

半紙を取り出し、脇差しの刃にかけて二枚に切り、さらに重ねて四枚……「四枚が八枚、八枚が十と六枚」の口上おもしろく、切った紙をパッと中空に散らすも芸のうち。魅せられて薬を求める客があると「しばらく、しばらく」とじらしながら、大きな貝殻に入った膏薬を売ったものである。そうかと思うと、見物人の中から歯が痛いという男を引っぱり出して歯の治療をしてみせる。この男はもちろんサクラであった。

もうよいだろうと頃合いを計って居合抜きを見せる。それを見なければ散らない見物人をやぉら見回し、ゆっくりと三方に足を掛け、いざ抜くかと思せてヒョッと口上を述べては気を抜き、また抜かないのかと思った瞬間「ウッ」と気合いをかけるが早いか、鞘から奔出した秋水がキラッと中空に光る。みごと六尺の刀が空中に円を描けば、驚きに似たどよめきが見物人の間に湧き上る。その頃に流行した小唄「浅草詣」の一節。

「浅草詣り、蔵前通ればお菰がせがむ。付随な〳〵。エ、付随な。お呉んなさい。有るの無いのとお仰るような御人体ぢゃない。長井兵助居合抜き、成田八幡、駒形や、其処な雷門に飛んだり跳ねたり踊ったり。玩具仲店十二軒。ござれ参りませう。御本尊に参詣して跡は奥山見物花屋敷」

長井兵助は大正時代まで蔵前二丁目（今の中央区蔵前二丁目七番地）に住んでいた。代々歯科医だったという。歯を磨くにも房楊子（黒文字などを材料とした楊子の一種。先を叩いてやわらかく房状にし、歯ブラシのかわりに使用した）のような物しかなかった時代だから虫歯の人が多かったろう。治療の方法も悪い歯は抜く程度のことしか出来なかったものか。時には大通りに店を借りて、居合抜きを見せて歯磨を売り、サクラを使って歯の治療をしてみせたらしい。明治十七年の広告がちょっとおもしろい。

「当家は浅草蔵前に居住して、営業すること百五十年に及んでいる。近頃当家の名前で、東京市内、横浜其ノ他の諸国へも赴いて紛らはしい商いをするものあり。中には不都合を働く者もあるそうです。これは当家から差出した者でないから御用心下さい。御口中薬その外、歯に就いて御用の節はどうか当家へ御来駕を願ます」

この頃になると長井兵助のニセ者も出たらしい。香具師道に欠けた者というべきである。

私もこの居合抜きを諏方神社のお祭りで見たことがある。その時は四尺五寸位の刀であったが、子供心にもまさか抜けまいと息をこらして見ていた。口上の最中、抜くふりをしてなかなか抜かず、じらされたものである。その頃は紋付の着物は着ていなかった。刀で腕をちょっと切ってから油を塗り、血を止めてみせ、「蟇の油」を売るという仕組みであった。

ここに居合抜きの口上を述べておこう。

「そもそも武芸十八般の中、短剣仕合の一流は、誰にも自在に出来る芸道、拙者一流居合の儀は、外に真似てと貫手のなき中心は、則ち六尺五寸、腰の工合と腰の冴え、首尾よく抜けばお慰み、もし仕損じなば幾度でも仕直して御覧に入れる。（大太刀を扇子で叩いて、スグ抜きそうでなかなか抜かない）

まだ拙者の本業は売薬、天下一品、海内無類、世の山師どもが御愛想などと申す物とは品が違う。昔武田大膳太夫晴信入道、上杉信玄機山大居士、川仲島の合戦の前、山本勘助道鬼斎が所法にて、金瘡を癒されたる軍中膏の本家本元、口上ばかりは当てにはならぬ、拙者が腕を切った上、即刻直す希代の名薬、また乳香散と申すは、歯を抜いて痛みを直す日下開山の霊薬なり、云々」

厚切さしみ　駒止ばし　小大橋

江戸の末期に、両国橋を東に本所側に渡り、すぐ大川添いに北に曲って上流へ約半丁ばかり行くと藤堂和泉守の下屋敷があった。この屋敷の手前の堀江に架けられた小さな古橋が駒止橋である。この堀江は本所七不思議の一つ〝片葉の芦〟が生い茂っていた所で片葉堀とも呼ばれていた。

両国橋が架けられたのは明暦三年（一六五七）の明暦の大火（振袖火事）の後である。大川に橋がなかったために十万人が火事で死んだといわれる。初めこの橋を大橋と呼んでいたが、武蔵と下総（当時本所、深川は下総に属していた）の両国に跨る重要な橋なので、後に両国橋と呼ばれるようになった。

この両国橋の西側に、厚切り刺身で評判だった小料理店大橋(だいきょう)があった。店の名は両国橋の旧名大橋になぞらえてつけたものである。小大橋(こだいきょう)は大橋の支店で本店と区別するために小の字をつけた。

幕府は大川にこの橋を造ったものの、その架替えや修理の費用捻出のため、東西の橋の袂の広小路に出店を許した。やがてこの広小路は江戸一の繁華街となり、相撲が回向院境内で催され、芝居小屋、岡場所、料亭なども出来て賑やかな町となった。

小大橋が出来たのはいつの頃か判らない。両国橋が架替えられたのは明治三七年である。それまで相撲小屋の入口は西向きで、その前には「しゃも料理の坊主」があり、一ッ目通りの向うは広小路の歓楽街であった。新両国橋はちょうど「小大橋」の横に架り広い道が出来て角地となった。以下の話は小大橋三代の娘藤城すまさんに聞いたものである。

「明治は二代の金次郎の時でした。二代は静岡の掛川の出身で、身体の大きな、相撲が大好きで掛川ではこの人にかなう者がなかったといいます。相撲取りになろうと維新の頃両国に出てきて、相撲部屋を何軒も回って弟子入りをお願いしたようです。当時は相撲取りはみな大名の扶持を離れ部屋にごろごろしていた時だし、客もガタ減りしていた時ですから相撲取りになれなかったようです。それでも相撲の好きな二代は両国を離れることが出来ず、何とか相撲取りになろうと、その間『もゝんじや』の豊田屋に勤めました。結局相撲取りにはなれなかったのですが、力はあるし骨身おしまず働いたので豊田屋が目をつけ、娘の婿にと望まれて一緒になりました。

小大橋の初代忠兵衛は腕のいい料理人で、商売が熱心でわずかの間に資産を残しました。吉原の稲元の小稲を女房にしましたが跡継ができず、二代のよく働くのを見て「ぜひに」とお百度参りをして金次郎夫婦を養子にしました。私の姓は八幡川（はたがわ）と申しますが、よほど相撲取りになりたかったものか、明治初年に苗字が許されたとき相撲のシコ名をつけたようで、他にはこんな苗字は聞きません。

とにかくよく働いた人でした。私は明治三八年の生まれで、おじいさんの時代はよく判りませんが、二代や三代の父の小太郎の話では、店は二階建の家で間口は電車通りに五間、横道に添って五間あったといいます。二階にも下にも二〇畳敷位の座敷があり、この部屋に通すお客と土間で腰掛けたままのお客がありました。

座敷には幅約一尺五寸、長さ九尺位の板台が何枚も置いてあり、その前にお客様に坐ってもらい、平の盆に料理をのせてこの板台の上に置いたもので、今の『どぜう屋』の式です。料理は鍋物が多く、どぜう鍋、はま鍋、ねぎ鍋（ねぎとまぐろの種）、どぜう汁、柳川などの外に、十五ミリ位の厚さに切った刺身が評判でした。料理は二代が三人の料理人を指導して作っていました。女中は三人位で、家じゅうで手伝ったものです。

お客は当時、一ツ目、四ツ目、浜町、中之郷にあったヤッチャ場の方々がよく来てくれました。この青物市場は後で一緒になり江東市場となりました。相撲の行司さんや呼出しの方々も常連のお客様でした。

私の店も芝居の台詞にはいっていました。慶応二年二月に森田座が初演の黙阿弥の『船打込橋間白浪』に四代目市川小団次が〝いかけ松〟こと松五郎を演じております。これはいかけ屋の松五郎が『毎日鍋の尻ばかり直しているのではいつまでたってもうだつが上らない』と両国橋の上を通りかかり田舎大尽が舟遊しているのを見て道具を大川に投げ込んで、泥棒になる三幕七場の世話物で、その台詞に、

松五郎『これじゃ今日もあぶれかかな。いつもおれの生業は、春先は閑なもんだが、また今年のようなことは、少ねえもんだ。ア、ー、腹といえばだいぶ北山だ。ドォー、お馴染の小大橋へでも這入ろうか』

百『小大橋へ行って飲むとしようか。仲人にはいった者に割前もかけられめえ』

初演が慶応二年ですから、その頃には芝居に使われるほど評判になっていたようです。関東大震災の時は家が古かったのか、川べりで地盤が軟かったのか家が半分潰れ、余震がこわくて家の中にも入れず全部焼いてしまいました。あの時は幸にも被服廠跡にではなく上野の山に逃げたので助りました。

震災後、焼跡にバラックを建てて営業を始めました。大正十四年に建て直そうと家を取り壊した時、二代の金次郎が八一歳でなくなり、遂に店は再建出来ませんでした。父小太郎は三代で、道楽が過ぎまして当時借金もあり、とても店を再建する力もなく、二代の金次郎の死後はどうにもならなくなり廃業してしまいました。

店の場所は昭和七年に両国橋の架け替えのとき、川巾を広げたのですっかり川の中に入ってしまい、その後しばらく石で組んだ井戸がそのままありましたが近頃は見えません。兄は

清水組に勤めていましたが死にました。今『小大橋』の関係者は私一人になりました」藤城すまさんはご主人の元治さんと埼玉県与野市で、静かに余生を送っている。元治さんはすまさんの兄と同級生で、同級生の中には與兵衛寿司の小泉さん、「どぜう」の渡辺さんなどがいた。元治さんは少年の頃からよく小大橋に行ったものだと話していた。

堀切　菖蒲

向島は祭だ。町の人々は揃いの浴衣を尻まくりして、白足袋姿も勇しい。若い娘が山車に乗り三人で太鼓を叩いている下町らしい景を眺めながら堀切橋を渡る。細い路地の正面に古めかしい石の門があり「東京都堀切菖蒲園」と石碑が立っている。管理事務所の所長の金子市松さんに会い、菖蒲園の由来などを尋ねてみた。

この菖蒲園は室町時代（一三三六—一五七三）に、この土地の地頭であった久保寺胤夫という人が、家来の宮田将監に命じて奥州郡山付近の安積沼から菖蒲の種子を持って来させ、自邸に撒いて培養したのが始りであるという。

しかし一説には、寛文・延宝年間（一六六一—八〇）に堀切村の農民小高伊佐衛門が大の菖蒲好きで、各地の名高い菖蒲を集め自分の家のまわりに植えたのが発祥ともいう。菖蒲園の門前にある由来記には「伊佐衛門は菖蒲の花が好きで、自邸に植えた……」とあるから、この方が正説であるかも知れない。

堀切の菖蒲の絵

大体このあたりは葛飾北斎の錦絵にもあるように、デルタ地帯で田や沼の多い所で、野菜や草花の栽培に適しており、昔から四季の花を作り江戸に売り出す農家が多かった。徳川時代も中期になると文化の昂揚で華美な生活が流行する。この爛熟期のあとに江戸特有の〝粋〟とか〝わび〟とかいわれる洗練された感覚が生まれる。園芸趣味がもてはやされ、江戸内外の地に花屋敷と称するものが生まれ、亀戸、大森の梅屋敷、芝・四ツ目の牡丹など各地に花木の庭園が出来た。それが満開の頃は一般にも公開し、品種を競い、交換会も行なわれ珍奇を競った。

堀切の「菖蒲園」もその一つである。享和年間（一八〇一―〇三）に伊佐衛門は、花菖蒲の祖といわれた松平左金吾（旗本で名は定朝、菖翁と号した）から秘蔵の二百余種の改良菖蒲を譲り受け自宅に植えた。天保の末、二代作佐衛門の頃、園内には数多くの名花が咲き一躍有名となった。

幕末から明治にかけてこの菖蒲園に初夏の花見頃期になると、田の一部に植えた花菖蒲を観賞する人々が馬車や人力車で乗りつけた。そこで伊佐衛門は畦道を広くし、茶屋を作り、茶の他に酒肴も用意した。桜も過ぎ躑躅も終る初夏の頃、雨に濡れる海棠のように楚々として紫、白、紅、まじりと色彩にもうるおいのある菖蒲の花に当時の人々は、〝粋〟な美を見ていた。そして菖蒲は浴衣に染められ、広重、豊国の錦絵に描かれていた。

明治になって一時衰微したが、明治の末に再び隆盛し、ここの他に武蔵園、観花園などの菖蒲園が開園された。これらの花園は入場料を取って見せたが、観花園は大正の初めに人手に渡り、武蔵園は大正十年に廃園した。堀切園も戦争中は閉園していたが、昭和二九年に再び開園。三三年、堀切園の持主だった磯貝氏はこの園を東京都に譲って現在に至っている。磯貝氏は花の咲く時期になると、園内で花菖蒲を売ったりしている。

「昔はこの辺は田や畑の中にあり、大正年間に荒川放水路が出来て洪水はなくなりましたが、それまでは秋になると、必ずといってよい位洪水があったものです。どの農家でも小舟を用意しておき、洪水の時は舟で逃げたものです。そんな所でしたから菖蒲もよく育ったのです。私の小さい時は回りは田と畑で、小さな川には藻も浮いており、水馬（みずすまし）が水の上をすいすいと泳いでいました。

夏の初めに花菖蒲が奇麗に咲き揃い、人力車や足で歩いて来る人で賑わい、茶屋で酒を飲む人もあれば句会など開いている風流人もおりました。花の間が通れるように八ツ橋も作りました。たしか川魚料理も作っておすすめしたと思います」

あやせ　合歓木の花

あやせの合歓木（ねむのき）は綾瀬川べりにあり、毎年美しい花を咲かせた。

昔日の綾瀬川畔の情景（小菅御殿前）

『江戸名所図会』にもこの合歓の花がとり上げられており「花又村（花俣または花畑村）の川筋、小菅御殿地の跡の辺、いにしへに多かりしか、今は彼方此方にあり」と書いてあり、次の賛がみえる。

ほの見えしうすくれないの一むらは
あやせの岸のねむの花かも

寛永の初年（一六二四）三代将軍家光の時、伊奈郡代（徳川領地の関東の郷村の司法、行政、税収を管理した）伊奈半十郎忠治は幕府からこの小菅の地に十万八千余坪の地を下屋敷として賜った。これは今の小菅刑務所の所から綾瀬川畔まであった。

この伊奈の信任は厚く、代々の将軍は放鷹や下総小金原の鹿狩りの際に御膳所、小休所として利用した。元文元年（一七三六）二月、八代将軍吉宗の命によりこの屋敷内に新しく御殿を造営し、葛西放鷹の際の止宿所となり、また九代将軍家重の保養所にもなった。寛保元年（一七四一）一月十九日、この御殿は焼失した。その後再建され、一般には「小菅御殿」あるいは「小菅の御離館」と呼ばれていた。将軍は普通陸路を通らず、小菅丸と称する豪華な船で大川から綾瀬川を上り、水戸橋（水戸街道に架かった橋）の上流の水門から御殿に入った。

寛政四年（一七九二）三月、伊奈左近将監忠尊の時、家中不行届を理由に伊奈家は断絶、領地及び小菅下屋敷を含む各屋敷が没収された。同六年三月にはこの御殿も取り毀してしまった。その屋敷跡の綾瀬川畦に御殿の合歓の木が残っており、明治時代まで市民の目を楽しませたが、今はその痕跡もない。

河東　山彦秀次郎

三味線声曲の中で、河東（かとう）、一中、荻江、宮薗節の四つを古曲と一般に称している。浄瑠璃と称されるものは江戸で発生した河東節および上方の一中節、義太夫節である。

河東節が始めて江戸太夫河東（十寸見（ますみ）河東）と名乗り、江戸浅草猿若町の市村座に出て「松の内」を語ったのは、享保二年（一七一七）である。その当時は河東節とはいわず、半太夫節と呼ばれており、この半太夫節を語ったのは初代江戸半太夫で、初めは説教（経）節の太夫であった。のちに江戸肥前掾の語った肥後節と、虎屋求閑の求閑節などを取り入れて貞享、元禄（一六八四―一七〇三）の頃に半太夫節を完成したといわれる。

半太夫節は芝居向きでもあったが、室内で静かに語る節であった。

半太夫の弟子の河東は半太夫節を語る河東として、江戸太夫河東と名乗った。河東は本名を伊藤藤十郎といい、江戸日本橋品川町の魚問屋天満屋藤左衛門の倅で、芸事が好きで半太夫の弟子となった。河東の名は「大川の東に住んでいるから」とか「魚河岸の東に住んでいたから」とか、母の里方が河辺といったので、自分の名の藤を東に変え、母方の姓と合わせて河東と名乗ったともいわれる。

河東は半太夫の弟子となってから半太夫節を柔らげ、手品流と式部流を交じえて享保二年独立し、新たに河東節と名乗り一派を起こした。同十年（一七二五）に河東は四二歳で没したが、夕丈、河丈らの錚々たる門人がおり「秀万才」「浮き瀬」「江の島」などを作り、河東追善浄瑠璃として有名な「水調子」などを発表している。

初代河東没後、そのワキを語っていた河丈と夕丈は分裂し、河丈は二代目河東となり、夕丈は師の幼名を継ぎ二代目藤十郎と名乗った。この時河東には十寸見東石が、藤十郎には三絃山彦源四郎が協力し、共に河東節の発展に努力した。

河東節の発展に尽力し、作曲に協力した人々はほかにもいるが、なかでも十寸見蘭州は、同じ半太夫の弟子で吉原の遊廓蔓島屋の主人であったが、享保四年『仁本島』を刊行した。これは河東節歌詞集として、長く河東節の教本となっている。『草野茗談』に、

「河東節の作は乾什といえる俳諧師の作多く、いずれも絶唱なり。〝松の内〟は古今の出来物なり。故に一漁が作なり。其の頃吉原などに入込みて放蕩の名を取りたる者に、良き学者多かりしとみへて、書き捨てたるものも今の人など真似もならぬ気味あり」

とあるが、この乾什という人が蘭州の雅名であるかどうかは判らない。が、河東節創成期においてその作曲、作詞者が多かったことを示している。また代々河東節家元が山彦を名乗ったのは、初代河東が丹後掾和泉太夫の三絃方をつとめていた泉権左衛門から「山彦」の銘のある三世石村

源左衛門（通称古近江）作の名絃を得て、その名を山彦と改めたのである。そして河東節特有の三味線のスクイ撥とハジキの技術を巧みに使い、この流の発達の基本を作った。

四代河東までの間に河東の名曲といわれる「神楽獅子」「酒中花」「傾城水調子」「衣編笠」「恋桜反魂香」などを発表している。この四代河東の時、山彦源四郎が四代の三味線をひくようになったので、河東節両派の間に和解の話が持ち上り、延享二年（一七四五）に盛大に合併した。

しかし、河東節は高級音曲として旦那衆や一部の人々の趣味に偏向した結果、伝統に固執して曲風がマンネリに陥入り、時流にあわなくなり、歌舞伎音楽としても後進の豊後節にその地位をうばわれた。五代河東以後は「助六」の狂言に出演し、僅に昔日の栄華をしのぶのみとなっていた。「助六」は市川家のお家芸で、上演には当時から魚河岸と吉原の後援で幕をあけたものである。明治になっても同様であった。芝居の幕を開けるためには金主がついて初めて開幕出来たもので、この「助六」を出すにも魚市場と吉原の後援が必要だった。これは歌舞伎界の伝統となっており、河東節は魚河岸から出来、「助六」の舞台が吉原だというので、この習慣が生まれたのである。この時は他の流派の師匠は給料を貰って出演するが、河東節のみはむしろ高額の祝儀をはずみ、舞台をつとめた。

河東十一代の山彦秀次郎

河東節十一代山彦秀次郎は明治期に河東節の再興に努力した人である。正保十二年九代河東の子として生まれ、幼名を九十郎といった。文久元年（一八六一）一二の時、山彦秀示の名で河東節を語っている。明治四年（一八七一）三月、秀示三一歳の時、九代河東節家元十寸見可慶が死亡したので五月に四代目山彦秀次郎を襲名している。

ちょうどこの時期は明治維新の変動期。世情騒然として弟子も少なくなり、さすがの秀次郎も生活には窮した。書画、骨董品を持ち歩き生活の糧とした時もあった。河東節をあきらめた訳でもなかったろうが、河東節の十代目を継ぐ責任のある身で、烏森のお茶屋の主人と共にアメリカに渡ってしまった。まだ若い秀次郎は元来奇行の多かった人だけに、河東節の家元や芸界の重圧に耐えられず、また新しい国も見たかったのであろう。

明治八年、東京府が諸芸人の調査をした時、河東節の家元代理として山彦栄子（えいし）が届出をしているから、その頃はまだ帰国していなかったようである。山彦栄子は本名を大深ていといい、秀次郎と同じく九代目十寸見可慶の門下で、柳橋の藤岡という船宿の娘である。秀次郎の渡米後、河東節の代表者におされている。

秀次郎は帰国後もアメリカ滞在中の話はしたがらなかったところから、あまりよい生活はしていなかったらしい。しかしアメリカで知り合った平岡熙（ひろし）が秀次郎の強力な後援者になってくれた。

一方、河東節を守った山彦栄子との間はうまくゆかず、栄子は新富町派を作り芝居にも活躍し、河東節の巨匠として一派をなした。秀次郎は平岡の後援のもとに十寸見蘭州、十寸見東甫、十寸見東和などと真澄会（十寸見会）を作り、新機軸の開発にも努力した。

川上音二郎が明治座で「オセロ」を出した時、蓄音器からの曲を河東節にするため「もつれ柳」を作曲した。四分間という短い時間なので充分に河東節の真価を発揮することは出来なかったが、ピアノによく合い喝采をうけた。

このように翻訳物の芝居に河東節をアレンジするなど、河東節の新しい道を開くことに努力した。団十郎や五代目が古い伝統にうずもれた舞台に翻訳物を上演するという情勢に呼応して、秀次郎もアメリカ生活をしていただけに、新天地の開拓にと河東節をレコードしたものである。

古い伝統の河東節の世界に生きている人達の目には、この秀次郎の発想は奇狂にみえた。取巻きの人々はとまどったが、秀次郎は新しいものをどしどしと取り入れた。しかし芸は正統派で、弟子への教え方もきびしく、すぐれた門下生が輩出し河東節の再興に寄与した。弟子に浄瑠璃の山彦山子、治子、米子、寿々子、三味線の山彦まる子、秀子、八重子などが特にすぐれていた。

明治二九年秀翁となり、大正八年四月十一日七九歳で没している。法名は高吟東時居士で、墓は羽田海岸寺にある。この寺には河東節初代から秀翁十一代までの墓がある。大正十年四月、秀翁三回忌に同門関係の人々が碑を立てた。

「山彦秀翁　富士と筑波の山あいに生れ出でたる江戸一流の河東節は、連綿として十一代山彦秀翁に至りぬ。翁は本姓伊東氏秀次の名を襲ぎ、晩に秀翁と改む。妙技神に入りて絶えて所謂芸人肌なるものなく、気随気儘の畸人にして、殆んど廃絶せんとする此流を伝えて門下に秀才少なからず。大正八年四月十一日、江戸桜咲き匂ひて浅草寺の鐘霞む頃、古稀を迎えつつ九ッの高齢を以て身まかり、永命寺花の下露に臥しぬ。今茲其三回忌を営なむに当り、碑を建て、此流の名残を留めんとするものは十寸見会の人々及翁に由縁ある誰彼。大正十年四月」

この碑は向島三囲神社の境内にあり、碑の裏には当時の関係者の名がつらねられている。

昭和二四年、市川海老蔵が「助六」を演じた時、河東節の一門の師匠が語った。この時古曲興隆の気運が起き、従来のゆきがかりを捨て家元は作らず、河東節の家元は十寸見会が預り、現在も理事制で運営している。昭和四二年、河東節の名取男二一名、女六六人で、十一代団十郎襲名興行の時の「助六」には東京、大阪、京都、名古屋等から大勢の師匠が集まり盛大に出演した。

山彦秀次郎の孫である伊東礼次郎さんはこう語っている。

「私は勤め人で、いまは河東とは関係ありません。河東の家元は私の父山彦小文治の十二代までです。父は四九で昭和十一年に亡くなり、その後は十寸見会を作って家元は設けず、この会が管理しております。家元争いはこの河東では起きません。

祖父の秀次郎のことは知りませんが、父の話では、芸の上ではとてもやかましい人で、少しのあやまりも許しませんでした。しかし平素は芸人らしくなく磊落な性質で、奇行の多かった人で、江戸ッ子らしいさっぱりした人でした。そのあけっぱなしの行動がかえって後援の方々に好感を与えていたようです。

弟子の所へ出稽古に行った時など、鳥打帽子も取らず、尻っぱしょりの姿で稽古が始るので『お帽子を』というと『どうせ帰るときかぶらねばならないから……』とそのままで稽古をつけたことや、街を歩いていて生きのいい魚を店頭でみかけると早速買い求め、それを袂の中に入れて帰ってくるといった始末でした。外出の時ですから、一流の芸人として祖母が見立てた着物も魚で汚れ、祖母がこぼしていたそうです。

関西方面にも出稽古に行きました。弟子も多く『助六』などに出演していました。河東節を習うのは旦那衆か芸妓が殆んどです。それぞれ十寸見を名乗っており、三味線は文次、婦人方は山彦の名を許しております。そんなわけで歌舞伎の『助六』では名取になった旦那衆が河東を語り、山彦連が三絃をひきます。『助六』の時は旦那衆は大変で、祝儀をはずんで河東節を語らせてもらうわけです。河東は給金をもらって出演するのでなく、旦那方の道楽の古曲です。

祖父は芸人につき物の女道楽もあったらしく、父はそれを嫌い十代で家を出てしまいました。それが二一の時、列車の中で弟子の方に見つかり、家につれ戻されてから祖父に習い、十二代を継ぎました。父は河東節の各代の墓があちこちの寺にあるのを品川の海岸寺にまとめて、盛大な供養を致しました。父は酒が好きで、毎日一升酒でした。いまは『助六』の上演のときはその役の者が品川の海岸寺に参詣する習慣になっております」

「芸の道は一代ですね」という伊東さんだが、伊東家は九、十、十一、十二代と四代継いだ家である。

一中　都一中

一中節は義太夫、河東、荻江などと同じく邦楽の古典と謂われているものの一つである。河東節が江戸を発祥地とするものに対し、一中節は京坂地方で育ち、のちに江戸に伝えられ豊後系統の常盤津、富本、新内、清元、長唄などの基本曲で抒情を主とした語り物である。

河東節と同様に芝居で語られたが、今は座敷芸として東京の一流花柳界で保存されている。邦楽を習うには一中節から入り一中節に戻るといわれ、今の十一代家元は新橋きん楽の女将小林清子さんである。

京都御池堺町本願寺派明徳寺四代住職周意の弟（次男ともいわれる）専俊（後に須賀千朴と称す）は、生来音曲を好み、寛文十年（一六七〇）僧籍を離れ、京都四条南側都萬太夫一座に入り浄瑠璃を習い都一中と名乗った。その師として座主の都越後掾や山本土佐掾、岡本文弥に習ったといわれる。

初めは座敷芸として持てはやされたが、宝永三年（一七〇六）十一月、大坂の片岡仁左衛門一座の「京助六心中」を勤めた。そのとき一中は五八歳といわれ、五〇歳の時剃髪して千翁と名乗っていた。この頃すでに一中節は一部京坂地区に牢固たる地盤を築き上げ、都和泉掾盛安の名を得て一中節を江戸に普及しようと、二度江戸に行っている。これは京坂地方で義太夫が芝居や旦那芸として流行していたので、江戸の地を求めたという。

正徳五年（一七一五）役者の市川玉柏と聟の三中、それに三味線弾きの盲人難波里三を伴い江戸に下り、同年五月市村座の「萬歳女針木」の狂言の切りに「笠物狂い」を語り、ついで「山帰り」を語って江戸の芝居愛好家の好評を博した。

同年大坂に一度戻り、再び江戸に来て市村座顔見世興行「御前能三鱗」に、座主市村竹之丞の所作の地を若太夫と共に語った。享保九年（一七二四）中村座で「端午勅宣左輿」の狂言に、二代目中村七三郎の「巴の丞」、嵐和哥野の「奥州」で元祖中村七三郎の十七周忌追善興行に「浅間嶽」を語っているから相当永く江戸に滞在し、一中節の普及に努力していたようである。同年京都に戻ったが、五月十四日七五歳で歿している。

英十三氏の著書『一中節』に、一中節の流派の富本、新内、清元と発展させた初代一中の高弟の都国太夫半中（後の宮古路豊後掾）のことが記載されている。

「都国太夫半中は初世一中の高弟であったが、芸も人格も非凡で一中が一目置いていた人物である。一中が江戸で活躍していた享保七年に山崎与次郎兵衛半中節の看板で、大坂嵐座で嵐三右衛門、松島兵太郎の『根引門松』に盲人の菊沢林弥の三味線で出演し、大当りを得て国太夫半中節と一派を興し宮古路豊後掾と名乗った。この人が豊後系の浄瑠璃の祖となった人で、享保十六年名古屋で、畳屋伊八と遊女おさんの心中未遂事件を仕組んだ『睦月連理玉椿』を書き上げ大好評を得た。翌年春、江戸市村座で『お七吉三』吉祥院の場を語り、同十九年九月葺屋町河岸播摩座で『名古屋心中』を語り大好評を得た。

豊後掾の浄瑠璃の魅惑的な語り方は江戸の音曲界を圧倒し、彼の風采を真似て髪形や着るものまでが江戸の人々の間に文金風と称して熱狂的な流行をみせた。しかし流行が熱狂的になるにつれ浄瑠璃の堕落、心中を地で行う人が増えて、流行がひどくなるにつれ、元文四年（一七三九）風教上の理由から遂に舞台で語ることも自宅での稽古も禁じられてしまった。宮古路豊後掾も京都に戻り、翌五年九月一日歿している。

江戸に残した豊後節はその高弟宮古路文字太夫により、延享年間（一七四四―四七）常盤津と名を替え、又々流行したが常盤津から富本、清元、新内と新しい軟派の語り方が分派されていった」

初世一中歿後、一方には宮古路豊後掾の浄瑠璃の爆発的流行の中で、二代から四代までの一中節は諸説紛々としているが、江戸で五代が一中節の中興の人として登場するまで苦難の道を歩んでいる。その間二代から四代まで、享保九年（一七二四）から寛政四年（一七九二）の六九年の間である。

五代一中は一中節の中興の人で、京都から美声の千葉嘉六が江戸に下り一時吉原で幇間をしていたが、寛政四年三三の時江戸中村座の狂言「隅田川劇縁日」に五代一中と称し都春太夫、都森太夫と共に鳥羽屋里長一統の三味線で「傾城浅間嶽」を語っている。五代一中は美声であったが小音で声が通らなかったので、この演出は失敗したが、一中の語り方を聞いた同じ廓の山彦新次郎（この人は後の菅野序遊）は、その美声と語り方に感心し、河東節の三味線方を廃め五代一中に協力し作曲、作詩をはじめ三味線を弾いたという。五代一中が一中節の中興の人として認められたのは山彦新次郎の協力なくしては考えられない。五代一中は文政五年（一八二二）七月五日、六三歳で病歿している。

六代一中は五代一中の弟子で大野万太といい、天保五年（一八三四）に歿している。その妻一浜は一中節のすぐれた名手であった。弟子には一清（後に一静）、い中など、後世一中節の名手になった人がいたが、女性では如何に名人、上手でも家元にはなれなかった。

七代一中はやはり五代一中の弟子の栄中が継いだ。この人は芸は巧みであったが素行に目に余るものがあり、門弟や知人に見離され、築地界隈で行倒れて死亡している。七代一中を見限った菅野序遊三代は天保十年に都派から分れ、菅野派として独立した。

八代一中は六代一中の従孫で仙之助といい、中橋西仲通りの千葉屋という足袋店の倅である。安政二年（一八五五）八歳で八代を襲名したが病弱で、明治十年八月、三〇の若さで病歿している。

十代都太夫一中

九代は八代の実父で、芸とは関係のない人であったらしい。このように一中節は六代から九代までの六四年間また衰微の一途を辿った。その間古曲一中節は一部の愛好家に守られ細々と語られていた。しかし五代一中の妻一浜の弟子で〝お舟蔵の師匠〟と呼ばれていた一静や、その門弟の一広（初代）などの名手が都一中の流派を守っており、芸では決して他流に引けは取らず、本家の衰退の中で辛くも勢力を維持していた。

十一代一中の小林清子さんは父十代の想い出をめぐる、つきぬ話をしてくれた。

「父楳太郎(うめたろう)は明治元年の生まれで、十九のとき十代都一中を継ぎました。当時一中節の名手として都一静、初代都一広などがいましたが、女は家元にはなれない不文律があり、一静さんや一広さんは何とかして都一中を再興したいと苦心しておりました。

その白羽の矢が父に向けられたのです。父の母は日本橋横山町の櫛問屋十一代の河島甚兵衛の四女で、一中節の師匠都松兵衛の養女となり、その子が楳太郎で本名を平野楳太郎といいました。十三歳の父の語り方に感心した一静さんらが『私達が一中節の家元として必ずりっぱに育てますから』と引き受けたので、父は家元の修業をしました。一静さんはこの話がまとまった年に、安心したものか七〇でなくなりましたが、筆太夫い中や一静の弟子の初代一広が十代を世に出そうと、それは熱心に指導されたといいます。遊びたい盛りの少年だった父は、とても稽古は辛かったといいましたが、教える方も教わる方も必死だったのでしょう。

それから六年後、父が十九の時、明治十九年一月十二日、向う両国の中村楼で黙阿弥作詞、い中作曲の新曲『三番叟』を語り家元襲名の披露を致しました。その後築地新喜楽の養子になりました。父には職人的な気質もあり、自分で気に入らなければ客にもすすめない。朝は早く起き、若い者を連れて魚河岸へいき材料を仕入れ、昼は一中節の出稽古に出かけ、夜は帳場に坐り、客に粗相のないように気を配った真面目な人でした。

その上養母の伊藤きんにもよく仕えた、気立てのやさしい人でした。しかし稽古はきびしく、弟子には大倉喜八郎のような財界、政界の錚々たる方が多くいましたが、皆さんは父を『都の太夫』とか『太夫さん』と呼んでおりました。

明治四〇年の秋、吉田正平博士の邦楽再認識の熱心な運動により東京音楽学校内に邦楽調査会が設けられました。このとき十代一中は清元延寿太夫、富士松加賀太夫、吉住小三郎、稀音家六四郎と共に選ばれて技術員となりました。同年十二月二一日に第一回邦楽演奏会が同校奏楽堂で催されました。一中節は『松羽衣』を十代と宇治紫又、都円中、三絃は菅野序遊、菅野吟平で演じました。調査会の仕事は邦楽の採譜で、十代は各技術員らと頻繁に会合し協力していました。

それ以前、明治三〇年代の後半には新橋に稽古場を設け、弟子の養成に務め、名取も七、八人出来ていましたが、調査会の仕事や地方出張も多くなり高弟の一棵に代稽古を命じていたようでした。

大正六年養母が死にますと、父はちょうど身体の具合も悪く、新喜楽を他人に譲り池上久ヶ原に隠棲しました。どうも働きすぎて体を悪くしたようです。しかし久ヶ原の住いに知人を呼んだりしては日本料理の腕を振い、喜ばれたものです。昭和三年二月六日、六一歳で他界しました。墓は染井の墓地にあり、戒名は鵲魚庵仙卜一阿居士です。

父が大正六年に隠棲した後は母の都一棵が一中節の師匠として活躍しておりました。母は明治の初期の浮世絵師大蘇芳年の娘で、明治十三年（一八八〇）生まれです。

芳年は清元の熱愛者でした。母は幼い頃から清元お葉さんに手ほどきをうけ、一中節を十代目一中にうけて『一棵』、河東節は山彦秀翁に学び『山彦花春』、宮薗節を二代宮薗千之に習い『千香』を名乗り、その他小唄、長唄、常盤津と実に多才な人でした。十代一中隠退後は一中節の師匠として、十代の死後は都派の代表者として君臨しておりました。

母は若い頃から芸熱心で、芸事が好きで芸者になった人です。父との出合いは、父が『蜂龍』で出稽古をしていた時、その芸熱心にほだされた相手でした。

私は明治三九年に生まれました。明治四二年に築地二丁目に住いがありましたが大正六年、築地に『きん楽』という待合（戦後待合という呼び方は禁止されて料亭となった）を開き、かたわら一中節の師匠もしてきました。

当時の新橋の芸者は、邦楽は一流でないとお座敷はつとまりませんでした。どんなお座敷へ出てもすぐ語れるように、うたえるように、いつもおさらいの本を持って出かけたものです。お客の求めに応じて芯（主だった姉さん芸者）になる者からこれこれといわれて、それが語れなかったり、うたえなかった時は芸者として命取りで、大恥をかいたものです」

小林清子さんは週に二回、日本工業クラブへ出稽古に行く。お会いしたのは同クラブでの稽古の合間だった。五〇代半ばともみえるが六九歳だと聞いておどろいた。そして「十代都一中、都一棵」追善の第二十三回都会演奏会の番組を見せて下さり、

「母は昭和二一年と二三年に古典鑑賞会再興会を催しましたが、そのとき母は『天網島』と『道成寺』を語り、私は三味線を弾きました。同年十月九日、美術倶楽部で第七回古典鑑賞会に浄瑠璃を語った後、何故かどの会にも出演せず、昭和三五年に七〇歳で大往生を遂げ

ました。

私は母に特にきびしく教えられ『一棵の子として人に後指を差されないように』『父の名を汚すな』と泣いて教えられたものです。そして自分では教えられなかったため、二代一広さん（菊村の女将で、後年一中節の保存に功ありとして人間国宝となった篠原治(はる)）に習いに行く様にいわれ、一広さんから清元、常盤津、長唄なども教えをうけました。

私が十一代を継ぎます時は、母も私の芸が父の名を継ぐにふさわしいと思ったものか、母と二代都一広さんが大倉喜八郎さん、渋沢栄一さん、馬越恭平さんらと相談して、一応宗家を大倉さんが預り、昭和二三年五月二十二日に父の家だった築地新喜楽で篠原さんが『石(しゃ)橋(きょう)』を語り、私が立三味線を弾きお披露申上げました」

長時間の取材を終えて席を立った私は、ある芸界の有名な方がいった言葉を思い出していた。

「日本の邦楽は一中節から入り、そしてまた一中節に帰る」

清元にも常盤津にもその原曲の一中節が流れている。一中節をしっかり覚えない限り新内も清元も常盤津も語れないとのことであろう。

仲見世　むさし屋

三月、五月の雛人形や子供の玩具は俗に〝際物(きわもの)〟といわれ、昔は縁日や祭の露店か日本橋の十軒店（日本橋室町の通り）、浅草橋から浅草寺までの表参道筋で売っていたものである。いまでも

浅草仲見世のムサシヤ

浅草橋付近で際物の節句の雛人形を売っているのは当時の名残りで、仲見世にも昔の面影を残したムサシヤがある。

ムサシヤの初代は兼吉といい、千葉県長生郡の生まれで、幕末に江戸に来て田原町あたりに住み、仲見世に店の株を買い玩具店を開いた。その頃仲見世の西側は玩具商が軒を並べ、東側には二十軒茶屋があった。初代は近所の店と同じような品を売っていてはおもしろくない、何か変った玩具は無いかと考えた末〝ミニチュア玩具〟を売ることにした。

これは初代の創案ではなく、寛政七年（一七九五）に日本橋上槇町（中央区日本橋通三丁目）の橋屋信濃が初めて作り、上野池の端の七沢屋専助の製作した雛人形は〝御小屋雛〟としてその名も知られ、上流の人々に愛玩されていた。

天保七年（一八三六）の『江戸名物詩選』に紹介された『七沢屋手遊』で、

長持簞笥台子類　一寸屛風一尺楼肴
来児女皆歓目　恰似㆓小人島裡遊㆒

といわれるように農家、商家、寺などを作り、勝手や茶室なども三〇センチ位の寸法で、それに合わせて勝手道具、茶道具を納めた。材料も木、鉄、銅など本物と寸分違わないものを使い、薬缶は火にかけると湯が沸き、庖丁は切れるといったぐあいで大きさも一センチていどであった。

こういう精密玩具は高価なので大名の子女の玩具となり、一般の人々には手に入らない品だった。

この玩具は享和三年（一八〇三）の贅沢品禁止令や天保の改革に、製作、販売の禁止をうけたほど流行した。〝ケシ人形〟を売っていたムサシヤを、当時の新聞は、

「ぜいたくな玩具屋で、高さ五寸、巾八寸の浅い箱へ台所をそっくりはめ込み、カマド、流し、庖丁、大根下し、ヘッツイ、荒神柵まで作られてあった。その他茶室、それから今日は見られない親舟、千石船など、大きなものを雛型式にしたもので、実によく出来ていました」

といっている。明治になってこの〝ケシ雛〟はムサシヤの専売的な特製品となり同店の前には年中人だかりがしていた。

浅草生れの久保田万太郎は、

「武蔵屋は震災後、今までいうところの〝ぜいたくや〟を止め、凡常な張子の鎧を軒にぶらさげ、ブリキの汽車や電車をならべ、セルロイドの人形やおしゃぶりをうず高く積みあげた。それこそ隣にもその又隣りにも見せるような玩具店になり了ったことは、わたしに再び仲見世の石畳みの上にふる糸ような春雨の音を聞く能

ムサシヤの玩具

はざらしめた感がある。

私は限りなく寂しい。そこで出来る雛道具こそ、榎のかげに黒い塀をめぐらした『萬梅』と共に『古い浅草』を象徴するものだった。簞笥、長持、長火鉢のたぐいから笊、みそこし、十能、それこそすり鉢、すり粉木の末に至る台所道具一切の製品、それは〝もちあそび〟といえない、繊細な精巧さをもつものだった」

浅草の情緒は年ごとにすたれてゆく。そのなかで今もムサシヤには〝ケシ雛〟の一種の〝め組の纏〟が、四、五センチ位の箱に四八本美しく納めて売られている。五代の鎗田喜三郎さんに聞いてみた。

「大正の始め頃までこの〝ケシ雛〟はよく売れたようです。今も持っている人はごく少ないでしょう。東京でこれを作っていたのは私の家だけだったそうです。私も見ましたが実に精巧で、本物そっくりでした。震災後は〝ケシ雛〟でもありませんから普通の玩具屋となり、京人形、大和、おやま、洋人形を売るようになりました。これも時代というものですか。明治時代にはこの浅草にはよい客が来たものですが、今日では客種がすっかり違ったのです」

鎗田氏は東京玩具小売商協同組合の理事長をしている。

人形師　根ぎし　佐四郎

人形師佐四郎は明治時代に、旧来の人形作りに新風を吹き込み、独創的な人形、玩具を考案し名人と称された。

明治五年京橋に生まれ、姓を久保といい、父は左官業と質屋を営んでいた。明治十八年十四歳の時、父は彼を商人にしようと日本橋の絵具・染料問屋の半田治兵衛方に奉公に出した。その次の年、理由は分らないが京橋の履物店新居古兵衛方に勤めを替えている。二二の時奇病に罹った。足腰の立たない病気で、不治の病気ともいわれたが、やがて病気は治った。

発病後店勤めはやめていたので、座仕事なら再発しても生活には困るまいと、縁者である人形師吉野榮吉に弟子入りした。この間僅か一年余りであったが佐四郎はここで人形作りの基本を覚えた。彼はこの道に天分の豊かな人であったらしく、人形に喜怒哀楽の感情を表現する新しい技法の研究に没頭した。佐四郎の家が親代々の人形師であったり師匠の吉野に永く修業していたら恐らく従来の人形師の型になってしまったものと思われる。何が幸になるか分らないものである。佐四郎が一年そこそこで師匠から離れたのは、自分で作っている人形に動きのないことに戸惑いに似た不満を感じていたからだった。

しかし彼の作品が世に認められるまで、他の人が歩んだ道と同じく茨の道だった。根岸に住んでいた佐四郎は、生活のために心ならずも作品を近くのお酉様に持って行き、売って僅かな収入を得たこともあり、問屋ではにべもなく突っ返されたこともある。

「人形に人間の感情を入れる」このことばかり佐四郎は考え、人形作りの歳月は流れた。新作を白眼視する人もあったが、労苦は次第に認められた。作品の中で特に童子の人形を絶賛する人が次第に増え、個人的に彼の仕事場を訪れ注文をして行く人も現われるようになった。問屋もそうなると、彼の作品を喜んで受けるようになった。

彼はこの頃から自分の作品に「佐」の銘を入れた。それまでの人形は問屋の注文により人形師が、各々得意の部分を作り問屋に納め、それを問屋がまとめて店の名をつけて卸したものである。この慣習を破った佐四郎に対して問屋から強い抵抗をうけた。だが佐四郎は屈しなかった。

彼は自分の作品に自信を持つと共に、これまで人形師はいくらよい品を作っても問屋の陰にかくれ、社会的にも認められないことに強い矛盾を感じていた。江戸時代の歌磨や広重のような浮世絵の天才もその地位はあくまで絵を描く職人でしかなかった。それでも浮世絵師たちは自分の作品に銘を入れることが許されていた。

明治二一年、東京美術学校が創立され画家も彫刻家も芸術家として認められた。佐四郎は人形師の芸を芸術として認めさせたかったのだ。そして念願どおりに業界や人形愛好家に認めさせたのは彼の人格もあずかっていた。彼は物静かな人で謡や茶の湯をよくし、各方面との交際も広かった。これらの人々からの個人的な評判がよく、銘の入った人形にこれらの愛好家の注文が殺到した。

そこで彼は「佐四郎会　郷土玩具人形頒布会」を作り各方面に自作の真価を問うた。彼の人気が高かったので、問屋を通じなければ売れなかった人形も直接愛好者に販売する道が開けた。こうして人形師の地位も高められ、今日では人形師が自分の作品に銘を入れるのはあたりまえになっている。

佐四郎のこのような行為について「佐四郎は人形師というより外交家だった」という人もある

が、しかし彼の功績まで否定することはできない。佐四郎の作品に浅草の人形店「吉徳」の社長山田徳兵衛氏は、次の詩を贈り激賞している。

子供心即仏心あな尊と佐四郎つくる江戸嵯峨の相
佐四郎が妙なる技に神も人も鳥獣虫魚童心を得る

鏝細工　村越滄州

鏝細工（こて）とは、鏝で漆喰を材料として人物や花鳥、風景などを描いた工芸で、今これを行なえる人はきわめて少ない。

滄州は明治時代に鏝細工の名人といわれた人で、浅草に住んでいた。通称を惣次郎といい漆喰い画の名手だった。同じ頃、伊豆の長八がこの道の上手と称されており、結城素明の著書『伊豆の長八』によく描かれている。長八と肩を並らべて名人といわれた村越滄州の記録が少ないのは不思議である。明治年間に出た『有喜世新聞』にこんな記事が載っている。

「明治十二年七月三十日、米大統領グランド将軍が来朝の時、同将軍の似顔を漆喰にて肖像を作り献上することを東京府庁に出願せり。又同十四年九月十四日、この度京浜間の高名の方々の肖像を作り、近日横浜にて縦覧場を設ける計画あり、と報じ同十八年八月二十三日、右肖像六百七十枚に達せるにより、各名家を両国萬八楼に招待せり」

グランド将軍はアメリカ十八代大統領で、この出願が認められたとの話は聞いてはいない。明治十八年には京浜間の有名人の肖像六七〇枚も描いている。これでは殆どの政・財界の人士が網羅されていたと思うが、たいへんな発表会であったろう。

松戸市に住む最後の漆喰肖像の名人で、人間国宝の栄誉をうけた伊藤菊三郎氏に村越滄州についてお尋ねした。伊藤氏は明治二二年新宿区三栄町（四谷区箪笥町十五番地）に生まれ八三歳。左官業の父伊藤留吉の三男で、十九のとき鏝細工の名人、伊豆の長八の高弟の吉田亀五郎（通称沓亀）の弟子になった。伊豆の長八の孫弟子として、生きているのは伊藤氏のみである。

「滄州の作品は、私は見たことはありませんが、親方が仕事をした両国の柳光亭の天井を見て、舌を巻いた話をしてくれたことがあります。この当時柳光亭といえば東京一流の料亭で、調度品から部屋の手入れ、庭の作りも一流の物を調のえ一流職人の手をわずらわした料亭で、一寸のスキもなかったものです。

この柳光亭の広間の修理にいった親方が天井を見てアッといったそうです。広間は五〇畳敷でしたが、その天井は〝杉の目〟仕上げに漆喰仕上げがしてあり、おどろいたことにはその継目がない。漆喰でこのような広い天井を仕上げるには、一気に仕上げることは出来ず、必ずどこかで鏝を止めるはずである。その跡をいくら調べても判らないんですねえ。こりゃあタダ者の仕事じゃないと睨んで聞いたところ、滄州だとのこと。さすが名人といわれた人だと、親方は修理するにもったいなくて毀すことが出来なかったといいます。

明治十年、第一回内国勧業博覧会が上野池ノ端で催された時、伊豆の長八と村越滄州の作品が出品されました。滄州は日本画調の作品に、当時としては珍らしい陰影の技法を入れ、これが高く評価されました。伊豆の長八より進歩した作品だと、見物に来た外国人に買われたそうです。

今では漆喰の肖像や絵を作る人が少なく淋しい限りです。昔は神社や寺あるいは母屋の白壁に漆喰で防火や縁起に因んだ画を描いたもので、戦前までは広尾の祥雲寺や芝公園内の子育呑竜堂の正面の『唐子遊の図』など、伊豆の長八の作といわれております」

漆喰画の材料は石灰につたを細かく切って入れ、これにふのりを混ぜたものである。これを鏝で台の上に盛り、人物や風景、花、鳥の画を描き出す。漆喰は一夜過ぎると乾燥して固まってしまう。明治になってから外国の手法を応用し、まず下絵を書き、それに縦横に等角線をひき、板の上に置いてその上に略図を作り、その上に油粘土で下作りをした。次に本式に作る段階で、下作りしたものを基本にして原型の高さ、低さ、大きさを調べ、それに漆喰を本式に台に盛り、色を出すものはその色を漆喰に混ぜて作った。鏝は金属製、木製とさまざまである。

伊藤氏に鏝をみせてもらった。大小百数十種類あり、型も多様だった。「漆喰細工を作っているうちに自然に増えた」という。針金のように細いのもあれば、筆位太いものもあった。話が新宿の池戸庄二郎さん（伊藤氏の兄弟子）に及ぶと「おしい人をなくしました」と、その声も淋しそうだった。

浅草　金龍山餅

金龍山餅の歴史は古い。当主吉住安雄さんは金龍山餅の十一代で、店は浅草寺の本坊伝法院の正門前にある。

初代桔梗屋安兵衛は元和二年（一六一六）の頃、浅草寺境内に葭簀張りの茶屋を出して、参詣人に茶をすすめ餅を売っていた。この頃は二代将軍秀忠の時代で、浅草寺は田畑の中にあり「雑草茂生して、野路の尾花に武蔵の俤を残し」ており、林の中の浅草寺から上野の森が眺められた。

初代は毎日屋台を押して木陰に葭簀の店を張り「草間をくぐる清水を掬上げ」たというから、この浅草寺境内に湧水があったらしい。それが明暦三年（一六五七）に新吉原が浅草寺裏に移転した頃から浅草寺近辺は江戸一の繁華街となった。

「金龍山餅」が有名になったのは享保三年（一七一八）に、寛永寺第七世随宜楽院一品公遵法親王（ママ）が「金龍山　浅草餅」の看板を書いたことによる。伝法院は浅草寺の本坊で、元禄年間（一六八八―一七〇三）に上野寛永寺の支配するところとなった。寛永寺は天台宗の総本山として代々京都から宮様を迎えていた。新王は伝法院住職公英上人と特に親しく、囲碁のよき相手だった。

ある日五代の桔梗屋安兵衛は「お口よごしに」と自慢の餅を持参した。親王は安兵衛の餅をたいへんに喜ばれ「これは旨い餅だ。何という餅か」と尋ねた。安兵衛は恐縮し「別に名をつけておりませんが、お客様は桔梗屋の餅といっております」と答えた。親王は「それではこの餅に名をつけてあげよう」と自ら筆をとって欅の板に「金龍山浅草餅　享保三戊年」と両面楷書で書いて下さった。

安兵衛は喜んで御親王の看板を即日店頭に掲げた。縦七尺、横二・五尺の大看板を葭簀張りの茶屋に下げた安兵衛の得意や推して知るべし。さて、年市の二日間及び四万六千日の参拝客はおびただしく、この群衆に不敬の所業があってはと、伝法院は法衣を着た男に六尺棒を持たせて店頭を警戒させた。そうなると、お客は寄りつかず、看板の見物人はあるが商売はあがったりとなった。

浅草・金龍山

これには安兵衛も困り「御親筆を風雨に曝らすのは畏れ多い」と親王のお許しを得て自宅に保管することにした。この葭簀張りの店も享保十三年（一七二八）に大岡越前守が南奉行になった時、それまで許されなかった浅草寺境内での借地、借家が認められ、安兵衛は伝法院より一〇〇坪程の地所を借りて店を建てた。安兵衛が親王から看板を書いてもらってから十年後だった。

仲見世は雷門から仁王門までの間をいい、伝法院横丁より馬道に通じる横道の雷門側を下方、仁王門側を上方と呼んでいる。この上方の東側に二〇軒の葭簀張りの茶屋があり「二十軒茶屋」と呼んで浅草名物となっていた。

「金龍山餅」の十一代吉住安雄さんは家宝の看板の話などをお

もしろく話してくれた。

「私の家はこの店の裏側にあり、店では餅を売り家では作っております。

今でも溝がありますが、そこまでが昔の観音様の参道で、向い側も同じで今の倍以上ありました。明治十八年に東京市が仲見世を作り、参道と裏山に関係ある人に貸しましたが、その時私の家も二間を借り、そこで金龍山餅を売っておりました。その頃は三代前の時代で、私の家は代々男の子がいても娘に婿を迎え家を継がせておりましたが、二間のこの店を半分にして大叔父に一間分けてしまいました。これも九代がなかなかの道楽人で子供に重しがきかなかったのでしょう。近隣の土地もその時だいぶへらしたようです。

明治四〇年頃、金龍山餅は止めて小間物（総楊枝や楊枝）を売っておりました。震災の時は父は親王に書いて頂いた看板をかついで火に追われながら逃げ廻りました。が、何せん大きなものでどうにもならず、最後に伝法院の池に飛び込み、やっと焼失をまぬがれました。その後、私の家に置きましたが昭和の初期に渋沢敬三さんから「ぜひに」との話がありお譲りしました。今は文部省資料館にあります。

昭和三二年からまた餅屋に戻り、金龍山餅を売っています。昔の金龍山浅草餅はからみ餅のようなものだったようです。搗いた餅を蒸籠に入れて置いて固くならないようにして、お客がくると餅をちぎって、大根おろしを添えておすすめしたようです。皿は木製で茶托のような型で、表は赤、裏は黒で、漆を塗ったものに㊎の屋号が入っておりました。

当時は茶屋でしたから、こんな作り方で柔らかな餅を食べてもらったのでしょう。今ではこのような餅は皆様の嗜好に合わないので売れません。今の金龍山餅は餅に餡を包んで油で揚げたものです。温かいうちに召し上ってもらうのが一番おいしいたべ方です。毎日一定の量きり作りませんので大体二時か三時には売り切れております」

芝　太々餅

女優一の宮敦子といえば十年ばかり前、画家の山下清をモデルにした映画『裸の大将』に北海道の駅弁屋のおかみさん役で出演していたのを思い出す。この映画は実に面白く私は三回もみたが、この一の宮敦子は太々餅の娘である。本名を吉田敦子といい、日本女子大学を家の都合で中退し演劇界に入ったという。

芝の神明様は江戸時代からの岡場所で矢場が多くあり白腰障子の店がずらりと並び、白首の女が何人もいた。暗い店の中には的がしつらえてあり、客が楊弓で的を射るとカチンと音がして、女達は「当り」と愛嬌声を上げる。はずれると太鼓に当りドンと鳴る。矢場の女達は夜は私娼と化してなかなかの賑わいであった。

神明様（飯倉神明宮）には毎年年末に信者が餅をあげる習慣があり、社務所ではその処分に困り境内の茶屋に払い下げていた。太々餅の祖先はこの餅を適当の大きさにして焼き、漉餡をつけておはぎの型にし「太々餅」と名づけ、塗り盆に四個盛って参詣の客に売った。香ばしくて餡の味もよく、お詣りの人や東海道を旅する人の評判となり「太々餅」に立ち寄る者が日増しに多くなった。

二代の時、神田に次男を分家させたが、この家が一の宮さんの家であった。そして芝と神田の店は共に栄えた。

神田の店は神田旅籠町の京屋時計店（日通本社の処にあり、時計台のあった有名な時計店）の隣にあった。間口十二間、奥行二〇間もある大店で、左側に一間巾の奥の住居に通じる通路があった。武家の使いの者や女中が駕籠で太々餅を買いに来た時、この通路に控え場所をしつらえてあった。使用人は三、四〇人おり、奥は作業場になっていた。この店は大正の初めに道路工事で取り払われ、上野松坂屋から湯島天神に行く春日通りの電車通りに移った。この店は間口八間、奥行十五間だった。一の宮さんはこの〝天神下の店〟の記憶を次のように語った。

「芝の店には、小さいとき何回もいきましたが、大きな店だったと記憶しています。私の祖父は前田藩の武芸の師範でした。維新後に商人となり土地の産物の九谷焼、羽二重、塗物の問屋を始め、横浜の商館と取引きして輸出もすれば、東京の問屋に卸してもいました。一ノ宮の店とは塗物の関係で取引きしておりました。私の家は娘ばかりで明治の末に父は養子にきましたが、趣味が広く謡や茶をよくし、特に陶器の収集家として有名でした。酒も強く、おしゃれで交際も広かったようです。

ここに移ってきてからは地理的な関係でか商売はあまり振わなかったようです。父は商いの外に鉱山師のようなことにも手を出していて、山を買ったりしていました。大正の震災の時は父は収集していた陶器を庭に埋めさせましたので、大部分のものが助かりました。あとで掘り出して生活費に当てましたが、とてもいい値で売れたといいます。震災のあと、また店を開きましたが、料理店のようなこともやっており、昭和五、六年頃に廃業してしまいました。芝の店も戦争前に主人がなくなり、その後叔母が経営しておりましたが戦争中に店を閉めてしまいました」

この話、実は日比谷の芸術座に出演中の一の宮さんを楽屋に訪ねて聞いたものである。

踊り　花柳壽輔

振付けの名手花柳寿輔は文政四年（一八二一）二月十九日、芝神明前で生まれた。父親は三国屋清兵衛といい玩具商だった。寿輔は長男だったが、四つのとき浅草新吉原の台屋（仕出し屋）魚吉にもらわれ養子となった。

魚吉の主人吉五郎は場所柄芸事が好きで、寿輔六歳のとき四世西川扇蔵の門に入れ、舞踊を習わせた。最初の芸名は芳松だった。当時芝居小屋が浅草猿若町にあったので吉原には役者の出入りが多かった。吉五郎は七代目団十郎と仲が良く、芳松の踊りを見た団十郎は少年の素質を見抜き、役者になるように熱心にすすめた。そこで吉五郎もその気になり、八歳の芳松を団十郎にまかせて役者にした。芸名は市川鯉吉と名乗った。

鯉吉はその天性ゆえか団十郎の指導がよかったのか、芸の上達はおどろくべきものがあった。その頃江戸の役者は、大成するためには必ず一度は大坂で修業しなければならなかった。しかし養母を連れて大坂に行くわけにもゆかず、門閥も家柄もない鯉吉には良い役は与えられなかった。

天保十年（一八三九）十九歳のとき、役者をやめて振付師になる決心をし旧師西川扇蔵の元に戻り、芳次郎と改名した。当時四世扇蔵は江戸舞踊界の踊りの名手であり、また劇場振付師としては第一人者であった。

文献によると、寿輔はこの時代のことを次のように語っている。

「師匠の教え方はきびしく、女形の踊りの稽古に白紙を股の間にはさんで、それが落ちないように踊るように教えられました。これが出来なければいくらうまく踊っても女の踊りにならないといわれたものです。ある時、長十郎（後の九代目団十郎）が稽古にきて、師匠が休みだったので気を抜いて稽古をして帰ろうとしたら、奥で休んでいた師匠が長十郎を呼び『おれが休んでいると思ってあんな踊りをするなんて、とんでもないことだ。もう一度ここで踊って見ろ』といわれたことがあります。休んでいても足拍子を聞いていたのでしょう。とてもきびしい師匠で恐しい人でした」

西川扇蔵は弘化二年（一八四五）三月二日、四九歳で病歿した。その時には芳次郎は、扇蔵と共に「勧進帳」の「延年の舞」を完成し、頭角を現していたが、家元後継者のことから流儀の間で争いがあり、芳次郎は西川の門を去った。その後市村座、中村座などで合作ながら振付けをしていたが、嘉永二年二七歳のとき花柳の姓を名乗って花柳芳次郎となった。

花柳の姓は、芳次郎を贔屓にしてくれた吉原の玉屋の主人が花柳園清喜の雅名だったので、その名を頂いて家名としたものである。また寿輔の名は、海老蔵が好んで用いた雅名の〝寿海老人〟の一字をもらったものである。海老蔵は芳次郎の良き理解者であり後援者であった。芳次郎の非凡の技術を愛し「いつまでも芳次郎でもあるまい」と改名をすすめたのである。寿輔三〇歳の時である。

六世市川団蔵は若い花柳寿輔に対し、はげましと教訓の意も込め言葉を与えている。

「今や昔、過ぎ去りし方を思えば、我も早や童に還る年とはなりぬ。ここに新吉原仲の町に魚吉といえる商家あり、その倅鯉吉、幼年にして七代団十郎白猿の門弟となる。性質柔和発明なり。師、女形になさんと雖も、その及ばざる事を察し、西川の門に入る。されども聊かの障りありて彼の門を出で、廓中の長たる玉楼大人の雅号を乞い、師寿海老人の一言をむすびて花柳寿輔と改名なし、頗る芸道を励み、日本能を嗜む途にその業に達することはなりぬ。これを玉楼の厚志と師恩とによるものなり、子々孫々まで忘れるべからず。

六代目団蔵　市紅老人　三遠　これを書きて贈る。

花も実も　心にこめて風にまかす

柳のふりの　面白きかな」

これは寿輔が三一の時に贈られたものである。寿輔の後援者は多方面にわたっていたが、彼の芸と真摯な態度を賞賛しない人はなかった。明治三六年頃には劇界、舞踊会における権威者となり、数々の名振付けをなした。代表的なものに「栗餅」「どんつく」「勢獅子」「六歌仙」「田舎源氏」「流星」「土蜘蛛」「枕慈童」「連獅子」「茨木」「釣女」「舟弁慶」「戻橋」「羽衣」「三人片輪」

などがある。

踊り　藤間勘右衛門

初世勘右衛門の子で、天保十一年（一八四〇）に生れ幼名を金太郎といった。一時六世西川扇蔵を名乗り、九世団十郎に可愛がられた。初世花柳寿輔と一、二を争う振付師となり、明治、大正にわたって活躍し、寿輔の没後は藤間流の全盛時代を築きあげた。

長く日本橋浜町に住んでいたので「浜町の藤間」とも「大藤間」とも称され、後に勘翁と名乗った。その代表作は「素襖落」「二人袴」「お夏狂乱」などがある。大正十五年八六歳で死亡している。

小笠原流　釘店　大瀧

ものごとを行儀正しく、あるいは格式張った形で行なうと、よく「小笠原流だ」などとからかい半分にいう。この小笠原流の本来の意味は武家の故実（古い時代の作法や儀式の規定と慣例）の一流派の名である。

鎌倉幕府以来将軍家でも武技、礼法を次第に整え、足利時代になって武家一流の故実が成立した。小笠原氏は新羅三郎義光から出て、承安四年（一一七四）に高倉天皇より「小笠原」の姓を給った。文治三年（一一八七）父から「糾方的伝師範」を習い、父と共に鎌倉幕府の将軍頼朝の糾方師範となった。その後流鏑馬(やぶさめ)、犬追物(いぬおうもの)、笠懸(かさかけ)、草鹿(くさじし)、大的(おおまと)など弓馬の故実を伝え、伊勢氏の殿中礼法に対して御殿外の礼法を司った。

しかし後には元服、婚礼などの作法も加え、室町時代に十七代小笠原長時は『小笠原家礼書』を作り、その子貞慶は『小笠原諸礼集』と称する大分の書を伝えている。

江戸時代になって民間でも武家礼法を生活に取り入れるようになった。年中行事の作法から、家具の置きよう、衣服の更衣、たたみ方、書礼、飲食の作法、贈答の場合の諸作法、つつみ方、紐の掛け方等その作法が説かれるようになった。

維新から明治時代は小笠原家二八代の清務にあたる。清務は弘化三年神田に生まれ、安政三年（一八五六）十歳で徳川家定より家督相続を命ぜられた。若年なので親戚の大原鎌治郎在利が後見としてすべてをとり仕切ったのであるが、文久二年（一八六二）将軍家茂と和宮の御婚儀の用命をうけている。

これだけでは「釘店大瀧」と小笠原流の関係がさっぱり判らない。そこで小笠原家の当主清信氏に問い合わせてみた。清信氏は三〇代で、わざわざ古文書まで当ってくれ、祖父の時代のことから教えてくれた。

「祖父の記録によれば、和宮様御降嫁になるとはいえ、こちらは将軍家で、〝和宮様〟と呼ぶべきか〝和姫様〟と呼ぶべきかなどいろいろ問題があり苦労したそうです。明治新政府となり、同二年に西丸皇居へ勤番の命を頂いております。同十二年には上野公園で流鏑馬、犬追物を天皇にご覧にいれ、翌年吹上御苑で流鏑馬、騎射挟物、犬追物、弓場始式を天皇皇后にご覧に入れております。

清務は明治十三年、東京府の各小学校に礼式の教科を設けるよう建議し、神田の小川小学校に取り入れ、翌十四年には小学女礼式が正式の教科となりました。そのため、まず自宅で小学校の女教師へ女礼法を教え、十二年から十八年までの間に東京府下だけでも約二〇〇ヶ所で礼法教場を開いております。その後、華族女学校（女子学習院）の女礼嘱託となり、従来の礼法の普及に努力しました。

おたずねの釘店の『大瀧』は祖父の清務の弟子です。この方は大瀧善吉といい、安政三年の生まれ。入門は明治十六年五月一日。日本橋釘店（中央区日本橋室町一丁目一番地と三番地の間の通り）の鰹節問屋の主人で、祖父の高弟です。鰹節は結婚式などのお祝物として利用されるもので、大瀧は礼式を尊重して調達したようで、それがその時代評判になったものと思われます」

いせ流　すすき町　石井

伊勢流も武家故実の一流儀で、室町時代の初め宮中の作法を武家作法に取り入れた礼法で、伊勢貞継が創立した流派である。

伊勢氏は平家の出で、足利義満の時代、貞継が政所執事となってからその職を世襲し御所奉行を兼ねるようになり、幕府の儀礼、殿中の大小事の作法など相伝するところとなった。世にこれを伊勢流という。

その内容は犬追物、笠懸などの武芸から元服、婚礼に至る大名、武士の諸作法まで記述し後世に残している。

江戸時代、伊勢流礼法家貞益の子貞丈（号安斎、通称平蔵）は享保十一年（一七二六）に家督を継ぎ、禄三〇〇石の寄合小姓組番となった。貞丈は家伝の伊勢流の記録を絵画などからも求め、公武両面の故実の研究を新たに行ない、詳細な論考を次々に発表した。その著書に『貞丈雑記』『安斎随筆』『安斎小説座右銘』『武器考証』『軍用記』『刀剣問答』『鎧着用次第』『平義器談』『貞丈訓』などがある。

京橋すすき町（中央区京橋二丁目）に伊勢流の関係書類を売っていた石井という店があったという。

新ばし　十二ヶ月しるこ

十二ヶ月汁粉は、明治五年の銀座の火災でその後西洋風の建物が建ち並んだ銀座一丁目に開業していた。

明治の中期には銀座八丁目（中央区銀座出雲町）の大通りに移っている。店名を「時雨庵（しぐれあん）」といった。

二代のとき十二ヶ月しること いう名で十二の汁粉を作った。一月若菜、二月梅、三月桜、四月卯の花、五月皐月、六月水無月、七月天ノ川、八月名月、九月翁草、十月小春、十一月神楽、十二月飛雪と名づけ「この十二の汁粉を一度に食べた人には反物を景品に差上げ、そしてお代金は頂きません」と宣伝した。

これを聞いて甘党はおもしろがって来店し、「十二ヶ月汁粉」に挑戦したが成功する人は少なかった。四、五ヶ月目でダウンする者もあれば十月の小春まで行き武運つたなく落城する者もあった。この「十二ヶ月汁粉」は月が重なるにつれ量も多くなり甘味が増した。途中で失格した者はくやしそうに代金を支払ったが、月により高くて明治の末で八銭、安くて三銭であった。

試食だけの人も多かったらしく、閑な人は見物がてら汁粉を食べに来た。なかなか味のよい汁粉を作っていたという。しかしこの頃になると反物はくれなかった。これはその筋からのお達しだというが「右十二ヶ月皆お召上り候とも、五十五銭御申受候也」と但し書が店に貼ってあった。但しこの店で十二ヶ月をみごと食べた人の住所と名前が店に貼り出された。なかなかうまい宣伝である。この店が閉じたのは昭和の初期である。

髷入　なべ町　ぬし亀

江戸期以前は男も女も、髪は細い麻糸でたばね、その上から黒い絹で包んで麻糸を覆ったものである。ところで慶長五年（一六〇〇）野州宇都宮の在の烏山で紙漉きをしていた文七という男が、和紙を工夫して元結を発明した。これが世にいう「文七元結」で、日本髪にはなくてはならぬものとなった。

元結は初め男子の髪を結うのに用いられた。女の髪に使用されるようになったのは江戸の中期からである。それまでの女の髪はみなお下げ髪であった。

寛政二年（一七四二）頃、日本橋堺町の芝居小屋裏の新道に仙吉という中村富十郎の〝かつら付〟をしている男がいた。この仙吉の娘お松は手先が器用で、父親の仕事の見よう見真似で、頼まれれば女の髪を結ったりしていた。そのうちにお松の結う日本髪が若い娘たちの間で評判になり、芸妓たちも好んでこの型を結うようになった。以来お松は結髪を本業とし、中村富十郎の紋所の「矢車」を描いた長さ二尺、幅五寸の看板に「お女中方のお髪結ひ申候」と書いて表に掲げた。お松に髪を結ってもらうには三度以上迎えを出さなければ来ないほどの繁昌で、先に弟子をやって下地作りをさせて置き、お松はあとから出かけたものであった。

その後大坂の山下金作が安永の末（一七八〇）に江戸に下り、芝居のかつら付となり、芝居者の女房や娘に髪を結っていた。このように男も女も髪を結うようになったが、寛文年間（一六六一―七二）には各自が好みの型で髪をまとめたので髪型は無数といってもよかった。

東海道島田宿の遊女が結った、いわゆる「島田髷」が全国的に流行し、これを芝居の女形が結い、芸者が結い、ついで一般の人々にまで普及した。髪結いは贅沢だと何度も禁止されたりしたが、この島田髷が基本となり、明治以後になると蔵前の札差屋の女房連が主人と競い「丸髷」の髪型を愛好し、これが既婚の婦人に流行した。これを〝蔵前風〟と称した。

大きさは司といわれる最大のものから、極大、大、一番から七番、まである。三番以下は老婆用で小型に作られている。髷型は紺土佐（土佐で出来る和紙を紺に染めたもの）紙で作られた。

髪型には「お初」「茶筅」「大丸」「雀型」「弥生」などがあり、明治の中期から末期にかけて流行した。明治十年頃に流行した「鍋町髷」は大丸髷で、権妻（本妻ではないが、本妻と対等の地位のある妾）や若女房が好んで結ったもので、可愛らしく粋でもあった。

　尻早の鍋町髷が行なわれ

　夫婦仲よくてこわれる鍋町髷

と当時の川柳に取り上げられている。神田鍋町（千代田区神田鍛冶町二、三丁目）は明治五年頃に鍛冶町と合併したが（この界隈は大工町、紺屋町などのように職人町が多かった）この錦町の藤白屋という化粧品店が「鍋町髷型」を作って売っていた。

髪型は紺土佐の縮み紙で作った、コッペパンのような形をしており、髪の中に入れてふくらませ用に使った。相当流行したらしいが次第に洋髪になり、特種の人以外は使わなくなった。震災前まで神田の鍋町で老夫婦が髷を作っているのを見た人もあるという。

つげのくし　池の端　十三屋

明治四年断髪令が布告された。男はそれまではチョン髷で、休む時は髪が乱れないように、男も女もうなじに箱枕を当てて休んだがやはり髪は乱れた。女は夫より早く起きて、乱れ髪を見せまいと櫛を使ったし、下町の女房たちも朝飯を炊く煙にむせながら櫛で髪をなぜつけた。櫛は男も女も手離せない必需品であった。

この櫛は苦死とも当て字し、人にはやってはならない物、拾ってはならない物とされている。その反面、女の宝物とされべっこう細工の櫛は実用よりも装飾品として芸術的なものさえ作られた。嫁に行く娘に母は形見としてこういう櫛を贈った。

櫛はその用途により梳櫛、鬢とき櫛、鬢出し櫛、ぼたかき櫛、毛筋立仕上櫛、きわだし櫛、ぴんあけ櫛などがある。十三屋は元文元年（一七三六）八代将軍吉宗の時代、初代清八が不忍池畔に櫛屋の店を出した。初代はある藩の弓の指南役であったが、道楽で櫛を作っていたが武士を廃め櫛屋になった。店にある十三屋の看板は長さ四尺余、巾一尺二寸位の堅い板に刻まれ、金箔の字で「十三や清八」とあり、その左に「現金」、右に「掛価なし」の字が刻まれている。

この看板は初代のものである。この前の通りは明治の時代は細い道で、柳の大木が並木になっていた。関東大震災の時、店と二つあった倉とを失ない、昭和の初めに道路拡張で敷地を五米も取られて現在の店となった。戦災にあわなかったのがせめての幸事だった。

十三屋清八の店の看板

今上天皇の御成婚の時、宮内省御用として櫛一揃を納めており、高松宮家の御用もつとめている。外国の貴賓がくると、よく日本の土産として御用を受けている。

十三屋は現在十四代で、二百五十余年の間黄楊（つげ）の櫛を作ってきた。黄楊の櫛は椿油が浸み込むと毛の通りが良くなる。今はこの櫛を使う人は少ないが、黄楊櫛の良さを知っている人はこの店に手作りの櫛を求めにわざわざやってくる。

十四代竹内勉さんはまだ三〇の若さだが、仕事の手をゆるめながら話してくれた。

「黄楊櫛の材料は薩摩黄楊（鹿児島県の開聞岳または池田湖付近で産出する）または島黄楊（伊豆三宅島・御蔵島）が使用され、薩摩黄楊は㊉といい、堅いので肌触りが良く、毛ときに使う解き櫛のように歯の短いものに使います。島黄楊は柔らかく、狂いが少なく鬢解き櫛などに使います。

材料の黄楊は、昔は丸太のままで送って来たものですが、今はこちらの注文通りに製材して送ってきます。

黄楊の木は二〇年以上のものがよく、木の芯は柔らかいので木の周囲の部分が使用されます。送られてきた材料を湯気の中に入れて柔らかくし、締板で裏と表、表と裏というように重ねて締付け、重しを乗せて約一ヶ月の間乾燥します。その後二五センチ位の竹の輪の中にこの元板を並らべ、黄楊の粉に水をまぶした物でいぶしながら板の癖を直します。この癖直しの期間は二〇年（？）といわれております。板はこの癖直し後、鉋と鋸で型をととのえ、歯は昔は鋸で一枚々々切ったものですが今は自動鋸で切っております。それから歯の一枚々々を鮫の皮や木賊（とくさ）で仕上げます。一日十枚位しか仕上りません」

先代からこの店にいるという職人が一人、竹内さんと私の話を聞きながら黙って仕事をしていた。そのなれた手付きが日本の産業史を伝えているように見えた。

なまづ　山谷　重箱

浅草で生まれ浅草で育った久保田万太郎と「山谷の重箱」の五代大谷平次郎とは浅草小学校のクラスメイトで〝万ちゃん〟〝平ちゃん〟と呼び合う仲だった。明治の末の重箱を万太郎はこう書いている。

「狭い道を一ト足、その門の中に入ると、驚く程広い庭に、木の繁った築山があり、水銹（さび）の浮いた大きな池があり、その池をめぐって、ほうぼうに手丈夫な座敷が出来ていた。しかしそればかりでなく、その裏に何に使ふともない、四、五十坪の空地があった。夏にはそこに土俵がつかれた」

万太郎は在りし日の〝平ちゃん〟のことを作品『火事息子』の中に偲んでいる。これは芝居になり、昭和三六年三月新橋演舞場で上演された。配役は平次郎を花柳章太郎、その妻はるみが水谷八重子で、第一場は浅草公園の料亭「万梅」で重箱を描き、第三場では海に面した熱海の重箱の別荘を舞台にしている。

露ふかし秋海棠のなかんじく

これは万太郎が〝平ちゃん〟にささげた追悼句である。また劇団新派の大江良太郎も次の句を詠んでいる。

重箱の門の柳の秋晴るる

料亭「山谷の重箱」は今はない。五代大谷平次郎の未亡人はるみさんは熱海の重箱の別荘だった西山の家で重箱の店を開いており、六代は赤坂で重箱を営業している。

平太郎の父、四代の大谷儀兵衛は大正十四年になくなったが『大江戸』(江戸研究会刊、大正二年発行)の「江戸前の大蒲焼」に重箱の初代から三代までのことを書いている。

『重箱』の初代儀兵衛は若い頃相模の国厚木から、何かの事情があり友達三人と江戸に出て、千住の鮒新という川魚問屋に住込みました。江戸時代から千住には川魚問屋が多くあり、日本橋の魚河岸と同じ様に川魚の千住はその取引が多かったものです。鮒新に何年か辛抱致しました初代は寛政年間(一七八九―一八〇〇)に、主人から鮒新の鮒の名を貰い、山谷の奥州街道に面した処に鰻鱠の鮒重蒲焼店を開きました。蒲焼は当時屋台で焼いて皿に乗せて売っていましたが、初代は自分の考案した重箱に蒲焼を入れて客に薦めましたのが評判になりまして、お客様は〝重箱〟と呼ぶ様になり『重箱』が私の店の名になってしまひました。

この山谷は奥州街道(今の四号線)を往き来する旅人は多く、近くに今戸の別荘地、新吉原の遊廓、猿若町の芝居小屋があり、初めは葭簀張りの茶屋風のこの店は安直に旅姿のまま、床几に腰を掛けて食事をすることが出来ました。この店を描いたものと思れるものに、十返舎一九が書いた黄表紙(江戸時代の雑誌)の『文福』の中の挿絵に奥州街道に葭簀を立て掛けた、縄暖簾の鰻飯屋があります。その店の表の腰付の大行燈に『江戸まへ大蒲焼　付めし』と描いた看板があります。蒲焼は昔から大蒲焼といったらしく、今でも地方へ参りますと、『江戸前大蒲焼』の看板が出ております。

私の家では、明治の中頃まで魚問屋が持って参ります鰻や鯰鮒の中の小さなものは、若い者に言ひ付けまして、千住大橋から放流したものです。この様に小串は使ひませんので、自然と大蒲焼といったものです。明治の末に私の処で使ひました鰻は常州（茨城県）が九割で、あとは上総、下総、房州（千葉県）、武蔵（東京都）のものを使ひました。下総の鰻は品は少なかったが、品質は良かったものです。

鰻屋の古い店は、例の丼飯の元祖の葺屋町の大野屋、東両国の州崎屋、霊岸島の大国屋、島原の竹葉です」

熱海の重箱は伊東線来宮駅から十国峠に行く街道を、東海道線のガードをくぐり、真直に登った古い別荘地帯にある。急な坂道の右側に元の別荘を料亭に直した店が木樹に囲れ、しっとりした構えをみせている。

五代目の未亡人はるみさんは小柄な方で、昔もさぞ美しかったろうと思われる。年は七九歳（昭和四〇年現在）だというが、話ぶりにも下町風な江戸ッ子の歯切れを感じさせる。

「赤坂で『重箱』をやっている倅が、もう年だから止めて来いといいます。でも昔の山谷時代の『重箱』を知っているお客に『ゴルフで熱海に来たから』と寄って頂いたりすると、何ともいえずうれしくて、私は身体の動ける間は店をやって行きたいと思います。

初代儀兵衛は商売に熱心な人で、一代で鰻と鯰の蒲焼店として有数の店となったようです。初代は世継ぎがなかったので、紀州の江戸詰め家老の息子を養子に迎えたといいますから、当時はもう一流の料亭になっていたのでしょうね。

初代か二代の時店を改築しましたが、京都でみごとな庭石を見つけ、江戸まで運搬に困っていると、紀州様が特別に舟を仕立てて今戸まで運んでくれました。その時使用した紀州家の高張り提灯を家宝として倉に入れておりましたが、震災の時、三代が集めた黄表紙を骨董品と共に焼いてしまい惜しいことをしました。

三代の時代は間口七間、奥行二〇数間ある料亭で、離れも何軒もあり、築山もあり池の広く、敷地は山谷の通りから吉原の土手までありました。

鯰料理は四代儀兵衛が明治の初年に考え出したもので、これが評判となり『鰻の重箱』の他に『なまずの重箱』ともいわれていました。この鯰料理を〝スッポン煮〟と名づけました。調理の方法は鯰を適当に切り、厚い大きな土鍋に味醂を魚がかくれる位入れ、十日間位トロ火で煮つめます。これを小さな土鍋に入れて醬油を加え、こげつかないようにかき回しながら煮たもので、火加減がたいへんむずかしいのです。これは精がつくとかで、吉原通いのお客がよく寄ったものです。

出前も特別のお屋敷へはしました。今戸の寮や麴町、高輪辺まで馬車でお届けしていました。この時は土鍋と蓋との間にコゴ縄を冷めないように詰めたものです。この〝スッポン煮〟は冷めてもシコシコして美味かったものです。

主人は芸達者の人で有名人との交際も多く、久保田先生とは小学校時代の同級生です。先生の紹介で役者衆や芸能界の人々の出入りも多かったものです。六代目菊五郎、沢田正二郎、花柳章太郎といった方々とよく交際していました。熱海の別荘にも来て頂きました。

大正の震災の後、明治の雰囲気は山谷から消えました。今戸の寮もなくなり、江戸時代からの『八百善』も山谷を見切り他の土地に行きました。『重箱』も山谷に建てなければよかったのですが……変る時勢に気がつかなかったのです。料亭は何代も続くとおつき合いも多くなり派手となり、出費がふえて経営がむずかしくなるものです。四代は大正十四年になくなり、その後私の友人の清川町の酒問屋金沢国蔵さんの父さんにお世話になりましたが、昭和八年に山谷の店は閉めました。その後この軽井沢の別荘で商売をしてきましたが……。浅草には足を向けて休めません」

おわりの言葉はいかにも浅草ッ子らしいと拝聴した。

鯰のスッポン煮について、文献によれば、

「鯰の泥亀煮、鮒の甘露煮、鰻の生作り等有名なるを以て粋な客が特に駕を此家に柱ぐる者多し。殊に東宮御所の御用を勤む。この家は名代の蔵書家にして、特に金平本、黄表紙、草双紙等の珍書を多く蔵す」

また明治四一年の『趣味』に、

「浅草花川戸から吉野橋を渡って行った処にある料理屋の重箱は、鰻が名物である。が、それより鯰のスッポン煮が自慢である。これは寛政元年からの名物で、その火加減が秘法となっていて、江戸一品と称せられる。俗気のない庭があって、泉水に滝があり川魚が生けてある。一隅に稲荷の社があって、掛額に『正一位稲荷大神宮』とあるのは抱一（酒井）の筆である。この外に山谷橋際から掘出したという其角の句碑に『明月や　畳の上に　松の影』がある」

スッポン煮は、はるみさんの話では明治の初年に四代が考えたものだとあるが『趣味』には「寛政元年から」と書いてある。どちらが正しいか判らないが、明治四一年には重箱はすでに有名になっていたことは事実である。

近頃西山の重箱を尋ねた人がもう商売をやっていないといっていたが、お年だったから息子さんがつづけている赤坂の店に移られたのだろう。

幕の内　よし町　万久

万久は芝居の食事の〝幕の内〟弁当を作り、仕出をした店である。

小田原北条家の浪人庄司甚右衛門は慶長十八年（一六一三）に秀忠の許可を得て吉原遊廓をつくった。すなわち麴町八丁目、鎌倉河岸、常盤橋、道三橋などに十四、五軒位ずつ散在していた白首と、京の六条、駿府（静岡市）から来た遊女を集め、日本橋芳町（当時の新泉町、高砂町、住吉町、浪花町）に約二町四方の汐入地を頂き、これを造成し江戸町一丁目、二丁目、京町、角町、新町の五区域を作り「吉原」と名づけた。しかしこの地は葭の茂ったデルタ地帯で、夜は狐も出没するような土地柄だった。そこで庄司は土地の振興策として女歌舞伎や踊り、芝居の興行を誘致した。

江戸芝居は寛永年間以前は柴井町（芝東新橋辺）にあり、寛永元年（一六二四）猿若勘三郎が京都からきて、江戸日本橋中橋（中央区日本橋通三丁目丸善）付近に大鼓櫓をあげ、猿若芝居と称して興行し中村座と呼んだ。この芝居小屋は同九年長谷川町（日本橋堀留）に、慶安四年（一六五一）に吉原の側の堺町（日本橋芳町）に移った。また山村座（後の市村座）の山村又三郎は寛永十一年（一六三四）に泉州堺から日本橋葺屋町に移り、能狂言と役者と舞子の現今の男女合同劇を始めた。その他操り人形の木偶芝居（でくしばい）があり、日本橋吉原は年中賑わいをみせた。

この芝居町の観客目当てに芳町にできた仕出し屋が万久である。この店の弁当を〝幕の内〟といったのは演芸の幕間に食事をしたので「幕の間の食事」という意味があった。その頃芝居見物の代金には食事代も含まれており芝居小屋の桝の中で客は酒を飲んだり食事をしたもので、昼食は万久の弁当が利用されていた。

その頃の「幕の内弁当」は今の弁当と違い、小さいむすび、薄い焼椎茸、かん瓢、焼豆腐、蒲ぼこ、こんにゃくの類で粗末なものであった。甘味ももちろん、いまの「幕の内」とは比較にならなかった。

蒲鉾長芋焼豆腐　干瓢椎茸露自含
一重見舞幕之内　味薄遭知万久甘

万久は間口五間、奥行二〇間の店で、芝居のある日は朝早くから仕事にかかり万久と印の入った重箱に入れて運び入れた。当時の芝居は座主（資金主）を探し出して、その許可のもとに芝居の演題や役者が定ったもので今のように毎日開いている訳ではなかった。年四回も開けばよい方で、開演日も座側の都合でまちまちだった。客はたまに開れる芝居を待っておりしたがって万久の弁当づくりも忙しかった。

吉原は明暦三年（一六五七）に浅草に移転した。芳町の芝居小屋は残って相変らず繁昌していたが、山村座が江島事件で正徳四年（一七一四）に閉鎖を命ぜられた。天保十二年（一八四一）十二月七日中村座の楽屋より出火し、葺屋町の芝居小屋と商家を焼いた。これを理由として老中水野越前守は、奢侈淫風の巷と化した芝居興行界の改革にのり出し、その第一号として火災後の改築を許さず、浅草寺裏の地へ移転を命じた。

このとき万久も芝居小屋とともに移転した。明治となり万久の井戸に芸者と客が飛び込む事件があった。これがケチのつき始めとなり次第に衰微して、明治の半ばに店を閉めた。しかし芝居弁当に「幕の内」の名は残った。

万久の血縁続きになる東京柳橋組合に勤める上杉峰太郎さんは、

「私の祖母が生きておりますと、万久のことも判るのですが、私の小さい時谷中にありました墓にお参りしたことがありますが台石に万久と赤く彫ってあったのを記憶しておりますが、今いくら探しても判りません」

といっていた。

菜めしでんがく　　浅草広小路　壽美屋

天和年間（一六八一—八三）の頃までは飯屋というものがなかった。外出先での食事はすべて弁当を持って行き、茶屋で湯茶の接待をうけるくらいのものだった。浅草寺の前の並木道（その頃桜か松の並木があった）に奈良茶飯という上方風の飯売り屋が出来ると、奇を好む江戸の人は浅草寺参詣の都度立寄り、腹ふさぎには便利な店だと重宝がった。この菜飯は、東海道石部宿と草津宿の間の目川村に名物の目川菜飯があり、これに似せた菜飯で、美味ではなかったが評判になった。

はじめは浅草寺の裏（奥山）の西北隅の若宮稲荷のあたりに、茶飯茶屋が田んぼに沿って一列に葭簀張りの店を出していた。「なめし茶屋」と暖簾が下っており賑っていたが、何時の間にか浅草寺の雷門の前の並木道に移って寿美屋、万年屋、山代屋など数軒が菜飯と田楽を売っていた。初めは菜飯だけであったが、田楽も焼いて売るようになり宝暦年間（一七五一—六三）には吸物、小物付飯、大平しっぽくなども添えられるようになった。このように庶民化していたのも、近くの駒形の越後屋（どぜう）が一般の客を大切にしたせいであろう。

慶応元年（一八六五）に田原町からの火事で、これらの並木町の菜飯屋も焼け、廃業する者が多かった。「寿美屋」だけは再建し菜飯と田楽を売っていた。その頃になると酒も出し、酌婦もいた。この女達は後で浅草芸者の源を作ったのであるが、田楽芸者の愛称で呼ばれていた。店先では女中が田楽を焼きながら「およんなさい、菜飯田楽。おはようございます、およんなさい、奥が空いておりやす」と呼び込みも賑やかだった。

田楽は鰻を焼くような細長い火床に、豆腐を薄く切って竹の串に差して焼き、味噌のタレをつけたもので、今のように味にうるさい人々には向くまいが、当時はこれで結構お菜になったものか。

　菜飯呼ぶ手は細長い火に当り
　菜飯屋の前で尺八しまう也

浅草に普化寺の本山下総一月寺の番所院代があり、虚無僧が夕飯にでも立寄ったところを詠ったものであろう。同二六年に山本笑月の父が昔を偲ぶ名物再興を考えて、浅草花屋敷の一隅に小座敷をしつらえ、葭簀張りで毛氈の床几、花暖簾に掛行燈、すべて明治以前の姿の菜飯田楽の店を作った。が、もうこの時代には浅草名物を知らない人が多く、折角の催しも骨折り損となってしまった。夏目漱石は『彼岸過迄』の中に書いている。

「彼は小供の時分よく江戸時代の浅草を知っている彼の祖父さんからしばしば観音様の繁華を耳にした。仲見世だの、奥山だの、並木だの、駒形だの、いろいろ云って聞かされる中には、今の人があまり口にしない名前さえあった。広小路に菜飯と田楽を食わせるすみ屋という洒落た店があるとか……」

明和、安永から文化文政にかけて江戸には「八百善」以下堂々たる大料亭が出来た。そのはしりがこの菜飯屋であると思うと面白い。

入谷　朝顔

梅雨もあがり、初夏の日射しがようやく本格的になろうとする六月も末の街を、三尺四方の台を竹で造った吊り手で天秤棒に通してボディヤ（朝顔売り）がゆく。台には五、六〇鉢の朝顔をのせ、ゆっくりとすり足のような歩調で台の調子をとりながら、

「アサガオヤー、アサガオ」

この夏を売り歩いた朝顔売りの姿も、今はまったく見ることが出来ない。露地の垣根などに朝顔を植え、毎朝「今朝はいくつ咲いた」と朝の食卓の話題としたのも、昔の下町の夏の風物詩であった。夏の浅草寺の草市や酸漿市、入谷の朝顔市には季節の移り変りが、とくに鮮やかに感じられたものである。

入谷の朝顔発祥之地の碑

朝顔は平安朝の時代、下剤、利尿剤の漢方薬として種子を牛一頭と取替えたので、牽牛花ともいわれた。江戸の初期、観賞用として改良され珍花を生み出した。花弁の大きなもの、色の変ったもの、型の違ったものが次々に研究され、殊に鉢植えの栽培方法が中国より伝わってから急に朝顔の栽培熱が高まり、文化文政期（一八〇四―二九）には一般の家庭でも植えるようになった。『江戸名所花暦』に、

「下谷御徒町辺の朝顔は、往昔より珍賞すると謂へども、異花奇葉の出来たりし、文化三年の災後、下谷御徒町の空地に多くありける植木

屋、朝顔を作りて種々異様の花を咲かせたり。文政のはじめの頃、下谷、浅草、深川辺所々にて専らつくり、朝顔屋敷など設けて見物群集せしなり」

文化三年（一八〇六）の火事は芝の車町より出火したもので町家五三五町、大名屋敷八三、寺院八八を焦土と化した。下級の武士の住いのあった御徒町も焼失した。この焼跡に朝顔は咲いたが、江戸末期には御徒町から次第に入谷に移り、明治時代には朝顔を一般の人々に観覧させるまでになった。

入谷は俗に入谷田圃といわれた所で、田や沼が多く、背に上野の山を控え、田んぼ越しに吉原のざわめきも聞こえる所だった。田や沼に囲まれた入谷の農家の地味が、朝顔の栽培に適し、それで盛んとなった。

この入谷のどこに、明治時代の朝顔市が開かれたのか。人に尋ねても「朝顔市？　鬼子母神だろう」といったぐあいで、明治時代に入谷で朝顔の栽培をしていた「植松」の孫の鈴木吾作さんに会うまでは判らなかった。鈴木さんはいまは坂本生花市場の社長をしている。

「今の言問通りは、大正の初めに坂本二丁目から言問橋までの間が新しく出来ました。それまでの入谷道は、坂本から浅草、吉原へいくのに入谷田んぼの畦道をくねくねと曲って行ったものです。坂本二丁目の角の富士銀行鶯谷支店の前から、言問通りを鍵屋（江戸時代からの酒場で、昭和四八年の道路工事で取毀される）の前を通り、坂本二丁目の交番を右に見て左に入る細い道が昔の入谷道です。この道は途中で二つに分れ、一つは小野照様の前から吉原へ抜け、一つは昭和通りに出てから淡路病院の前に出まして、浅草田んぼから浅草寺への道となっておりました。

この入谷の、今の淡路病院の所に私の家の『植松』がありました。この道の両側に朝顔市の植木屋の花戸、丸新、八十、八竹、横山、入又、植惣などがありました。どの店も昔は農家作りで、道路に面した庭に夏になると朝顔の鉢を何千と並べ、観賞させもし売ったものです。朝の花がまだ開ききらない三時頃から客がきて、五、六時頃には押すな押すなの混雑でした。

朝顔市の最も人気があったのは明治三五年頃です。その頃は二〇万鉢も売れたというけれど、ちょっとオーバーかもしれません。

明治の末にはこの辺も人家が次第に建ち、人通りも多くなって朝顔の人気も落ち、植木屋の庭に他の店が建つようになりました。私の家も大正の道路改正で取払われ、千住に引越しました。最後まで残っていた丸新さんも今どこにいますかね。その後はボディヤという朝顔の売り子が、毎朝まだ暗いうちに何十人もきて、鉢を五、六〇積んでは町に散って行きました。今はこんな風景もなくなりました」

入谷の朝顔市のあった通りの寺の門塀に掲示された“駐車禁示”の貼札

最盛期の明治三四年頃は、朝顔市に縦覧料を取る植木屋も出来たという。

「見料三銭を払って這入ると、一反ばかり

の庭一面に朝顔の鉢を置き並べて、その間を観客がぐるぐる巡覧している。家の廻りには上に葭簀をかけて、その下の床几に客が五、六人腰を掛けている。前に咲き揃った朝顔の鉢が所狭く陳列してある。赤、白、藍、絞り、緑など種々あるが、おしなべて藍色が多い」

あまり混雑するので整理のために行なったものであろう、当時人気のあった菊人形にならって朝顔人形も作ったようで、思いもよらぬ見料を取られた見物客の間からこんな歌が作られた。

朝顔におあし取られて貰い泣

加賀の千代女の「朝顔につるべ取られて貰い水」をもじったものである。

「私の兄の半助は、入谷名物朝顔市を戦後復興させたいと、昔の同業者や有志の人々、下谷観光連盟の方々と話し合い、台東区役所の協力を得て昭和二六年に入谷の鬼子母神（仏立山真源寺）の理解のもとに寺の境内で第一回の朝顔市を開きました。この時は入谷で朝顔を栽培している人はなかったので、江戸川区の鹿骨（ししぼね）や、平井の同業者から取り寄せて開きました。はじめの二、三年は宣伝不足で見物人もありませんでしたが、その後新聞やラジオで報じられるようになり、今日の盛況をみるようになりました。

朝顔市は毎年七月の六・七・八日に行なわれますが、八日は鬼子母神の御縁日に当ります。毎年三、四〇万人の人出があり、二〇万鉢は売れています。昨年は六、七日で全部売りさばいてしまいました」

入谷近くの根岸に住んでいた子規も朝顔市に来て、

入谷から出る朝顔の車かな

と詠んでいる。朝顔市を詠んだ句はこの他にも多い。

朝顔を見るしののめの人通り
しのぶ買う朝顔見ての帰りがけ
朝顔を見て今かえる俥かな

朝顔を見ての帰りがけに、ここより程近い根岸にあった豆腐料理で有名な「笹の雪」に立寄る人も多かった。

不忍 蓮見

上野台と本郷台との間の谷間は、遠く西ヶ原まで昔は入江だった。それが次第に埋まり、残ったのが不忍池だという。この池が世に知られるようになったのは江戸時代になってからで、それまでは雑草の茂い繁るデルタ地帯であった。

寛永の初め、三代将軍家光は天海上人に命じて、江戸の鬼門にあたる上野台に鬼門除けとして寛永寺を建てさせた。このとき不忍池を京の琵琶湖に見立て、池の中に島を築き琵琶湖の竹生島に擬したという。

この島の弁天堂のある大きい方の島が弁天島で、その北側の聖天宮を祀る島は弁天島の出来る前からあり、この島に渡るには小舟を利用した。寛文の末（一六七二）に新しく道を築いて橋が架けられた。蓮の花について『江戸砂子』（菊岡沾涼著、享保十七年）に次の記述がある。

「不忍池は江府第一の蓮池なり。夏月に至れば花葉累々として水上に蕃行し、花は紅、白色をまじえ芬々人を襲う。花を愛する輩、凌晨を殊更に清観とす。花の頃は紅白咲乱れ、天女の宮居はさながら蓮の上に湧出するが如く、其芬芳遠近の人の袂を襲う」

五月になると、池の端の茶屋は蓮飯を出し、蓮の葉の若葉を刻んで飯にまぜ、それを蓮の葉に盛って客に供した。六月、七月になると蓮の若根を日光の門主（東叡山寛永寺）から将軍に献上したものである。

この不忍池は蓮の花の名物ばかりでなく、桜の季節には上野の山の花見客が弁天詣りに訪れた。弁天島の南側の池の中に土手を築き、料亭、水茶屋が六十軒余も出来た。楊弓場、講釈場が延享四年（一七四七）に出来、たいへんな岡場所となった。そして弁天島からこの土手にかけて橋を四ツ折りにして架けた。この風流な架け橋は水に映ると八ツに見えたというので「八ツ橋」と名づけられ不忍池の名物とした。しかし水茶屋や料亭が逢引きの場となり、茶屋女が裾を乱して客を引くようになると、宝暦二年（一七五二）風紀取締り、その他の理由で土手の茶屋と八橋は撤去された。

その後文政十三年（一八三〇）に同じ場所に幅八間ばかりの土手が「三はし」から「茅町」まで築かれた。すると再び茶屋が建てられ、梅や桜の木が植えられ、延享年間と同じような岡場所となった。これも天保の改革（天保十三年）で又々取毀されたが、土手は残され往還との間に溝が作られた。愛染川から不忍池に流れ込んだ水はこの溝を通り「三はし」に抜けた。この溝に蓮見橋、花見橋、中橋、月見橋、雪見橋、竜門橋の六つの橋が出来て、大正の後半に今の道路が拡張されるまであった。

池の蓮はいつ、誰が植えたものか文献にはない。しかし寛永寺が出来た頃に植えられたものと考えられる。江戸時代から昭和の現在に至るまで、不忍池の蓮は東京の人の目を楽しませてくれた。不忍池の岡場所について川柳の数はつきないが、そのいくつかを並べてみよう。

蓮池をこいつと思う二人連れ
不忍へ二挺辻駕籠きばる也
蓮掘りが見やすと障子引ッ立てる
呆気なく水際の茶屋二人出る

明治十二年、河竹黙阿弥が不忍池を舞台に乗せている。「霜夜鐘十字辻筮」の「不忍新土手の場」また安政五年作の「黒手組曲輪達引」の序幕「忍ヶ岡道行の場」に不忍池が見えている。

不忍池の蓮の花は朝日をうけて花の開く時に音がすると、神秘的な話が江戸時代より伝えられている。人々はこの音を聞こうと、初夏の不忍池に夜の明けないうちに足音を忍ばして集ったものである。そのために朝の早い「三はし」の「揚げ出し」などが繁昌したというから面白い。今日でも音がすると思っている人もあるが、上野広小路の松屋袋物店主の酒井重利氏は、否定している。

「蓮の花が開く時にパチッという音が聞こえるとは昔から伝えられております。しかしそんなことはありません。蓮の花は朝顔と同じように朝日の登る頃開き、午後三時頃に閉じ、それを繰り返して四日目に散ります。人の耳に聞こえるほどの音がするなんてことはありません」

戦争中は蓮の代りに食糧増産の稲が植えられた時代であった。戦後になって再び不忍池に蓮の花が甦った。

女役者　岩川粂八

岩井粂八は女優の始祖だといわれている。川越の郷士の娘で、天保七年（一八三六）江戸神田豊島町に生まれた。幼にして舞踊を習い十二歳のとき坂東美津代の門に入り桂八と名乗った。容姿がよく踊りも天才といわれ十五、六歳のときには狂言師の頭となり、諸侯のお屋敷に出入りしていた。

その後志を立て岩井半四郎の弟子となり、岩井粂八と名乗った。やがて女役者の一座を組織し両国の小屋掛け芝居に打って出て、明治六年には市中の小劇場へ出演し、四谷の桐座、森元町の開盛座、佐竹町の浄瑠璃座などを回っていた。同十五、六年頃に本所緑町に寿座が出来ると、翌十七年粂八は鶴枝、米花、寿羨八ら一門を率いて乗込んだ。

粂八の〝団十郎ばり〟はこの時から始っている。狂言は一番目「茢萱」、中幕は「勧進帳」、二番目は「お玉ヶ池由来」で、このときの茢萱、弁慶は団十郎でやり、団十郎の顔の拵えから受け唇の工合、前のめりの恰好、足取りなど、よくもこうまで似せたものだと客は煙に巻かれ〝女団十郎〟の名を惜しまなかった。一座の鶴枝、米花も芸達者で、富樫の役を鶴枝が左団次ばりで演じ大向うの拍手をうけた。

最初は女芝居などと相手にしなかった劇評家もこの評判を聞いて芝居を覗きに来るようになり、依田学海、福地桜痴、幸堂得知らも肩を入れた。粂八の後援者の依田学海は明治二三年六月、吾妻座に出演中の粂八に、

「女優粂八丈は当時の絶芸天下に及ぶ者無しとの評なり。昔結城中納言秀康卿未だ宰相と申せし時に、女歌舞伎阿国を見そなわして泪を流し、阿国の芸は今天下に及ぶ者なし、我名はこれに及ばずとなげき給い、平常首に掛け給いし数珠を授け給いしとぞ。今その故事によりて特に一首を賦して贈る。

絶芸女優天下無　声名早已動三都

結城宰相今何在　誰贈当年玉念珠」

依田、福地、幸堂らは当時のえらい劇評家で、好芸家グループの二六連などと共に彼らの批評は芸界に重きをなしていた。粂八の演技にすっかり感服したこの諸先生たちは終に団十郎を説き伏せ、同年粂八を団十郎の弟子にさせた。粂八は名も市川市之丞と改め、引続き寿座を根城として諸所の劇場を回っていたが「道成寺」「山姥」などの所作事に好劇家を呻らせた。

団十郎一門は小劇場の出演は認めないたてまえで、その上「勧進帳」を無断で演じたことで粂八とトラブルが起こった。これで粂八は門下を退いて元の岩井粂八に戻り、その頃出来た吾妻座や神田三崎町の三崎座に出演していたが、明治二七年再び許されて団十郎の一門に復帰した。団十郎も彼女の才能を認めていたからであろう。粂八はその名も市川九女八と改めた。

三崎座での九女八は女芸人専門の芝居で、寿座以来の一座を総動員して出演し再び花を咲かせた。鶴枝、米花は退団したが錦糸、笑燕、桂竹、桂二、多見吉などの面々も芸達者で人気は落ちず、いつも大入りを続けた。その頃場銭は桟敷一間一円八〇銭、平土間一円二、三〇銭、木戸は五、六銭で、三崎座は神田で山ノ手の客も呼べるし全盛の時代が続いた。

粂八は既に五九だった。とかくいざこざの多い芸人達の中で、特に女世帯は嫉妬や僻(ひがみ)が多く、さすがの粂八も我慢が出来ず、一門を伴って同座を去り、赤坂の演技座や中州の真砂座を廻っていた。しかし寄る年波で往年の人気も下火となり、新派の勃興や活動写真の普及が始まり、さしもの粂八にも引退の時期がきていた。一座を解散した粂八は守住月華と名を改めて川上音二郎一座の新派などに加ったり、文士劇に出たりしていたが大正二年七月七七歳で没した。しかしこの粂八は、その後の女優の歴史に大きな足跡を残した。古老はいう。

「その芸抜群『娘道成寺』『山姥』をはじめ八重垣姫、政岡、八重樫、朝顔など男女ひっくるめ極め付けは『勧進帳』の弁慶で、堂々と男役者の域を脅かすなど、また〝油屋の善六〟など腹を抱えさせる所作事、弁天小僧で菊之助、大川友右衛門で左団次、団菊左の使い分けなど、古今に唯一人これを演じた粂八の後に粂八はないだろう」

書家　巻菱湖

初世巻菱湖は安永六年（一七七七）越後巻町（新潟県西蒲原郡巻町）の生まれで名を大任、字は致遠、または起巌、菱湖または弘斎と号した。

青年時代に江戸に出て、亀田鵬斎の門に入り詩と書を学び、遂に一家をなし、当時書道で最も権威のあった市河米庵と相対抗し、各体の書をよくした。楷書は欧陽詢、行書は李邕、草書は「十七帖」孫過庭の「書譜」、後に賀知章の「孝経」を学び、その書風の美しいことでは右に出る者がなく〝菱湖流〟として知られた。

門人に大竹蒋塘、生方鼎斎、萩原秋巌、中沢雪城があり、著書に『十体源流』『書法類釈』がある。

荻江露友

元和年間（一六一五—二三）江戸に幕府が開かれて間もなくの頃、俳優中村勘五郎は兄勘三郎と共に駿河から江戸に移り、杵屋と号し長唄を江戸に広めた。二代六左衛門を経て三代勘五郎のとき、弾き語りであった長唄を唄いと三味線に分け、自から狂言師を廃め専門の三味線弾きとなった。この三代勘五郎は秘曲「七段」「獅子」を新しく作り、江戸歌舞伎の長唄の地位をかためると共に杵屋の三味線の礎を作った。

四代六左衛門のとき、津軽藩江戸屋敷詰の武士で森庄五郎という者がいた。この人は役目のかたわら長唄の稽古に通っていたが、年は二四で色白く目の美しい美男子で、声は玄人の及ばぬ程であった。寛延二年（一七四九）の大水のとき、同藩の河野六郎の娘鹿野と知り合い許嫁となったが、家老福永忠太夫の倅との縁談があり話がもつれた。以来庄五郎は身を持ちくずし、長唄で生計を立てているうちに新曲を開き荻江露友と名乗った。

天性の美音と、くずれたような艶っぽい節回しはたちまち柳橋の花柳界の人気をさらい、次第に江戸中に流行した。宝暦年間（一七五一―六三）には芝居に出て押しも押されもせぬ名人ともてはやされた。

一方、露友には女出入りも多かった。常盤津の一浜をはじめ、命までもと打ち込む芸妓は数知れず。露友はそういう相手を適当にあしらいながら、くずれた生活をおくっていた。宝暦八年正月、市村座の出詰りを終えて帰る道で破落戸に襲われ、危ないところを通りかかった行列に救われた。行列の主は阿部伊予守の中老野川で、この女性こそ昔の許嫁の鹿野だった。この再会で露友の女狂いはさらに高まり、それが芸にはプラスして長唄特有の艶っぽさが増し、荻江流の名を高めた。

荻江節は明和、安永年間（一七六四―八〇）全盛を極めたが、露友は養子に二代をつがせ、剃髪して奏林と号した。その後死亡した愛人鹿野のため念仏三昧の生活に入った。

四代露友は文政七年（一八二四）の生まれで、先祖は近江の人である。深川北川町に住み、米問屋の近江屋の主人で、本名を飯島喜左衛門という。この家は代々喜左衛門を襲名し、江戸時代には各藩の資金御用立にも応じた店だった。喜左衛門は荻江節では玄人はだしの芸を持ち、端唄もこなし踊りもうまかった。粋筋では〝北川町さん〟で通っていた。

屋敷も広く、夜になると屋敷内を火の番が絶えず回って歩いたというからよほどの家で、雛人形を象牙で作らせ、雛祭りには人形に見合った紫宸殿を模した建物を江戸の一流の大工に造らせたこともあった。芸界の人の出入りも多く、芸人で〝北川町〟に出入りしていなければ肩身が狭いともいわれた。九代目団十郎、中村仲蔵、画家の柴田是真、三遊亭円朝などが大の贔屓で芸妓、幇間、角力も出入りしていた。

露友は芸事に熱心のあまり店は次第に振わなくなり、明治の時流に乗ることも出来ず遂に店を閉め、土地にも居られず一時は今戸の仮住居に移った。その後柳橋に近い米沢町新道の立花亭の近くに芸者屋を始めた。この時は女房とも別れたらしく、柳橋の芸者おいくと一緒になった。おいくは露友が気に入るほどの女であるから芸もうまく、芸者屋を営むかたわら露友と共に荻江節の稽古を柳橋の芸者につけていた。

露友の名を聞いて弟子入りする者も多く、稽古に忙殺された。しかし育ちは争われず、弟子の謝礼など意にかいせず、名取の者が出来ると露友の方から紋付や羽織など贈って祝ってやった。この時代に有名な「深川八景」「みじか夜」「松竹梅」などの名作を世におくった。こういう生活の中でも〝北川町さん〟の態度は崩さず、年中借金に追われ、明治十五年遂に吉原の幇間に出るようになった。

その頃第一銀行の頭取渋沢栄一が深川福住町に邸を買った。新居の披露宴での接待役に東京一流の芸者や芸人を呼んだ。宴もたけなわとなり余興がすすむうちに、人品賤しからざる一人の幇間がずばぬけた芸を披露した。その芸には一種の気品があり、取り持ちも巧みで客を喜せた。やがてこの幇間は宴席半ばに姿が見えなくなった。

この人こそ四代荻江露友の幇間姿であった。この屋敷は近江屋全盛の時、金にあかせて数寄をこらして建てた家で、有為転変の世とはいいながら今は幇間として自分の屋敷に来た露友の心に、数々の去来する思いがあったことだろう。しかし彼は幇間として賑やかに座を取り持ち、人知れずこの屋敷を去って行ったのだった。「さすが露友だ。人間が出来ている」と、この間の事情を知る者は露友の心情を察してうなずいたという。

その次の年の明治十七年六月三〇日、四七歳の露友は淋しくこの世を去った。今の荻江流の家元は画家前田青邨氏夫人のすゑさんで、古典芸術の伝承に尽した功により昭和四三年に芸術選賞、文部大臣賞を受けている。

菅野序遊

菅野序遊は邦楽一中節の菅野派の家元である。一中節の五世千葉嘉六が寛政四年(一七九二)京都より江戸に下り、江戸吉原で幇間をしながら一中節を再興させた。そのとき河東節の三絃方山彦新次郎の協力を得て、お座敷向きの一中節を普及させた。

一中節はお座敷向きの静かに語る邦楽で、吉原の廓の主人や蔵前の札差、日本橋魚河岸の旦那衆の間で愛好された高尚な語りであった。

菅野序遊と山彦新次郎のコンビはその後も古曲の増補改訂や多くの新曲作りに努力した。山彦新次郎の名は河東節であり、一中節では菅野序遊と称された。

二世序遊のとき、七世一中と意見が合わず、序遊は別離して菅野派を作り自ら初世菅野序遊と称した。作曲では文化元年（一八〇四）に「花紅葉錦廓」を作った。これは吉原の四季の風物を近江八景風にアレンジしたものである。

明治時代、一中節菅野派の名人といわれた四世菅野序遊こと菅野藤太郎は天保十二年（一八四一）三世茂三郎の長男として浅草の代地（台東区柳橋二ノ二三ノ一）で生まれた。

西洋礼賛熱にうかされていた明治の初期は、伝統芸能の邦楽界も火の消えたような淋しさだった。こんなエピソードがある。

ある日序遊の家に鍋島侯より、当時名人といわれた常盤津の林中、清元の延寿太夫、長唄の六翁、笛の荒木古童、加賀太夫らと共に急の呼び出しがあった。何事かと恐るおそる出頭してみると、鍋島侯は「このままでは日本古来の芸術は亡びてしまう。どんな相談にも乗るから、ぜひ再興に努力してもらいたい」といった。鍋島侯のこの援助に序遊らは大いに力づけられたという。

新宿コマ劇場の頭取で、六世菅野派の家元菅野序遊氏は祖父四代序遊について同家の過去帳を繰りながら話してくれた。

「私は父五世平太郎から『一中節を継ぐのなら学問はいらない。お前は一中節の六世を継ぐのはたいへんだから、もし学校へ行くつもりなら大学までいって別の道を歩め』といわれました。いまは菅野会は理事制になっており、年に春と秋二回柳橋の柳光亭で演奏会を開いております。

菅野の家は柳橋にあったのが、総武線が両国橋からお茶ノ水まで延長したとき浅草橋駅から隅田川寄りの所に引越して参りました。間口七、八間、奥行十間位の二階家でした。二階が稽古場で三〇畳あり、隣りの部屋を抜くと五〇畳はありました。毎日弟子や稽古の方が何十人も来たようです。日本橋の魚河岸の主人や蔵前の札差の旦那衆が大半で、毎日たいへんな騒ぎでした。不思議に柳橋の芸者衆は稽古にはきませんでした。出稽古には、福島・栃木県令だった三島通庸の邸などにも参ったといいます。

四代は生え抜きの江戸ッ子で、下町気風のさっぱりした人でした。世話好きで交際も広く、先代三遊亭円生などは特に仲がよかったようです。お祭りが好きだったのですね。深川の八幡、三社祭、神田明神の祭礼などには少し位い具合が悪くてもテクテクと歩いて出かけたそうです。毎年のことですから祖父は常連のようなもので、祖父が顔をみせると皆さんも喜んだそうです。それに銭湯が好きだったこともやはり下町ッ子だったのでしょう。家に風呂があるのに近所の〝松の湯〟（現存）に一番湯に入りに行ったとかで、客がいても『ちょっと失礼』といって出かけたようでした。

明治二〇年、東京音楽学校が創立されると講師となりました。一中節を習うには長唄、清元または常盤津をよほど習った者でなければ入れないといわれており、長唄、清元などの教授料は当時十銭くらいでしたが一中節は五倍の五〇銭だったそうです。普通の方の習う曲でなく旦那衆の芸だったからです。

父の代になっても毎月十二日に順講といって、稽古場で演奏会を開き二十段くらいおさらいをしたものです。菅野家には十二日の日に亡くなった人が無いので、それでこの日を祝って行ったものです。また春と秋には大順講といい、上野の梅川に演芸評論家のお歴々を招き新曲の発表やおさらいをしたものです。十二月の順講は納めの演奏会で、この時は参会者は野菜や魚などを持参して、それで味噌汁をつくり〝闇汁〟と称して会食しました。この日は師匠も弟子もなく、家族もいっしょに一日中賑やかなものでした。〝闇汁〟の味噌は八丁味噌に限られており、私は岡崎までこの味噌を買いにやらされたものです。

四世の序遊は大正八年九月二三日に七九歳で亡くなりました。戒名は釋聲阿弥居士で、墓は台東区清川町一ノ一浄雲寺にあります」

山くじら　港屋

山くじらとは猪のことである。江戸時代の初期、冬から春にかけて伊豆、秩父の猟師が猪や鹿、熊、狸などの肉を持ち込んで四ッ谷で市を開いた。これらの肉を商う店が麴町平河町三丁目に出来た。一部の江戸市民が好んで食べたので麴町の近くにこれを料理する料理屋も出来た。江戸も末期になると東両国の盛り場にこれらの肉を売る港屋、豊田屋、芋金などの店が出来た。

猪の肉を山くじらといったのは、一般に獣肉はいみ嫌われていたので、鯨の肉と偽って山くじらと称し一部の人に食されていたのである。しかし山村の人々は早くから猪、熊、狸などの肉を密に食べていたのだ。町方では鶏肉は別として、他の獣の肉を食べることは罪悪視されていた。

婦人が兎の肉を食べると三ツ口の子が生まれるといい、臭を嗅ぐことも嫌った。ある大名は両国の港屋の前を通ったとき、六尺（駕籠かきの人夫）をして駕籠を高く持ち上げさせ、息を止めて馳け足で通り抜けさせたとか。獣肉禁食の時代にはこんな話がいくらでもあった。

この港屋は両国橋の東詰を右に曲り、十軒くらい先の右側（両国橋は明治時代に川上に架け替えられた、元の橋は左に曲り左側）にあった。店の前には朝顔型の大行燈が下げてあり、その上方に牡丹の絵を赤く描き、下に「山くじら」と墨で書き、左右にもみじの絵を赤く描いてあった。牡丹の絵は猪のことで「牡丹と唐獅子」から取り、もみじは花札の鹿からの洒落言葉である。

港屋は当時の錦絵にも描かれた二階建の店だった。今日でも猪や鹿の肉は珍らしいのに、この時代にあってはよほど奇を衒う人でなければ行かなかったであろうが、とにかくもこの地の獣肉料理店は繁昌した。

威勢のいい若い衆が下足を取ってくれ、下足札を呉れる。広い畳の部屋は衝立てで、仕切られ、潰し島田のお姐さんがまっ赤になった炭を卓台の上にガサッと入れ、注文をとって行く──。

港屋は明治、大正の間に繁昌したが、昭和十年頃廃業して今はない。今も繁昌しているのは東両国の「ももんじ屋の豊田屋」で、この店の吉田龍一さんに店名のいわれなどを聞いてみた。

「私の祖父の時代にはこの両国は盛り場で、何軒も獣肉店がありました。『港屋』はこの店の前にありましたが、いまはどこにおられますか……。

『ももんじ屋』は昔は漢方薬店で、血の道に効く猿の頭の黒焼や、猪や熊の胃、中風に効く乾いた狐の舌を粉にしたものを商っていました。昔は店の前に猪の肉をそのまま吊り下げておいたが、明治の末にこれは禁ぜられました。昔は薬を商っておりましたが享保の時代その仕入れ先の伊豆の猟師から『麹町の獣肉屋が繁昌しているそうだ』と聞いて獣肉屋になったといいます。

今は材料の仕入れ先は三重県、それに丹波で捕れたものが主です。うまい猪肉は丹波のものに限ります。肉の炊き方は大体桜肉と同じで、タレの中に八丁味噌をミリンで練り、これですき焼調に炊きます。猪の肉はいくら煮ても牛や豚の肉のように固くならず、かえって柔かくなり、どんなに熱くても舌を火傷することはありません。油は牛肉より軽く、味は牛肉と馬肉の間くらい。余計食べると鼻血が出るというほど身体がほてってきます。冬は牛肉よりよいといわれます。冬以外の時は猪と鹿肉だけを取扱っております」

豊田屋は今九代目で、初代松五郎が享保二年（一七一七）に開業以来二百余年、この地で東京名物「ももんじ屋」を開いている。

芝居がかり義太夫　和國太夫

和国太夫は京都の人で金井市松といい、天保四年（一八三三）に生まれた。幕末に浄瑠璃の名手とうたわれた四世鶴沢友次郎の門に入り幼いうちから修業を積み、後に大坂に出て浄瑠璃の弾き語りをしていた。

万延元年（一八六〇）市松二五の時、知人の迎えで江戸に下った。当時大坂の芝居は近松門左衛門の影響をうけて大いに発展し、浄瑠璃のチョボ（太夫と三味線弾き）を演じたもので、市松は本場仕込みの誇りと自信を持って江戸に来た。

しかし江戸の浄瑠璃界には市松ていどの人はたくさんおり、大坂の浄瑠璃の名人という触れ込みだった市松はすっかり自信を失い、失望のままに大坂へ戻ろうかと思った。しかし引止める人があり、日本橋川瀬石町（中央区日本橋二丁目）に腰を据えた。

市松は男振りもよく目先の見える人だった。浅草猿若町の芝居小屋に出演していたとき、芝居茶屋の中田屋の娘おれんといい仲になり、婿入りして横井姓を名乗った。

当時猿若町には一丁目に中村座、二丁目に市村座、三丁目に守田座があり、江戸の芝居のメッカだった。電気のない時代で、昼間も蠟燭をとぼして芝居を演じたので、朝早く始まり、夕方に終った。芝居見物に遠くの人は夜も明けぬうちから提灯をさげて、あるいは前夜から芝居茶屋に泊り込む人もあった。芝居茶屋は泊り客の世話をしたり、席を取ったり案内したり、食事を運び込んだり忙しかった。役者もこの茶屋で贔屓に呼ばれたり、茶屋がその仲立ちをしたりしたから、なかなか芝居界には権威があった。

明治維新で猿若町の芝居もすっかりさびれ、守田座は日本橋新富町に移り、他の座も歯が抜けるように移転した。芝居茶屋制度もくずれ、市松は元の浄瑠璃語りとなり市川小団次のチョボを語るようになった。明治十五年、市松四九歳の時、芝居のチョボを廃め、自分で考案した「芝居がかりの義太夫」を寄席で語ることになった。

浄瑠璃は大きな小屋では、音響設備のない時代だから声が散ってしまうので自然と大きな声となる。これでは浄瑠璃の微妙な節回しの表現が出来ない。寄席のような小さい小屋では楽に声を出し、細かい所作も表わすことが出来て、浄瑠璃の醍醐味を充分味わわせることが出来た。明治十二年の「講談浄瑠璃落語定席一覧表」によると、寄席の定席は神田区の二三軒をトップに東京市内に一六三軒あった。これらの席は江戸時代から落語、講釈が演じられていたが、この頃からタレギダ（娘義太夫）が大流行して、府下の寄席の三分の一を占める勢いだった。やがては東京の中央部にまで進出し、タレギタの席にはいわゆる「ドウスル連」によって熱狂の渦が巻くほどの人気があった。

市松は大坂時代から宮戸太夫とか睦太夫と称していたが、この時代には和国太夫と芸名を替え各席を廻った。「芝居がかり」という演出方法はその語る場面により後幕を変え、小道具を使い席を暗らくしたりして実感を出す演出である。「壺坂霊験記」を語るときには沢市の居間の場は後幕にその居間の幕を用い、「壺坂」へ登る坂道の場は黒い木立や近くの山を描いた後幕を用意し、席を薄暗くして沢市の服装も義太夫を語る肩衣の下に黒い肩衣を着込み、それを素早く替えて按摩の感じを出した。

得意の語り物は「壺坂霊験記」「お静礼三小磯ヶ原」「浅茅が原石の枕」「地震加藤」などであった。この趣向はめずらし好きの東京人にうけた。和国太夫の席は入りをみせはじめ、どこの席も「ドウスル連」の人気もあり満席に近い人気を得た。

人気絶頂の和国太夫は団十郎、円朝、文治などとの交際もでき、身辺に粋な動きもあったらしい。この噂が京都の師匠鶴沢友次郎の耳に入り、明治十八年、和国太夫五〇歳のとき京都に呼ばれた。

師匠の前で一席語ったところ、鶴沢友次郎は「お前はこのような浄瑠璃を語っているのか。はずかしくないのか」といわれた。和国太夫は得意げに語ってみせた後だったから、この批判に一時は腹を立てた。しかし考え直し、それから三年の間鶴沢の内弟子となり、薪を割り、水を汲み、掃除も五〇の年で若い者といっしょにやり、東京の人気を忘れて師匠に稽古をつけてもらった。基礎のある上に、自らの芸の疑問を解決しようとの修業であるから上達は目にみえて早かった。五〇を過ぎての弟子生活は苦しかったが、師匠も舌を巻く芸を身につけた。

そして三年後、師匠の許しをうけて東京に戻った。東京の客は和国太夫といえば「芝居がかりの義太夫」のイメージが強く、この芸を希望した。しかし再起した和国太夫の語り方は上品で、昔より感情の表現が強く、「芝居がかりの義太夫」を聞きなれた客には向かなかった。和国太夫は浄瑠璃語りとなり、客層も上流社会に移った。寄席の席よりお屋敷に呼ばれて語ることが多くなり、ついには名人と称され弟子の養成に努力するようになった。

和国太夫の弟子であった、港区広尾に住む豊沢和孝さんは言う。

「師匠の語り方は、枯れたというか、うまいというか、面白いというか、客を厭きさせませんでした。語り方が他の人と違っていましたよ。悲しい処では泣かせ、やるせない処では客にわびしさを感じさせ、そのうまいことはとても口では語れません。感情を引き出すのがうまい人でした。一時間くらい語っても、しばらくの間は席を立つ人はいませんでした。若い頃は相当遊んだらしいが、私が教わった頃の師匠は大師匠といった感じの人で、弟子の面倒見のよい方でした。

明治三三年三月、六五歳の時、両国の中村楼でご贔屓筋や芸能人を呼んで引退の披露をし、和国翁と名乗りました。四〇年に品川の住居に移られ〝品川の大師匠〟といわれておりました」

また『吉原夜話』の中で喜熨斗古登子さんは語っている。

「義太夫では和国太夫という人が、人形遣いのように、語る場面によって、肩衣を取換えて高座に現われました。例えば、本朝廿四孝の奥庭の場を語るとしますと、肩衣も狐火を現わした肩衣をつけて出ますし、後に張ってある幕も、奥庭狐火らしい幕と張り換えて語ったものです。和国太夫は弾き語りで、大変人気がありました。それというのは美男子で色が白かったのが人気の出る助けになっていたのでしょう。余り色が白いものだから、薄化粧をしているのではないかという噂さえありました」

和国太夫は大正二年六月十七日に七八歳で死亡している。墓は浅草今戸の本性寺にある。

和国太夫の墓（浅草・本性寺）

落はなし　桂文治

人情話の円朝と肩を並べ、変った「落し話」や芝居物を演じて明治期に〝桂文治ははなし家で……〟と俚謡にまで唱われた文治は六代であった。天保十三年（一八四二）に四代桂文治の長男に生まれ、幼名を由之助といった。

元来桂文治の芸名は大坂の落語家の名であった。初代桂文治は上方落語の祖といわれた人で、江戸落語の始祖とも中興の人とも称された初代三笑亭可楽に匹敵する人物である。二代までは大坂の落語家であったが、江戸落語家の二代可楽の門人扇馬が初代文治の妹を妻とした関係で、三代文治を継いで江戸の高座に上っていた。

この時大坂では、元来桂文治の芸名は大坂落語の名跡であるという考え方から、京都生まれで滑稽話に長じた九鳥という落語家が同じ三代の名を継いだ。このため三代文治が江戸と大坂に二人出来てしまった。

江戸の四代文治は三代の養子で、五代は三代門下の文太郎。この人は後に二代文楽から文治の名を継ぎ、そして六代文治にバトンタッチした。

六代文治は小さい頃から聞き覚えの落語を片語で語り、七歳の時高座に上った。回らぬ舌先で「四ッ竹」を打ち分ける真似を器用にやってのけ、ヤンヤの拍手をあびたというから根っからの芸人であった。桂文治を名乗るまで、他の落語家と同じようにいくつか名を替え、三代桂文楽を継いだこともあったが、桂文治となってから有名になった。

六代文治は当時の人気役者岩井半四郎や納竹に似ているといわれ、踊りの素養もあった。三枚目役者の坂東喜知六の声色（こわいろ）も巧みだった。早稲田の松本邸に出入りしている頃、よく余興に芝居を演じたが、そのうちに彼の芝居は余興から本物化していった。東両国の中村楼で文治をはじめ円朝、燕枝、和国太夫、南龍達に吉原の幇間が加わり、道具立ても本式にして狂言「曾我の石段」「だんまり」「双蝶々」「歌仙」などを演じた。角力場の濡髪と「放駒の蝶」「千鳥の両個雑蝶」「愛対面素顔一幕」と芸題を据え円朝の濡髪和国太夫の放駒、文治は若旦那長五郎に扮し、突き転ばしの姿優しく、扇で顔をかくして立ち出でて、その扇を取り除けると「ちりれんげ」が現れるおかし味で大いに笑わせた。

高座では「上野の戦争」や「高橋おでん」などの際物を演じた。このうち〝西郷物〟の出し物は燕枝が台本を書き、明治十年の末に文治が演じた。西郷隆盛の芝居噺のときはつけ髯などをして隆盛に扮し、大喝采を博し一年の間打ち通した。また本郷の春木座や新富座、明治座で講談師、落語家らも芝居を上演し、満都の喝采を得た。芝居の小道具を利用しての高座は「猫の忠信」「よいよい蕎麦」「二番目」「小烏丸」「清正公酒屋」などで、だいたい声色入りの一席物を演じた。それが判で押したように一言一句も違わないほど芸達者であった。

三代から六代まで続いた東西の桂文治の名跡争いは、この間も続けられていた。文治の骨折りで両者が話し合い「大坂に一代限り文治を認める」ことでケリがついたが、これも東京における文治の名声と威光がそうさせたものである。明治四一年十一月二日、六代文治は三世大和之椽となり、人は楽翁とも呼んだ。

錦絵　室町　滑稽堂

錦絵（浮世絵）の版画技術に、大げさにいえば革命的発展をもたらしたのは鈴木春信である。

明和二年（一七六五）鈴木春信は木版師の植村の協力を得て、五、六色摺りの多色木版摺りの技法を完成し、それまでの絵画の感覚を大きく変えた。

それ以前の浮世絵は菱川師宣らが吉原の遊女や歌舞伎の舞台を描き木版で刷ったが、これは墨一色の輪郭線を刷った墨摺り絵で、これに各種の色を筆で描いたもので、錦絵とはいえないものであった。

寛政年代（一七八九—一八〇〇）は浮世絵の全盛時代で、木版芸術が最高潮に達した時期である。しかし天保時代（一八三〇—四三）になると次第に退廃的傾向となり、興味本位に取扱われた。

だがこの時代に浮世絵はさらに普及した。江戸詰めの大名や家来の武士、商人、旅人は浮世絵を故郷の家族や知人への江戸みやげとした。荷物にはならないし、その年の当たり狂言や人気役者の絵はみやげとして格好だった。また浮世絵のこの時代の需要の一つに、幕府の大奥を初めとし大名屋敷、旗本の奥向きにあった。これらの女中たちは外面はきびしい規則で縛られていただけに内部の淫事嬌風はあきれるほどで、贔負役者の似顔絵を愛玩することは非常のものであった。その他贈答用に春画も盛んに要望された。

この頃の浮世絵の小売店では年の暮には特別の注文も多く五、六〇両の売上げがあったという。一分二朱もあれば一ヶ月暮らせた時代だから、その繁昌ぶりが偲ばれる。

「滑稽堂」は中央区日本橋室町二丁目二番地の今の三井ビルの所にあった。ここは江戸の繁華街で駿河屋呉服店（今の三越）の筋向いにあった。大正五年に三階建に改築する前は間口四間、奥行十間、土蔵作りのガッシリした店であった。

この店の祖先は蔵前の札差業であったというが、明治は三代秋山武右衛門の時代で、滑稽堂は数多くあった浮世絵商の中で両国の大平と共に二大版元として知られていた。大平は清親の浮世絵の版元として、また滑稽堂は芳年の絵の版元として、それぞれ明治時代浮世絵界を二分し、店先にはいつも客があふれていた。これらの版元はその年の当たり狂言、人気役者の動向に気を使い、どのように描かせ、刷らせたらよいかと気を配り、役者との交流も親密だった。滑稽堂の店には梅幸、団十郎、菊五郎などの出入りも多く、常に供を連れた人力車が留っていた。

三代は人気役者の舞台姿を芳年に描かせ、刻刀は宗川信吉、摺刷は山田猪吉系の人に行なわせた。滑稽堂を東京で有数の店とした力の一つに、三代の番頭で木村豊吉がいる。木村は役者や芝居関係の交際が深く、社交家で踊りも歌も上手で、芝居の道にも通じていた。芳年の描くその年の当たり狂言の選定や人気役者の描き方についても決して当たりはずれがなかった。

滑稽堂六代の当主秋山直太郎氏に聞いてみた。

「私は今年七四で、明治三三年の生まれです。祖父から三代の話をよく聞きましたが、三代の頃はちょうど明治維新を迎え錦絵はいうに及ばず骨董品など二足三文の時代でもありました。

しかし明治十年頃から浅草の猿若町にあった芝居小屋が次第に東京の中心に移り、新富座の開場の時は外国の大公使らを迎えたことがあり、この頃から再び芝居の人気が上昇し錦絵の人気も再燃しました。錦絵の人気を高めたものに、外国人によってその芸術性を認められたことがあります。写楽、歌麿、北斎、広重などの錦絵はとくに高く評価され、店にはいつも場所柄外人が来ていたそうです。

三代はいわゆる大店の旦那衆で、詩、小唄、長唄もやる多趣味な人であまり店のことは関知せず、すべて番頭の木村豊吉に委せていたようです。この時代の日本橋の大店の主人は江戸時代からの風習で、商いは番頭に委せて、外との交際を主に行っていたもので、今の方々には理解は出来ないと思います。このおつきあいを通じて店の品位もあがり、政府の方々とのお近づきも出来たわけです。当時の芳年は芸術家といってもやはり職人で、弟子も多く生活は苦しかったらしく、よく金を借りにきていました。今の画家は芸術家といわれておりますが、当時は版元の職人に過ぎず、お店（たな）の指図で絵を描き、店ではそれで版を作り摺らせたものです。しかし三代は芳年をよく連れて、招待した役者に同席させたり芝居を見に行ったそうです。

三代は明治二五年に七六歳で死にました。大正の震災で焼けた後、父は『浮世絵でもあるまい』と廃業しました。その後三越の掛紙を作っていました。近年のように浮世絵がブームになるのなら、残しておいたらと思います」

秋山氏は中央区日本橋で画廊を開いておられる。

錦絵　両国　大平

江戸時代の浮世絵、さらに多彩刷りの錦絵の芸術的発展を支えた蔭の存在として、江戸市中にたくさんあった〝版元〟をみのがすことはできない。版元の主な所では滑稽堂のほかに、両国の大平（おおひら）、人形町の具足屋、横山町の辻文などがあり、各々の画家はこの版元に属しており、版元は筆耕、刻刀、摺師に刷らした。

この浮世絵や錦絵商は絵双紙屋といわれ、極彩色の武者絵や役者絵、それに千代紙、切組絵、読本などを店頭にならべていた。人気役者の似顔や団・菊・左などの当たり狂言の絵が飾られると、店頭にはたちまち人垣が出来た。店の表に「地本絵双紙類」と書いた行燈型の看板を置いて、江戸気分を漂わした店構えが明治になっても市中至る所に見られた。大平は文政年間（一八一八—一八二九）より両国の吉川町（中央区日本橋両国四番地辺り）にあった。大黒屋平吉といい、一般に〝大平〟と呼ばれた版元で、商号は「本松寿堂で店主は松本平吉である。広重早期の作品や豊国、貞秀などを出版していた。

場所柄からであろう、この店の先代が力士を養子としたことも関係あって相撲の絵の版元としても幕末期には江戸市民の間で爆発的な人気があって、有名だった。明治になって風景画、諷刺画の大家であった小林清親の版元として有名になり〝大平版〟とまで呼ばれた。いつ店を閉めたのか、調べてみたが判らなかった。

酉の市　熊手

熊手は毎年十一月の酉の日に、浅草鷲神社に開かれる、いわゆる「お酉さん」の市で売られる縁起物である。

鷲神社の本社は一説には、足立区花畑の綾瀬川の畔にある鷲神社であるともいう。その縁起として、

「後冷泉天皇（一〇四五―六八）の時代、命をうけて奥州へ兵を向けた新羅三郎義光はこの花亦郷に到着し陣を敷いた。ちょうどその日は中秋の名月の夜で、義光は綾瀬川の水で身を清め、遥かに京都の方を伏し拝み戦勝を祈願した。そのとき不思議にも何処からか一羽の鷲が飛び来り、義光の頭上を旋回すると、急に綾瀬の水が騒ぎ始め、その波頭は折からの月に照らし出され、ちょうど白旗が靡くようであった。そして鷲が真直に天の一角に上ったかと思うと、義光の甲冑が金色に替り光を発った。この異変に義光は『我軍勝てり』と勇気百倍し朝敵を打ち破った」

この村の人々はその後、十一月の酉の日の夜、綾瀬川の水が皓々と光り鷲の不思議な舞を何度も見た。そこでこの地に神鷲を祀り、鷲大明神社を建てこの信仰を関東一円に広めたという。浅草の「お酉さん」は鷲在山長国寺といい、この寺は房州茂原の日蓮宗八品派（はっぽんは）小早川左エ門太夫が鷲山寺の鷲大明神を明和二年（一七六五）にこの地に移したものという。天保七年（一八三六）に発刊された『江戸名所図会』には記載されていないが、同年頃の『江戸切絵図』には「長国寺鷲明神」と書かれている。「酉の祭」について同寺の「縁起」は次のように記している。

「一　明治初年まで、この寺だけの行事で明らかに星宿ほしの信仰である。

引証

安政六年発行　絵本江戸土産　六編　浅草酉の市。浅草大音寺前ニ在リ、日蓮宗長国寺ニ安置シタモウ。鷲大明神ト世ニハ云エドモ、実ハ破軍星ヲ祀レシトゾ。十一月酉ノ日ニハ参詣ノ諸人群集ナシ、熊手、唐ノ芋ヲヒサグヲ当時ノ例トス。

二　往古参詣者ニ授与シタ掛軸（現存）ノ尊像ハ七曜ノ星ヲ冠シ、鷲ノ背ニ乗ッテイル。正ニ妙見菩薩ノ信仰デアル」

前説の花畑の鷲神社は天台宗で、この寺は日蓮宗で関係はない。一の「明治初年まで」とあるは、明治元年の神仏分離令により廃仏毀釈運動が起きたとき、長国寺は他の寺が行ったように、境内の土地三〇〇坪を分割して鷲神社を創立し、住職を神官とした。それ以来この寺と神社は「お酉さん」と総称され、鷲神社を「山」といい長国寺を「妙見」というようになった。

熊手を売り始めたのは花畑の鷲神社らしく、迎運の縁起物として付近の農家で作られたものを売ったのが始りらしい。浅草の酉の市で売られたのは安政年代以前で、その歴史は古い。

「お酉さん」は台東区千束三丁目にある。裏に新吉原を控え、近くに猿若町の芝居小屋もあり、前は入谷田んぼで観音様寄りの地は浅草田んぼ。千住までの道が延びており淋しい所だった。しかしお酉さんの日だけは新吉原の裏門も開かれ、参詣の男衆に連れられた女性もこの日ばかりは吉原見物が出来るとあって一段の賑わいをみせた。

「お酉さん」で売る熊手は年と共に変化していた。明治五、六年頃までは七福神、宝尽し、三番叟などを飾り、すべて立体的な張り抜きで、浅草黒船町の玩具問屋増田屋の専売であった。しかしその後紙を使った切り抜きで作られるようになり、この付近の農家や民家の内職として作られた。これらの家は浅草千束二丁目、下谷竜泉寺、金杉、入谷にあり、多い時は二七〇軒以上もあった。刷り込み、切り抜き、串打、胡粉塗、彩色、台作り、付け込みなどの工程を一家総出で行ない、家の中から庭先にまで広げて乾したので、夏から秋にかけこのあたりの村々は色彩にあふれ、あやしく美しかった。

明治の頃、この近くの竜泉寺に住んでいた樋口一葉は『たけくらべ』の冒頭近くに描いている。

「三島神社の角をまがりてよりこれぞと見ゆる大厦(いえ)もなく、かたぶく檐端(のきば)の十軒長屋二十軒長屋や、商ひはかつふつ利かぬ処とて半さしたる雨戸の外に、あやしき形(なり)に紙を切りなして、胡粉ぬりくり彩色のある田楽みるやう、裏にはりたる串のさまもをかし。一軒ならず二軒ならず、朝日に干して夕日に仕舞ふ手当こと〴〵しく、一家内これにかかりてそれは何ぞと問ふに知らずや霜月酉の日例の神社に欲深様のかつぎ給ふ是れぞ熊手の下ごしらへといふ……」

樋口一葉が『たけくらべ』を著したのは明治二八年で、この頃三島神社（台東区寿町四丁目所在）から竜泉寺までの間には大きな家もなく、まだ浅草田んぼも残っており、千住への曲りくねった道畔に長屋があり、一葉はこの熊手作りを見て作品の背景にした。

熊手売りの若い衆は暗い蠟燭の光の下で、霜月の寒さを金玉火鉢でさけて、参詣の客に呼び掛けて客と相対で価を決め、売子一同はシャンシャンシャンと祝いの手締めをしたものである。

十一月酉の日は、年により二度ある年と三度ある年がある。三度ある年は火事が多い、と昔からの言い伝えがある。酉の市はその日の午前零時を期して始まる。待ちかねた客は境内にドッと流れ込み、熊手屋は境内の両側に葭簀張りの店を開き、熊手のほかにも人の頭になれと〝八ッ頭〟や〝切山椒〟などを売っていた。

昔は熊手の中に宝船、米俵、金箱、金的、お多福、玉茎、大黒、鶴亀、注連縄などの縁起物を飾ったもので、大きいものは一丈近くもあり、小さな物で一尺位であった。最初の年は小さいものを買い、次第に大きい熊手に買い替えて行くのが江戸時代からの風習で、商人はもちろん水商売の人が競って求めた。大きいのは若い衆に担がせて持ち帰り、出入の者を呼んで祝い神棚近くの天井に飾った。

私は初酉の次の朝、鷲神社を訪れた。前日の賑わいにくらべ参詣人は一人もいない。この境内は人死まで出たという混雑であっただけに、嘘のような静けさだった。店を閉めていた吉向市郎さんに色々とお話を聞いたが、ハッピ姿が板についた七六歳の吉向さんは足立区西新井本町で熊手を作っている人である。

「私は十七歳の時、日暮里正庭（東日暮里一丁目三十四番地辺）の横田という熊手作りの店に縁あって勤めました。この店はお酉様に七軒も店を持っている際物師でした。どういう訳か熊手師と相撲界とは縁が深く、年中相撲取りが遊びに来ていました。十九の時この熊手屋が嫌になり、相撲の呼び出しになったことがあります。その頃は梅ヶ谷や栃木山などの横綱がおり、大正の黄金時代でした。地方巡業も楽しかったが、何せん下ッ端の呼び出しでは収入も少なく、六年間おりましたがとてもこれでは女房も持てないと、大正十年二五の時、親方に詫びを入れてまた元の熊手屋になりました。

熊手は昔は竜泉寺や千束の辺で作っていたといいますが、私らの頃は三ノ輪や日暮里辺で作っておりました。今は江戸川区の鹿骨に殆んど移転しましたが、私の住んでいる西新井にも四、五軒あります。竜泉寺や千束で作られたのは、今戸や田中町辺で厚紙が出来たので熊手の原料の仕入れが便利だったんでしょう。

お酉さんの日は昼間は〝山〟が売れ、夜になると〝妙見前〟がよく売れます。売り子は九尺店で二人、二間店で三人と仲間定法が定められております。この売り子の上手下手で売れ行きが違います。

これらの店は昔は二〇〇軒位出ましたが今は一五〇軒位です。私のように作って売っている店と、仕入れて売っている店もあります。私の店は『吉向』の屋号で〝山〟と〝妙見前〟に各々一軒ずつ出しております。他の店は高砂部屋の人に貸してあります。私の店は古いので、毎年馴染のお客に可愛がって頂いております。

昔は粋なお客もずいぶんいました。昼間芸者やおかみを連れて何台もの人力車できて、連れの者にわいわいわせながら熊手を買わせ、値段も値切らず、手締めをする若い衆に十円もの祝儀を祝ってくれたものです。

当時の十円は、私たちには今の一万円から二万円にも相当しましたから、私たちもビックリしたものです。今は……とんでもありません、絶対にありません。世の中がせちがらくなったからでしょう。

夜になると吉原の客が寄りました。酔っている人も多く、混雑の中で喧嘩が始まるやらで人死もありましたよ。神社前で縁起物として賽銭箱の前に散った賽銭を拾おうとする人を、後から押すのでたいへんなことになるんです。朝になって下駄が何足も散らばっていたものです。お酉さんが徹夜で市を開いたのは神社参りということもありますが、新吉原が近くにあった関係でしょう。

熊手を作る数はその年が二ノ酉か三ノ酉かで数も違います。九月頃から約五千個作ります。それまでは神社で売る七福神など作り問屋に卸しております。面は木型の上に浸らした厚紙を押しつけて型を取り、乾燥させて色を塗り、柄竹に爪をつけ、おかめの面、金枡、鯛、宝来山、鶴亀、大判、小判などの縁起物をつけて仕上げます。

十一月のお酉さんが終ると十二月五日の王子権現、同八日熊谷の市、九日蕨、十二日浦和、十五日川口、二十日大宮、二十一日西新井大師、二五日鳩ヶ谷の市と関東一円を回ります」

初卯　まゆ玉

まゆ玉は時代と土地によって呼び名が違っていた。「まゆ玉団子」という所もある。元来米の粉を熱湯で練り、あるいは餅を丸めて繭型にして赤や青色に染め、ミズキや柳の枝にさしたものである。江戸の末期には土で玉を作り、厚紙に胡粉を塗り赤、青、黄色で染めたものが出来た。餅で作ったものは、小正月に一般の家で作るか、または暮に餅を搗く時に作った。二月の初卯の日にもう一度餅を搗いてまゆ玉を作る地方もあった。

すべて郷土玩具から発達したものか、子供の菓子として作られたもので、赤や青の春めいた色は神社などで売るようになり、妙義神社の縁起物として買われた。

亀戸の妙義神社は天満宮の境内にある。本所亀戸天満宮は正保三年（一六四六）開祖神祐（菅原善外の苗裔）が筑前太宰府にいた時分に、ある夜官公の神示を得て、

十立ちて栄ふる梅の雅枝かな

の句を与えられた。そこで境内の「飛梅」を以て神像を彫し、これを奉持して江戸に下り天満宮をこの亀戸村に勧請（かんじょう）した。寛文元年（一六六一）台命を蒙り、同二年この地を賜わり同三年に宮居を営み、太宰府の彿を模して、心字の池、楼門を作った。寛文九年十一月、官公の師比叡山の阿闍梨法性坊尊意僧正の霊を勧請した。これが妙義神社（妙義社又は御嶽社）である。

この神社の縁日が卯の日で、正月の初めの卯の日を初卯といい、天満宮の恵方詣りを兼ねて江戸の人々、特に粋筋の参詣人が多かった。この卯の日は年により二度ある年と三度ある年があり、初卯、二の卯、三の卯といった。

初卯詣りの人々は暁を告げる天満宮の太鼓が鳴ると、ドッと押しかけた。広い境内も人の波で埋まり、その騒ぎは正月のまだ明けやらぬ四囲にこだました。

まゆ玉は妙義神社の縁起物だが、亀戸天満宮の初天神の正月二五日にもまゆ玉は亀戸天満宮の縁起物といっしょに売られているので、天満宮の縁起物と間違えて求める人が多い。鷲神社の「熊手」と同じようにまゆ玉も商売繁昌の縁起物として神棚近くの天井や長押に飾られる。

この亀戸天満宮は江戸でも屈指の藤と梅の名所であった。この付近は萩で名高い萩寺（無量院慈雲山竜眼寺）、四ッ目の牡丹園、臥龍梅の梅屋敷などの花の名所に近く、両国の岡場所も近くにあり、卯の日の妙義神社の縁日や天満宮の初天神以外にお参りや遊びにことかかぬ所であった。

江戸末期から明治にかけてはここへ舟でくる人も多かった。日本橋浜町河岸からは乗合い船が出て、大川をよぎり竪川から天神橋の架かっている横十間川に入り、亀戸天満宮の本河岸に着いた。河岸は乗り降りする人で混雑し、特に法思橋から亀戸天神までの間は足の踏み場もないほどで、天神橋から神社の入口までの間はまゆ玉や名物住吉人形を売る店が立ち並んでいた。

初卯の日に天満宮の臥龍梅を見物へ出た人が妙義神社の神符やまゆ玉を持って梅見物に回ったもので、この参詣の風景を川柳に読まれている。

初卯の日まだねむそうな臥龍梅

大串を天窓へ挿して梅をほめ

暁をかけて妙義神社へお詣りした人々が、まだ明けやらぬ梅屋敷に行き臥龍梅を詠んだもので、大串は妙義神社の神符で、これを項（うなじ）に差して見物に行った。永井荷風は妙義神社の卯の日に参詣して、

「敷石道の両側から矢天臣門をくぐって太鼓橋の架かった池の周囲まで、曲った松や梅などの庭木を後にして左程に広からぬ境内一面に、繭玉店のひろげられた有様、柳の枝にささげた大小の小判やら色紙で作った縁起のいい宝物のさまざまは、軟らかい冬の日光にきらきら輝いていると、竹の先にぶら下げた張子の亀の子や達磨様は麦藁細工の住吉踊りと一緒に、

稔のかなやうでもかなり強い正月の風にがさがさ軽い響をたてながら動いている」と天満宮の様子を描いている。

お玉池　磯又右衛門

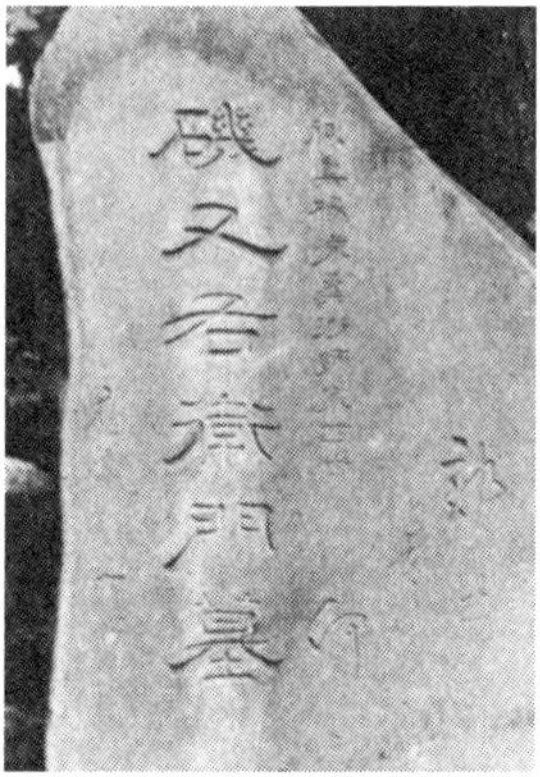

磯又右衛門の墓

日本柔道の開祖嘉納治五郎は天神真楊流の流祖磯又右衛門の高弟福田八之助の門下で柔術を研究し、福田八之助の死後、三代磯正智の門を叩き今日の柔道の基本を作った。

江戸時代の柔術は関口流をはじめとし、竹内流、荒木流、浅山一伝流、渋川流などのいろいろの流儀があった。天神真楊流は初代秋山四郎兵衛の開いた楊心流にその源を発する。秋山は長崎の漢方医で、医業のほかに武芸を好み、当時〃やわら捕手〃といわれていた柔術を修得した。その後漢国に渡り唐手・拳を習練して帰り、柔術手三百三手を考案した。柳に雪が積り折れないのを見て、これこそ柔術の神髄なりと悟り「楊（柳）心流」を創立した。

楊心流の二代、大坂の大江仙兵衛広富の弟で大坂同心山本民左衛門英章は、流祖秋山の考案した三百三手の柔術に含まれる「居合拳」を整理して六十四手とし、今日の柔道の基本型を作り、これを真之神道流と称した。山本はこの流儀を江戸に拡めようと、江戸時代の末期に出府した。山本の孫弟子の紀州藩岡山八郎治は、真之神道流の六十四手に六十手の柔術手を考え「天神真楊流」と称した。彼は磯家の御家人株を買い、磯と名乗り名も又右衛門と改めた。

この時代、天神真楊流は世に入れられず、維新も過ぎ武芸もうとまれていたが、三代又右衛門正智のときに、上野不忍池より大きかったという神田お玉ヶ池（現在の千代田区神田東松下町のあたり）に三千余坪の敷地と道場を持ち、門弟の出入りもはげしかった。教え方は今のような乱取りでなく、柔術の型を主として教え、他流との試合は固く禁じていた。

又右衛門は明治十四年六月に六四歳で没している。この天神真楊流は高弟福田八之助より五尺二寸の小男嘉納治五郎に引継がれた。今日の柔道への道を開いたのも磯又右衛門の功績である。

鉄砲町　百瀬

日本橋鉄砲町の百瀬はほねつぎ業であった。江戸の末期から明治にかけて、日本の医学は従来の漢方医学から西洋医学に移行した。そのなかで日本伝統のほねつぎといわれる折骨・捻坐の治療方法は、灸の治療法と同じように各家の秘法として係累者に代々伝えられ、守られてきた。明治の時代には「千住の名倉」「日本橋の百瀬」「池ノ端の永順」がほねつぎの名家として有名だった。

しかし今はこの三家のうち「名倉」だけが、西洋医学を併用したほねつぎの名家として声望をほしいままにしている。「永順」や日本橋の百瀬は今は絶えて、年配者の記憶に残るのみである。はじめ百瀬について各方面に尋ねてみたが、その所在すら判らなかった。しかし日本橋室町三丁目の袋物店の老舗「丸幸」に、浮世小路にあった丸利のことで訪れたとき、たまたま同店の主人より百瀬はほねつぎ業で鉄砲町の角（中央区本町三、四丁目）にあったことを教えられた。

その後、中央区内のある折骨診療所（ここは相撲専門に治療していた）から百瀬が墨田区両国一丁目にあることを教えられた。この両国の百瀬は鉄砲町「百瀬」の分院だった。本院は昭和二七年頃廃業し、両国の分院も昭和四六年に分院の二代山木清太郎の死亡により業を閉じたという。「ほねつぎ百瀬」の初代百瀬七造は信州東筑摩郡波多（田）村に生まれた。少年の頃より身体が大きく力持ちで、十二、三の頃には大人と相撲を取って投げるほどで近村でも七造を負かす者がなかったという。この田舎相撲の横綱は文化・文政（一八〇四―一八二九）の頃相撲取りになろうと江戸に出た。

しかし人の運命は判らないもので、力自慢の七造は誰に教ったともなく覚えたらしいほねつぎの法を身につけ、江戸日本橋鉄砲町に文政の末、ささやかな治療所を開いた。初代、二代の頃は大して繁昌はしなかったらしいが、明治の中期、三代のとき名優三代目菊五郎の捻坐を治療したのが縁となり、個人的な交際ができた。これが縁で芸能関係の人々が通院するようになり梅幸、羽左衛門、幸四郎などが付き人と共に人力車で通うようになった。それにつれて新橋、柳橋、下谷の芸妓がはなやかに通い、昔の縁でか両国の関取り衆もやってきた。こうなると患者でもない見物人までが門前に市をなすありさまだった。これは三代七造（代々襲名）が治療もうまく患者の心を摑み、交際上手だったからで、わずかの間に百瀬を一流の治療院にした。

二代七造は隠居して久永を名乗り、三代四三歳のとき、明治三八年七八歳で歿している。以下は四代の妹百瀬あつみさんの話である。

「鉄砲町の家は一二〇坪位の総二階建でした。一階は待合室と治療所でした。この頃三越が三階建で、その屋上から眺めると、私の家は樹が多くあってすぐ判りました。

父の診療は親切でてきぱきと行っておりました。一日に一五〇人くらいを朝九時から十二時までの間に診るのでとても忙しく、弟子も四、五人おりました。患者は番号をとるのに、朝五時頃から門の外に並んでおりました。役者衆や芸者さんや関取りの方々がいつもきていたので待合室ははなやかで、私も時々覗きに行ったものです。赤い袴をつけた女官もきました。父のほうから宮内省からの差し廻しの車で出かけたこともあります。ある時、貴い方のご診療をしているところへ陛下が廊下をお通りにならられ、女官が手なぐさみに作った水瓜に目鼻をつけて中に蠟燭の火を入れたものをご覧になり、陛下はたいへんめずらしがられたことがあったとかで、父はこの話を何度も小さい私たちに語ってくれました。北海道開拓長官で陸軍大臣の黒田清隆伯や九条公爵（貞明皇后の兄）なども交際させて頂いておりまして、お屋敷にも時々お伺いしておりました。

四代は私の兄の久で、父が昭和五年五月に六八でなくなった後診療を続けていました。兄は体が弱く、昭和二七年まで営業しておりましたが五五歳で死にました。その後を継ぐ者がいなかったので遂に閉鎖してしまいました。両国の『百瀬』は鉄砲町の分院で、父の従兄の山木さんに明治の中期に開かせたものです。分院は両国の関取り衆を専門に診療するのに開いたものです」

相撲部屋に近い両国本所一ッ目通りにある百瀬は現在診療はしていない。二代夫人の山木たみさんが一人で住んでいる。二代山木清太郎は一昨年死に、三回忌が終ったばかりだった。その山木たみさんを訪れてみたが、話は相撲界の今昔など、治療に因んで興味深い。

「ここの初代は鉄砲町『百瀬』の三代の従兄です。子供の頃から鉄砲町で治療法を修得し、三代の代診をしておりました。明治二五年にお相撲さんの治療専門の分院ということで今の両国駅の広場（改札口の所）に開業しました。当時はまだ大川の百本杭も残っており、ここで釣れた鯉は天下一品といわれ釣人が糸をたれていました。近くに藤堂様のお屋敷もまだありました。国技館はまだ出来ておりませんでした。晴天十日間の初場所と五月場所が筵囲いの小屋で行なわれた時代です。

相撲が行なわれる日は朝早くから両国橋の東詰に立てられた櫓太鼓が鳴り渡り、大川の水に響いたものです。力士の幟旗が両国橋から何百本も青空に立ち並び、風にはためき、景気を煽ったものです。

初代の山木保造は大の好角家で高砂系の力士を贔屓にしておりました。当時は相撲の取組みは部屋別で東西に分れていたので、その対抗もはげしく贔屓筋もまた部屋別にたいへんな力の入れようでした。年中若い力士が治療の他に出入りしておりました。場所が東京で開かれている時は、勝手に女中がいるのに自分たちで材料を買ってきて料理を作り、初代が帰ってくると早速酒盛りでした。初代も『まるで百瀬部屋だな』と七、八人の若い力士たちを相手にして酒を飲み交していたものでした。初代は贔屓の高砂系の力士しか診療せず、その上診療代はとらないという力の入れ方でした。

そんなわけで高砂部屋では場所が始ると、毎場所毎に砂かぶりのいい枡を用意しておいてくれました。特に贔屓にしていましたのは梅ヶ谷や太刀山でしたが、太刀山とは碁敵でもあったようです。

初代は大正六年の七月になくなり、跡継ぎがなかったので鉄砲町の本院におりました晴太郎が養子にきて『両国百瀬』の二代を継いだのです。

力士の怪我は捻坐が多く、特に膝、腰、足首はなかなか直りにくいので『あいつは明日は休んだ方がいいのだがな』と漏していることがありました。休場すれば順位が下るので、よほどのことがない限り今のように『休め』とはいえなかったのです。昔は仕切り時間に制限がなかったので、充分に仕切って相撲がとれたので怪我は少なかったものです。捻坐しても場所中ならば何とか治療出来ますが、地方巡業などに出ておれば治療をうけずに相撲をとりつづけることが多く、それで相撲の生命を失う者もありました。それから昔は土俵の上では包帯ははずしたもので、今のようにやたらとサポーターや貼り薬を貼って出場する者はありませんでした。

この両国一丁目に移りましたのは両国駅が拡張された時でした。その頃はまだ一ツ目のこの通りもせまく、門もありまして広い家でした。患者は毎日朝早くから門の外で待っておりました。待合室だけで坐り切れず、玄関や入口の外で待って頂いたものです。弟子も二人いましたが、忙しくてさばき切れなかったものです。

私の主人は昭和四六年一月に八三歳でなくなりました。死ぬ二週間前まで診療していましたが、医師は『働きすぎだ』といっておりました」

同家の玄関にあった「相撲協会嘱託百瀬折骨診療所」の古い看板も「ほねつぎ史」を語る資料となってしまった。

山木たみさんの話の中で「高砂系の力士以外の者は千住の名倉さんの所へ治療に通っていたようです。大正の震災後は名倉さんが診療をやめたので、どの部屋の相撲さんの診療もするようになりました」とのことであった。荒川の名倉病院の院長名倉弓雄氏は、これについて次のように語っている。

「百瀬さんのお話にある千住の名倉は私の本家になりますが、大正の震災以後治療を止め、廃業したのは大坂町の診療所で、それと間違えておられるようです。千住にも大坂町にもどの部屋の相撲さんも治療にきました。場所ごとに百瀬さんの所と同じように招待され見物にいったものです。

ほねつぎ業はあんま・鍼灸と同じように、医師の免許がなくとも診療したり治療することが出来ます。が、どうしても医師の分野に及ぶことが多く、治療が限定されてむずかしくなって参りました。医師の資格を持たず接骨業をなさっていた百瀬さんも、その限界を悟られていたのでしょう」

温泉のはじめ　福井町　紋左衛門の湯

「紋左衛門の湯」の主人は鶴沢紋左衛門といった。明治の初年、福井町（台東区浅草）蓮雀町（中央区）などに何軒もの風呂屋を経営していた人で、石榴（ざくろ）式の浴槽を温泉式の浴槽に改良し、石榴口の壁を取り除き湯舟を明るくしたもので、これを東京人は〝改良風呂〟ともいい「温泉のようだ」と大いに評判になった。

当時は温泉場でも内湯のある宿は少なかった。温泉客は宿で泊り、湯はその温泉場で経営している共同風呂に行ったもので、明治の初期まで熱海や箱根もこの式であった。

この共同風呂は東京の風呂屋のように石榴口をくぐって入る暗い湯舟でなく、湯も流し込み式で清潔な感じがした。紋左衛門が考えたのはこの温泉式のスタイルである。

石榴口式の風呂屋は江戸中期から行なわれていた。嘉永三年（一八五〇）の西沢李叟の『皇都午睡』によると、

「湯舟の前面やや離れたる所に、板を天井より下げて、その鴨居板の下から屈み入るようにせるもので、この板は初期の時代には低く垂れ下りで、下部の開き口は少なく、年代と共にせり上り石榴口が大きくなった」

つまり石榴口とは湯舟の前数尺の所に天井から下げられた板の所をいい、これは湯が冷めないようにしたものである。これでは中は暗く、湯舟は昼でも人の顔がはっきり見えなかった。この

式の風呂屋は文政五年（一八二二）に改正するように布令が出された。しかしなかなか改められなかったものを紋左衛門は率先して改良した。

明治維新となり、午後六時以後も営業が許可されると、紋左衛門はランプをつけ、また瓦斯燈をいち早く利用した。「紋左衛門の湯」にはそれを見物にくる人もまじりいよいよ好評を博した。これに刺激されたものか、明治十二年政府は石榴風呂の禁止令を出し、徐々に東京の風呂屋は改良されていった。

幕末までの江戸庶民の風呂には、今日では考えられないような珍奇な話が数々ある。

江戸の銭湯には寛政年間（一七八九―一八〇〇）以前に男女混浴の風習があった。

「承応二年（一六五三）から銭湯の営業時間は湯屋風呂屋、明け六ッ時（午前六時）より暮六ッ時（午後六時）まで焚付仕舞可申候事」

と定められた。これは火の用心のために夜間営業は許されなかったもので、ランプを使用するようになる明治の頃まで続いた。しかしこの禁令も時には破られたものか、暮六ッ時以後七ッ時（午後八時）より男女の混浴が行なわれた。『宝暦現来集』に曰く、

「もっともこの入込湯は、毎日夕七ッ時より男女入込故さてさて騒々しきこと」

公然とこの入込みは行なわれ、商売女などはここで顔を合せた馴染の客と人目をはばからずふざけ散らしたりもした。風紀上好ましくないという批判をよそに、ひそかに刺激を求めてくる客も多く結構繁昌した。

寛政二年と享和三年（一八〇三）に「混浴禁止令」が出て男女別々の浴槽となった。入口も分

れることになったが、やはり完全には守られていなかった。洗い場が二つに仕切られ、三尺位の板が上から下り、その下をいくらも潜り抜けられた。坐ると女湯が丸見えになるように作った所もあった。

明治五年にまたまた東京府令が出て「男女入込洗湯不相成事」と命じている。

また江戸時代の風呂屋の特徴は湯女である。湯女は江戸の初めにすでに出現していた。これは一種の茶屋で、酒客を扱い風呂場を設けて客を入浴させ、浴室では客の身体を洗ってやった。酒の相手をした女が後期には売色の女と化したところから湯女と呼ばれた。

湯女はその頃流行していた湯泉場の遊女である湯女を真似て発生したもので、湯女が売女化したのは寛永十年（一六三三）の頃が最盛である。この湯女風呂の流行から吉原が衰微したほどである。寛永二〇年の『色音論』はこう述べている。

「江戸の湯女は勤番武士によって流行し、外濠を取り巻く風呂屋の続出を見、殊に道三堀付近、鎌倉河岸が栄えた」

江戸屋敷詰めの武士は領地に妻子を残してきており、不自由だったので湯女が発生したという次第。しかし吉原遊廓の苦情申し込みにより、幕府もしばしば禁令を出した。明暦三年（一六五七）にはこれらの湯女を大量検挙している。この時は風呂屋二〇〇軒と湯女六〇〇人を捕えて吉原に送っている。また寛文八年（一六六八）に娼家七十余軒、娼婦五一二人を吉原入りとさせている。

このように増殖した湯女風呂を撲滅するために、寛政二年に江戸市内に一般の人のために風呂屋の営業を許可制とした。明治維新となり、江戸の武士、町人の立退きや家屋敷の売り物、取毀しで木材、古材が捨て値で買えたので風呂屋は許可を得ないで各所に開業した。このなかにまた湯女を置ける二階風呂屋ができ、大いに盛んとなり酒、肴を用意し背中を流す女も現われた。今も僅かに残っている料亭の風呂にこの風習がみられている。

これも明治十五年と十八年に「湯屋取締規則」が布令され、その後は湯女は消え健全な風呂屋となった。

理髪の始　本町川岸　川名浪吉

横浜村が開港され、文明開化の香りがただよい始めた明治の初年、横浜の床屋の小倉虎吉の店に外国人がやってきた。通訳を通じ、港に入った異国船の船員の顔を剃ってくれという頼みだった。虎吉は要請に応じて仲間の松本貞吉、原徳三郎と語らい、三人で恐るおそる外国船へ行った。その船には西洋理髪師というほどの者ではなかったが、鋏で髪を刈る者がいた。顔剃りは日本人も外国人も同じで、かえってシャボンを使って仕事をするのでやりやすかった。

小倉虎吉は外国人の頭を刈っているのを見て、日本人もいつまでも髷でもあるまいと、進んで理髪を手伝い調髪を覚えようと努力した。はじめは右手の鋏と左手の櫛とのバランスが旨くゆかず、笑い話も数々あったが、元々髪を結って商売をしていたので上達が早く、理髪師の代理をするようになった。

そこで本職の結髪床を止めて俗称支那屋敷の一隅に店を持ち、西洋散髪床を開き、神奈川県庁に出願して西洋散髪業の鑑札を受けた。松本貞吉や竹原五郎吉にもすすめて理髪床を開かした。もちろんその当時は西洋人の客が多く、散髪料金も月極めで銀十五枚という高値であった。設備は旧来の結髪床と変りなく、変った物といえば四、五寸の鏡が用意されたくらいであった。衛生設備など皆無で汚ないし、上り端に腰を掛けさせて髪を刈るだけだから、そのうちにこなくなった。

虎吉は大いに反省し、新式の設備を求め店内も改善したので外人、邦人ともに客も増え店は忙しかった。

一方、東京には日本橋海運橋の袂に「二階床」という床屋があった。大川べりにあり、家の造りが恰も二階のようであったから、人々は「二階床」と呼んでいた。主人の加藤虎吉は明治四、五年頃、新式の調髪が流行するだろうと予想して技術者を探していた。彼は横浜に行き前記の竹原五郎吉を職人として迎えた。この五郎吉は理髪店を開いたものの、元来職人肌の男で愛想の一つもいえず、昔流の床屋で西洋流の調髪をしても客は来ず、すっかりさびれていた時だったから、喜んで東京に来た。

「二階床」の虎吉は明治政府の断髪令に呼応するかの如く、店の一部を改良し西洋理髪所の看板をかかげ設備も改良した。新しもの好きの東京人はこの店で髷を切り断髪しようとやってきた。断髪料二五銭のところへ祝儀として一円、二円と置いて行く客も多かった。

「二階床」の評判を聞いた東京の結髪床の親方連も、この店へきて西洋式散髪の様子を見学したり断髪してもらったりするようになった。この親方連、自分の店へ帰ってからは見様見真似で覚えた手つきでおっかなびっくり客の頭を調整した。型も何もあったものでなく、頭を刈った親方が頭を抱える騒ぎであった。

そのような時、日本橋本町の「庄司床」（今もここの弟子が東京都内でりっぱに店を開いている人が多い）の親方辰五郎は「二階床」の五郎吉を熱心に口説き、高給をもって引抜いた。この頃五郎吉は自分の技術に自惚れ「二階床」の親方に不満を抱いていたので、辰五郎の要請に応じたのである。

有名な「二階床」の職人五郎吉がきたということが知れ渡ると「庄司床」はにわかに客が増えた。今まで「二階床」に行っていた客も「庄司床」にくるようになった。この「庄司床」の近くに「川名床」があった。素人床の「川名床」も客はガタ減りで、みんな「庄司床」にとられた。「川名床」の川名浪吉は新式の調髪はしていたが、本場仕込みの職人五郎吉が近くにきたのでは寂れるのも当然だった。

川名浪吉は「庄司床」の繁昌を横目で睨み、五郎吉引抜きのチャンスを狙っていた。そして当時としては目のとび出るような高給月九円を示して、五郎吉をまんまと引抜くことに成功した。

大体この道の職人は道楽人が多く、それに渡り職人であった。剃刀一丁持っておればどこへ行っても仕事はある。その店が気に入らねば仕事はしないし、今日いても明日は出てゆく職人が多かった。

川名浪吉は商方のある男であった。この商売は他人の頭をいじる仕事で、高貴な方でも有名人の頭でも責任を持って仕事をしなければならない。頭仕事は昔から出張が主であった。特に有名人になると、特定の職人以外には結髪させなかった。そこで浪吉は五郎吉と契約した時、大切なお客は自分が仕事に行く条件を了解させ、浪吉は五郎吉について熱心に勉強した。当時「二階床」以外には無かった五尺・四尺の大鏡を店に設け、回転椅子も設備し、進んで西洋剃刀を用い、室内も洋風に作り直した。看板は海軍省に勤務の人に頼み、ペンキを入手して長さ二尺五寸、巾三寸の板に「西洋散髪司」と書いた。これがまた評判となった。よほどペンキで描いた看板がめずらしかったのであろう。

時流に乗った「川名床」は日ならずして東京の一流床屋として発展した。そして川名浪吉は府下十五区八郡の取締りとなり、今日の理髪業組合の基礎を作った。この「川名床」について、ある老理髪師はこんな話を聞かしてくれた。

「府下斬切店の開祖は日本橋鎧橋に開いた某床です。第二は今の常盤橋外の庄司の隣りにあった川名という者です。鎧橋際の某床はその後、客の耳を剪ってしまったので閉店してしまいました」

ここでいう某床とは「二階床」のことである。

新右衛門町

大坂や定斎

初夏から真夏にかけて、東京の下町のどこからともなくカタカタという音が聞こえてくる。三人一組でやってくる定斎屋の薬箱の抽斗についた引き手がゆれて鳴る音だった。一人は重そうな朱塗りの箪笥一対を、太い檜の天秤棒で担いでいた。この箪笥が薬箱になっていた。カタカタと鳴る音と、ゆったりと歩いていた薬売り、私が子供の頃にみた、これが定斎屋の記憶である。

定斎屋「大坂屋」の祖先は豊臣時代に泉州堺の薬種商であった定斎可明で、秀吉の知己を得ていた。朝鮮派兵の時、陣中薬の製作を命ぜられた定斎は、明の沈惟敬が来朝し霊薬として伝えたものを製薬し、これを陣中薬として秀吉の侍医となった。秀吉没後、江戸に出た。たまたま流行病のはやった時、前述の薬を無料で病人に施したので、家康より服部藤左衛門の名を頂き帯刀を許された。

万治二年（一六五九）に、日本橋に「大坂屋」の屋号で薬屋を開き、現在の十六代まで三百余年の長い店歴を誇っている。この店の独特の販売方法は江戸時代からで、江戸の夏の風物詩となっていた。

明治年間には「大坂屋」の売り子の足跡は関東一円から関西にまで及んだ。夏の朝早く「大坂屋」の店先には海老茶色の漆で仕上げた薬入の箪笥に、定斎と蝶貝で象嵌し、㊅の商号と大坂屋と書いた担い箱が沢山並んだ。売り子は茶色のハッピ、黒の腹掛け、股引、脚絆に草鞋ばき。頭には手拭を〝吉原かぶり〟に乗せて出掛けた。この薬さえ飲んでいればいくら暑い日でも日射病にはかからないと、商売柄帽子や傘も着さず売り歩いた。毎年五月一日には虎の門の金比羅さんの境内に定斎屋が集り、初出の祈願をして町に散って行った。

定斎屋は三人一組で、一人が荷を担ぎ、二人が小さな柳行李のような容器を肩にしていた。二人のうちの一人は荷の簞笥の交替者、一人は番頭で麻の紋付、白い股引、白い脚絆に白い手甲、小倉の角帯に矢立を差し、草履は麻裏（時には白い地下足袋）のいで立ち。番頭は財布を預かる元締で、売り子は得意先を拡めるために新規の家に宣伝に入り、売り込むのが仕事であった。この薬簞笥を担ぐには三年位の年季が必要で、年季不足だと抽斗の引手の音も調子が出ない。番頭は売り上げ代金を四分六に分け、四分の歩合をうけ、その中から売り子に日給で一定額を渡す習慣であった。担ぎ手と売り子は、だから早く番頭になろうと努力した。

大坂屋は戦争中、企業合同後日本橋の店を閉めた。いまは十六代服部純三氏が大田区中央三ノ一で大坂屋㊅服部製薬所を経営、家伝の薬を製造している。その売り子の七十三歳の名柄道夫さんは、

「私はこの道に入って五十年になります。昔は朝七時に店を出て、夜は十時ころまで商いをして歩いたものです。一日に少なくともあの薬箱を担いで五里は歩きました。お得意には薬を置いてきて、秋になって集金に行くという旧商法もありましたが、七〇パーセントくらいはその場で現金売りでした。

地方の場合は荷車で薬簞笥を送って置いて町々を売って歩き、定宿に手紙で薬を送らしては商売を何ヶ月もしたものです。薬は〝和中散〟と云って消夏薬です。いくら暑い日中でも帽子もかぶらず売り歩いてもこの薬さえ飲んでいれば絶対に日射病にはなりません。粉と丸薬の二種があり、袋包みにして薬箱の抽斗に入れて売り歩きました。

近頃はこの薬箱を担ぐ人がいませんので、あの薬箱の音は聞こえません。私も齢であの薬

簞笥を担ぐ元気はありませんので、毎日自転車の後に小型の簞笥を乗せて、商いに出ています。さあ、毎日十里は走りましょうね。お得意は下町の方や芸者街の方が主で、私の行くのを待っていてくれる方が多く、商売は有難いものです。お客様は年配の方が多いものですから、つい話し込むことが多く、昔話をしていますと楽しいものです」

名柄さんは脚絆、腹掛けの姿で「大坂屋」と屋号の入った判天を着て、元気に商いに出かけていった。

通り三丁目　すわらや枇杷葉湯

枇杷葉湯は、天明のはじめ（一七八一）京都の薬店で売ったものである。『譚海』に、

「天明の頃より京都烏丸枇杷葉湯とて、数人大路を売りて往来す。絶へず箱の中に薬炊をしつらへ途中にて往来の人に飲ましむ」

と述べている。枇杷葉湯は暑気払いの薬で、毎年六月の初日より八月十五日まで、定斎屋のような長方形の箱を天秤で一個ずつ前後に背負い、江戸市内を売り歩いた。この箱の中には枇杷葉湯を温めるコンロが仕込まれてあり、こんな文句で往来をふれながら薬を売った。

「本家烏丸枇杷葉湯、第一〝暑気払い〟と〝かくらん〟毎月五月節句よりご披露仕ります。煎薬は代物（代金）に及ばず、たびたびいちめんにお振舞い申します。半包は二四文、一包は四八銅、ご用なら求めなさい。烏丸枇杷葉湯でござい、さ、茶碗を替えます」

この枇杷葉湯、往来では宣伝用だからもちろんタダ。白い裾長の絆天を着て腹掛け、脚絆、わらじ穿き。黒いいただき笠に「本家烏丸枇杷葉湯」と赤い字で描いてあった。昔の川柳二題。

　真黒になってあきなう烏丸
　売りながら枇杷葉湯は立ちくらみ

明治になってから東京市内の有名な薬屋ではこの枇杷葉湯を店頭サービスしていた。店先で薬湯をいつも温めておき、往来の馬子、車曳、小僧など誰にでも振舞った。店先には枇杷葉湯の香りが漂い薬屋らしい感じがした。「須原屋」は通り三丁目で本と薬を売っていたが、最後までこの枇杷葉湯を振舞った店である。その頃はやった言葉に「あの女は枇杷葉湯だから」というのがある。誰にでもロハで飲ませたことから、多情女の代名詞となっていた。

枇杷葉湯は枇杷の葉の裏毛を採って乾燥したものを煎じたもので、夏の消夏薬であった。

馬喰町　鴨南ばん

鴨南ばんについて、嘉永元年（一八四八）の『名物誌』に記述がある。

「日本橋馬喰町二丁目、伊勢藤こと伊勢屋藤七の鴨南蛮は百年あまり昔より、今に変らぬ繁昌なり。ネギを入れると南蛮と云ひ、鴨を加へると鴨南蛮と云ふ。昔より異風なるを南蛮と云ひしより、これ又『しっぽく』の変じたるものなり」

江戸時代、江戸湾ではいくらでも真鴨がとれたもので、これは網で捕獲した。この「伊勢屋」

「鴨南ばん」を引き継いでいる馬喰町の伊勢屋

は真鴨の肉を使って蕎麦またはうどんを台にした鴨なんばんを売り出した。これが大いに当たり、日本橋界隈の問屋の番頭、中僧、小僧や小伝馬町に泊る商人たちも好んでこの店に立ち寄った。「嘉永元年で百年あまり」というから、変らぬ味をその頃まで既に何代か続けた店である。「しっぽく」とは蕎麦、うどんなどに松茸、推茸、蒲鉾、野菜などを入れたもので、これを鴨の味にサッパリしたネギを最後にサッと乗せたものである。

この店は室町から浅草橋に向かって鞍掛橋を渡った右側にあった。明治の時代には電話番号が判らなくても「鴨南蛮」といえば、電話の交換嬢は取り継いでくれたほど名の通った店であった。

明治の末頃には野生の真鴨とあひるとの合いの子の間鴨を使うようになった。いまはどこの蕎麦屋も鴨なんばんと称して、かしわを使っている。

今は代は替ったが、中央区馬喰町一ノ四ノ十一番（旧二丁目）に「伊勢屋」こと栗原光二氏が代々のこの店の味を伝えている。

あられに山かけ

冬木米市

「冬木　米市　あられに山かけ」——三題噺でもあるまいが何のことか判らなかった。蕎麦の研究家の江戸川区平井の増音蕎麦店の鈴木啓之氏は同家の二階に資料館まで備えているが、江東区冬木に「米市」という蕎麦屋があり、そこの「あられを入れた蕎麦」が評判がよかったという話を鈴木氏に教わった。

昔の蕎麦屋は夜中の十二時過ぎまで商売をしており、酒も飲ませれば料理も作った。軽く一杯やるにも、芸者を呼んで騒ぐにも格好な座敷があり、ちょっとした会合も出来たものだった。米市は江東区深川冬木二三番地（旧深川区冬木町十番地）の冬木弁天の境内にあった。

当時、弁天堂の境内は数千坪の広さがあり、樹木が昼も暗いほど茂っており夏は樹木の間を通り抜ける風も涼しく、蟬の音、秋の虫、冬は雪見にも詩情がわき、そして海も近かった。米市の敷地内には大きな池もあり、大きな座敷では一般の客を迎え、廊下づたいの離れの部屋は会合、密会の宿でもあった。

「米市」のあった冬木弁天（深川・冬木）

深川はデルタ地帯の盛土で出来た土地なので、縦横に堀が掘られていた。当時の交通機関の小舟に便利で米市へは近くの仙台堀川より歩を運んだ。この店は蕎麦屋というより料理屋として知られていた。

料亭「米市」について『吉原夜話』の中で喜熨斗古登子さんは、

「木場に有名な蕎麦屋が一軒ありました。冬木弁天様、この弁天様の境内にあったのです。場所名を頭に冠せて『冬木そば』といっていました。そこらにある蕎麦屋と違っていまして、主人の心も知れるように極く渋い風流味に富んだ離屋や、粋づくりの方丈なんかがあって、通人仲間に好かれていたものです。

その蕎麦は子供心にも、大変おいしくいただけたのを覚えています。『冬木そば』だけは〝名物に旨い物なし〟の例外だと言って評判はようございました。それに器が凝っていて、江戸ッ子向きであったのが、味をよく食べさせたのか知れません。それとも一つ『冬木そば』が流行るわけがあります。それは時代物の台詞ではありませんが、地の利を占めていたことが大きい強味でした。あたり一面に樹木が生い茂っていて、芝居ならコダマをきかせる場面といってもいいくらいな弁天様の境内ですから、夏は涼しくて冬暖か、雪見が千両、蟬の声に夏を忘れ、秋は草にすだく虫の音に俳句でもやる人はひと苦労しますし、春は花で四季折々の眺めがよいので、風流人の巣みたいな家でした」

また、この店で使った馬鹿貝について、

「あれは皆さんご承知の通り、赤いのは去年の貝で、身の白いのはその年に出来た貝だそうです。赤い身は食べても堅く、白い身の馬鹿は柔かで、食べ味もよろしく、たいへんおいしいそうです……。これは洲崎の奥の富津で採れた貝は少しも砂を含まないので、本場の馬鹿貝とされていました」

米市の名物は〝茶蕎麦〟と〝卵蕎麦〟のほかに〝あられ蕎麦〟と〝山かけ蕎麦〟であった。〝あられ蕎麦〟は、蕎麦を温めて丼に盛り、その上に海苔を載せ、馬鹿貝を三ミリくらいに切って振りかけ、熱い汁を加えたもの。貝は客の所まで運ぶ間に風味が出て、蓋を開けると香ばしい薫りがプンとにおい、貝は薄い赤味を帯びて色を添えた。

米市の主人の山川幸太郎は雅名を米市といい、明治時代の風流人や有名人と交際も深かった。菊五郎や仮名垣魯文らとはことに親密で、三題噺や茶会、俳句会などに出席し通人として有名だった。

江戸から明治の初期にわたり本所、深川は屋敷街、歓楽街として栄えたが、すたれた。関東大震災を契機としてこの地帯はさらに変貌し、本所、深川は工場地帯となってしまった。

米市も震災でやられ廃業した。巾二尺六寸、長さ五尺五寸の名物の大看板も焼いてしまった。その後、神奈川県大磯に米市という蕎麦屋があったそうだが、山川幸太郎の店と関係があったものかどうか、はっきりしない。いま冬木弁天のまわりには樹木の影も見当らず、四、五〇坪の弁天堂の前は葛西橋の大通りで自動車の通行がはげしい。

小さい頃米市の弟の〝一チャン〟と友達だったという戸川徳三郎さんは、

「私の家は冬木弁天のそばにありました。大正十年頃一チャンは私の家の家作に入っておりました。『米市』は大正の初め頃、店を閉めたように記憶しております。姉さんも時々きましたが、芸者のように奇麗な人でした。その頃冬木弁天の池も埋められて昔のおもかげはありませんでした。たしか池の西側に『米市』はありましたが、箱が入るようになってつぶれたといっておりました。一チャンは日本橋檜物町の『大和』という料理屋に養子に行きました。じょうぶでいるとすればもう八〇歳位になるはずです……」

日本橋檜物町は昔〝日本橋〟といわれた花柳街で、今の高島屋の前から外濠通りまでの間の広い地域にあった。「大和」は古い料亭であったが、今はなく聞くすべもない。

釜師　立松

釜師十代立松山城は明治年間、根岸に住み釜を作っていた。根岸〝お行の松〟の側を流れる音無川のほとり、下谷区中根岸五八番地（台東区根岸四丁目十番地）あたりは優雅な土地だった。石神井川から分れた音無川は農業用水として引かれた小川で、幕末期には別荘地として開かれ、水辺には蛍、森に鶯の声ありで、豪邸や寮からは琴、三味の音も流れ出るといった土地柄だった。

立松の贔負客に馬越恭平がいた。馬越の屋敷が根岸にあり、しばしば出入りしている間に立松は推められて、明治の半ば頃この地に移り住んだ。初代釜師山城立松は三代将軍家光の時代に、京都から江戸へ出てきた。江戸城のお堀近くに地を給わり、堀山城守と名乗り、通称弥吉、名を清光といい釜師として幕府の仕事をしていた。寛永四年（一六二七）家光が上野に東照宮を造営したが、家康の命日である慶安四年（一六五一）四月十七日に各大名が燈籠を献納した。これらの燈籠のうち銅燈籠を、二代堀山城守清光が作って納めている。現在も東照宮の本殿前に「御釜師堀山城守清光」の銘の入った銅燈籠が残っている。これほどの仕事をした堀山城守清光の鋳造技術は、名人級といってよいであろう。

五代は身体が弱く仕事が出来ず、家業は衰微して堀の地をはらい、深川に移り、堀の字を取り去り山城守藤兵衛と名乗った。九代は世継ぎがなく、高弟の立松倉吉が十代を継ぎ立松山城倉吉(浄和)と各乗った。これが明治時代に茶の湯の釜を作らせては名人といわれた人である。

維新の動乱期から明治十年頃まで、世の中は茶の湯どころではなかったので、その間立松は売れない釜を作っていた。他の釜師は釜以外の物を作ったり転業した者もあったが、立松は頑固に釜作りに精励した。世間が何といおうと、妻から今日食うものがないといわれても立松はふり向かず黙々と釜を作り続けた。そのうちに彼の頑固さを知り職人肌の名人気質を買って後援しようという人々が現われた。

明治の風流人といわれた馬越恭平や益田隆(三井の大番頭)、駿河台の瀬川病院の瀬川たちだった。特に瀬川は病院の一室に古代の釜を何百個も秘蔵していた。立松は瀬川を訪れ、古代の釜を研究し、それを新しい技術で表現すべく工夫につとめた。

立松の細工場は住いの裏にあり、二〇坪くらいの広さであった。住いには茶室を設け、茶道の研究にもつとめた。仕事を始める前に心を静める茶を一服立てた。茶の席にはよく出席した。茶友にはこの根岸では困らなかった。根岸には風流人、文化人、財界人が住んでいた。これらの人も散歩の道すがら立松の細工場に立ち寄った。立松も喜んで茶室に迎え、一服の茶をすすめた。

十二代立松栄一郎(啓巨)氏は、

「根岸の家は戦災で焼けました。根岸の土地は売り、今は港区の白金におります。私は、茶会には釜が主役であると今でも信じております。客の手が触れるものが貴ばれるのは、茶の道としては邪道だと思います。茶を立てるにはまず水が大切で、浅草で茶の湯が催された時、わざわざ多摩川まで水を汲みに使いを立てたこともあります。よい湯を沸すのにはよい釜が必要で、釜の良し悪しで茶の雅味が違います」

また立松さんは茶の湯の心と釜の心についても話されながら、系図をみせてくれた。

初代　堀　山城（浄栄）　寛永四年（一六二七）没
二代　〃（浄甫）　天和二年（一六八二）没
三代　〃（浄珉）　正徳元年（一七一一）没
四代　弥　助（清光）　〃二年（一七一二）没
五代　藤兵衛（浄甫の甥）　〃六年（一七一六）没
六代　〃　延享年間（一七四四―四七）没
七代　〃
八代　〃　嘉永年間（一八四八―五三）没
九代　立松山城　大正四年（一九一五）没

立松氏は今は釜作りを廃めているが、惜しいと思う。

釜師　名越

品川区旗の台にある釜作りの名家、名越家を訪問したのは、ある年の暮も押し迫った日だった。当代は十三代で弥五郎昌輝さん、十二代昌利氏の奥さんである。私の用件を伝えると、昌輝さんは「私の家のことについていろいろと書かれておりますが、間違っている所が多いので、私が祖先のことを書いてお送り致します」ということだった。一月になって部厚い手紙をもらった。

名越家の祖先は順徳天皇（一二一〇—一二二一）の時代、鎌倉幕府執権北条義時の二男従五位下式部承朝時である。文明年間（一四六九—八六）名越九代弥七郎弥阿弥のとき将軍足利義政（東山公）に仕えた。この時代は東山時代で、彫刻、禅、茶花などの精神的のものを中心に絵画、工芸、建築にもいわゆる東山文化が芽ばえた時代である。名越九代は初めて東山公に茶釜を鋳て献上した。東山公は大いに喜び、鋳物師として取立てた。以後代々禁裏の仕事をするようになった。十二代の時、織田信長に仕えて三千石を貰った。十五代弥七郎善正は鋳物師として慶長年間（一五九六—一六一四）豊臣秀頼の命により京都方広寺大仏殿の大鐘を三人の息子（三昌、実久、家昌）と共に鋳造した。この鐘に「国家安康」の四文字が鋳られたことが家康の怒をかい、慶長十九年に大坂冬の陣、次年に夏の陣が起き遂に豊臣家は滅亡した。

徳川の世となり、政治、商業の中心は次第に江戸に移った。三男家昌（随越）は元和三年（一六一七）江戸に下り、江戸名越家の初代となり茶釜及び鋳物師として徳川家に仕えた。京名越（十五代の長男三昌は号を古浄味といい、茶釜製作の名工で、京名越という。名越十六代を継いで明治時代まで二五代を数えた）と共に繁栄し、日本鋳物師の棟梁といわれ寛永六年（一六二九）に没した。江戸名越家の家系は図のとおりである。

江戸名越初代 家昌（寛永六年没 一六二九）――二代 政信（貞享三年没 一六八六）――三代 道正（宝永五年没 一七〇八）――四代 昌美（延享三年没 一七四六）――五代 昌道（宝暦十二年没 一七六二）――六代 建福（文政二年没 一八一九）――七代 昌朝（文政十一年没 一八二八）――八代 昌孝（嘉永四年没 一八五一）――九代 昌芳――十代 昌晴（明治四十四年没 一九一一）――十一代 昌次――十二代 昌利――十三代 昌輝

江戸名越十三代昌輝さんから直接聞いた話――。

「江戸名越家は代々弥五郎を襲名しており、禁裏のご用命や将軍家のご用をうけていたようです。九代の時か十代の時かはっきりしませんが、江戸城内で火事があり宝倉が焼け、御宝物が被害をうけたことがありました。その時元通りに修理した功により、特に大黄金一枚を賜ったことがありました。また伊勢の皇大神宮の御鏡を鋳たこともありました。九代昌芳の時代には将軍家に祝事があると慶賀に参上していました。万延元年三月三日の雛祭りの日、お堀のそばを弟子を連れて参賀に向っていたとき、あの井伊直弼の行列に水戸浪士が切り込む事件に出会い、九代は血で真赤に染まった雪を見たといいます。

江戸名越家は初代から、京橋の中橋の拝領地におりましたが、文久二年（一八六二）に失火により下谷御徒町一ノ五八番に引越しました。その当時は自分の家で火を出すと、その地に再建は許されなかったもので、特に拝領地の場合は引越さねばならなかったようです。こます。

の拝領地には二五〇年くらいいたようです。この頃に作ったものに神田明神の天水桶があり

十代昌晴の時代は幕末から維新の時代で世の中は茶どころでなく、ずいぶんと苦労したようです。しかし木戸公や大隈公などは『日本古来の茶道のため、釜造りを続けるように』と励ましてくれました。御徒町の家にお立寄りを頂きご贔屓頂いたものです。この時代に一般の方々の注文も頂いて釜を作ったそうです。御徒町の家は三〇〇坪ばかりで、裏に細工場があり弟子は十人くらいおりました。十代は明治四四年に七八歳で亡くなりました」

同家が現在の旗の台に転居したのは戦後である。

小名木川　五本松

小名木川の五本松は小名木川べりにあった。小名木川は大川（隅田川）と江戸川との間にある運河である。江戸時代からこの運河は関東一円の船が、利根川または江戸川から江戸へ入ろうとする場合、江戸川より江戸湾へ通らず、この運河を通過した。今の番所橋の所に船番所があり、幕府の役人が出張っていて「船改め」をしていた。女性が出るのは禁じられていた時代もあった。

この小名木川の五本松について『江戸名所図会』に、

「小名木川五本松の絵あり、深川の末五本松という所に船を差して、

川上とこのかはしもや月の友　芭蕉」

とあり、遊山らしい人々が船に乗り、月にはえる小名木川の左側に道があり、その屋敷の中からこの松が広い枝を道路越しに河にひろがっている絵がある。

この松は猿江町小名木川通り大島にあった。『江戸雀』には、

「又この地鍋匠の家ある故、俗間写して鍋屋堀とよべり。九鬼家の構の中より道路を越えて、水面を覆ふ所の古松をいふ」

また『葛西志』に猿江町の末の条に、

「此町の東大島町境なる、九鬼定五郎が屋敷内に今一本残れり。昔此辺に五本有て、皆木ぶりよき松なればとて、何となく地名の如く五本松とは呼びなせり。昔はこの川筋（小名木川筋）に同じ程の古松五株まであり、他は枯れてただこの松樹のみ、今猶蒼々たり。又この川を隔てて南の地は、知恩院ノ宮尊空法親王御幽棲の旧跡なり」

はたして五本松はどこにあったのか調べてみた。まず横十間川（別名鍋屋堀）にはなく小名木川筋であり、江東区役所の話では「ガスグランド猿江恩賜公園と鍋屋堀公園との間の、大島橋の南詰に五本松の碑が建っておりますが、実際は小名木川筋にあったものといわれています」という。どうも江東区猿江町一丁目十六番地の、小名木川と横十間川の交るあたり、小名木川筋の北辺らしい。

この松は明治の末に枯れてしまった。

目白　鶴亀松

この鶴亀松は目白坂を上って椿山荘の前を通り、豊島区高田老松町にあった細川侯の別邸の屋敷内にあった。

美しい枝ぶりの二本の松で、左を「鶴の松」といい、右を「亀の松」といった。

鶴の松は高く亀の松は低かったので、そう名づけられた。その枝ぶりはみごとだった。亀の松は明治四二年頃に枯れ、続いて鶴の松は明治の末に亀を追うようにして枯れていった。

声色　佃家白魚

佃家白魚の墓は、荒川区の宮地のロータリーの近くの、江戸も初期からある浄土宗法界寺にある。四斗樽型の墓で、酒樽と同じ大きさに作られたこの珍らしい墓には「佃家白魚」と「伊藤」という字が刻み込まれている。

法界寺の話では、この墓には骨は納められてはいないという。寺の過去帳も調べてみたが、それに該当する人はいない。伊藤姓の檀家は十三軒もあったが、九〇年から前の祖先のことを知るべくもなかった。

この墓は明治二六年十月四日に建てられたもので、寺の話では「弟子や友達が建てたのでしょ

円遊、朝三といった当時人気の珍芸家たちと共に描かれた白魚（左から三人目か？）

う」という。建立者の名前は刻まれていない。そこで伊藤姓は白魚の俗名ではなく、これを建てた人の姓ではないかと思えてきた。

法界寺の檀家で伊藤姓十三軒の中には、大地主で昔から「七軒家」と呼ばれている家が七軒あった。このなかの誰かが個人で建てたものか、七軒の家がみな白魚を贔屓にしていて建てたものか……？

この法界寺になぜ白魚の墓を持って来たかということについては、こじつけ気味だが安藤鶴夫著の『本牧亭』に、

「明治二十四、五年頃流行した法界節は月琴、胡弓、尺八を伴奏としたのが特長で、歌詞の終りに『ササ　ホオカイ』と唱った。この流行に多数の法界屋が出現した……」

とあり「法界寺と法界節」に何か関係があるものと思われる。

白魚については、上野鈴本演芸場の昭和四六年発刊の『寄席の系図』に「ステテコの円遊」を中心とした珍芸家の中に「ペケレッツの立川談志」「ラッパの円太郎」「ヘラヘラの万橋」や「松柳亭鶴枝」「三遊亭朝三」と共に佃家白魚の名が見え

る。これは周重の筆によるものである。

初代の三遊亭円遊は「鼻の円遊」とまでいわれた偉大な鼻の持主であった。明治十三年十一月に浅草の並木亭（浅草雷門の前の並木通りにあった）で初めて演じた芸で（当時の落語界は噺一ッで勝負するのが正統だった）高座でいきなり立ち上り、尻をまくって踊り出した。客はビックリ仰天した。しかし円遊の踊りは幇間的に精練された柔らかい、色っぽい踊りで、その軽妙な仕草がうけ満都の評判となった。これが珍芸の始まりで、その後続いて「ラッパの円太郎」「ヘラヘラの万橘」などが登場し「ペケレツの談志」を含み〝四天王〟と呼ばれた。明治十四年三月、芝の恵智十で勢揃いしたときは客の整理に巡査まで出る騒ぎだった。

白魚は噺家というより色物師であった。もちろん声色や芝居噺や所作事に巧みで、当時流行の法界節を芸人らしく自分のものとして演じた。欠点は酒だった。朝から酒で、酒ゆえに女房も何度か替えた。

明治二六年、横浜の席に招かれて行ったとき、贔屓筋が一席もうけてくれた。宴たけなわ、席をはずした白魚は料亭の二階の手摺から落ちて、打ち所が悪かったのか亡くなった。酒好きの白魚としては酒席の禍だったから本望であったろう。道楽のあげくの芸人稼業で蓄えもなかったものか。本当の墓は何処にあるのか。身寄りの有無も不明である。落語系図や落語研究家、各師匠の面々でも白魚のことは判っていない。

しかし明治二二年の見立表「落語鏡」の中に「ハナシ家」として白魚の名が出ているし、前記の珍芸者七人の中にもその名がある。法界寺の墓を知人や弟子たちが建てたものなれば、その名

酒好きの白魚にふさわしく贔屓筋や弟子たちによって建てられた白魚の墓。手前の盃型の台座は「びら辰」より供えられた（荒川・法界寺）

が刻まれているはずだ。おそらくこの墓の建立者は「伊藤」氏であろうと推察出来る。「伊藤」は大の白魚の贔屓筋だったか。法界節を語った白魚の墓を自分の菩提寺の法界寺に持って来たのだとしたら、彼はよほどの粋人だったのであろう。

明治二八年、白魚と飲み友達で、寄席びらを書かしたら第一人者の「びら辰」が盃型の台座を作り、この墓に供え冥福を祈っている。

物まね　猫八

三代江戸家猫八こと岡田六郎さんに「物真似の猫八」のことでお尋ねした。江戸家猫八の初代は若い頃、歌舞伎役者で片岡市之助といい、女形であった。後に半身不随となり、役者をやめて大道で子供相手に飴を売っていたが、得意の物真似をやっていた。これを寄席芸人の斡旋業をしていた木下華声の父に見出され、寄席に出るようになった。初代は高座から客を相手に、天下御免の毒舌を売りものにして人気を得た。そのような関係で木下華声が江戸家猫八の二代となり、岡田六郎が三代となる。初代の江戸家猫八は昭和七年六四歳で没した。

岡田さんの話では、江戸家猫八と私の尋ねている猫八は違うという。こちらの方は明治の初期に「猫八」という芸名で、物真似の名人といわれた人だそうだ。

この「猫八」は元来飴売りで、チョン髷の頭に手拭を吉原かぶりにして、肩に飴の入った小箱を掛け、町から町へ売って歩いた。子供相手の飴売りでも〝飴屋〟が来たことを知らせる飴太鼓を叩くとか歌をうたったり踊ったりもした。猫八の得意は物真似で、犬や鳥の啼き声をして飴を売った。彼の物真似は天才的だった。あるとき鳥の物真似をして鳥を集めてみせようということで啼き声を真似たら、近くの屋根に小鳥が数羽来て、同じように啼いたという。

その後猫八のこの特異な芸が認められ、宴会や集会に呼ばれるようになり本業の飴屋もおろそかになった。宴会場で〝飴屋さん〟では具合が悪かろうと三遊亭円遊の弟子となり、明治十四年五月二日寄席芸人の鑑札を願い出て本式に高座で演じるようになった。

当時落語界は「ステテコの円遊」や「ラッパの円太郎」などの軽妙な芸が流行していたので、猫八も珍芸家の一人として評判となり、芸名も「猫八」と定めた。猫八の本名を調べたが、分らなかった。

猫八が亡くなった後に「猫八」を名乗る芸人が輩出し、ドサ回りの「猫八」まで現れた。初代江戸家猫八もその一人だったわけだが、この初代江戸家猫八の出現は他の亜流猫八を一掃する結果となった。名人猫八の名はこうして江戸家猫八によって引継がれているが、岡田さんは「明治の時代の猫八とは違って、私のところは江戸家猫八です」と、ややこしい念の押しようだった。

麻布　逆さ銀杏

明治初年の麻布・善福寺の逆銀杏

逆銀杏樹は港区元麻布一丁目六番地の麻布山善福寺にある。この寺は親鸞上人の布教の地で、浄土真宗関東七箇の大寺の一つである。開祖は了海上人（左大臣実信の子で、比叡山で薙髪し、後に善福寺で密教を弘めたが親鸞上人に接し転宗した。永仁元年〔一二九三〕寂。九四歳）である。親鸞上人が了海上人に付法し、この寺を去るにあたり、手にした銀杏の杖で地面を指し「念仏の弘法、凡夫の往生もまたかくの如きか云々」といい、杖を地に突きさした。すると杖はたちまち根を生じ、ついには枝葉が繁った。諸衆はこの樹を「逆銀杏樹」といった。

この樹は今も同寺の左側の小高い所に、竹箒を逆さにしたような姿で立っている。樹齢七百余年、周囲十メートル、高さ約二〇メートルの巨木で、東京都の天然記念物に指定されている。『江戸砂子』に、女性がこの樹に触れると直ちに幹が裂けるとあるが、女性が触れたのか雷にあったものか、幹が裂けている。七〇〇年の樹齢にしては高くはない。根元から枝が出ていてハリネズミのような型である。

この善福寺には江戸の末期、米国領事館があった。寺の本堂前に日米記念碑がある。安政六年

（一八五九）ハリスやヒュスケンは下田の玉泉寺にいたが、横浜が開港されるにおよび善福寺に領事館を移した。万延元年ヒュスケンの暗殺事件や文久三年の善福寺焼打ち事件などあって、他の国の領事たちは難を恐れて横浜に退避したが、ハリスは日本の幕府を信じこの寺から去らなかった。日本近代の夜明けを善福寺が背負ったのも法縁か。

愛宕下　化け銀杏

芝田村町（港区新橋四丁目三十一番地）がまだ江戸湾の浜地にのぞんでいた江戸時代に、この銀杏樹は亭々として空に聳え、ポプラのような樹型をした巨木だった。東海道を行く旅人や江戸湾の漁民や船頭からはよい目標にされていた。

播州赤穂の城主浅野内匠頭が元禄十四年に江戸城松の廊下で吉良義央に刃傷に及び、即日この田村町の陸中一ノ関藩田村右京太夫の上屋敷に預けられた。各方面からの歎願も空しく、桜の花の咲く田村邸で切腹。時に同年三月十四日で、内匠頭の辞世は「風さそう花よりもまた我はなほ春の名残を如何にとやせん」と詠み、怨めしげに大銀杏を仰いで切腹したと伝えられる。それ以来この銀杏には浅野公の怨みが宿っているといわれ〝お化け銀杏〟とか〝内匠頭の涙銀杏〟と呼ばれた。

以後この樹に触れることを気味悪がり、手入れする者もなく茂るに委せていたので木はますます大きくなり、四周を払うばかり。巨木はいよいよ〝お化け〟の風格を備えていった。

気の毒なのは田村右京太夫である。内匠頭とは個人的な交際もあり、今度の事件では特に頭を痛め同情もしていたのに、内匠頭の切腹、翌年には赤穂浪士の仇打ち本懐で世論が赤穂勢に決定的に味方すると、世間の田村への評判はますます悪くなった。

坊主憎けりゃ袈裟までもで「お化け銀杏」に対する世間の風評すこぶる悪く、田村邸の小者たちまでも気味悪がった。それでも伐ろうとしなかったので、江戸湾に入津する舟には九段の燈台(現存)と共にこの樹を目標にやってきたという。

この銀杏はいろいろな話題をまき散らして、大正の震災で焼失してしまった。付近の人が焼け残りの株に稲荷神社を作り祀っていたというが、今はない。

紙の烟草入　四日市　竹屋

煙草は江戸時代から嗜好品として広く愛用された。寛永年間(一六二四―四三)には外出のときに便利な煙草入れが考案され、次第に普及した。

はじめは煙草の湿気るのを恐れて奉書紙や油紙で包んだが、次第に羅紗や織物、皮類が使用されるようになった。そのうちに煙管(きせる)がついたものが開発された。これが次第に趣味化して行き、江戸末期には煙管入は軽いものが喜ばれ、和紙を撚ったもので筒型に作り、漆を何回も塗り芸術的な細工をしたり根付に水晶や瑪瑙を用い、また金銀の彫刻を施したり愛玩用に替っていった。

煙草入れの型は基本のものは「袂落し」で、それが変化したものに「提煙草入」「腰差煙草入」

「両口提煙草入」「火の用心」などあった。「提煙草入」は煙草入れに根付をつけたもので帯の間に差し込んで使う。女持ち用もあり上品な煙草入れだった。「腰差煙草入」は煙草筒をつけて筒を腰に差した。これは商人や職人の間に利用された。「火の用心」は下級の職人が用いたもので、今の祭礼の時に子供が腰に下げる型の煙草入れである。

四日市の煙草入屋の「竹屋」について『わすれのこり』にこんな記述がある。

「四日市の床店に竹屋清蔵とて、紙烟草入一色を売る店あり。この店にての仕込み物、皆雑品にして細工に念を入れたれば、当時の通客是を用ひざるを恥とする。尤も価外より貴しその中に引札がわりとして、極めて下値なるものあり」

天明の頃（一七八一—八八）は江戸橋より日本橋までの北側はことごとく煙草入れの店で、四日市町と呼ばれていた。ここに「因」竹屋があった。数多い煙草入れ問屋のなかで竹屋製の品は江戸の人に評判がよかった。『近世風俗志』に、

「江戸四日市町因竹屋烟草入、是亦荏油製烟草入也。其製種々ありて壺屋より価高く上製也。又近年大鷹紙を油紙して、是亦提烟草入第一図の形にす。色は全て黒也、其膚滑ならず全くに小皺あり」

『嬉遊笑覧』にも、

「羊羹という紙烟草入、四、五十年以前江戸橋四日市の竹屋清蔵にて〝かます形〟なるを百文づつにて売りたり」

この「竹屋」は日本橋魚問屋に近く、問屋出入りの商人および軽子に需要が多かった。明治六

年、ウィーンの博覧会に出品された巻煙草製造機械を見た竹内毅、石川治平の二人は、この機械を一台ずつ購入して帰朝した。石川はその翌年に巻煙草を製造し、竹内は同八年に試作し、天覧にも供し煙草の製造を始めた。

明治の初期、一時は輸入煙草のウェストミンスターやスリーキャスルなどが文明開化に酔う人々に喜ばれたが、日清戦争後、輸入品の駆逐という大義名分を楯にして、岩谷商会が今の銀座の松屋の所に出来て、当時の市民が驚くような国産巻煙草の宣伝をした。これが巻煙草普及の一転機となった。巻煙草が煙管の刻み煙草にとってかわるまでには、さらに長い時代を要した。煙管につめて巧みに火を付けた様子が今は見うけられない。

紙の烟草入　千住　つぼ屋

奥州街道の第一番目の宿場千住宿は、往き来する旅人も多く、青物・川魚市場に出入りする人で千住大橋はいつも混雑を極めていた。この宿場に旅人や市場の人々に愛用された紙烟草入があった。

足立区の郷土史研究家の福島憲太郎氏は資料を提供してくれ、次のように話してくれた。

「伊勢に『つぼ屋』という有名な煙草入れの店があり、これは日本国中に鳴り響いていた店でした。千住に『つぼ屋』という紙煙草入れを商っていた店があったと番付けにあったので、私は徹底的に各資料を調べましたが、この町には見つけることは出来ませんでした」

資料の「千住名物紙煙草入」によると、

「(略) 之を商ふ店が千住河原町に^源磯辺源兵衛と(安)丸田屋号長下部安兵衛の二軒があった。(安)は昭和の初年頃に廃業し、移転してしまひ、^源はその後紙煙草入れの需要も減り、売上も減少し、その上煙草入れを作る職人が物故したので、この店も商ひを止めてしまった」

この煙草入れはいつ頃から作られたかは、はっきり判らないが、^源の初代は三百年位前からの土着の人で、紙煙草入れを商売としていた人という。

明治四十年に開かれた東京勧業博覧会に出品し、その説明書に「本紙製莨入れは喫烟者好迎嗜好品にして、外品と異り、其奏効は夏冬共煙草の乾湿等無く、且至格的堅牢なるが故に、専ら貴賤の別無く、同月諸氏の需要を満たせり。然も品質優絶なるを以て第五回内国博覧会に於て褒賞を賜れり。濱町屋号　東京千住川原町名産　^源紙莨入商磯部源兵衛」とある。

この煙草入れの紙の製法も変っていて、なかなか興味深い。北区の江戸古地図研究家の磯部鎮男氏より聞いた、千住の煙草入れの材料や作り方に関して、その大略をここに記しておこう。

「紙は簡単に裂けぬように特別じょうぶに作った生紙を用いた。これは千住付近で漉いていた紙で、極良質のものは烏山から産した紙を用いた。良質の紙にはよい油を用い、粗雑な紙には悪い油を使用した。悪い紙によい油を用いても、紙に油が喰われて却って結果がよくなかった。紙面に皺を出すには、紙を皺形に当ててその上を麺棒のような物で転がしながら強く圧する。この皺を出すことを〝紙を揉む〟といった。この皺に〝花山〟〝柳〟〝綾〟〝斜子〟〝風折〟などの種類があった。

皺文様を出した後で漆を塗るのであるが、漆の色も茶、小豆、黒などを多く用いている。その他に〝磨出し〟あるいは〝叢雲〟とも称して、堆朱の如く色の異っている漆を順次塗り上げた後、摺り出して色模様を見せたものである」

煙草入れの仕上りの型に「利久」と「折りべ」の二種があった。縫はいずれも左右両縁だけである。「折りべ」は両脇の縁が中に折り込んであり、その型は叺(かます)（胴体）の下縁を丸くしたり角にしたりして、丸、舟底、角、櫛型などがあり、櫛型は女持ちであった。金具に商標が付されており、また鳶職の持物には、明治の初期にはその火消組の一六区から六六区までの金具が作られ愛好された。神田あたりでも千住といえば〝千住の煙草入れ〟というほど固有名詞化し、趣味の一つとして愛用された。

煙草入れは右の腰に下げるのが正しく、左に下げると田舎者と嗤われた。神詣りするときは革製のものは不浄とされ、紙製が使われたともいう。

⌒源の店には古くから大型の煙草入れが掛けられていた。その叺の大きさは横が九寸四分、縦六寸、筒の長さが一尺四寸六分あった。これを三越の「煙草についての展覧会」に出品したことがあるが、出品された煙草入れのなかでは一番大きかった。⌒源の店先には長さ一間、巾一尺五寸の看板が二枚あり、一枚には「⌒源紙多葉粉入所」他の一枚は「⌒源現金掛け価なし」とあった。これは同所の青物問屋⌒サ本坂川屋の祖先の山崎徹斎がおよそ一五〇年前に書いたものといわれる。実によく書けているので、各方面から所望されて困ったという。昭和十五年頃、煙草入れは安いもので八〇銭から二円くらい迄であった。

伊勢の壺屋について、浜田徳太郎氏はその著書『紙』（昭和三三年一月刊）に書いている。

『大日本産業事蹟』（大林雄也著、明治二四年刊）によると、この擬革紙は天明年間、伊勢ノ国飯野郡稲木村の人、池部清兵衛が始めて製したもので、使用した油は透明な桐油で、壺屋は池部家の屋号である。明治六年始めてオーストリアの万国博覧会に出品して有功賞牌をうけ、その後英、米の博覧会にてたびたび好評を博し、その都度モロッコ皮に類似して一寸見たところではその真偽が判からない上、保存力は本物以上であると賞された」

『守貞漫稿』にも、

「勢州稲木村壺家煙草入は厚紙に油を以て製したるものなり。荏油製也。紙製諸方にあれども是を名物とす。合羽煙草入ともいうなり。その製品種々ありて、袂落提、腰差などもあり、就中提煙入を専らとす。他色も製すれど黒を第一とす。その肌は黒皮の如く、手に馴る時は光沢を増し、黒塗りの如く見ゆ」

と賞美している。『巴人集拾遺』に「いかづち」と題して、

此神は伊勢のつぼやの多葉粉入
　ふるなるひかる強いかみなり

神風や伊勢の稲木の莨入れ
　降る鳴る光る強い雷

がある。また文政三年刊、煙草屋橘薫著の『煙草百首』の中に、
煙草入紙は鬼もみ鬼ころし

ひねりてのまん年越の夜は

などの狂歌が残っている。前の句は伊勢の紙煙草入れをよみ、後の句は千住の皺入れのものをよんだものか。

福島氏は再度いう。

「江戸名物番付に『紙煙草入千住つぼや』と出ているが、千住には壺屋という煙草入れ屋はなかった」

團子坂　菊人形

団子坂は文京区にあり、上野公園の北西に当たり、本郷台に上る急な坂で、今は道巾も十数メートルになっているが、昔は二、三メートルのせまい道であった。

この坂の下は上野台と本郷台の谷間になっており、愛染川の清流には螢沢という蛍の名所もあった。花見寺、月見寺、萩寺、雪見寺など遊山、寺詣りにもことかかぬ所であった。

団子坂の付近には梅植、植重、種半、植安、植惣などの植木屋があった。安政三年（一八五六）梅植が菊人形を作り、団子坂で初めて客に見せたことから「団子坂の菊人形」が明治年間に有名になった。

菊人形の最初の考案者は誰か判らない。文化六年（一八〇九）に江戸麻布狸穴で初めて見世物として行なわれ、文化の末には巣鴨の染井の植木屋たちも作り、興行している。この染井では一枚摺の番付まで作り宣伝したので、巣鴨周辺は菊人形の見物人で賑わい、秋になると菊細工をする家が五〇軒にも及んだという。

巣鴨の菊人形が有名になると、駒込、根岸、谷中にも菊人形を作る植木屋が増え、それを見て歩く人が二、三日泊りがけで見物したというから、まったくのんびりした時代であった。

菊人形も維新の一時は衰微したが明治十年の頃から各所で復活した。十五、六年頃には団子坂の菊人形が最も盛大になり、菊人形といえば団子坂のそれを指すようになった。これには根津に遊廓があったことや、遊山の地として上野、谷中を控えたこともあり、さらに団子坂の植木屋の努力が大いにあずかっていた。

十月末から十一月の末まで、菊の盛りのころ、鶴、孔雀、鳳凰、帆掛舟、富士山などを細工した。当初は入場料は取らず、茶屋を構えてその茶代を収入とした。だがその後は催しがはでになり、幟や旗を何本も立て人気役者の当たり狂言や日清戦争のシーンなどの菊人形の看板をならべ始めた頃から入場料を取るようになった。左団次の和藤内のせり出し、福助の錦祥女、権十郎の甘輝などが当時の呼び物となった。

坂の下から上まで、その両側に葦簀で囲った菊人形展の茶店がつづき、若い衆の客呼びの声かしましく、客はせまい道を縫うようにして坂道を上り下りした。この菊人形の情景を、文献では次のように紹介している。

「坂の上から見ると坂は曲っている。刀の切先の様である。巾は無論狭い。右側の二階家が左側の高い小屋の前を半分遮っている。其の後には又高い幟が何本となく立っている。人は急に谷底へ落ち込む様に思はれる。その落ち込むものが這ひ上る者と入り乱れて道一杯に塞がっているから、谷の底にあたる所は巾をつくして異様に動く。

菊人形の衣裳にするのは小菊である。これは団子坂の植木屋では作られず染井・巣鴨から買ったものであるが、その地も近頃はひらけて菊畑も減ってきたから王子や板橋から求めている。元来菊人形の胴は籠で、それへ小菊を根のついたまま串して衣裳と見せるので、根がついているとは言へ、五日目位に菊を取替へ根廻りに水を注いだもので開園中は職人は徹夜で仕事をしたものである。

菊人形の木戸番はその呼び方の巧拙で入園者の多寡に影響するので大切な役目で、この人々は甲園から乙園に渡り歩く様なことは固く禁じられており、毎年定っていたものである」

菊人形の最盛期には、フランスから取り寄せた空気ランプ（?）で夜も営業した園もあった。団子坂の植木屋の梅植は廃業して「梅寿楼」という蕎麦屋を開業した。その庭には珍木奇石があり、この庭を見物がてら蕎麦をすすりに寄る客も多かった。

団子坂坂に名高き手打蕎麦

この団子坂も明治の末には菊人形を催す園は種半一軒しか残らなかった。その後この菊人形は両国の国技館にひきつがれ、大正から昭和の中頃まで秋になると話題になったものである。

正岡子規の「自来也も蝦蟇も枯れけり団子坂」の句が語っているように、今この地に菊人形を偲ぶのに菊見煎餅があるだけである。

谷中三年坂の通りに昔からの人形屋がある。私の小さな頃、この店の前を通ると生首がずらりと並んでおり、気持が悪かったことを思い出す。

この店（台東区谷中五丁目二番地）は菊人形、つつじ人形の頭（かしら）を作っている店で、当主は三代田口俊秀氏。店のウインドウには菊人形に使った遠見人形（遠い所にあるように見せる人形）の頭が飾られている。この頭は明治、大正、昭和にかけて頭作りの名手といわれた大柴徳二郎の作で、塗りは剝げてはいるが実にみごとな作りだ。鳶職の頭が木遣（きやり）をうたっている頭で、その声が聞えるようだ。この店の家宝だという。田口氏は明治四一年の生まれで「祖父や父から聞いた話ですが」と前置きして話してくれた。

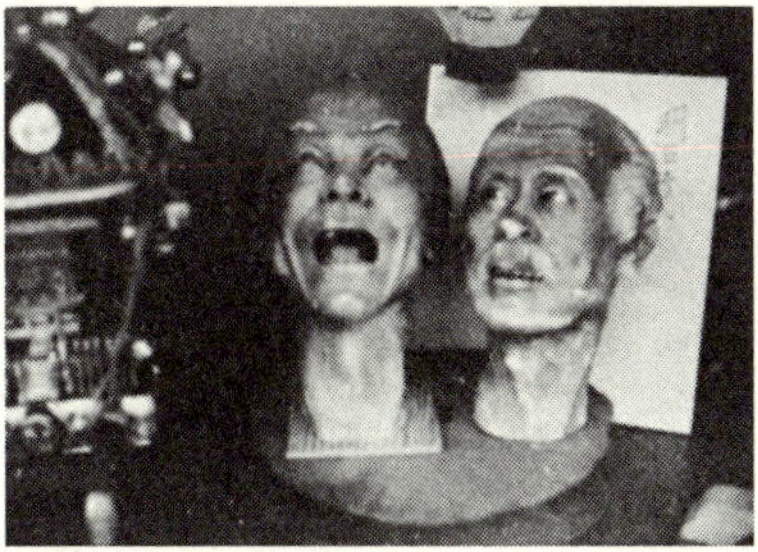

菊人形の頭

「菊人形の始まりは、岐阜の女郎屋の主人某が菊作りの趣味があり、菊人形を作り店に飾ったところ評判がよく店も繁昌しました。それがいつの頃か大坂に伝わり、枚方でこの菊人形を作る人が現れ、菊人形を見せるようになり、徳川時代の末期に江戸に伝えられたのだそうです。

初めは駒込付近で催され、明治の時代になり団子坂で催されるや異常な人気を得たようです。毎年菊人形の季節になるとたいへんな人出で、この三年坂（団子坂の前の谷中側の坂）の上から車止めになったそうです。このように混んだのも根津に遊廓もあり（明治十八年まで文京区根津一丁目にあった）

寺詣りの人々が流れ込んだものでしょう。勿論愛染川の通りも車止めになったようです。

菊人形を作るのは駒込駅前付近に住んでいた菊作りの植木屋がきてやったそうで、この菊人形の胴体作りを菊付けといいました。

胴作りは、竹を芯にしてその回りを藁で包み糸で巻いて、一・五センチ位の太さにしました。これで胴体を作り、その胴の中に菊を入れて、胴体の間から菊の花を出しました。胴体の中は何段にも仕切り、菊の根は水を含んだ水草で巻き、毎日この水草に水をやり花の生気を保たしておりました。一週間くらいで花はダメになるので胴体を解いて、新しい菊と取替えて飾ったものです。この作業は徹夜で行なわれ、菊人形が始まると、関係者は夜もろくろく眠れなかったといいます。

当時菊人形の頭(かしら)作りの名人で浅草馬道に山本福松という人がいました。この人が団子坂の菊人形の頭を作っていました。この人は生人形の安本亀八と肩を並べた人ですが、安本さんのように派手な人でなく、地味な職人肌の人でした。実にみごとな頭を作り、団子坂の菊人形が評判になったのもこの人の力だといっても過言ではないでしょう。

この山本福松の弟子が祖父の師匠の大柴徳二郎で、私の先々代の六三郎が大柴さんの弟子になり、浅草から出来上った頭を〝吊り台〟に乗せて二人で担いで団子坂まで運んだといっております。

その頃団子坂には種半、植重、植惣、梅植など十数軒の菊人形の植木屋がありました。植惣(浅野某)は団子坂を上った右側にあり、りっぱな庭のある家でした。庭の一部に菊人形を飾りつけて客を迎えたほどの店でした。場所は最近まで『菊見そば』があった所です。今はあの庭もつぶしてマンションになっています。団子坂は大正三年にガケをくずし、道がひろげられ、今のような無粋な道となってしまいました」

田口家の初代田口六三郎は大柴の門に入り、面師の六三郎で「面六」と呼ばれた。二代の百太郎は団子坂の菊人形が絶えた後、両国の菊人形の仕事を主として行って来た。三代俊秀氏は今は多摩川園、谷津（千葉県）、横手（秋田県）、船岡（宮城県）、北見（北海道）、二本松（福島県）などの菊人形の頭を作っており、ツツジ人形（船岡）なども手掛けている。毎年六月頃になると、その年の飾りものが定まり、九月までに作って納品するのだそうだ。

大久保　つゝじ人形

大久保付近は東京の郊外で、幕末の頃には狸や狐の出そうな所であった。東京府下南豊島郡大久保百人町（新宿区百人町）は江戸時代からこの辺に住んでいた下級武士が、余暇につつじ作りを慰みにしていた。

維新後、扶持を離れたこれらの侍たちにはこのつつじ作りを本職としたものが多い。明治の中期には有志の人々が共同して数千株のつつじを栽培し、六千坪の一大庭園を作った。それ以来、大久保のつつじは東京市民の間に評判となった。この庭園の他に各々の屋敷に自慢のつつじを育生し、五月末の八十八夜の頃ともなれば「従覧随意○○園」などの看板を出し、屋敷の庭は紅、白、斑の花が絢爛と咲き乱れていた。

共同園や雪花園などの名園には「きりしま」を中心として名花が妍を競い、さながら野火の燃ゆるが如く、視界のおよぶところ紅ならざるはなしといった景観を呈した。高さ二間におよぶもの、樹齢数百年を経た名木など数千を算した。

大久保の「つつじ人形」が生まれたこの頃からである。「義士の討入り」「有馬の猫騒動」などが名人といわれた安本亀八らによって作られた。園内には茶屋も出来て、酒や肴を売る葭簀の店も出現し酌をする女も現れた。団子坂の菊人形と肩をならべ初夏の大久保の「つつじ人形」は市民の憩いの場ともなった。

このつつじ見物は一日がかりだった。当時郊外だった大久保まで徒歩または人力車、馬車で遊びに来たが、明治二二年に甲武鉄道（今の中央線で、当時の始発駅は飯田橋駅）が八王子まで開通すると、大久保のつつじ園はいっそう有名になった。しかし甲武鉄道が敷設される時つつじ園の一部が敷地として買い上げられた。「大久保のつつじ」について、新宿区西大久保の伊勢屋高木勝治郎さんに聞いてみた。高木さんは八三歳で、江戸時代から妻恋で有名だった味噌問屋、本郷伊勢利十一代の弟に当たる。

「ここは昔は豊多摩郡大久保村といい、『伊勢利』の別荘のあった所です。その頃はこの辺は、欅の大木が聳えており、畠の中に点々と家のあった農村でした。昔から郷士のような武士が住んでおり、つつじを栽培していたようです。

明治の中頃、今の大久保駅の付近にはつつじの屋敷があり、五月の花の咲く頃自慢の庭を開放して見せていたものです。つつじ人形なども作って見せるようになり、日ノ出園などでは入園料をとっており、軽い料理や酒も出していました。明治三六年に日比谷公園が出来たとき、このつつじ園の若い木を大分移植し、これを境にしてつつじ園も衰微していったようです。

この時『伊勢利』の十代は別荘に各園の名木を価にかまわず引取りました。中には二間四方もある名木もありました。実にみごとな花をつけまして、花の咲く季にはお客様や知人に通知してこの別荘にお招きし、花を見せたものです。この別荘のつつじが『大久保のつつじ』の最後でしょう。この行事は明治の末から昭和の初めまで毎年行なわれ、私たちも手伝いました。昭和五年頃から周囲に家が混み始め別荘としては環境が悪くなったので、豊多摩郡神代村金子の屋敷にこのつつじを移すことになり、トラックで二十数台運んだものです。金子の屋敷は約五千坪ありましたが、庭一パイのつつじは七〇種以上もありました。

しかしこのつつじ園も、戦後『伊勢利』は財産税で物納してしまい、敷地はその後分譲され、あたらつつじの名木も離散してしまったようです。その後京王線の金子駅が、『つつじが丘』と改名され、つつじの名が残りました。『大久保のつつじ』がめぐりめぐって今もどこかの土地で息づいているかもしれませんね」

花輪芳野

新富座のうら

写眞の元祖

「花輪芳野」の名は中央区史や京橋区史にもない。「新富座のうら」と書いてあるので、地元の古い人々にも訪ねてみたが、知っている者はなかった。しかし明治事物起原のくらべ物の中に「塙芳野（はなわよしの）」の名前があった。これは塙・芳野を「花は吉野」にもじったもので、もちろん吉野は奈良の日本一の桜の名所を指す。

浅草公園の中に下岡蓮杖が開いた写真館があった。表の看板に、日本一の富士山が描かれていたので、それへの対抗意識から写真師伊井孝之助は北庭筑波（西の富士山に対し、北に筑波山の意味）と自ら称した。塙芳野は明治の写真史上、特に取り立てて記載するほどの店ではなかったらしいが、北庭筑波と同じような味の「塙芳野」をここにならべたものであろう。

中央区役所で塙氏の戸籍を調べてみたが、大正の震災で戸籍簿は焼け、その後調査をして整理はしたが、大正四年以前の除籍分の資料はない。

北庭筑波

浅草奥やま

写眞の元祖

浅草の奥山で写真屋をやっていた奇人の一人「北庭筑波」は、大正から昭和の中頃まで新派の名優だった伊井蓉峰の父である。伊井蓉峰はしたがって歌舞伎出の人ではなかった。

本名は伊井孝之助といった。孝之助どころでなくどえらい道楽者で、幕末の頃母から千両の大金を持ち出し、悪友をひきつれて吉原に行き大盤振る舞いをしたという。底抜けのお人好しというか、世間知らずの道楽者だったのでとうとう勘当された。女房にも逃げられ他人の妾といっしょになり浅草金龍山の梅屋敷に住んでいた。

蓉峰は母がいなくなってから、乳母に育だてられ父孝之助といっしょに暮していた。孝之助の母は孫の蓉峰が可愛いくてならなかったが孝之助や後添の女を家に入れる訳にはゆかず、乳母と蓉峰だけの出入りを許した。孫がくると母は離さず、帰るときはその守袋の中に金を入れてくれた。子は憎くても孫は可愛いかった。孝之助はそれをよいことにして、金が無くなると乳母に蓉峰を背負わせて母の所にやり、金を持って来させた。

明治の浅草公園の写真屋風景

このような彼がどこで覚えたのか、当時流行し始めていた写真機を手に入れ奥山で写真屋を開いた。西洋の文化と新し物好きの新東京人は好奇心もあり恐るおそるでやってきたので孝之助の写真屋も繁昌した。なぜ北庭筑波が「写真の元祖」といわれたのか。いろいろ調べたがどうも元祖とは思えない。

四国の漁民中浜万次郎は漂流してアメリカの船に助けられ、米国に連れて行かれていろいろ先進国の教育をうけて日本に帰ってきたときの土産の中に写真機が一台入っていたという。また、嘉永年間（一八四八―五三）には、薩摩藩の蘭学者川本幸民が蘭書より編纂した『遠西奇器述』の中で写真術のことを述べている。一方、写真家としては横浜に写真店を文久三年（一八六三）に開業した下岡蓮杖と、長崎で文久二年に開業した上野彦馬が、写真業としては日本で始めての人であるともいわれている。

その後慶応年間に江戸で写真業を開いた人は多く、明治二年に、

浅草代地　内田九一
池ノハタ　横山松三郎
神明社内　理橋蓮三
元大坂丁　稲垣弥三郎

同五年、

池ノハタ　横山松三郎
通　ニ　清水東谷
大代地　内田九一

などがあり、明治の初年には東京市内にチラホラと写真店はあった。横浜に写真店を開いた下岡蓮杖は、浅草にも店を開いたがその名はいまはない。

孝之助が「北庭筑波」と通称を変えたのは、この蓮杖が浅草奥山の店に富士山の看板を掲げたので、それに負けず「西に富士嶺、東に筑波」の句をもじって「北庭筑波」と自称したものであ

る。明治六年五月十五日の『東京日々新聞』にこんな記事がみえる。

「浅草金龍山内の写真師北庭つくば其術の妙なる能く人の知る処、今般暗夜に写すべき器械を取り寄せ、之を以て其術になすに、白日の写せるものと毫も譲れる処なし、出写来賓共意の如く也、蓋し風雨も論ぜずと、実に一の発明と云ふべき也」

どうもマグネシウムでも燃やして写真をとったものらしい。当時の写真はレンズも暗く、乾板の感度も悪かったので「写真を写すときは座ると背後に床屋の首当てのようなものがあり、それに客は頭を当てて何秒間か動かないでジッと息をのんで、目を開けて、写真をとってもらった。動くと叱られたものだよ。写す方も真剣になっていたな。子供の場合など大変で、そばであやす人や頭を押える人で一騒ぎしたものだ」と古老は語っている。

そんな時代に筑波は「暗夜に写すべき器械を取り寄せ」て「風雨も論ぜず」写したのだから当時の人は驚いたことであろう。これが評判になると筑波は自らも〝ヘブライ写術〟と称した。なぜヘブライといったかはわからない。蓉峰を連れて洋服を着て仲見世を酔って歩いても浅草人は一目置いた。飲食店にはいっても注文するのは洋食（！）ときまっていたという。

明治十八年、浅草田甫が埋め立てられて六区が出来ると、筑波は浅草花屋敷の東隣に居を移し、家の周囲に当時まだめずらしい西洋の草花を植え、茶畑を作り〝ヘブライの井戸〟と名づけた井戸の水で茶を立てたりして優雅な生活をした。明治二〇年十二月十日、四六歳で没している。

浅草六区には茶屋や楊弓場などのほか、写真屋も多く出来た。筑波の店の地、煉瓦作りの江崎写真店は別として、岩尾、渡辺、松林堂、谷、松崎など一流二流がそれぞれ繁昌していた。これらの写真店は大正の時代私も見たが、ペンキ塗りの一坪位の小屋で、三尺の入口があり更紗模様の布が下りガラス窓に写真の見本が並んでいた。表に人の足が止ると引張りに出て「一枚十五銭だよ」と客の袂を押えて放さない。当時は硝子撮しという簡便な写真で、小型の桐箱へ入れて即座に仕上げて渡した。一枚十五銭といっても、大体三枚一組にして売りつけたので一組五〇銭以上（台紙をつけたりする）になり、客との悶着は絶えなかった。それでも明治から大正にかけては東京へきた記念、浅草見物の記念にと、田舎の人も東京の人もこの安直な写真屋を喜んで利用したものだった。

乱ぐひ渡り　竹沢藤治

乱杭わたりとは独楽の曲芸の一つで、江戸末期から明治にかけて竹沢藤治は曲独楽の名手とうたわれた人である。

初代竹沢は江戸も末の頃、両国の繁華街に独楽の芸で定小屋を持った人である。曲独楽の芸で定小屋まで持つことは並たいていでなく、その芸が如何にすぐれていたかを物語っている。初代は当時の錦絵にまで画かれ、川柳にも読まれている。

竹沢は独楽で内所がよく廻り
竹沢へ落ちる上野の虫くいば

二句目は上野の落葉と蝕歯の弄語で、竹沢と源水とを混同して諷刺している。

竹沢は天保年間、上野山下に小屋があり人気を集めていたが、天保十四年（一八四三）に東叡山領になった時、他の興行物は全部この広場から取払われたのに竹沢の小屋だけは残された。

明治の初年には浅草の奥山で興行していた。猿若町の芝居小屋でも華々しく興行したという。本芸の独楽のほかに、早変り、宙乗り、水芸等の曲芸は大受けにうけ、明治十五、六年頃は満都の評判を一身に集め、どこの小屋でも一、二ヶ月と長い興行を打って客足が落ちなかった。明治三一年、外人興行師に買われて清国上海から欧米への海外興行に出た。上海では好評を博し中国人芸人を圧倒したので大いに妬まれ、綱渡り芸を披露中、綱を切られ墜落し腰骨をくだいた。この事故で欧米巡業の予定を変更し帰朝した。

倅の小藤治がまた名人だった。父の綱渡りを覚え、米国巡業では大成功を収めた。明治三六年九月歌舞伎座を借りて、綱の上で一世一代の芸を演じ、独楽の如く舞台の所作事をやってみせた。その頃の小藤治は歳も四十五、六の男盛り。若太夫時代から美少年だったが年と共にますます磨きがかかり、太く髷に結った袴姿もあでやかだった。その舞台姿に女ならで男まで溜め息をつき、あやしい思いをかきたてた。

舞台はすべて芝居がかりで、粗末ながら大道具は金襖や夜桜などの書割りを添え、幕が開くと「東西東西」の口上につれ、太夫のお目通り。お定りの衣紋流し、扇子止め、羽子板の曲。大小独楽の曲芸は多年の手練、一尺八寸の大独楽を手先で回し、中から十数個の独楽を取り出し、それが一つひとつ回っている。まるで舞台に花が咲いたようでヤンヤの喝采をうけた。しかしこれは前芸。驚く客の前で一尺の提灯独楽の心棒を持ち上げると、二尺余りの長提灯になったり、正面に四方開きの花万燈が開き独楽が欄干伝いにその中に消える「乱杭渡り」で最高潮に達する。万燈がパッと開いて真白な鳩に変ったり、水芸には女弟子を二人左右に並べて、独楽を使いながら扇子の先や独楽の先から盛んに噴水させるなど、本衣裳できらびやかにしかも早芸。幕間に消えたかと思うとすぐ衣裳を裃姿に変え、大独楽片手に舞台に立つその早業。見物人はうっとりみとれ、ただその芸に感心し拍手を惜まなかった。

この稀代の芸は惜しいことに小藤治の代で終った。弟子は多くいたが、師匠の芸をこなす者がついに出なかった。今日でも独楽の芸は寄席で「はなし」の間に一部の芸人により行なわれている。だが竹沢藤治のような名人芸をみせてくれる者はいない。

行燈渡り　早竹寅吉

早竹寅吉は軽業の名人だった。初代寅吉はその技術を買われ、ポルトガル人タロサと契約し慶応三年七月二四日、パシフィック・メール社の汽船コロワド号でアメリカ巡業に出た。一座の男女芸人三〇人は八月十八日にサンフランシスコに着いた。九月十八日メトロポリタン劇場で日本独特の軽業を披露。色模様の裃にチョン髷姿の一座の演技に、アメリカ人は驚異の眼をみはった。寅吉の泊っているホテルには毎夜遅くまで人だかりで、烟管や筆などの持物を熱狂したファンにねだられたり、ホテルの窓から投げる穴あき銭をうばい合いで拾うなど、異常な人気であった。

好評裡にメトロポリタン劇場を打ち上げ、次の地へ出発の時タロサは一行があまり大勢なので演芸に必要な者のみ船に乗せてサンフランシスコを出帆した。これを知った寅吉は怒って船中で一騒動となる事件もあった。

初代寅吉は外地で病没し、二代寅吉がその業を継いだ。二代は先代勝りといわれた軽業の上手であった。当時芸人のメッカといわれた両国橋の西詰の広場に、軽業の定席を持っていたというから相当の評判だったのだろう。中国伝来の練磨術をさらに日本風に工夫し、アイス・カントロビーと称して人間を詰めたトランクに拳銃を打ち込んだり、西洋手品で人気をうばい、芝居と対立して西詰広場の花形となった。

早竹寅吉について『新聞雑誌』第三二二号に次のような詩が出ている。

技入精神手足忙　弾絃撃鼓曲声長
翻身開扇危累卵　十丈竿頭人自横

西洋手品のような機械仕掛でなく、もっぱら全身の演技と小手先の熟練で摩訶不思議をみせるところに、日本流の軽業の真骨頂があった。

蔵前　ようかん

浅草寺の参道の蔵前に、蒸し羊羹専門の豊島屋があった。

蔵前には幕府の米倉があったから、各地の天領から船で運ばれて来た米は鉄砲洲で一度荷揚げされ、小船で大川を上り浅草蔵前にあった幕府の米倉に保管された。この米倉は七棟あり、大川に向けて桟橋があった。今の蔵前橋は当時下流から三番目の米倉のあった所にかかっている。

この蔵前の通りには札差屋がたくさんあった。旗本が年三回渡される扶持米を、この札差屋でその日の米相場で現金化したもので、札差屋は米相場を握っていた。大店が多く、景気のいい札差屋は生活も華美となり、江戸末期には〝蔵前風〟と呼ぶ服装や装身具の流行の基を作るようになった。粋人通人といわれた人種もここから多く発生し、粋筋の出入りもはげしかった。それらの人々の間で「豊島屋の蒸し羊羹」は評判がよく、当時では高級菓子として賞味された。

明暦から文政にかけて芳町の遊廓、芝居小屋が浅草寺裏に移り、奥州街道口として旅人も多かったから芝居の見物人や吉原に遊ぶ人を加えて蔵前は賑わった。「豊島屋」は浅草見付からきて左側にあり、二階建五間間口の古風などっしりとした店であった。羊羹色の古い暖簾、店に入ると中央の大黒柱に、朱塗りの剝げた字で「豊島屋」と書いた名筆の看板が掲げられており、畳の上には羊羹の入った黒塗りの箱がいくつも並べられていた。羊羹は上と並があり、風味はムッチリとした舌触りで、下戸ならでは味わえぬ、多年売り込んだ味が秘められていた。

この店は大正の初年に店を閉めた。私は「豊島屋」の痕跡を求めて蔵前をさまよったが、ついに判らなかった。

土手　金つば

年期増しても食べたいものは土手の金鍔さつま芋

という都々逸がある。土手の金つばについて北区の磯部氏にお聞きしたとき「土手の金つば」まで同氏に教えてもらったが、下の句が判らなかった。同氏がその後、落語の林家正蔵氏に聞いたところ、下の句は「さつま芋」だということだった。小林栄氏の著書『吉原下町談話』に、

「明治期の吉原土手の名物といえば桜肉屋（馬内屋）で一名『けとばしや』ともいわれ、衣紋坂近くの土手の東側に数軒ありました。かなり広い店構えで、大広間が往来から見え、そこに小さな食卓がずらりと並び、朝湯のある店もあって、朝帰りの客に喜ばれていた。その平家建の店を裏から見ると、高い土手上に建てられたので実は二階になっていて、下は調理場でした。その馬肉屋の近くに『土手のきんつば屋』があり、廓の連中が上得意でした」

明治の吉原の回りはまだ田や畠が多く、土手から見ると筑波山も見えた。日本堤は〝土手〟とも〝吉原土手〟ともいった。当時はこの土手には大した店もなく、馬肉屋や古着屋、古道具店の間に金つば屋があった。「年期増しても……」の都々逸は吉原芸者が作ったものか、遊女が作ったものかわからない。芸者や遊女はだいたい一日二食（朝起きるのが遅いので、朝食は昼過ぎ、昼食は夕方）で金つばやさつま芋は彼女たちの食事代りとなり間食ともなる。そして仲どんに買いに行かせたものらしい。

『生業物価事典』によれば「明治の頃この土手に葭簀張りの出茶屋きんつば屋の掛行燈……」とある。

明治五年に遊女の〝解放〟が行なわれた。しかしその後の吉原は昔のような吉原でなく、遊女は廓の外に自由に出ることが出来た。これで彼女たちが自分で金つばを買いにいく姿も見られる

ようになった。この金つば屋は出会に利用されることもあった。金がなくて登楼することが出来ない馴染とお遊女が、わびしい出会の場所にこの二階を使ったのである。のれんをくぐって店に入ると、金つばを焼いている親父が目で合図する。お前さんの相手はもう二階に来ているよ、という仕草である。お遊女はいそいそと、脱いだ下駄を持って二階に上る……。このような習慣はひそかに行なわれたもので、一時的なものであった。

初代猿之助の夫人喜熨斗古登子さんは吉原で生まれて育った人だが『吉原夜話』に書いている。

「この土手八丁のとっつきに道哲というお寺があります。この道哲寺から箕輪（三ノ輪）までの両側に、金鍔屋が店を列べていました。お女郎買いに行く途中に金鍔屋が店を列べているのはどうもうつりが悪いようですが、どうしたものかこの金鍔屋が大層はやったものです。金鍔というと今あちらこちらの餅菓子屋で売っている金鍔だと思っていましょうが、あれとは大違いです。指の跡が二つついていて、お侍さんのお腰の物の柄についている刀の鍔そっくりの形をしていたものです。この金鍔屋のあるところの左側に柳が一本、風に吹かれてあちらに靡き、往来の人においでおいでをしているように見えますのも風情がありました」

「土手の金つば」について、たまたま土手近くに永く住んでいたことのある栗山房三氏に会い、話を聞く機会があった。

「私は栃木県の生まれで、大正の末にこの浅草にきました。その頃にも金つば屋は土手の大門の入口（衣紋坂の入口）から三ノ輪にかけて両側に十軒くらいありました。間口はほぼ二間の店で『きんつば』と書いたのれんを出し古道具屋、古着屋や馬肉屋の間にありました。当時は今と違って古着屋や古道具屋は、下町の貧しい人々には便利な店でした。世帯を持つ時や正月になっても新しい着物を買えないような娘達は、大晦日も近くなり僅かな金が入ると、この古着屋に来て前から見当をつけて置いた着物を買ったもので、そのいじらしさは見ていても涙ぐましいものでした。

金つば屋には吉原の廓の女たちもきていたが、私たちはまだ子供だったから、ふつうの家の人と違っている人だなと眺めていました。店先で焼いている金つばを待っている客がいつもおり、かなりいそがしい店でした。『土手のきんつば』は三センチくらいの大きさで、丸く平で今のたこやきのような型でした。作り方は三センチくらいの凹みがある鉄板に小麦粉の溶かしたのを注ぎ、漉し餡か潰し餡を入れ、適当に焼けたら平らな鉄板の上に返して焼いていました。昭和の初めは十個十銭くらいでしたよ」

どうもこの話では今の金つばと作り方が違うようだ。「土手のきんつば」だけこのような作り方をしたものか。

「土手の金鍔」という一文で守安正氏は、

「天和年間(一六八一―八三)に京都で有名だった銀鍔が、享和年間(一八〇一―〇三)に江戸に伝えられ、いつか金鍔といわれるようになり、文化年間(一八〇四―一七)に浅草馬道に『金鍔』を売る店が多く、特に『おかめ金鍔』が有名であった。明治時代になり、四角に切った餡をあらかじめ薄く溶いた小麦粉と片栗粉の液体の中に突っ込んで引き上げて、鉄板で焼く方法の『へのへのもへじの金鍔』が現れて、金鍔の焼方はこの方式のものに統一され、金鍔といえばこの方式と思っている人が多いが、味も風味も土手で売っていた金鍔には及ばない」

と述べている。

吉原の土手も昭和の初めに取崩された。大正の震災でこの辺は焼け、戦災でも日本堤の一丁目の一部だけ残して全部焼けた。住む人も変り「土手のきんつば」を語る人もごく少なくなってしまった。

私は静岡市で刀の鍔のような金つばを見たことがある。この街には金つば屋が多い。私がそのとき寄った店では鉄板の上に半練りのうどん粉を流し、その上に潰し餡を置き、その上にうどん粉を流した。適当に焼けてひっくり返し、出来上ったら金つばの上を三本の指で押す。十センチくらいの金つばの上に刀の鍔のような跡がついた。私はそのとき喜熨斗さんの『吉原夜話』にあった「指の跡が二つついていて、お侍さんのお腰の物の柄についている刀の鍔そっくりの形を……」の文句を思い出した。店の主人に尋ねてみたら、これは昔からの作り方だという。金つばは「へのへのもへじの金鍔」ばかりではなかった。

本所　弘法の灸

灸の歴史は古い。印度に起こり中国を過て欽明帝（五三一—五七一）の時代に我が国に鍼灸に関する書籍が伝わった。それ以後幾多の研究をへて大宝元年（七〇一）には灸を鍼科の一部として、医療に用いられてきた。

灸の一種の打膿（だのう）の灸は、一名一点灸ともいわれ艾（もぐさ）の大きいものをツボにすえた。この灸はただ一度だけすえればよく、その灸跡が化膿するので膏薬を紙に塗り、化膿した処に貼る治療方法である。この灸は神経、胃腸系統によく効き、江戸時代より明治、大正と繁昌した。今でも鶴田山真念寺遍照院の通称「本所の弘法の灸」は二〇〇人分以上もの下足箱がその盛況を物語っている。

「弘法の灸」の開祖松下諦念（たいねん）師は三河の国西尾付近の農家、利右衛門の長男として生まれた。元来利発な諦念は長ずるに及び志を立てて僧侶になる決心をした。百姓の子はいくらあがいても百姓の子。しかし僧籍に入れば勉強が出来る、そう思った諦念は菩提寺の和尚にたのみ、僧籍に入り高野山に赴き修行した。

“弘法の灸” 発祥の遍照院（吾妻橋）

普通の修行僧とは気構えからして違う諦念の修行態度に感心した松下真昌和上は、彼を養子とした。その後数年の研修を終えて諸国遍歴に出た。ある年、紀州のある村の庄屋で喜捨を求めると、その家の妻女が出てきて、ぜひ泊っていくようにとすすめられ一夜の宿を借りた。その夜弘法大師が夢枕に立たれ「善哉、汝心身清浄に保ち、小人郡生興せず家を脱して仏神に祈る。其の心あわれむべし。因って我汝に冥加を与へる。此家に重病者あり、一、七日の間水行を修し……」との仏示をうけた。

翌朝、妻女に尋ねるとその通り、その家の主人が明日をも知れぬ大病であるという。そこで諦念は七日の間、裏の山中の滝に打たれ念仏を一心不乱に祈った。不思議にも重病の主人は回復した。そこで諦念は弘法大師の冥加を体し、仏霊を以て人助けをする信念に燃え、江戸にきて「弘法の灸」の庵を作り人助けの灸の治療を始めた。諦念の灸は、病人から病状を聞き、撞木を逆に持ち目を閉じ、ピタリとそのツボを押え、そこに灸を据えた。この灸は胃病、喘息、神経痛、肩の凝りに特効ありとてたちまち江戸中に知れ渡り、門前市をなし一日千人に及ぶこともあったとか。

さて有名になるにつれ大名や豪商から、どうかきてくれと迎えもあったが、庶民優先の諦念は決してこれらの迎えに応じなかった。そして、庵に出向いてくるならば一般の人々と同じように治療しようと言った。だが生まれ故郷の西尾藩主松平和泉守から迎えがあった時だけは、迎えの駕籠で治療に行った。

その後、一時三河の故郷に戻ったが、江戸の評判を聞いて治療をうけにくる人は引きも切らず。庵を建てる話もあったが、江戸からの迎えも度々あり、文久二年（一八六二）に再び江戸に戻り大師堂を建立し本格的に治療を始めた。

この大師堂は明治三年大災に遭い、同六年堂宇を再興した。同十六年に総本山京都護国寺の本寺に加えられ山号寺称を許された。この灸の秘法は常に口伝で、仏法・治療両面のきびしい修行の結果会得するものとされた。

「私は永いあいだ、弘法様のお導きにより修行し治療してきた。そして灸のツボを知ったので、一概に口で言っただけで会得するものではない。私のすることだけ見ていても、決して御仏の道を修行しその道を極めなければ、この道は大成出来ない」

と諦念は常にさとしていた。この近くに住む年寄りから聞いた話――。

「弘法様のお灸は確かに効いたもので、私の子供の時ですが、灸を据えてもらいにずいぶん遠くからくる人もあり、寺の前はいつも混雑していました。なかには近くの宿に泊って治療を受けている人もあり、寺の前には物売りも出る始末でした。担架で担がれてきた人が、帰りには歩いて帰ったなんて話もあったほどで、私の祖母などは念珠を持って通ったものでした。下町の人が多く、葛飾の農家の嫁さんなどは〝弘法の灸を据えて貰いにいく〟といって浅草見物にきたというくらい、『弘法の灸』といえば姑も許さぬわけにいかなかったほどですよ」

「弘法の灸」にかこつけて、浅草に遊びにきた農家の若い嫁たちの知恵がほほえましい。戦前は二〇人からの弟子が治療に当っていた。今は四代目松下叡顕師で、墨田区吾妻橋一ノ三にある。

青山　淡島の灸

淡島の灸は世田谷区代沢三丁目二七番の、八幡山森巌寺浄光院で行なっている。この寺は浄土

“淡島の灸”で有名な森巌寺（世田谷・代沢）

宗で、北沢八幡神社の別当である。昔は吉良家の所領で、七沢の八八幡と称していた。七ツ沢に八社の八幡があり、当社がその一つに数えられているのである。

森巌寺は結城秀康公（越前福井藩主六七万石で家康の次男。慶長十二年四月八日没、三二歳）の法号浄光院殿森巌道慰運正大居士をとって寺の号とした。この寺は越前一乗院住持師万世上人の遺命を奉じ、請誉上人（清誉存廓孫公和尚）が慶長十二年丁未四月（一六〇七）に秀康の一周忌をトして開創したもので、恵心僧都の作られた座像阿弥陀如来（一尺五寸）を本尊としている。

祭神は紀州名草郡加太（和歌山市）の淡島明神である。清誉上人は常に腰痛があり、この淡島明神に祈願していた。すると夢中に霊示があり、そのとおりに灸を据えてみると腰痛は完治した。そのお礼として淡島明神をこの地に勧請し、灸の治療を始めた。それから三百余年、代々の住職はその秘法を口伝し、毎月三、八日に治療を行っている。

古めかしい山門の前に「淡島の灸」と書いた柱がある。寺内は約三千坪。寺内の左側に慶応年代の建物の淡島堂があり、白梅が美しい。文化九年建造の森巌寺の本堂はよく手入れがされているが、庫裏は昭和三九年に火災にあい、四〇年再建したものである。現住職は十五代寿誉昌光師（加藤昌光）である。

住所一覧

店舗を構えていた所を中心に収録。
町名は現在の地名に基づく。
●印は現在も営業を続けている店を指す。
（いずれも元本刊行当時）

千代田区

●紀伊国屋	外神田一―一	364
●笹まき毛抜壽司	神田小川町二―一二	373
●堀津長兵衛	麹町二―一	354
●豊島屋	猿楽町一―五	191

中央区

天金	銀座五―五	110
蜂龍	銀座七―一九	411
いせ吉	銀座二丁目	97
大國屋	新川一―一	15
島むら	日本橋通三―六	67
六門屋	日本橋通二―五	18
●柳屋	日本橋通二―二	142
中華亭	日本橋通一―九	68
●國分勘兵衛	日本橋通一―二	195
菊岡	日本橋通一―一	311
大瀧	日本橋室町一―一	504
●弁松	日本橋室町一―一六	236
●神茂	日本橋室町一―一四	213
小田原屋	日本橋室町二―九	246
滑稽堂	日本橋室町二丁目	547
治郎公いなりすし	日本橋室町三―二―四	376
下村のおしろい	日本橋室町一―六	215
勝文	日本橋堀留一―一〇	397
うぶけや	日本橋人形町三―四	188
蓬来屋	日本橋芳町二―一	248
高木清心丹	日本橋芳町一―八	424
●さるや	日本橋小網町一丁目	92
三河邸楠	日本橋蛎殻町四蛎殻町公園	92
いそや半天紺屋	日本橋箱崎町二―一〇―一	409
●佃源	佃一―三	250
大村皿そば	日本橋久松町二七	78
●伊勢屋	日本橋馬喰町一―四―一一	577

升田屋　日本橋両国五……450
港区
◉逆さ銀杏　元麻布一—六—二一善福寺内……594
化け銀杏　新橋四—三一……595
◉布屋太兵衛永坂更科　麻布十番一—二……41
◉重箱　赤坂二—一七—六一……513
新宿区
つつじ人形　百人町三—三六八……607
文京区
菊人形　千駄木町二丁目と三丁目の間……602
◉鱗祥院　湯島四—一……446
いせ利　湯島三—二……269
◉浅倉屋　本郷二—三二—一二……103
台東区
◉笹の雪　根岸二—一五……337
◉朝顔　下谷二—三……522
◉守田寶丹　上野二—一二……420
◉蓮玉庵　上野二—八……35
松屋庄七　上野四—八……398
揚だし　上野二—一三……83
太々餅　上野一—一……499
忍川　上野四—五……341
松浦家の庭　浅草橋五丁目忍岡高校内……218
香取屋　浅草橋一—九……20
松の壽司　柳橋一—四……65
◉どぜう　駒形一—七……153
◉百助　駒形一—五……138
◉寶扇堂　浅草一—九……28
◉金龍山餅　浅草一—三二……496
◉金田　浅草三—三五……436
◉熊手　千束三—一八鷲神社内……551
金子の中二階　千束三—二九……327
阿ぶ玉　千束……79
都鳥せんべい　今戸一—二……278
金つば　土手……618
◉むさし屋　浅草一—二〇—一……487
◉銀花堂　浅草三—二一……394
壽美屋……520
◉伊せ惣　柳橋一—二五……25
重元平八　上野三—一六……316
立松　根岸四—一〇……582
水鶏　根岸二—二二……49

◉十三屋　上野二―一―二……510
するがや精進料理　上野四―九……356

墨田区

◉竺仙　本所一―四―一一……53
はし本の表二階　業平五―一五……322
佐竹家の庭　吾妻橋一―二三……217
◉弘法の灸　吾妻橋一―三……622
港屋　両国一―九……539
◉坊主　両国一―九……431
與兵衛　両国一―六……59
◉越後屋　千歳一―八……133
松浦邸椎　横網一―一二……90
小大橋　両国一―一二……465

江東区

◉乳熊　福住二―五……266
米市　冬木町二―三……578
◉船ばしや久壽餅　亀戸三―七……70

品川区

◉海晏寺　南品川五―一六……407
◉東海寺　北品川三―一一……448

大田区

◉山本梅ひしほ　大森中二―二―一八……347

目黒区

角いせや　下目黒三―一八……106

世田谷区

◉大彦　世田谷区中町五―二四―一二……165

杉並区

しらがきのっぺい汁　堀の内三―四九……240

豊島区

小鳥料理　雑司ヶ谷三―一八……118

荒川区

◉羽二重だんご　東日暮里五―五四……73
虫聞　西日暮里四―一……46

足立区

合歓木の花　綾瀬川畔……471
◉かるやき　西新井一―三……274

葛飾区

◉川魚料理　柴又七―一〇……125
◉菖蒲　堀切二―七……469

参考文献

銀座十二章　池田弥三郎　昭四〇　朝日新聞社
江戸切絵図集　鈴木棠三・朝倉治彦編　昭四三　角川書店
市川団十郎　西山松之助　昭三五　吉川弘文館
印章綜説　吉木文平　昭四六　技報堂
江戸から東京へ　矢田挿雲　昭二八　再建社
川柳から見た上野と浅草　西原柳雨　昭　四　中西書房
明治はいから物語　内山惣十郎　昭四三　人物往来社
郷土・都区行政資料目録　東京都葛飾区立葛飾図書館
類聚近世風俗志　喜田川守貞　昭　三　文潮社書院
増訂明治事物起原　石井研堂　大一五　春陽堂
黙阿弥襍記　河竹繁俊　昭一〇　岡倉書房
日本橋私記　池田弥三郎　昭四七　東京美術
江戸の実話　三田村鳶魚　昭一一　政教社
江戸ッ子百話　能美金之助　昭四七　三一書房
明治百話　篠田鉱造　昭　六　四条書房
幕末百話　篠田鉱造　昭四四　角川書店
幕末明治女百話　〃　昭四六　〃
吉原下町談話　小林栄　昭四三　綜合編集社
日本史年表　歴史学研究会　昭四一　岩波書店
明治商売往来　仲田定之助　昭四四　青蛙房
黙阿弥の手紙日記報条など　河竹繁俊　昭四一　演劇出版社
明治文化全集(風俗篇)　明治文化研究会　昭四四　日本評論社
日本人形玩具辞典　斎藤良輔　昭四三　東京堂
漫談明治初年　同好史談会　昭　二　春陽堂
川柳女一代　原比露志　昭二八　柴書房
江戸名所図会　鈴木棠三・朝倉治彦編　昭四三　角川書店
日本の夜明け　河原万吉　昭一七　霞ヶ関書房
にごりえ・たけくらべ　樋口一葉　昭四六　新潮文庫

日本永代蔵要解　藤倉光一　昭三二　有精堂
明治東京逸聞史　森銑三　昭四五　平凡社
異国遍路旅芸人始末書　宮岡謙二　昭四六　修道社
史話 江戸は過ぎる　河野桐谷　昭四四　新人物往来社
墨東叢誌　大木常義・水野幹士　昭三〇　趣味の人々社
新聞資料 明治話題事典　小野秀雄　昭四三　東京堂
東京今昔帖　木村荘八　昭二八　東峰書房
東京回顧　曾宮一念　昭四二　創文社
明治語典　植原路郎　昭四五　桃源社
東京から江戸へ　石母田俊　昭四二　桃源社
河竹黙阿弥　河竹繁俊　大　六　春陽堂
明治の演劇　岡本綺堂　昭二四　同光社
彼岸過迄　夏目漱石　昭四六　新潮文庫
東京風物名物誌　岩動景爾　昭二七　東京シリーズ刊行会
芸能辞典　演劇博物館編　昭四六　東京堂
日本花街志　加藤藤吉　昭三一　四季社
茶道辞典　桑田忠親　昭四二　東京堂
考証江戸八百八町　綿谷雪　昭四六　秋田書店
川柳愛慾史　岡田甫　昭二七　あまとりあ社
吉原夜話　喜熨斗古登子　昭三九　青蛙房
吉原の四季　滝川政次郎　昭四六　〃
定本 江戸から東京へ　矢田挿雲　昭四〇　芳賀書店
落語系図　昭四〇　名著刊行会
趣味研究 大江戸　江戸研究会　大　二　大屋書房
江戸時代 大相撲　古河三樹　昭四三　雄山閣
柔道百年　老松信一　昭四五　時事通信社
砂払　山中共古　昭　元　春陽堂
明治文化全集 別巻・明治事物起源　明治文化研究会　昭四四　日本評論社
江戸商売図絵　三谷一馬　昭三八　青蛙房
職人往来　尾崎一郎　昭四四　雄山閣
浮世絵師 鳥居清長　溝口康磨　昭三七　味燈書屋
明治奇聞　宮武外骨　大一四　半狂堂
うなぎ風物誌　川口昇　昭四七　東京書房
嬉遊笑覧　喜多村信節　大　五　近藤出版部
幕末明治 女百話後篇　篠田鉱造　昭　七　四条書房

史料維新の逸話　横瀬夜雨　昭四三　人物往来社
東京のたべものうまいもの　中屋金一郎　昭三三　北辰堂
明治世相百話　山本笑月　昭一一　第一書房
日本相撲史　横山健堂　昭一八　冨山房
相撲百年　相馬基　昭四一　時事通信社
東京の小芝居　阿部優蔵　昭四五　演芸出版社
講談落語考　関根黙庵　昭四二　雄山閣
江戸庶民街芸風俗誌　宮尾しげを・木村仙秀　昭四五　展望社
明治東京歳時記　槌田満文　昭四三　青蛙房
剣道百年　庄子宗光　昭四五　時事通信社
味のしにせ　読売新聞暮しの案内　昭三六　北辰堂
国技勧進相撲　木村庄之助　昭一七　言霊書房
川柳江戸砂子（上）　今井卯木　昭　五　春陽堂
のれん　山本嘉次郎編　昭四六　はとバス興業
銭湯の歴史　中野栄三　昭四五　雄山閣
柔道名鑑　工藤雷介　昭四〇　柔道名鑑刊行会
東京名所の百年　高橋順二　昭四二　東京史蹟研究所

日本のおもちゃ　山田徳兵衛　昭四三　芳賀書店
世界大百科事典　平凡社
常磐津林中　鈴木彦次郎　昭四七　IBC開発センター
江戸の骨つぎ　名倉弓雄　昭四九　毎日新聞社
職人衆昔ばなし　斎藤隆介　昭四二　文芸春秋社
明治人物夜話　森銑三　昭四八　講談社
明治開化綺談　篠田鉱造　昭二二　須藤書店
国分小史　昭三七　国分（株）
柳橋花街年譜江戸期明治期　加藤藤吉　昭三三・四二
寄席の系図　小島貞二　昭四六　上野鈴本演芸場
民芸手帖　昭四六－八　東京民芸協会
味の味　昭四六－七　アイデア
古梅園墨談 全　松井貞太郎　昭一一　古梅園本店
東京名所図絵　田山宗尭　明四五　ともゑ商会
江戸太神楽　鏡味小仙　昭四三　江戸太神楽保存会
外国人の見た幕末・明治初期日本図会（文化・景観篇）　池田政敏　昭三〇　春秋社

あとがき

『維新の頃より明治のはじめ　大江戸趣味風流名物くらべ』は、明治の中頃、松本愚想という人が東京の特長のある店や庭園、人物を、足で探しまわって書き上げたもので、浅草、日本橋、上野周辺が多いのも、当時の江戸時代の趣を残している。

私はこの「くらべ物」を知人の芋坂の羽二重団子の先代の庄五郎氏からいただき、調べるともなく追いかけているうちに、この仕事が大変重要な意味をもっていることに気がついた。というのは、江戸から明治、大正時代の貴重な資料が、関東大震災と戦争によりその大半が焼失しており、また役所の戸籍簿も焼け、ようやくその店を探し出しても、当時を知る人はすでに故人となっていたりで、当時のことを探し出すことがどんなに困難な仕事かということを知ったからだ。

それからである、本気で調べ出したのは。以来十年近くを要して、書きとめたものが原稿用紙で千五百枚余にも及んだ。関係者の多くは皆すでに七〇、八〇才という高齢の方々が多く、その父親や祖父母から聞いたという話のあれこれを、快く御披露して下さった。私はこの時、この方々がいなくなってしまうと、江戸、明治、大正そして今日を繋ぐ糸がプツンと切れてしまうのだと思うと、この調べ物の機会を失ってはならないと思った。

この十年近い間に、お話を伺った人の中で故人になった方も多く、その度に胸を痛めたが、お話を聞いておいてよかったなとなんどか思った。また中には、そんな名園をなぜ取り壊してしまったのかと残念に思った所とか、また何百年もの店歴をもって立派に商いをつづけている店もある。逆に、江戸時代の商法から移り変ってゆく新しい時代に対応できずに消えていった店もある。これらの店は、当時日本橋風とか蔵前風とかいった江戸末期の風潮を受けて、旦那衆としてのお交際が大きな原因となっているものが多い。人の家は三代もたない、という言葉をつくづくと感じる。芸人は一代の人が多い。当然のような気がする。

この仕事を通じて、その関係の方々に協力を頂いたが、消え去らんとする江戸・明治の時代の各種生業の様や人物像を少しでも発掘できたことを心から喜んでいる。

本書の発刊に当り、毎日新聞社の石倉様の御理解を頂き、また西田書店の協力を得られたことに心より感謝いたします。

昭和五十年師走

吉村武夫

付録――「大江戸趣味風流名物くらべ」とは？

私は昭和三十年頃、近くの羽二重団子の沢野庄五郎さんを訪れました。いつものように庄五郎さん老夫婦は、二尺五寸もある木鉢の餡を生地につけていました。

話をしているあいだに、庄五郎さんは黙って立ちあがり、引き出しから一枚の刷り物を出し、

「貴方は昔のことをよく調べているから」

と言いながら見せてくれたのが「大江戸趣味風流名物くらべ」でありました。それは明治の中頃のビラで、奇人、粋人や名物の店二百四十が記載してあり、私の知っている項もあり、調べるともなく調べていました。これをまとめた松本愚想という人は、余程の粋人にちがいなく、私はこの人を追いかけました。しかしいくら調べてもこの人の名は出てきませんでした。それで誰かの仮名かなと思いましたが、疑問の一ッとして残りました。しかし平成六年これを解いて下さったのは、荒川区の工芸技術師の刷師の二代目関岡扇令師でした。

「これは昭和二十八年頃ですか、駒形のどぜう屋の五代目越後屋助七こと渡辺繁三さんが、何処かの古書店から、明治期に書いたものらしい版下を見付けてきました。ひどい傷みよう

で、判別出来ない所もありましたが、当時の粋人や名のある店、庭などが書いてありました。これを書いた人は余程の通人のようで、百二十の枠の中に超有名な店や所を除き、二ツずつ庶民的な店や江戸の名残を酌む風流に生きた人などが書いてありました。

渡辺さんは暖簾会の幹事をされていたので、そのメンバーのはんぺんの神茂、楊枝のさる屋、弁当の弁松、ゆかたの竺仙、蕎麦の蓮玉庵、永坂更科、団子の羽二重、くずもちの船橋屋、豆腐料理の笹の雪、刃物のうぶけ屋の十軒に話して協力してもらい、これを残すことに致しました。

しかし、この作者が誰か判りませんでした。作者無しではまずいと皆で相談して、「京橋三十軒堀」に住んでいた「松本愚想」と言う架空の人物を作り出し、この人を版下を書いた人にしました。そしてこの刷り物を「大江戸趣味風流名物くらべ」といたしました。

このもとの版下は古く、折ってあり、隅や中央の所は傷みがひどく、すれて字の判読の難しい所があり、それは皆で話しあい、大体こうだろうと定めたもので、そのため誤字や場所の違いもありました。

これに協力したのは、納札会のメンバーの私の父の初代関岡扇令や両国村松町の提灯屋で江戸文字の書家の二代目高橋藤之助、畳屋の田タ梅(たたんめ)こと吉田伝平衛、木綿問屋で川柳の坊野寿山で、高橋藤之助が書き、刻刀を佐藤寿録吉が行ない、私の父の初代関岡扇令が、三千枚位刷りました。」

その内の一枚を私は羽二重団子の先代庄五郎さんから貰ったのでした。私はそのような事情のあるも知らず、これを二十年余追いかけました。しかしその間明治、大正、昭和と六十年の歳月がはだかり、その間震災、戦災もあり、区画整理で江戸ッ子も姿を消していました。

結果、全然分からないものが三十、少しだけ分かったものが十位ありましたが、一応まとめて昭和五十一年に『大江戸趣味風流名物くらべ上・下』として西田書店から刊行しました。それから約二十年、今回は文庫本として、新編集で生まれかわることになりました。私の探索は今も続いております。

この度関岡師により、「大江戸趣味風流名物くらべ」の誕生の由来をお聞きして、いくら探しても無いものもあるが、この風流の人により貴重なものが残されたことを感謝すると共に、何か重荷を下ろしたような気がしました。

尚この時の木版は関岡師が保存されておりました。真黒になった版は江戸、明治の香のあるものでした。

（吉村武夫著、森まゆみ編『明治粋人奇人談』ちくま文庫、一九九五年所収）

解説——酔狂の人が残した魅力的で貴重な記録

坂崎重盛

長年、古書市や古書店めぐりをしていると思わぬ本ばかりではなく、妙な刷り物に出合うことがある。

これまでも、たとえば自分たちの作った川柳に絵を添えて（自画、あるいは他の人に描いてもらったりして）スタンプを作り、同好の士と小冊子に仕立て上げ、これを交換しあったりしたもの、あるいは新年に向けてのオリジナル木版宝船の会員同士の交換会のための刷り物（念の入った道楽です）、さらには、人前に出すのはちょっとはばかられるような絵柄のエロティック蔵書票や、好色ポチ袋といったたぐい。

もう少し具体的に一例を説明すると——版画や刷り物を多く置いてある京都の古書店で目にとまり入手した一品は、木版刷りポチ袋なのだが、蛸の足の股の部分に二本の指が差し込まれている。そして脇には「おでん」の文字が……。

一見、酔狂なおでん屋の主人あたりが、店の宣伝もかねて常連客にでも配った小粋なポチ袋かと思われるかもしれない。蛸はおでん種でもあるし、京都の蛸八、大阪のたこ梅ほか、蛸、たこ、多古を店の名にしたおでん屋は数多い。しかし、このポチ袋の蛸の場合は、そんなマトモなシロモノではない。

多少なりとも好色系の文物に接してきた人には、その、蛸と指と「おでん」の文字の絵柄を見て、（ははん）と気付くことだろう。これは、実在した明治生まれの妖婦というか毒婦というか、ショッキングな性的スキャンダルで世にその名をとどろかせた「高橋お伝」にかかわる絵柄なのだ。蛸とは、いわゆる女性の名器を指す秘語である。その、蛸の足に添えられた指、そして「おでん」。

ま、そんな木版刷りポチ袋を古書店の一隅で見つけてしまったという例。ちなみに、この一見、可愛らしいポチ袋は小さな額に入れ、縁起物というか魔除けとして、いまも本棚に立てかけてある。

今回、嬉しくも完全版として文庫化される、この『大江戸趣味風流名物くらべ』の解説を、なんでこんな一文から始めたかというと、この貴重なる出版物の誕生が、酔狂な物好き（？）による一枚の刷り物がきっかけとなっているからである。

その刷り物とは、この文庫の巻頭にも掲げられている——「維新の頃より明治のはじめ 大江戸趣味風流名物くらべ」——と題された一見、番付風の表。

ざっと見てみるとタテ十、ヨコ十二、計百二十の小さな枠の中に二つずつ、対（これが「くらべ」となる）になって店や名所、名物などの名が入っている。この一枚の刷り物に接した人物（著者の吉村武夫氏）が、これまた酔狂というか無謀ともいえることを思いつく、いや、発心（と言ったほうがいいかしら）した。

昭和五十一年西田書店から刊行された元本は、上下二巻、Ａ４判、合せて六百頁に近いヴォリュームである。元本・上巻の「あとがき」に書かれている、この本の刊行のきっかけを見てみよう。

『『維新の頃より明治のはじめ 大江戸趣味風流名物くらべ』は、明治の中頃、松本愚想という人が東京の特長のある店や庭園、人物を、足で探しまわって書き上げたもので、浅草、日本橋、上野周辺が多いのも、当時の江戸時代の趣を残している。

私はこの「くらべ物」を知人の芋坂の羽二重団子の先代の庄五郎氏からいただき、調べるともなく追いかけているうちに、この仕事が大変重要な意味をもっていることに気がついた。

（中略）

それからである、本気で調べ出したのは。以来十年近くを要して、書きとめたものが原稿用紙で千五百枚余にも及んだ。」

というものだ。ちなみに吉村武夫氏は、物書きを本業とする人ではない。その人が一枚の刷り物との出合いから「十年近くを要し」た取材、追跡に突入してしまったのだ。文献探索はもとより、関係者を探し出し、直に会い、話を聞き、それを記録してゆく。しかも「多くは皆すでに七〇、八〇才という高齢の方々が多く、その父親や祖父母から聞いたという話のあれこれを」ひとつひとつ書きとめてきたのだ。

誰に頼まれたことでもない。取材にかかわる費用なども、当然、すべて自腹だろう。ただひたすら、この「くらべ物」（吉村氏に倣って以下、こう表記します）の表に記された事がらを追い、あるいは発掘すべく力を注ぐ。その動機は「この方々がいなくなってしまうと、江戸、明治、大正そして今日を繋ぐ糸がプツンと切れてしまう」という強い思いからである。と、いっても、それは、単なる使命感からの作業でもないだろう。興味津々たる、心楽しい探究であったのではないか。でなければ十年近くもの年月を続けてこられるわけがない。

周りの人からしたら、「結構なご道楽」あるいは「念の入った物好き」と思われても仕方のないフシもある。文章が、それこそ博引傍証、(う〜む、そうだったのかー)とうならされることも多く、また、落語のマクラのような妙にリアルな現場を見たような記述もある。

たとえば上巻、最初の項目は「うなぎ　霊岸ばし　大國屋」では、かつての大国屋の位置関係から鰻の入手先、また「あく」抜きなどにふれたあとに「客は鰻を食べに行く時は、一時間位待たされるのは承知して行ったもので、夏などは昼寝をして待つ位の覚悟で行った」などとある。

昔の鰻屋で、料理が出てくるまでにはずいぶん時間がかかったというのは、鰻が登場する落語のマクラなどで知ってはいたけど、「昼寝をして待つ位の覚悟」というのは初耳、というより初見であった。逆にいうと昔の鰻屋は、昼寝ができるような場であった、ということですね。

さらに読み進めていこう。初めて知る丹念な記述に感謝しつつも、ところどころ、ちょっとしたツッコミを入れてゆく楽しみもある。「池の端　蓮玉庵」について。ここは、ぼくもひいきの蕎麦屋。この店の歴史がこと細かに説明され、初代左団次、横山大観、谷崎潤一郎、斎藤茂吉、久保田万太郎といった人士がこの店に訪れていることも記されている。

ここで、もうひとこと欲しかったのは、この店の看板が万太郎の文字による、ということである。例の、あまりにも小さく、細い文字で「蓮玉庵」と読める。

「亀戸　船ばしや久壽餅」も、今日も客の絶えない人気店。子供のころから、亀戸天神といえば、広重の『名所江戸百景』にも描かれた藤と太鼓橋と、この船橋屋が楽しみだった。この本でも例によって、この店の由来、歴史がくわしく語られているが、ぼくが船橋屋のくず餅に関連して嬉しかったのは、三遊亭円朝の『怪談 牡丹燈籠』に、この亀戸のくず餅がチラッと出てくるのに出くわしたこと。

『牡丹燈籠』の物語の出だし、刀屋の前での酔漢の悪侍と若侍のトラブルのシーン、若侍が「エイと左の肩より胸元(むなもと)へ切付けましたから、斜(はす)に三つに切られて何だか亀井戸(かめいど)の葛餅のやうになつてしまいました」（岩波文庫版、傍線筆者）――円朝、こんな〝くすぐり〟を入れていた。と、いうことは、当時から、亀戸天神脇の「船橋屋」が、どんなに知られていた店だったのかがうかがえる。

「くらべ物」の表、すでに記したように、一枠の中に二つの項目が並べて掲げられているが、「亀戸　船ばしや久壽餅」と並んでいるのは「芋坂　羽二重だんご」。この、現在も盛業中の老舗こそ、吉村武夫氏をして十年の歳月を費やすことになる、きっかけの店。ということもあり、先日、久しぶりにJRの日暮里駅に降りて歩いて五分ほど、「羽二重団子」の店をめざした。

うん？　様子が違う。高層マンションといってもいい新しい高いビルの一階に、昔ながらのノレンが風にゆれていた。改装前は、入ってすぐ左に明治期のものだろうか木の階段に引き出しの付いていているいわゆる箱段があって、昔の「羽二重団子」の店や付近の風景を描いた刷り物のコピーなどが置かれて、いかにも主人の文人好みの雰囲気がうかがえたが、今は、箱段や明治期の酒器、刷り物などはウィンドーの中に〝展示〟されている。

吉村氏の文章でも紹介されているが、この団子屋のありがたいところは、ビールや日本酒が飲めるところである。このことは夏目漱石の『吾輩は猫である』にも登場する。ただ、この日は、夕方前から打ち合わせが入っていたので、新メニュー（?）の「漱石セット（煎茶付）」六百八十円を賞味、いつもながらの焼（つけ焼）と、これは初めて、猫が丸くなって眠っている最中（中にあんと牛皮?）を賞味。

団子の型抜きのテーブルといい、BGMで流れていた「ユーモレスク」といい、とてもオシャレな店となったが、前の店を知る人間にとっては、やはり、あの、いかにも下町の老舗団子屋の気配が懐かしい。

この「羽二重団子」と「くらべ物」の関係については、さらに触れなければならない〝重要事項〟があるが、本文をもう少し見てゆきたい。

「戯作者」の枠に並んでいるのは、明治の文人、仮名垣魯文と山々亭有人。『西洋道中膝栗毛』『安愚楽鍋』の魯文も面白いが、ぼくの興味があるのは山々亭有人。「福地桜痴と共に『東京日々新聞』を創刊」、「明治十九年『やまと新聞』の社長」となり、先の「魯文、黙阿弥、芳幾、円朝、扇夫などと交りも深かった」この人、またの名を、賛々亭有人、条野採菊、本名、条野伝平。吉村氏の本文では記されていないが、あの名品『築地明石町』の日本画家、鏑木清方の父であることは知る人ぞ知る。そんなこともあってか、若き日の清方は円朝と旅を伴にしている。

有人先生、新聞社の社主であり筆が立ち、粋人としても知られたが、蓄財をするタイプではなかったようで、清方の随筆集『明治の東京』（岩波文庫）の中に、こんなことが書かれている。「初めの志望」の項。

「自分では小説家かなにか、文学の畑で育ちたいというようなことは望んでいたよう」と記しつつも、

「家に資材もなく、あまり長く学校を続けることは見込みがないので、なるべく早く生活の出来る職業を撰ばなければならない羽目になり（中略）画を習うと極めたのでした。」

と、もの書きはあきらめ、挿絵画家への道を歩み出したことを述べている。条野家の経済状況を示す一文ではないか。

「玩具博士　清水晴風」の項。この人、十一代清水仁兵衛の家は代々、神田・青物市場の荷の輸送を業としていたが俳句もたしなみ、号を晴風とした。「明治七年家業を兼ねて諸国を遍歴しているうちに、各地方に独特の郷土玩具に興味を持った」という。

そして、仮名垣魯文、淡島寒月、内田魯庵、坪井正五郎、大槻如電、巌谷小波、林若樹、都々逸坊扇歌、尾佐竹猛らと「童心に戻って遊ぶ」玩具の趣味の会を立ち上げたという。

この面々、いずれも文人気質、あるいは文人そのものというお歴々だが、多かれ少なかれコレクターの傾向がある。

中でも、淡島寒月、この人も玩具のコレクターとして知られ、彼の『梵雲庵雑語』（斎藤昌三編、

書物展望社、昭和八年。のちに岩波文庫、東洋文庫に収録）の巻頭写真は「おもちゃと遊ぶ寒月翁」と付記された向島の住人・淡島寒月の姿である。「くらべ物」の表の玩具博士・清水晴風の隣りは「私設百物技　荒木湖潮」という名が見えるが、ぼくだったら、ここに淡島寒月の名を入れたいくらいだ。

これまで東都の名物の店や明治の人をたどってきたが、「くらべ物」の表をじっくり見、また吉村氏の本文記述に触れて気がつくのは、当時の著名な樹木、庭、また四季折々の行楽である。「くらべ物」の表を上から、ざっとながめると、「上野　桜落葉」に対しては「浅草　銀杏落葉」、「吾妻ばし　佐竹家の庭」に対し「向柳原　松浦家の庭」、「紅葉　瀧の川」に対し「品川海晏寺」、「堀切　菖蒲」に対し「あやせ　合歡木の花」、「入谷　朝顔」に対し「不忍　蓮見」などなどと、なかなかにぎにぎしい。

江戸末期から明治期、維新前後の世情騒然とした時期は別として東都の人は一本の巨樹、また四季折々の花を楽しみ行楽したようである。手元に『新訂　江戸名所花暦』（市古夏生・鈴木健一校訂、ちくま学芸文庫）、『大江戸花鳥風月名所めぐり』（松田道生著、平凡社新書）、また『東京の原風景』（川添登著、ちくま学芸文庫）などがあり、江戸っ子や明治人の物見遊山、自然探勝を存分に楽しむ姿を知ることができる。

楽しむといえば、この『大江戸趣味風流名物くらべ』という百二十組、二百四十の「くらべ物」を編んだご仁も相当な遊戯人といわなければならないだろう。ところで、その松本愚想なる人物とは？

吉村武夫氏が、十年近くをかけて「くらべ物」の足跡を追いかけ、聞きまわっているときには、吉村氏ご本人も、まったく気づかなかったようだが、この「くらべ物」の編者・松本愚想の誕生も、洒落者、粋人の旦那衆ならではの秘話があったのだ。

このことは、本ライブラリーの「付録――「大江戸趣味風流名物くらべ」とは？」（初出は森まゆみさん編『明治粋人奇人談』［ちくま文庫］での吉村氏による文庫「まえがき」）で明らかにされる。

「付録」を見てみよう。

「くらべ物」を編んだ松本愚想なる人物とは？ と当然のごとく興味を抱いた吉村氏は、

「私はこの人を追いかけました。しかしいくら調べてもこの人の名は出てきませんでした。それで誰かの仮名かなと思いましたが、疑問の一ツとして残りました。」

ところが思わぬ真実が明らかにされる。

「平成六年これを解いて下さったのは、荒川区の工芸技術師の刷師の二代目関岡扇令師でした。」

とあり、ことの顚末がつづられる。

昭和二十八年頃、駒形どぜうの五代目の渡辺繁三氏が明治期のものらしい版下を見付けてくる。「くらべ物」の元版だろう。それを「駒形どぜう」を始め「はんぺんの神茂」「楊枝のさる屋」「弁当の弁松」「ゆかたの竺仙」「蕎麦の蓮玉庵」「永坂更科」「団子の羽二重」「くずもちの船橋屋」「豆腐料理の笹の雪」「刃物のうぶけ屋」の以上十一軒（すべて「くらべ物」に登場している店である。

そして、すべて、今日の「東都のれん会」の重鎮）が協力して、この版を復刻して残すこととなった。

ところが、そのとき作者がわからない。作者なしではまずかろうと皆で相談して、「京橋三十軒堀」に住む「松本愚想」なる架空の人物を立てて、この編者としたという。もちろん悪意あってのことなどではない。むしろ明治期の貴重な資料を残そうという思いである（もちろん自分たちの店の名が記されていることに喜びと誇りを感じたこともあろう）。

そして江戸文字は書家で提灯屋の二代目・高橋藤之助、刻刀（彫り）は佐藤寿録吉、刷りが初代・関岡扇令で、刷り部数は三千枚ほど。

なるほど、そうだったのか。吉村氏が、いくら松本愚想を追いかけても本人の姿は、これっぽっちも見出せなかったはずだ。もともと影もかたちも無い人だったのである。この明らかとなったエピソードそのものが、いかにも通人、旦那たちのやりそうなこと。

「くらべ物」を十年ほどかけて追いかけてきた吉村氏、その十年は、いろいろ苦労はあっただろうが、いかにも楽しい、充実した日々だったのではないだろうか。店や人や土地の故事や来歴を記述する、淡々とした平易な文章ながら、その気配は伝わってくる。

なお吉村武夫氏は、作家・吉村昭の実兄。西田書店刊の『大江戸趣味風流名物くらべ』は、ぼくの知るかぎり、前記した森まゆみさんの編書と、河出文庫から現存する老舗だけをセレクトしたものが刊行されているが、いずれも、元本のある部分を編集したもの。今回のようなすべてを再録した文庫版の完本はこれが初めて。こころ躍る刊行である。

（さかざき・しげのぶ／収集家・エッセイスト）

[著者]

吉村武夫(よしむら・たけお)

1912年、静岡県富士市生まれ。30年、東洋商業学校卒業。製綿製糸などの家業につく。46年、花嫁わた株式会社社長に就任、その後同社会長、東京都製綿工業協同組合理事長などを歴任。著書に『ふとん綿の歴史』(ふとん綿の歴史研究会)、『綿の郷愁史』(東京書房社)、『綿づくり民俗史』(青蛙房)など。作家吉村昭は実弟。2001年死去。

平凡社ライブラリー 888

大江戸趣味風流名物くらべ

発行日…………2019年10月10日　初版第1刷

著者……………吉村武夫
発行者…………下中美都
発行所…………株式会社平凡社
〒101-0051　東京都千代田区神田神保町3-29
電話　(03)3230-6579[編集]
(03)3230-6573[営業]
振替　00180-0-29639

印刷・製本……中央精版印刷株式会社
ＤＴＰ…………大連拓思科技有限公司＋平凡社制作
装幀……………中垣信夫

© Mitsumasa Yoshimura 2019 Printed in Japan

ISBN978-4-582-76888-6
NDC分類番号672.136　B6変型判(16.0cm)　総ページ648

平凡社ホームページ https://www.heibonsha.co.jp/

落丁・乱丁本のお取り替えは小社読者サービス係まで
直接お送りください(送料、小社負担)。